suhrkamp taschenbuch 2204

Alberto Savinio beschreibt die Stadt, in der er zu Hause ist. Die Straßenzüge von Mailand sieht er als Korridore und ihre Palazzi als Zimmer einer großen Wohnung, darin die Lebenden und die Toten aus- und eingehen.

Dante, Giotto, Petrarca, Mazzini, Verdi oder Napoleon, die bekannten und die weniger bekannten Maler, Dichter und Gelehrten werden von ihren Sockeln geholt und wie entfernte Verwandte vorgestellt: »Ich erkenne Dante an der Hakennase und an den Ohrenschützern, wie sie die Skifahrer tragen. Ich erkenne Petrarca an seinem Gesicht, das in Tücher gewickelt ist, als hätte er Mumps.« An Cäsar interessiert Savinio seine Meinung über die Mailänder Art, Spargel mit Butter zuzubereiten. Savinio will seine Stadt schmecken und riechen, ihr zuhören. Trotz seines Wissens, das Savinio so verschwenderisch vor uns ausbreitet, ist dies kein Sachbuch. Savinio inszeniert eine Stadt, er setzt sie in Szene und läßt Wolkenkratzer, Standbilder, Käse usw. als Akteure auftreten.

»Dies ist ein Buch, in dem der Leser untergehen kann, ein wildes Buch, ein üppiges, ein manieristisches, ein überbordendes, ein chaotisches, ein herrliches, ein verwirrendes Buch.«

Wolfgang Hädecke, Stuttgarter Zeitung

Alberto Savinio (1891-1952), Pseudonym von Andrea De Chirico, erhielt eine Ausbildung als Komponist und Konzertpianist. Von 1910 bis zum Ausbruch des Ersten Weltkriegs lebte er in Paris, wo ihn wie seinen Bruder Giorgio De Chirico bald eine enge Freundschaft mit Apollinaire, Max Jacob und Picasso verband. Nach beachtlichen Erfolgen als Musiker und Komponist in Italien machte er sich während seiner zweiten Pariser Zeit (1926-1934), gefördert von Jean Cocteau, auch als Maler einen Namen. Wie seine Gemälde, so stehen auch die meisten seiner literarischen Werke im Zeichen des Surrealismus.

Im Insel Verlag liegt die *Neue Enzyklopädie*, im Suhrkamp Verlag *Tutta la vita. Das ganze Leben. Erzählungen* vor.

Alberto Savinio
Stadt, ich lausche deinem Herzen

Aus dem Italienischen
von Karin Fleischanderl

Suhrkamp

Der deutschen Übersetzung liegt die
1984 im Verlag Adelphi, Mailand, erschienene Ausgabe
Ascolto il tuo cuore, città zugrunde.
Umschlagfoto: Ernst Wrba

suhrkamp taschenbuch 2204
Erste Auflage 1993
© 1944 Alberto Savinio; 1984 Angelica Savinio, Rom,
und Ruggero Savinio, Mailand; Estate Alberto Savinio
© der deutschsprachigen Ausgabe
Suhrkamp Verlag Frankfurt am Main 1989
Suhrkamp Taschenbuch Verlag
Druck: Nomos Verlagsgesellschaft, Baden-Baden
Printed in Germany
Umschlag nach Entwürfen von
Willy Fleckhaus und Rolf Staudt

1 2 3 4 5 6 – 98 97 96 95 94 93

Stadt, ich lausche deinem Herzen

El Vanièr

Guardel ben, guardel tütt,
L'omm senza danèe come l'è brütt.[1] *

(*Mailänder Sprichwort*)

Ich komme in Venedig an, als es dunkel ist. Der lange Weg über die Baustelle des neuen Bahnhofs ist eine Vorbereitung auf die gewaltigen Fußwanderungen, auf die entsetzlichen Märsche und unmenschlichen Marathonläufe, die mich in der »Stadt der Ruhe« erwarten. Meinem Freund Gigino zufolge widerfährt einem dasselbe auch im Zentrum Mailands, wo man inzwischen das Geschäftsleben auf so kluge Weise konzentriert hat, daß der Geschäftsmann auf Straßenbahn und Taxi verzichtet, jedoch schon nach wenigen Stunden vor dem Denkmal des von seinen Schülern umgebenen Leonardo tot zusammenbricht, das von Eingeweihten *on liter in quater* (ein Liter für vier) genannt wird. Venedig sitzt im Wasser, aber meiner Meinung nach läßt sich damit nicht ausreichend begründen, warum die Sprechweise der Bewohner so »eingeweicht« ist. Der Dialekt engt das Leben ein, verkleinert es, verkindlicht es. »Mit dem Zerfall der Kultur gewannen die Dialekte die Oberhand«, sagt Francesco De Sanctis im den Sizilianern gewidmeten Kapitel seiner Geschichte der italienischen Literatur. Der Dialekt ist ein sehr direkter Ausdruck des Familienegoismus, des »Familiarismus«, der der Grund allen Übels ist, allen Elends, das die Menschheit verunziert; und mich, den Dialektlosen, sieht man inmitten der Dialekte an wie einen, der keine Familie hat, kein Land und kein Zuhause.

Auf dem Landesteg warte ich auf den Vaporetto nach San Marco.

---

1 Seht ihn euch nur gut an, wie häßlich er ist, der Mensch ohne Geld. (d. Ü.)

* Savinios Anmerkungen – Fortsetzungen des Textes unterm Strich – werden hier nicht besonders gekennzeichnet. Die Übersetzeranmerkungen (*Anm. d. Ü* oder *d. Ü.*) wurden teils von Karin Fleischanderl, teils von Irmela Arnsperger verfaßt, die auch die Übersetzung redigiert hat.

Neben mir stehen drei Männer. Sie sind alle um die fünfzig, und einer hat obendrein einen Bart. Sie verwechseln mich mit einem Kind, untereinander sprechen sie über gewichtige Dinge, doch wenn sie zu mir herüberblicken, verfallen sie in ein Kinderlallen: »Osei ... occhi bei ... buso« (»Vögel ... schöne Augen ... Loch«). Der Dialekt wirkt auch auf den Sehapparat, und wer Dialekt spricht, sieht Menschen und Dinge in verkleinertem Format. Mich sehen meine Nachbarn ganz winzig.

Das Venezianische ist eine Sprache ohne Knochen. Es entlastet Schneide- und Eckzähne. Es ist Mastodonten vorbehalten, also jenen, deren Zähne die Form von Brüsten haben. Das Venezianische lädt zum scherzhaften Plaudern und zum Goldonisieren ein und erinnert uns daran, daß Goldoni ein Anagramm von Gondel ist.

Bei dem kindlichen Lallen meiner fünfzigjährigen Nachbarn denke ich mit einem beständigen »Warum?« an die große Macht zu Lande und zu Wasser, an die übermächtige Vorherrschaft, den großen Ruhm. Die Engländer brüsten sich damit, daß viele Jahrhunderte lang nie ein fremder Herrscher ihre Insel betreten habe, aber in Wahrheit steht dieses Primat den Venezianern zu.

Und dennoch erinnert ihre Sprache, ihre breite, gleichförmige Süße an ein Essen ohne Brot.

Das Brot nimmt dem Essen die Süße. Es spielt beim Essen dieselbe Rolle wie die Konsonanten und ihr Zusammenstoß beim Sprechen. Über das Brot als Korrigens der Geschmäcke lese man eine poetische Seite Nietzsches. Gute Maler mischen etwas Schwarz unter die anderen Farben. Schwarz ist das Brot der Palette.

Eines Abends lehnte Nietzsche an der Brüstung der Paglia-Brücke, er betrachtete die Lichtdiagramme in der Lagune, die schwarzen, schweigenden Gondeln, vernahm den dunklen Ruf der Gondolieri und stimmte einen Gesang auf Venedig an.

Venedig ist die am häufigsten »porträtierte« Stadt der Welt. Ihr schönstes Porträt stammt von Guardi und ruht heute auf einer Staffelei im Museum Poldi Pezzoli in Mailand. Es ist ein graues Porträt. Aber heute abend ist das Grau in Schwarz übergegangen, und Venedig verbirgt sich. Durch das Grau Guardis zieht der Gesang Nietzsches einen zarten Silberfaden.

An der Brücke stand
jüngst ich in brauner Nacht.
Fernher kam Gesang:
goldener Tropfen quolls
über die zitternde Fläche weg.
Gondeln, Lichter, Musik –
trunken schwamms in die Dämm'rung hinaus...

Meine Seele, ein Saitenspiel,
sang sich, unsichtbar berührt,
heimlich ein Gondellied dazu,
zitternd vor bunter Seligkeit.
– Hörte jemand ihr zu?

Nietzsche schrieb diesen Gesang in den ersten Tagen des Jahres
1888; am Ende dieses unheilvollen Jahres soll angeblich der
Wahnsinn über ihm zusammengeschlagen sein. Nietzsche wurde
für verrückt erklärt, weil er im Winter 1889 in Turin auf der
Straße ein Pferd umarmt hatte.[2] Aber das war nicht im Wahnsinn
geschehen, sondern weil Nietzsche gesehen hatte, wie das Pferd
vom Kutscher bis aufs Blut gepeitscht worden war. In dieser
Umarmung liegt die ganze unterdrückte Leidenschaft Nietzsches, das ganze Liebesbedürfnis eines Ungeliebten, sein ganzes
Mitleid weniger mit den Menschen als mit den Tieren, den
Dingen, dem Universum, den Sternen: sein ganzer *Mutterinstinkt*. In den Männern der Poesie, diesen Männern, die zugleich
Frauen sind, diesen Wesen, die auf dem sichtbaren Antlitz die
unsichtbare und doppeldeutige Maske des Hermaphroditen tragen, verbirgt sich auch ein mysteriöser Mutterinstinkt: sie
betrachten alle Dinge mit einem mütterlichen Besitzanspruch,
als hätten sie sie hervorgebracht. Man muß ihre Intoleranz verstehen und verzeihen. Was wissen wir schon? Vielleicht ist der
»Wahnsinn« Nietzsches seine äußerste Vernunft, seine höchste
Klarheit, und nur um so schmerzvoller, weil nicht im Einklang
mit der Vernunft von dieser Welt. Um wieviel ergreifender klingt
nun die Frage Nietzsches in Venedig, die sich auf seine Seele
bezieht: »Hörte jemand ihr zu?«

2 Wenige Tage zuvor hatte er den *Ecce homo* fertiggestellt.

Ein Freund, der wußte, daß ich dabei war, Mailand zu erkunden, vertraute mir freundschaftlich an: »In Mailand gibt es ein Gruselkabinett. Es ist ein Geheimnis. Nur die wenigsten kennen es. Ein reicher Herr hat es zusammengestellt, der eine Manie für seltsame Möbel, für monströse Dinge hatte.« Aber mein Freund erinnerte sich nicht mehr an den Namen. Schließlich, nach einem langen Herumtasten im Nebel der Assonanzen, fanden wir heraus, daß der Gründer des Gruselkabinetts der edle Gian Giacomo Poldi Pezzoli di Albertone war. Ich hatte meinen Freund für intelligent gehalten, aber inzwischen habe ich meine Meinung geändert. Nicht, weil er das Museum Poldi Pezzoli nicht kannte und einem Lügengerücht zufolge diese großartige Sammlung von Kunstgegenständen mit einem Gruselkabinett verwechselte, sondern weil er der Meinung war, ich fühle mich vom Seltsamen und Monströsen angezogen, und nicht verstanden hatte, daß ich hingegen die verborgene Seele der Dinge suche und, um sie zu finden, häufig gezwungen bin, hinter ihr vom Gebrauch verschlissenes und unkenntlich gewordenes Antlitz zu blicken.

Das Museum Poldi Pezzoli ist eines der schönsten in Europa. Es hat den Charakter der Privatsammlung, der ausgeschmückten Wohnung, unversehrt beibehalten. In der Eingangshalle empfängt der Hausherr reglos von einer Staffelei herab den Besucher. Der edle Gian Giacomo trägt beeindruckende Koteletten, er hat einen starren Blick wie ein Huhn, und das linke Auge schielt ein wenig. Gegenüber auf der anderen Seite der Eingangshalle wird der Besucher von einer fetten Dame im Hemd empfangen, auch sie blickt reglos von einer Staffelei herab; sie ist jedoch nicht die Dame des Hauses, sondern eine Namenlose, von Jacopo Negresti porträtiert, auch Palma il Vecchio genannt. Die Erdbeeren der Brüste blinzeln zwischen den Falten des Hemdes hervor. Strohiges, rotblondes Haar wallt herab auf die runden Schultern. Auge und Gesicht haben das Träge und Kuhartige an sich, das Berufsmalern und jenen gefällt, die in ihrer heiteren geistigen Roheit ganz auf die unerschütterliche Gesundheit des Tieres vertrauen. Die Bekanntschaft mit der richtigen Hausherrin macht man nicht in der Eingangshalle, sondern in einem der inneren Räume, und auch nicht direkt, sondern indirekt, durch eine knieende, nackte junge Frau, die ihre Seele Gott anvertraut.

Wie schon der Welt entrückt und ihrer Qual
Verzückt in Den, der noch am Kreuz verziehen . . .

Das *Gottvertrauen* wurde im Auftrag von Rosa Poldi Pezzoli
ausgeführt, der Mutter des Gründers des »Gruselkabinetts«;
und unterhalb dieser berühmten Skulptur, bei der die Perfektion
die Schwelle der Banalität erreicht, jedoch nicht überschreitet,
wird erwähnt, daß sie »geschaffen« worden ist »von Lorenzo
Bartolini – für mich – Rosa Trivulzio – verwitwete Poldi – weil
ich – auf Gott allein – den Beschützer – und einzigen – zuverlässi-
gen – Tröster – Vertrauen gesetzt – MDCCCXXXV«. Bei Reichen gehört die Frömmigkeit zu den guten Manieren.
Neben Guardis bereits erwähntem *Venedig* befinden sich im
Museum Poldi Pezzoli fünf Porträts von Vittore Ghislandi: Sie
gehören zu den wenigen italienischen Porträts, die den Charakter des Porträtierten mit der ätzenden Schärfe der Flamen und
Deutschen wiedergeben; der *Triumph von Bacchus und Ariadne*
von Cima da Conegliano: eines jener Gemälde, die das Buch
Raffaele Carrieris über die »Phantasie der Italiener« rechtfertigen; ein kleiner, in ein Nadelkissen verwandelter Heiliger Sebastian von Carlo Crivelli: Er ist der Lieblingsheilige der Hermaphroditen, und immer findet sich ein Bild dieses von Pfeilen
durchbohrten Heiligen in ihrem geheimnisvollen Leben, ihren
geheimnisvollen Dramen; eine Büste des Grafen Neipperg, des
zweiten Gemahls von Marie Louise, der »schönen Kuh«, den
Napoleon im fernen Exil »ce polisson« (»diesen Gassenjungen«)
nannte; und darüber hinaus Schmuck, Möbel, Teppiche, Majoli-
ken, Schnitzarbeiten, Ziborien, Kreuze, Buntglas, alte Waffen,
Geschirr, Porzellanfiguren, Gegenstände aus Kupfer, perspekti-
vische Kamine, Miniaturen, bemalte Türen, Stuckarbeiten,
Fächer, darunter einer, auf dem sich ein feiner Staub von winzigen Jan Brueghels ausbreitet; ein Pulverhorn aus Elfenbein, auf
dem Cranachs »Totentanz« eingraviert ist, Nadelwerfer, die, in
der Hand versteckt, die vergiftete Nadel losschnellen ließen und
das ahnungslose und wehrlose Opfer tödlich trafen; ein Saal »zur
Lektüre Dantes« mit Rippenstühlen, Lesepulten und Butzen-
scheiben.
Was in Dantes Dichtung rechtfertigt die Notwendigkeit eines
eigenen Saales, während niemand, und nicht einmal der edle

Gian Giacomo Poldi Pezzoli, an einen Saal »zur Lektüre Homers« oder Miltons oder Aleardo Aleardis gedacht hätte? Verweilen wir kurz im Dante-Saal. Vielleicht finden wir hier den Schlüssel für das verleumdende Gerücht, das aus diesem herrlichen Museum ein Gruselkabinett gemacht hat. Die Seelen von Bouvard und Pécuchet geistern hier herum. Wer lacht? Hüten wir uns, ihnen unseren Respekt zu verweigern. Es sind die Seelen zweier Demiurgen. Vom Kaiser Hadrian, der in seiner Villa unterhalb von Tivoli die Kopien von sämtlichen Meisterwerken der Welt sammelte, bis zum edlen Poldi Pezzoli, der in seinem Mailänder Haus Gegenstände aller Epochen, aller Länder und aller Stile anhäufte, ist es stets der Ehrgeiz Bouvards und Pécuchets, ist es immer der demiurgische Ehrgeiz, der diese Sammler beseelt; der Ehrgeiz, aus der eigenen Wohnstätte ein kleines Universum zu machen, quasi eine Mustermesse des großen Universums.

Dieser demiurgische Ehrgeiz hat sich bis in die entlegensten Salons des 19. Jahrhunderts ausgebreitet, die, in geheimnisvolles Halbdunkel getaucht, vollgestopft waren mit Sitzkissen, chinesischen Vasen, türkischen Tischen, seltenen Muscheln, brasilianischen Schmetterlingen, Krokodilhäuten, Elefantenzähnen, Straußeneiern, arabischen Teppichen; bis der verrückte Wind anhob, der trockene Wind, der ausdörrende und zerstörerische Wind des Rationalismus, der unter dem Vorwand von Licht und Luft diese kleinen Universen zerstörte, diese privaten, winzigen und persönlichen Universen, mit denen sich selbst der einfachste Mensch die in ihm verborgene Präsenz eines Demiurgen bestätigte. Und wer zynischer war als die anderen und jene kleinen verlassenen Universen von der unfruchtbaren Schwelle des Rationalismus aus betrachtete, bezeichnete sie als »Gruselkabinette«. Und zum Gruselkabinett wurde der Salon des Abteilungsleiters mit den Holzsäulen, um die sich Samtbänder wanden, der Pendeluhr mit der Hirtenidylle unter der Glasglocke, dem ausgestopften Reiher; und zum Gruselkabinett wurde das Museum Poldi Pezzoli; und zu Gruselkabinetten wären, hätte der Respekt sie nicht davor bewahrt, die Villa d'Este, der Palazzo Pitti, das Schloß von Versailles geworden: allesamt Orte, an denen der Mensch seinem Demiurgenehrgeiz Form gegeben hatte; und wenn wir uns zu der nötigen Höhe aufschwingen und uns auf die Ebene des Universaldemiurgen stellen könnten, dann würde uns wahrscheinlich auch unser Planet mit seinen Ländern, seinen Städten und den Menschen, die sich in vielfältiger Weise darauf bewegen, als riesiges Gruselkabinett erscheinen.

> Durch alle sieben Sphären kehrt' im Flug
> Mein Blick; und winzig, daß michs lachen machte,
> Sah unser Erdball aus, zu dems ihn trug.

Heute abend verbirgt sich Venedig, aber ich erkenne es am Geruch. Der Geruch: Geist des sterblichen Teils der Menschen, der Dinge, der Städte. Ferrara ist die Geruchsschwester von München. Beide riechen nach verbrannten Holzscheiten. Zwei äußerst herzliche und winterliche Städte. Beide laden in die häusliche Abgeschlossenheit, in das *gemütliche* Haus, ein. Das Wasser Venedigs hat einen »eigenen« Geruch.[3] Ich sauge den Geruch Venedigs ein, ich denke, daß auch das Wasser ein geheimes Leben hat, daß auch das Wasser sterblich ist. Man kann Venedig wegen seines Geruchs lieben, mehr noch als aus anderen Gründen, die es liebenswert machen. Die Erinnerung an den Geruch einer Frau erweckt aus dem Jenseits der erloschenen Liebe die Sehnsucht nach dieser Liebe. Keine Stadt wurde so sehr, »als Frau«, geliebt wie die Stadt Venedig, La Venezia. Vielleicht wegen ihres Geruchs, vielleicht, weil sie sich am Geruch zu erkennen gibt. Wenn man den Geruch einer Frau *akzeptiert* hat, hat man die rationale Phase und die Phase des Widerwillens überwunden. Nun begehrt man den sterblichen Teil der Frau: diesen liebt man. Wir können nur Dinge lieben, die wie wir dazu bestimmt sind zu sterben. Um Gott zu lieben, hat ihm der Mensch eine sterbliche Form gegeben.
Wie ein Flieboot gleitet der Vaporetto über den Canal Grande. Es ist dunkel. Heute abend muß ich auch die Palazzi am Geruch erkennen. Etwas – aber es ist keine Geruchswahrnehmung – sagt mir, daß mich aus dem Dunkel der Palazzo Vendramin anblickt. Die Verbundenheit Venedigs mit dem Orient erstreckt sich auch auf die Namen. Neben dem venezianischen Namen Vendramin

---

3 Von Amerigo Bartoli stammt diese Definition Venedigs: »Venedig ist eine sehr vornehme alte Dame mit schlechtem Atem.«

trägt dieser Palazzo auch den byzantinischen Namen der Calergi. Ein Kalergi machte in den letzten Jahren von sich reden, als treibende Kraft einer eigenartigen Gesellschaft von Pazifisten. Er ist der Gründer von *Paneuropa* und des »Europäismus«, und in einer seiner Ansprachen an die Europäisten schloß er England von Europa aus, weil diese Nation zu viele Interessen außerhalb Europas habe. In dieser Vorstellung eines kleinen und in sich geschlossenen Europa offenbaren sich die »griechischen« Wurzeln des Paneuropäers Kalergi.[4] Was ist aus Coudenhove-Kalergi und seinen Brüdern im irenophilen Geiste geworden? Die politische »Frage« schafft eigenartige Bündnisse, wie ja auch die intellektuelle »Frage« verschiedene dadaistische Strömungen hervorbringt.

Eine in die Mauer des Palazzo Vendramin-Calergi eingelassene Gedenktafel, deren Inschrift von Gabriele D'Annunzio verfaßt wurde, gedenkt des Todes von Richard Wagner in diesem Palazzo. Er starb am 13. Februar 1883 und war 1813 geboren worden. Die Zahl 13 spielte eine magische Rolle im Leben dieses Magiers. In der Dunkelheit ringsherum phosphoreszieren die letzten Seiten des *Fuoco (Das Feuer)*: »Die sechs Freunde holten die Bahre von dem Boot und trugen sie auf ihren Schultern in den Wagen, der auf der Eisenbahn bereitstand. Die Verehrer traten herzu und legten ihre Kränze auf dem Bahrtuch nieder. Niemand sprach.«[5]

Ich kenne eine bescheidenere Version vom Tod Wagners. Vor Jahren lernte ich einen ruhelosen und scharfsinnigen Mann kennen, den Sohn eines Bahnhofsvorstehers. Sein Vater stammte vom Land und sprach nur Dialekt. Dieser war für einen kleinen Bahnhof im Veneto verantwortlich. Eines Tages kündigte ihm ein Telegramm den Sonderzug an, der Richard Wagner nach Venedig bringen sollte, und in seiner reinen Unwissenheit übersetzte er seiner Familie das Telegramm folgendermaßen: »Mor-

---

4 Paul Valéry wiederum sagt, Europa sei »ein kleines Vorgebirge des asiatischen Kontinents«. Vielen zeitgenössischen Geistesmenschen ist die Idee der Rückkehr zu kleinen ethnischen Gruppierungen gemeinsam – eine Rückkehr, die von der Liebe zur Form inspiriert wird: als Antithese zum Konzept der Nation, wie es auf die Französische Revolution und auf Napoleon zurückgeht.

5 Aus: *Das Feuer*, München 1988. (Anm. d. Ü.)

gen um siebzehn Uhr fünfzehn fährt *el Vanièr* durch.« Und der Sohn des Bahnhofsvorstehers, der neugierig war, wer *el Vanièr* sei, stellte sich am nächsten Tag zur angegebenen Zeit am Bahnsteig auf, sah den Zug ankommen, sah an einem Fenster einen rothaarigen Mann mit Hakennase und einem kantigen Unterkiefer, der in der Linken ein Buch hielt und mit der Rechten einen kleinen Hund streichelte, und er wußte nun, daß dies *el Vanièr* war. Dann fuhr der Zug ab, und das Kind vergaß die Episode. Einige Zeit später jedoch kündigt dem Bahnhofsvorsteher wieder ein Telegramm an, daß am nächsten Tag um sechzehn Uhr achtundvierzig *el Vanièr* aufs neue durchfahren würde; und am nächsten Tag um sechzehn Uhr siebenundvierzig stellt sich das Kind wieder auf dem Bahnsteig auf, sieht den Zug einfahren, sieht ihn abfahren, aber den rothaarigen Mann am Fenster mit dem Buch in der Hand und dem kleinen Hund sieht es nicht. Diesmal befand sich der rothaarige Mann im Leichenwagen am Zugende, in einem Sarg, und fuhr »zu dem bayerischen Hügel, der noch verschlafen in winterlichem Frost lag«. Unzählige kennen die Leitmotive der *Trilogie* auswendig. Der bescheidene Angestellte der staatlichen Eisenbahn jedoch lebte und starb, ohne je zu erfahren, wer jener geheimnisvolle *Vanièr* war, der das eine Mal ankam und das nächste Mal wegfuhr.

Venedig hat dem Orient seine Kultur geschenkt; die Türme und Schlösser der *Serenissima* spiegeln sich rund um das östliche Mittelmeer; in Korfu, Zakynthos, Kephallenia »verfallen« die Einheimischen beim Sprechen noch immer in den weichen venezianischen Tonfall; als Gegenleistung aber hat der Orient Venedig den Geschmack an der Kasba gelehrt, die Lust an einem in winzige, schattenverhüllte Räume hineingezwängten Leben, in Räume, die verschlossen sind wie die Zellen einer Honigwabe. Man erzähle mir nichts von topographischen Notwendigkeiten: Auch Manhattan ist von Wasser umgeben, und seine Bewohner sind gezwungen, in die Höhe zu wachsen, aber trotzdem drängt man sich in Manhattan nicht eng zusammen, um sich miteinander verbunden zu fühlen. Die Luft in den Calli ist die Schwester der Luft in den Basaren, obschon sie nicht mehr wie diese mit fettem Lampenöl gesättigt ist. In den Calli zu atmen ist fast, als äße man. Die Ähnlichkeit zwischen Calle und Basar ist eine natürliche und keine nachgeahmte wie bei der alten De Cristoforis-Galerie in Mailand mit ihrem niedrigen, spitz zulaufenden Glasdach, den Auslagen von Paravia mit den roten atmenden Lungen und den Pensionen für Gesangskünstler, an die ich mich erinnere wie an einen lieben verstorbenen Verwandten. In Venedig erwachen kindliche Gelüste, etwa der Wunsch, sich unter einer Achsel zusammenzukuscheln. Vielleicht liegt darin das Geheimnis Venedigs, das Geheimnis seines Zaubers: Man kann nicht sagen, daß es ein Schoß ist, aber es ist eine riesige Achsel, in deren Schatten sich die Venezianer zusammenkuscheln, und unter die sich sogar Fremde drängen, die von weither kommen, um sich an dieser lauen Luft zu wärmen, um sich an diesem Geruch zu stärken, um bei der Berührung mit dieser Stadt aus Fleisch und Haut wieder zu nackten Kindern zu werden und den Donner zu vergessen, den Wind, die Stürme, die da oben das Land ihrer Ahnen peitschen. Die Natur drängt Schwalben und Liebende dazu, sich ein Nest zu suchen, und deshalb kommen die Liebenden in diese Nest-Stadt, die von friedlichem und schlafendem Wasser eher umgeben als getragen wird, von einer Wassermatratze, auf der man trockenen Oberkörpers und mit schlenkernden Armen gehen kann. Kann man in Venedig ertrinken? Manche erhängen sich mit den Füßen am Boden. Gerade dieser Tage habe ich in der Zeitung von zwei alten Frauen gelesen, die nachts in einen Kanal Venedigs gefallen und ertrunken sind. Bei allem Respekt, den wir dem Tod schulden, erinnern mich diese beiden an Charlie Chaplin, der sich in einen Kanal stürzt und dann in knöcheltiefem Wasser sitzt.

Das erste Mal kam ich 1906 nach Venedig. Ich trug einen Schuh am linken Fuß, einen Latschen am rechten und einen umgehängten Damenmantel. Ich war ein Jüngling, aber die Jugend lindert nicht die Qualen der Scham: Sie vergrößert sie. Allenfalls das Alter läßt uns schamlos werden, bis zum Tod, der äußersten Schamlosigkeit. Der Vergleich zwischen mir und dem »Alter Ego« Dostojewskijs, seinen Ängsten, der sich – ohnmächtig, weich, an das »Nichts gebunden« – in den demütigendsten, abscheulichsten Situationen sah, wird am besten meinen Gemütszustand beim Einzug unter die Arkaden der Neuen Prokuratien zum Ausdruck bringen. Ich erinnere mich an meinen ersten Aufenthalt in Venedig wie an einen Alptraum.

Wir waren mit dem Dampfschiff aus Griechenland gekommen,

und da mein Bruder unter der stürmischen See litt, gingen wir in Bari an Land und setzten die Reise mit der Eisenbahn fort. O ihr schlaflosen Nächte im geschlossenen Eisenbahnabteil! Die Dunstschwaden unseres Atems und unserer acht schwitzenden Körper stiegen im grünlichblauen Schummerlicht des Abteils auf und ballten sich zu einer Wolke zusammen. Unter uns war der unvermeidliche Vielredner der Zweiten Klasse, der »Alleswisser«, der in den Tunnels das Öffnen und Schließen des Fensters dirigiert und nachts den Wechsel vom weißen zum blauen Licht. Und aus dem Winkel, in dem er sich in Pantoffeln und grauem Staubmantel häuslich eingerichtet hatte, sprach der Vielredner über die zur Feier des Simplontunnels vorbereitete Mailänder Weltausstellung wie von etwas Einzigartigem. Hätte ich mich dann bei dem Vielredner der Zweiten Klasse über meine Enttäuschung beklagen sollen, als ich ein paar Tage später die »Einzigartige« betrat, zwischen zwei Bergarbeitern aus Gips, die mit einer Bohrmaschine aus Gips einen Felsen – ebenfalls aus Gips – bearbeiteten? Endlich schwieg der Vielredner, und die im blauen Licht an Kissen gelehnten grünen Gesichter der Reisenden schienen wie sieben Tote von Ribera.

Der Schuh hatte meine rechte Ferse wundgescheuert, und ich mußte einen Latschen tragen. Seitdem ich keine Maßschuhe mehr trage, habe ich aufgehört, Ödipus zu sein, und zugleich habe ich mich auch von der Pein des kitzelnden Bleistifts befreit, der auf dem Blatt des Schuhmachers die Kurven meines vor Schreck verkrampften Fußes nachzeichnete. Und da unser Gepäck auf der »Romania« geblieben war und in Venedig unerwartet niedrige Temperaturen herrschten, zwang mich meine Mutter, einen ihrer Mäntel umzuhängen, damit wir nach dem Abendessen im Luna (wir wohnten im Luna: was für ein märchenhafter Einstieg ins europäische Leben!) noch ausgehen konnten. Wenn alles heilig ist, was von der Mutter kommt, warum begibt sich dann ein Sohn, der älter ist als zehn, neben seiner Mutter in die Lage, ausgelacht zu werden? Auch das Gebet ist heilig, aber der Mensch, der sich des »Anstrichs« gewisser Situationen bewußt ist, versteckt sich beim Beten.

Der Markusplatz glitzerte wie ein Theater. In den Geschäften ringsherum funkelten Spitzen, Juwelen, Glas: großartige »Vanitas« einer an ihrem Höhepunkt angekommenen Kultur. (Der Fortschritt der Kultur läßt sich messen am Sieg des Überflüssigen über das Notwendige.) Die zwanzig Sprachen Europas liefen wie Bänder durch die Menge, verwoben sich, vermengten sich zu einem goldenen Summen. Im Licht der Piazza, aus dem Kreis eines noch helleren Lichts stiegen die Töne der *Semiramis* schmetternd auf, zwischen den Federbüschen der Musikanten und dem höheren und stärker vibrierenden des Dirigenten. Im Florian saß einer mit dem Gesicht eines Lords, im Smoking, den einen Fuß vor sich auf dem Knie, und liebkoste den scharlachroten Knöchel in einer groben, handgestrickten Socke. Und ich ging, mit verkrampften Muskeln, abwesendem, herumirrendem Blick, hütete mich ängstlich vor anderen Blicken und hoffte zu träumen und war doch verzweifelt davon überzeugt, daß das kein Traum war; ich ging durch diese Menge, diesen Glanz, diese »Freiheit« als Gefangener eines Latschen, eines Damenmantels ... Ein dunkles Loch am Ende der Piazza: Der quadratische Turm des neuen Campanile ragte nur wenig über den Bretterzaun der Baustelle hinaus.

Wer in diesen Jahren bereits über Vernunft gebot, weiß, welche Gefühle der Einsturz des Campanile von San Marco hervorgerufen hatte. Am vierzehnten Juli 1902, kurz vor zehn, »kehrte« der alte Campanile »in sich zurück« wie ein sich schließendes Teleskop. »Er kehrte zu seinem Volke zurück«, sagt das *Buch der Genesis* über den, der in jenes geheimnisvolle Land zurückgerufen wird, aus dem es keine Rückkehr gibt. Die verstorbenen Inkas kehren auf die Sonne, das Land ihrer Vorfahren, zurück. Die Mandan hoffen, nach dem Tod ihre Vorfahren in der ursprünglichen Heimat wiederzufinden, die für die neuseeländischen Maoris im Himmel, für die Santali im Osten liegt. Radbad, der Friesenkönig, dem der Missionar, der ihn bekehren wollte, versichert hatte, seine heidnischen Vorfahren befänden sich in der Hölle, verzichtete auf die Bekehrung und starb lieber als Heide, um *zu seinem Volk* zurückzukehren und seine Lieben wiederzufinden. Der goldene Engel an der Spitze des Campanile von San Marco rollte bis zur Tür der Basilika, als wolle er die Kirche betreten und hier seine in Schiffen und Kuppeln verstreuten Brüder wiederfinden. Von den vielen Glocken rettete sich nur die *Trottiera*, die mit ihren hastigen Schlägen die Magistrate daran erinnerte, daß sie rascher gehen mußten, wollten sie rechtzeitig zum Rat gelangen.

Eines Tages stand Isadora Duncan[6] in der Basilika der Markus-Kirche und betrachtete einen der Mosaikengel in der Kuppel. Auch der Engel blickte Isadora an, und wie er sie so anblickte, verwandelte sich der Engel langsam in ein Kind, in jenen kleinen Patrick, dem Isadora einige Jahre später das Leben schenken sollte. Sie fuhren fort, sich anzusehen, bis in den Augen des Kindes eine große Traurigkeit erschien: der Schatten des Todes in den Augen des Ungeborenen. Da lief Isadora eilig auf die Piazza hinaus, getrieben von einem mächtigen Windstoß der Angst. Und die Tauben flogen im Sturmgebrause davon.

Wer in diesen Jahren bereits über Vernunft gebot, weiß, wie nachdrücklich die »Leere« beklagt wurde, die der Einsturz des Campanile auf der berühmten Piazza hinterlassen hatte. Die Angst vor der »Leere« war in jenen Jahren der »geschlossenen« Kultur sehr groß. Auch die Form der damals noch sehr seltenen Automobile wurde heftig kritisiert, weil die Erinnerung an die Pferde nun den Eindruck des Unvollständigen erweckte; und der Erinnerung an die fehlenden Pferde zu Ehren nannte man die ersten Automobile auch »Kutschen ohne Pferde« (vgl. *Lieder ohne Worte*), und die eifrigsten Hüter der Tradition versicherten, das Auto würde das Pferdegespann nie ersetzen. *Lieder ohne Worte* nennen die Deutschen, ohne daß ich den Grund wüßte, auch ein Kalbsschnitzel, auf dem ein mit Sardellenfilets und kleingehackten Oliven gewürztes Ei im Schlafrock liegt.

Große Veränderungen haben seit damals stattgefunden, gewaltsam die einen und unmerklich die anderen, und heute tut sich die Leere im harten Herzen der Städte, an den dichtesten Stellen des städtischen Gefüges plötzlich und immer wieder auf, ohne jedoch irgend jemanden zu überraschen.

Auch meine Seele hat sich ganz unbemerkt zum sogenannten 20. Jahrhundert bekehrt, schlimmer noch, sie ist überzeugt, daß sie unerschütterlich an den alten Positionen festhält.

Heute abend, nach so vielen Jahren, betrete ich den Markusplatz. Ich sehe den fertigen Campanile und erinnere mich an die eben

6 Isadora Duncan (1878-1927), amerikanische Tänzerin. (Anm. d. Ü.)

erst sichtbar werdenden Wurzeln. Und trotz des befreienden Gefühls, das uns jeder Bau einflößt, der den Himmel besiegt, habe ich den Eindruck, daß der Campanile die sanfte Asymmetrie dieses steinernen Salons stört.

Diesmal überquere ich den Ort meiner Schmach mit zwei Schuhen. Er ist leer. Nur Gespenster finde ich wieder: das Gespenst des Lords mit der scharlachroten Socke, das Gespenst meiner Mutter, mein eigenes Gespenst...

Eine »geschlossene« Kultur ist eine sehr reife und in sich abgeschlossene Kultur, die von außen nichts mehr erwartet und von ihren Besitztümern lebt. Es ist die einzige Form der Kultur, die mich interessiert. Die einzige, die der ursprünglichen Bedeutung des Wortes *civiltà* treu bleibt und deren Funktion offenbart, nämlich das Formlose zu sammeln und es in der Stadt zu vereinigen, um es dort einzuschließen und ihm ein kleineres Format zu geben, es auf diese Weise erfaßbar, sichtbar, handhabbar zu machen.

Kultur bedeutet die strenge Anwendung eines bestimmten Komplexes von Kenntnissen. Sie bedeutet Ausschluß, Ignoranz, den Unwillen, zur Kenntnis zu nehmen, was nicht zu diesem Komplex gehört. Nur das ist eine geschlossene Kultur, die sich abschließt, ohne Fenster, Löcher, Spalten ist, durch die andere und fremde Ideen in die Kultur eindringen und sie verseuchen, verderben könnten. Wahre Kultur ist nicht neugierig. Für sie gelten die allgemeingültigen Regeln der Hygiene nicht: Frischluft schadet ihr.

Es ist unkultiviert, die Dinge anderer zu begehren, sich wandeln, anders sein zu wollen, als man ist. Und dennoch ist dies das Ziel vieler Menschen, vieler Völker. Jedoch das Modell des Gegensatzes von Zivilisation und Barbarei bleibt der Marsch der Meder gegen Griechenland, ihr Versuch, sich zu hellenisieren. Der Franzose besitzt ein sprichwörtliches Desinteresse an Geographie. Auch den Griechen waren die Dinge aus der Fremde gleichgültig. Auch den Menschen der Frührenaissance. Kolumbus entdeckte eine neue Welt, aber dabei zerstörte er die Ordnung der italienischen Kultur, die wir nach und nach mühsam wiederherzustellen versuchen. Die Entdeckung neuer Welten schadet der geschlossenen Kultur. Der eine oder andere wird sich an dieser Stelle wohl besorgt fragen, welche Stellung die Poesie innerhalb der Kultur hat. Mit Recht. In der gesunden Kompaktheit der geschlossenen Kultur stellt die Poesie einen Fremdkörper dar, eine Störung, ein Übel. Die Poesie ist mit einem Wort kulturlos, nichtzivil.

Wir müssen uns über die genaue Bedeutung des Wortes »zivil«[7] einigen. Zivil ist all das, was für den Gebrauch des Bürgers in der Stadt bestimmt ist. Was seinen Bedürfnissen und Möglichkeiten entspricht. Das Leben auf dem Land rüstet den Menschen aus mit großen Kräften. Es gibt den Menschen Kraftreserven, es bildet eine Rasse heraus. Wenn der Landmensch, der starke Mensch, der Rassemensch in die Stadt zieht, sich »zivilisiert«, beschneidet er um sich herum die Kraftreserven, gibt ihnen eine neue Form, verkleinert sich, schrumpft auf das übliche Bürgerformat zusammen. Diese Verkleinerung auf das zivile Format findet nicht nur bei den Menschen, sondern auch bei den Dingen, den Künsten statt. Bei der Malerei ist einzig und allein die Staffeleimalerei zivil. Für die Wandmalerei, die großflächige Malerei in Gewölben, Kuppeln paßt das Wort »zivil« nicht. Ich denke mit Schrecken an die tierische Anstrengung, die es kostet, die Decke der Sixtinischen Kapelle zu betrachten; ganz zu schweigen von der Anstrengung, die es Michelangelo kostete, diese Decke zu bemalen. Nicht zufällig befindet sich in Mailand das »zivilste« Bild der Welt: *Die Vermählung Mariens.*

Auch in Hinblick auf die äußere Form eignet sich Mailand zur geschlossenen Kultur. Seine Radform bestimmt es dazu, einzusammeln und zu konzentrieren.

Unsere Piloten haben ein allzu großes, offenes, naives Auge, sonst hätten sie uns von der Zyklopenstadt in Kenntnis gesetzt, die sie bei ihrem Flug über den lombardischen Himmel entdeckten, von dieser einäugigen Stadt, dieser Vulkanstadt, die wie Polyphem ein einziges Auge auf der Stirn trägt, umhüllt von der enormen Augenhöhle der Häuser.

Ich erinnere mich noch an die geschlossene Kultur Mailands. Ich erinnere mich an sie wie an einen Traum. Es war zwischen 1907 und 1910. Der Augenblick ihres absoluten Stillstands, ihres

---

7 Das italienische Wort »civile« hat keine eindeutige Entsprechung im Deutschen. Es kann sowohl »zivilisiert«, »kultiviert« als auch »bürgerlich«, »zivil« bedeuten. (Anm. d. Ü.)

höchsten Glanzes. Der Wind peitscht die Flamme und stachelt sie auf, aber ihr lebendigstes, beständigstes Licht gibt die Flamme, wenn es windstill ist. Der Wind der Polemik hatte sich bereits seit Jahren gelegt. Von der *scapigliatura*[8] keine Spur mehr. Das Wort *boemia* (Bohème und Böhmen) verleitete nicht einmal mehr zu dem Wortspiel mit der Stadt Prag und Emilio Praga.

Nur Marco war noch da, das Geschlecht der Praga zu repräsentieren. Rechts vor dem Eingang des Savini, auf dem Diwan sitzend, präsidierte er einem kleinen Künstlerkreis. Er versank im roten Diwan, den Kopf an den Spiegel gelehnt. Er sprach nicht mit dem Mund, sondern mit dem dichten, rotblonden Schnurrbart, der sich unter der gießkannensprühkopfartigen Nase eloquent auf und ab bewegte. Rötliche Haare umloderten seinen Schädel, die Augen stachen wie Rosinen aus einem dichten Netz von Furchen, Falten und Krähenfüßen hervor, mit der Messerspitze in seine Indianerhaut eingearbeitete Intarsien.

Eines Abends neigte Marco, wie immer im Diwan versunken, den Kopf zur Seite und rührte sich nicht mehr. Die Zeitungen schrieben seinerzeit, der »berühmte Komödiendichter« sei in Varese gestorben. Der Tod, der so oft das Leben der Menschen erhellt, warf auf das Leben Marco Pragas einen häßlichen und trügerischen Schatten.

Elf Jahre sind vergangen, aber im Savini bleibt abends auf dem Diwan rechts vor dem Eingang immer ein Platz leer, selbst in den Augenblicken des größten Andrangs. Und wer ein scharfes Auge besitzt, sieht im Spiegel den schwachen Widerschein eines gesenkten rothaarigen Kopfes, der unter seinem roten Schnurrbart weiterhin tonlose, unverständliche Worte murmelt.

Marco Praga, ein typischer Vertreter der geschlossenen Mailänder Kultur, starb 1929. Fünfzehn Jahre lang hatte er ein kümmerliches Leben gefristet, in einem Klima, das nicht mehr das seine war. Er atmete nicht mehr: er rang nach Luft, und sein keuchender Atem ließ die Spiegel im Savini anlaufen.

---

8 Die »scapigliatura« war eine lombardische Literaturströmung in der zweiten Hälfte des 19. Jahrhunderts, die sich gegen den herrschenden bürgerlichen Geschmack absetzte und eine realistische, europäisch orientierte Literatur forderte. Einer ihrer Hauptvertreter war Emilio Praga (1839-1875), der Vater von Marco Praga (1862-1929). (Anm. d. Ü.)

Die geschlossene Kultur Mailands starb 1914.

Der Krieg beschleunigte ihr Ende, verursachte es jedoch nicht. Die Kriege wirken nicht auf die Kultur ein, sondern sind selbst abhängig von den Dramen der Kultur. Auch ohne Krieg hätte diese geschlossene und vollkommene Kultur geendet.

Neue, verderbliche und zersetzende Ideen begannen sich über der Stadt wie Wolken zu verdichten. Bis dahin hatte Mailand ruhig und sicher dahingelebt, allem gegenüber gleichgültig, was nicht ihr gehörte. Was ging es Mailand an, wenn anderswo der Kubismus entstand, sich die Ideen veränderten und die dichterischen Werte verkehrten, wenn neugierige und ungeduldige Menschen wieder einmal die glatte, inzwischen jedoch unfruchtbare Oberfläche der Kultur aufrissen, um aufs neue die Wurzeln der Dinge zu suchen?

Die Kultur ist die Schwester der Mittelmäßigkeit. Sobald sich in einer Gemeinschaft auch nur zwei Individuen mit denselben intellektuellen Fähigkeiten befinden, entsteht die nützliche, die bequeme, die selige Mittelmäßigkeit. Mittelmäßig, besser gesagt, ausgewogen in ihren Werten, war die französische Kultur, und Pasteur, der den Namen Cézanne zwar nie gehört hatte, war doch darauf bedacht, ihn nicht zu übertreffen. Zur Zeit der geschlossenen Mailänder Kultur schwamm der Erzengel der Mittelmäßigkeit in einem Panzer aus goldenen Schuppen, der in der Sonne funkelte, mit kräftigen Stößen um die *Madonnina* und bewachte unschuldig und streng die Dächer seiner Lieblingsstadt.

Im Kreis dieser geschlossenen Kultur schrieb *el pover Bütti*[9] *Il Castello del Sogno* und wurde zum Dichter ausgerufen, denn in der geschlossenen Kultur gilt die Dichtung als Traum, Unwirklichkeit, reines Spiel liebenswürdiger Abstrusitäten, und für die zivilisierten Menschen sind die Gegenstände der Dichtung Teile einer Art Mondlandschaft. Carrugati, der schmutzigste Mann Mailands, der in seiner Behausung eine ganze Menagerie versammelt hatte und abends mit einem Äffchen auf der Schulter im Savini erschien, versetzte in den Spalten des »Secolo« dem Tod

9 Der arme Butti. Gemeint ist der Dichter Enrico Annibale Butti (Mailand 1868-1912). Savinio nennt ihn wahrscheinlich den »armen« Butti, weil dieser in seinem kurzen Leben von Krankheit geplagt war. (Anm. d. Ü.)

von Mélisande den Todesstoß, der es gewagt hatte, mit Mimis Tod zu konkurrieren, denn eine in sich geschlossene Kultur weiß mit den Toten, die von außen kommen, nichts anzufangen. Giovanni Pozza, der Musikkritiker des »Corriere della sera«, der von Musik keinen blassen Schimmer hatte, löste nach der Premiere der *Salome* den Fall Strauss ganz richtig und auf brillante Art und Weise, indem er feststellte, als Richard sei ihm Wagner lieber und als Strauss der mit den Walzern. Der zweite Pozza, Giovannis Bruder, hatte den »Guérin Meschino« zu den höchsten Gipfeln einer Ironie ohne Bösartigkeit emporgehoben, er paraphrasierte in der *note extère* die Außenpolitik, nahm die Exzentrizitäten Gabriele D'Annunzios aufs Korn, jedoch mit einem Respekt vor dem Idol, der selbst den der respektvollsten Bewunderer übertraf. Mit dem Emblem der alten Öllampe erschienen die Bücher aus den handfertigen Händen von Emilio Treves[10], und Renato Simoni[11], der Aristophanes dieser geschlossenen Kultur, brachte in der *Turlupineide* die Stadt dazu, über sich selbst zu lachen.

Wenn er nicht gerade *Il Castello del Sogno* schrieb, kam *el pover Bütti* in der Begleitung von Madame Brochon, wie ein Sohn, der der mütterlichen Fürsorge bedarf, in die Konditorei Cova, die zwischen fünf und sieben das intellektuelle Herz Mailands war. Giacomo Puccini bestellte beim Kellner *petì burr* (Butterkekse), die er in den Cappuccino eintunkte, denn in jener Zeit hatten die Philologen noch nicht dafür gesorgt, die Vokabeln fremder Herkunft durch solche reiner italienischer Prägung zu ersetzen. Auf dem Gehsteig vor dem Cova standen wie Krieger, die Herkules' Waffen bewachen, Herren mit Bärten wie Zentauren und stattliche Kavallerieoffiziere in Reih und Glied, den blauen Mantel über die Schulter geworfen, die einen wie die anderen Mitglieder des nahen Patriottica-Zirkels. Die Herren und die Offiziere

10 Emilio Treves (1834-1916), Gründer des Treves-Verlages. In dem Verlag wurden die bekanntesten Werke des italienischen Verismus veröffentlicht, außerdem die Werke von D'Annunzio und Pirandello. 1938 übernahm Garzanti den Treves-Verlag. (Anm. d. Ü.)

11 Renato Simoni (1875-1952), Schriftsteller und Theaterkritiker, übernahm 1914 nach Giovanni Pozza die Stelle des Theaterkritikers beim »Corriere della sera«. *Turlupineide*: nach dem Komiker Turlupin (Commedia dell' arte). (Anm. d. Ü.)

priesen einmütig die Vorzüge der Passantinnen, und wenn das Wetter regnerisch war und die Passantinnen beim Überqueren der Via Manzoni den Rock heben mußten, schrien Zentauren und Offiziere einstimmig in vollem Ernst und aus fester Überzeugung: »Beine! Beine!«

Der tonale Einklang dieser in sich geschlossenen und arglosen Kultur echote aus den Marmorkolumnen des »Corriere della sera«. In ihrem makellosen Glanz spiegelte die größte Tageszeitung Italiens, in der alle, Redakteure und Mitarbeiter, auf dieselbe Weise dachten und schrieben, die Eintracht, die Harmonie eines literarischen Tonfalls wider, in dem keine Stimme »vom Thema abschweifte« noch versuchte, sich abzusondern oder die Stimme der anderen zu übertönen. Und da die geschlossene Kultur blinden Glauben genauso ausschließt wie Ungestüm – alles Dinge für arme Schlucker – und sich vielmehr mit einem artigen Skeptizismus umgibt wie mit einem eleganten Morgenrock, wurde der Ton des »Corriere della sera« bis hin zum »Corriere Milanese« angeschlagen, bis zum »Corriere giudiziario«, zum »buon tono« von Amedeo Morandotti und von »Conte Ottavio«. Wie komisch, daß diese so mailändische Zeitung, die so ängstlich darauf bedacht war, auch nicht die kleinste Lügengeschichte aufzutischen, von Torelli Viollier[12] gegründet wurde, der Neapolitaner war und Sekretär von Alexandre Dumas dem Älteren, dem König der Lügengeschichten.

Die geschlossene Kultur kennt keine Kritik, keine Polemik, keine einander widersprechenden Urteile. Die geschlossene Kultur schließt entweder aus oder heiligt. Giovanni Pozza, der Musikkritiker, der von Musik keinen blassen Schimmer hatte, würdigte im »Corriere della sera« die Größe des *Mefistofele*: »Dieses Meisterwerk, das die musikalische Spontaneität der Italiener mit der harmonischen Disziplin der Deutschen vereint.«[13]

12 E. Torelli-Viollier gründete 1876 die Mailänder Tageszeitung »Corriere della sera«. (Anm. d. Ü.).

13 Eine seltsame Analogie zwischen Boito und Alarich. Um zu rechtfertigen, daß der Gotenkönig die Hand nach dem Römischen Reich ausstreckte, hieß es, Alarich »vereinte germanisches Ungestüm mit lateinischer Genauigkeit« (Marcel Brion, *La Vie d'Alaric).*

(Zu Boito s. Kapitel Der Sohn Mariens. Savinio kommt in dem Kapitel Ala-Reiks auf Alarich zurück. d. Ü.)

In derselben Zeitung schrieb Ugo Ojetti über Kunst in der Tradition von Giorgio Vasari (auch er Kunstkritiker einer abgeschlossenen und in sich geschlossenen Kultur), besser gesagt, er stimmte einen Lobgesang an. Nach dem enkomiastischen Auftakt folgten die Namen der gleichermaßen tüchtigen Künstler: Bazzaro, die Ciardi, Marius Pictor ...[14]

Die Gestalten dieser geschlossenen literarischen Kultur waren wie etruskische Götter pyramidenförmig angeordnet, in der Ordnung einer rigorosen Hierarchie. Die minderen Götter kletterten langsam, aber beständig die Stufen der Pyramide hinauf, traten weiter oben an die Stelle der noch bedeutenderen Götter, nachdem diese im Licht der Apotheose in den Himmel geflogen waren. Als Edmondo De Amicis[15] starb, erschien der »Corriere della sera« mit schwarzgerändertem Titelblatt und einer Überschrift über sechs Spalten, in der es hieß: »Der Schriftsteller der Güte ist tot.« Ähnliches geschah beim Tod von Giuseppe Giacosa.[16] Der Tod eines, wenn auch mittelmäßigen, Schriftstellers nahm in jener Zeit die ganze erste Seite der ersten Zeitung Italiens ein. Das Gift der Kritik, die Schadstoffe des Zweifels, die Galle des Besserwissens hatten die Gemüter noch nicht verstört; niemand hätte auch nur im Traum den Verdacht zu äußern gewagt, der Tod eines Edmondo De Amicis oder eines Giuseppe Giacosa wäre für die höchsten Ziele der Poesie vielleicht von geringer Bedeutung. Die Libretti von Luigi Illica[17] wurden auswendig gelernt.

14 Ernesto Bazzaro (1859-1937), Mailänder Bildhauer, schuf einige öffentliche Denkmäler, s. Kap. Ala-Reiks, Anm. 11.
   Guglielmo Ciardi (1842-1917), Landschaftsmaler aus Venedig. (Anm. d. Ü.)

15 Edmondo De Amicis (1846-1908), populärer italienischer Schriftsteller, der insbesondere mit seinem sentimental angehauchten Roman *Cuore* (*Herz*) berühmt wurde. (Anm. d. Ü.)

16 Giuseppe Giacosa (1847-1906), bedeutender italienischer Dramatiker der zweiten Hälfte des 19. Jahrhunderts. Schrieb auch Libretti für Puccini. (Anm. d. Ü.)

17 Luigi Illica (1857-1919), Librettist, Komödienschreiber und Journalist. Er gehörte zur lombardischen »scapigliatura« (s. Anm. 8). Er schrieb zusammen mit G. Giacosa (s. Anm. 16) die Libretti zu *La Bohème*, *Tosca* und *Madame Butterfly* (Anm. d. Ü.)

Nachmittags spazierte ein großgewachsener Jüngling mit einem Katzenschnurrbart, Hakennase und dem Gesicht eines Karagös über die Via Manzoni; und er wurde von seinem buckeligen, schlaksigen, aerodynamischen russischen Windspiel eher gezogen, als daß er das Windspiel zog. Die Zentauren und die Posten stehenden Offiziere an der Tür des Cova, die mit den literarischen Dingen nicht direkt vertraut waren, fragten Tito Ricordi, wer dieser Jüngling sei, und Tito antwortete, ein Romancier mit großer Zukunft, der Autor von *La vita comincia domani (Das Leben beginnt morgen)*.

Die Spitze der Pyramide bewohnte einer allein: Gabriele D'Annunzio.

Es nahte die Premiere der *Fedra (Phaedra)*. Bis um sieben Uhr befanden sich die Zentauren, die Offiziere und die Intellektuellen des Cova in Aufregung. Um sieben wurde die Nachricht überbracht, das Buch sei erschienen. Die Buchhandlung Treves befand sich in der Galerie dort, wo heute die Buchhandlung Garzanti ist, und darüber hinaus besaß sie die Schaufenster, die jetzt der Italienischen Fremdenverkehrsgesellschaft gehören. Um sieben, nach einem kurzen Intermezzo bei herabgelassenen Rolläden, erstrahlten die Schaufenster der Buchhandlung Treves, sie waren vollgestellt mit ein und derselben Ausgabe der *Phaedra*. Nach einer halben Stunde war jedoch von diesem biblischen[18] Garten keine Spur mehr zu sehen, denn die Zentauren, die Offiziere und die Intellektuellen des Cova hatten sich auf die Bände gestürzt wie die Heuschrecken auf den Weizen, um den Text D'Annunzios noch vor der Aufführung zu studieren. Und noch am selben Abend, von neun Uhr bis um Mitternacht: die Zentauren, die Offiziere, die Intellektuellen des Cova im Parterre und auf den Rängen des Teatro Lirico, zu denen sich die schönsten Schultern, die schönsten Brüste, die schönsten Arme Mailands gesellt hatten, und zugleich die häßlichsten Schultern, die schlaffsten Brüste, die schwärzesten und ausgemergelsten und haarigsten Arme der Stadt, langweilten sich wunderbar beim Schauspiel von Hippolyts Keuschheit und der Schamlosigkeit von Minos' Tochter; aber dessenungeachtet wiederholten die Zentauren, die Offiziere und die Intellektuellen, die schönen und

18 Von »Buch«: Und ich bitte um Verzeihung.

die häßlichen Schultern nach dem Theater und am nächsten Tag und noch viele Tage lang immer wieder, wie ein Losungswort, wie einen Wappenspruch, ein wenig lächelnd und ein wenig vom Thema abschweifend: »Unvergeßliche *Phaedra*...«

Außer an *Il Piacere* (*Lust*) fanden an den Büchern D'Annunzios die Zentauren, die Offiziere und die Intellektuellen des Cova weniger Gefallen, sondern sahen in ihnen vielmehr den Abglanz ihrer eigenen Sehnsüchte und die Vorstellung, wie sie gerne sein wollten. Zu keiner anderen Zeit als zur Zeit D'Annunzios fand der Mensch sein Ideal in der Literatur. Jedes neue Buch des »Göttlichen« wurde zu einem »persönlichen« Ereignis im Leben der Zentauren und ihrer Gefährten. Das Leben richtete sich nach dem neuesten Buch D'Annunzios. Wenn Verdi mit D'Annunzios eigenen Worten für alle weinte und liebte, so »lebte und liebte« D'Annunzio seinerseits »für alle Italiener«. Als *Forse che sì forse che no* (*Vielleicht - vielleicht auch nicht*) erschien, fanden eifrige Heraldiker heraus, daß »forse che chi sa tu« die Fortsetzung des Mottos ist, das auf der Decke des Palazzo Ducale in Mantua mehrmals wiederholt wird. Was den Namen *velivolo* betrifft, den D'Annunzio dem Flugzeug gab, so entdeckten unbekannte Gelehrte, daß bereits Chateaubriand dieses Wort gebraucht hatte, und zitierten: »le pêcheur napolitain dans sa barque vélivole».[19] Gleichzeitig sang man in einer Oper von Ruggero Leoncavallo mit dem Titel *Malbrúc*:

> Con licenza di quel divo
> che villeggia a Settignano,
> l'aerò aeroplano,
> non velivolo sarà.[20]

---

19 »Der neapolitanische Fischer in seinem Segelboot.« (wörtlich vélivole = Segelflieger, d. Ü.)
Im übrigen sind *velivolo* (wörtlich: Flugzeug) und *velifero* poetische Ausdrücke für Segelboot und für das vom Segelboot durchfurchte Meer.

20 Der Göttliche auf seinem Landsitz
in Settignano möge es verzeih'n,
doch ein Flug-Flugzeug
wird nie und nimmer segelbeflügelt sein. (d. Ü.)

Diesen Strophen schenkte das Publikum frenetischen Beifall, denn die Menge liebt es, beherrscht zu werden, aber gleichzeitig gefällt es ihr auch zu zeigen, daß sie den Herrscher zum Narren hält, wenn auch nur literarisch. Die große Spaltung zwischen Publikum und Autorenschaft hatte sich noch nicht vollzogen. Heute werden selbst in Mailand die besten Dichter, die besten Schriftsteller, die besten Komponisten vom Publikum gänzlich ignoriert. Zwei Lager sind entstanden, ohne Animositäten zwischen dem einen und dem anderen, denn das eine ignoriert das andere und umgekehrt.

Catrafossi

Selbst die breitesten Calli Venedigs sind noch so eng, daß ich, ohne es im geringsten zu wollen, vielmehr mich maßlos dafür genierend, mit meinen schlenkernden Händen die Hände der Passantinnen streife. Ich versuche, sie stillzuhalten, aber es nützt nichts. Ich versuche, sie ihrer Pendelbewegung zu überlassen, und wieder geschieht dasselbe. Und jedesmal versetzt es mir einen Schlag, läuft mir ein Schauer, ein *Teufelchen* den Rücken hinunter. Kühle Hände und heiße Hände, schwitzende Hände und eisige Hände, dicke Hände und magere Hände, Hände aus Butter und Hände aus Elfenbein, weiche Hände und harte Hände, magische Hände und Hände, die so tot sind wie rohe Schnitzel, Hände, die mir einen elektrischen Schlag versetzen wie das Lampenkabel, wenn das Isolierband durchgewetzt ist und der Draht freiliegt, und Hände, deren Berührung nicht stärker wirkt als ein kaltes Bügeleisen. Welche Reaktion rufen diese Werkzeuge der Liebe, so zart sie auch sein mögen, in mir hervor? Diese Berührung hat etwas Verbotenes an sich. Ich habe das Gefühl zu stehlen. Ich versuche, wie Napoleon die Hände auf dem Rücken zu verschränken, aber ohne Erfolg. Da streife ich ganz langsam die Handschuhe über.

Die einzigen Fahrzeuge, die in den Calli verkehren dürfen, sind Kinderwagen. Als ich ein Fahrrad klingeln höre, drehe ich mich entsetzt um, aber es ist nur ein Kinderdreirad. Der heiße Menschenstrom, der sich auf die Merceria ergießt, bringt eine Menge weinender Kinder mit sich. Warum weinen die Kinder in Venedig? Weil sich zur Calle hin immer wieder der Mund einer im blaugrünen Unterwasserlicht daliegenden Gelateria öffnet, so wunderbar wie ein Aquarium. Aber kann die *mamina* bei jeder Gelateria haltmachen und ihrem Kind ein Eis kaufen? Das wären zwanzig Portionen Eis pro Tag und das entsprechende Bauchweh. Auf das uneinsichtige Kind läßt Giustina Rossi von dem Mezzanin da oben ihren steinernen Mörser fallen.

Ich habe Giustina Rossi eben wiedergesehen, kurz nachdem ich unter dem Arco dell'Orologio hindurchgelaufen bin, zwischen dem Portico del Cappello und einem kleinen schmiedeeisernen

Balkon. Kopf und Arme aus dem Viereck verwitterten Marmors gereckt, ist Giustina Rossi noch immer drauf und dran, den Mörser fallen zu lassen, den sie in ihren Händen hält und den sie zu Lebzeiten, am 15. Juni 1310, Baiamonte Tiepolo auf den Kopf fallen ließ, dem Anführer der Verschwörer, die sich gegen die »Schließung des Rates« erhoben hatten, als dieser auf dem Weg vom Rialto zur Piazza den Arco del Cappello passierte, um den Dogen Pietro Gradenigo zu ermorden. Ich hatte das Glück, letztes Jahr hier in Rom eine Gradenigo kennenzulernen, wohin sie aus Santa Monica in Kalifornien gekommen war, und ich malte entzückt ihr Madonnengesicht, ihre sanften Samtaugen. Wer in Venedig ganz allgemein »la Piazza« sagt, meint den Markusplatz, und alle anderen Plätze heißen, als wären sie des Namens »Piazza« nicht würdig, entweder Campi oder Campielli oder Campazzi. Ein kleiner weißer Stein, der für gewöhnlich auf glückliche Ereignisse hinweisen soll, markiert auf dem Pflaster der Merceria genau den Punkt, auf den der mörderische Mörser fiel. Die Tat Giustina Rossis verbreitete Panik unter den Verschwörern und war Ursache ihres Scheiterns. An jedem Jahrestag der niedergeworfenen Verschwörung erschien am Fenster der Giustina Rossi eine Fahne, und auf dem Platz der zerstörten Tiepolo-Häuser in San Stin sorgte eine Schandsäule dafür, daß Mahnung und Erinnerung weiterlebten. Heute werden Fahne und Säule im Correr-Museum aufbewahrt. Giustina Rossi und ihr Mörser sind an ihren Platz am Fenster des Mezzanins zurückgekehrt, wie durch einen Filmtrick werden bereits in Brüche gegangene Dinge wieder zusammengefügt. Warum grinst der zahnlose Mund Giustina Rossis und krümmt sich zwischen der Hakennase und dem vorstehenden Kinn zu einer Gondel? Wer es nicht weiß und dieses winzige Köpfchen, diese würdevollen Gesten sieht, denkt an eine Großmutter, die ihren Enkeln gerade Suppe in die Teller füllt, wer es jedoch weiß, entdeckt in diesem von der Zeit ausgemergelten Gesicht die Vorfreude auf ein schreckliches Vergnügen. Der Konservatismus, diese Angst vor dem Tod, ist die Krankheit der Alten. Nur der Gedanke, das Bestehende zu bewahren, aufrechtzuerhalten, veranlaßt die wartende Giustina Rossi da oben, einen Mann umzubringen. Gewisse, wenn auch gut gemeinte Taten ziemen sich nicht für die Alten. Wie Kinder und Frauen sind auch die Alten zu einer größeren Zurückhaltung verpflichtet, zu einer größeren Diskretion, einer größeren Schamhaftigkeit. Und wie die jungen Mädchen, so ziert das Schweigen auch die Alten. Das Schweigen der Worte und das Schweigen der *Gesten*. Im Alter wird die Frau wieder zu einem jungen Mädchen. Taten, die im besten Alter erlaubt sind, sind im Alter verboten. Und wenn die Alten sündigen, sind ihre Sünden furchtbar und obszön. Noch eine andere alte Frau handelte wie Giustina Rossi im besten Glauben, Gutes zu tun, und trug »ebenfalls« – trab, trab – ihr Reisigbündel zum Scheiterhaufen des Jan Hus. Und der arme Hus, schon zur Hälfte Kotelett, betrachtete die Alte von oben und seufzte: »Sancta simplicitas!« Das kleine Denkmal der Giustina Rossi erinnert in den Gesten an die Statue des Gerolamo Fracastoro, die aufrecht auf dem Torbogen der Piazza dei Signori in Verona steht. Aber wie unterschiedlich die Absichten! Fracastoro hält eine Marmorkugel in der Hand, die er auf den erstbesten Edelmann fallen lassen wird, der unter ihm vorbeigeht. Vier Jahrhunderte sind vergangen, und Fracastoro[1] hält seine Kugel noch immer in der Hand. *In obitum Fracastorii* schrieb Matteo Bandello:[2]

> I cedri miei, che di tua man sovente
> rigavi, con gli Esperii pomi d'oro
> languidi stanno, fra gli allori e i mirti.[3]

Ich liebe die Sonne nicht. Ich hege seit langem Groll gegen sie. Zweimal warf sie mich als Kind auf einem Ritt durch die Ebene von Thessalien von meinem Esel, als ich meinen Vater begleitete.

---

1 Girolamo Fracastoro (1483-1553), Humanist. Veröffentlichte Abhandlungen über ansteckende Krankheiten, schrieb Werke über Geographie, Astronomie, Theologie und Religion, sowie ein Gedicht über die Syphilis und am Ende seines Lebens philosophische Dialoge. (Anm. d. Ü.)

2 Matteo Bandello (1484-1561), errang den größten Ruhm mit seinen 214 Novellen, die eine genaue Chronik des Lebens im Italien des 16. Jahrhunderts enthalten. (Anm. d. Ü.)

3 Meine Zitronenbäume, die du mit eigener Hand oft begossen, welken nun inmitten goldender Hesperidenäpfel zwischen Lorbeer und Myrten. (d. Ü.)

Auch darin sind mir die Calli Venedigs freundlich gesinnt, denn sie bringen die vielgerühmten guten Eigenschaften der Sonne sehr in Verruf. Das Gesetz, die Sonne sei gesund, ist kein allgemeingültiges Gesetz. Es gibt Menschen und ganze Völker, die besser und *gesünder* im Schatten leben. In der Sonne, an der Luft verfallen und sterben sie. Ich hege berechtigten Zweifel an angeblich Zuträglichem oder Schädlichem. Seitdem ich auf der Welt bin, hat sich das Urteil über die Eigenschaften der Tomaten viermal geändert. Einmal sollen sie gesund und einmal ungesund sein. Und die Sonne? Zur Zeit meiner Kindheit wuchsen die Kinder in kühlen und schattigen Häusern heran, hinter transparenten und mit arkadischen Landschaften bemalten Vorhängen. Dann kam die Heliomanie und die Begeisterung für gebräunte Haut, aber schon höre ich von der Sonne sprechen wie von einem Freund des Kochschen Bazillus. Oswald bittet seine Mutter um Sonne, aber er ist verrückt. Bruno Barilli[4] hatte sich in Paris so sehr an verdorbene Speisen und gewisse *suprêmes barbues* gewöhnt, die von Würmern wimmelten, daß er krank wurde, als er wieder begann, sich gesund zu ernähren.

An der Ecke zur Calle dei Barettieri erinnert mich ein käfigartiger Balkon aus Holz und Glas, der außen von einem Eisennetz gehalten wird, daran, daß solche Balkone auf türkisch *sachniscìr* heißen. Der Orient erstreckt sich bis nach Venedig. Das Leben im Kleinen, das Leben in Miniatur, das Leben in den Calli, an den Fenstern, auf den Terrassen, hinter den Türen der Läden. Im Winzigen, auf Augenhöhe heruntergeholt, entdeckt man das Seltsame, Interessante, die Bedeutung von Dingen, die man sonst nicht beachtet. Die Ameisen sehen mit bloßem Auge, was wir nur auf Infrarotaufnahmen sehen. Ich bleibe auf der Merceria San Salvador vor der Auslage eines Uhrmachers stehen, um eine Armbanduhr zu betrachten, die am Armband hängt und in eine mit Wasser gefüllte Glaskugel getaucht ist, wo ein Goldfisch sie umkreist wie Samson die Winde. Unter dem Glas steht geschrieben: »Die wissenschaftlich hermetische Präzisionsuhr, die den Elementen trotzt.« Was hätte Mallarmé zu einer »hermetischen« Uhr gesagt? Auf gut italienisch hätte man den griechischen Gott Hermes durch den römischen Merkur ersetzen können: »herme-

4 Bruno Barilli (1880-1952), Schriftsteller und Musiker. (Anm. d. Ü.)

tisch« durch »merkurial«. Venedig ist ein riesiges Naturge-
schichtsmuseum, in dem alles Naturgeschichte ist: Uhren, Eis,
Spitzen, Kristallkugeln, Kegel. Ausnutzung jedes einzelnen
Quadratmillimeters. Auf dem Campo San Salvador beeindruckt
mich eine Kirche, die in ein Kino umgewandelt worden ist.
Ähnliche Empfindungen muß Julian auf seinen religiösen
Inspektionsreisen gehabt haben, als er die Tempel verfallen vor-
fand, wo die Abfälle von der Zugluft aufgewirbelt in den ιεςὰ,
den heiligen Bezirken, tanzten, und es keine Gans zum Opfern
gab. Vier große Engel stehen noch links und rechts neben Jesus,
aufrecht auf dem Dach, und einem fehlt der Kopf. Ein Beispiel
für die typisch venezianische *art d'accomoder les restes.* Auf dem
Campo San Salvador hatten zwei Kirchen nebeneinander gestanden. Eine war zuviel und wurde in das Kino Massimo umgewandelt. Welche Filme werden in diesem Kino gezeigt? Hoffentlich
nur solche, die nach dem Kriterium der Erbauung ausgesucht
werden.
Es geht also darum, Dinge zu sehen, die die anderen nicht sehen,
Dinge, die im Schatten ihrer bewunderten Schwestern leben: die
Aschenbrödel der Stadt. Es geht darum, Dinge zu sehen, die auch
die anderen sehen, jedoch in einem Augenblick, in dem die
anderen nicht hinsehen und die Dinge ihre starre Pose ablegen,
sich hingeben, ruhiger atmen.
Die *Gärten* Venedigs muß man besichtigen, wenn die Biennale
beendet ist. Der Gedanke an die Biennale beschäftigt mich nicht
sehr, und deshalb war mir auch noch nicht aufgefallen, bis zu
welchem Grad die Biennale Venedig zur Stadt der Malerei
gemacht hat. Tito Ricordi, der letzte dieses Namens, in dessen
Händen die Leitung des berühmten Verlags lag, wollte Venedig
zum »italienischen Bayreuth« machen. Zu jener Zeit mußte
etwas, das etwas sein wollte, etwas anderes sein. De Amicis war
der »italienische Dickens«, Lecce das »Athen Apuliens«. Aber
Tito Ricordi scheiterte bei der Verwirklichung seiner Pläne.
Wenn wir in Mailand über den Corso Vittorio Emanuele gehen,
entdecken wir in den Schaufenstern der Fotografen die üblichen
Fotos von Primadonnen im Kostüm der Amneris, der Tosca, der
Azucena, sowie anderer, die aussehen wie fette Frauen im Morgenrock, jedoch Tenöre in der Rolle Neros sind. Aber wer
erwartet in Venedig, in der Calle Seconda dell'Ascensione, in den

Schaufenstern des Fotografen Giacomelli, die Porträts von Aldo Carpi, Gino Severini, Vellani Marchi, die uns dargeboten werden wie Tenöre der zeitgenössischen Malerei?

Auch die Gärten Venedigs wurden von Napoleon angelegt, diesem großen Schöpfer von Gärten, der wahrscheinlich Gärten anlegen ließ, damit man ihm die Friedhöfe verzieh.

Im Sommer 1908, als ich zum ersten Mal die Gärten betrat, lag am Ufer ein Kriegsschiff vor Anker, schon damals ein Veteran und zum Kriegseinsatz wahrscheinlich untauglich, grau, schwer und massiv wie ein riesiges Eisenfloß, das nicht auf dem Wasser zu treiben, sondern mit unsichtbaren Pflanzen auf dem Meeresboden verankert zu sein schien. Auf dem Oberdeck machten sich Matrosen in Arbeitskluft zu schaffen, schöpften mit Leinensäkken Wasser aus dem Meer, das sie mit großem Schwung auf das Deck gossen, eher um dem alten, von der Sonne erschöpften Dampfschiff Kühlung zu verschaffen, als um seine glühende Eisenkruste zu waschen. Dieses Schiff trug einen illustren Namen aus den Glanzzeiten der italienischen Schiffahrt: *Andrea Doria*. Von diesem lange zurückliegenden Spaziergang in den Gärten sind mir drei Dinge in Erinnerung geblieben: zwei köstliche Spiegeleier, die ich im Restaurant Paradiso verzehrte, einem anmutigen kleinen Häuschen, das sich noch immer am Rand der Gärten erhebt, seine buntgestreiften Markisen ausbreitet und seine in einem lichten Hain zusammengestellten und sanften Genüssen geweihten Tischchen zur Schau stellt; das dumpfe Schlagen von Eisen, das auf dem ehernen Ahnen widerhallte, und der Titel, den ich kurz zuvor unter einem der Gemälde von Giorgio Aristide Sartorio[5] gelesen hatte, die auf der diesjährigen Biennale wie ein Tagesgericht angeboten wurden und die für den neuen Saal des Parlaments bestimmt waren. Dieser obskure, an Vico gemahnende Titel lautete folgendermaßen: »Erstes Lächeln des menschlichen Tieres«.

Heute, in einem Abstand von zweiunddreißig Jahren und trotz des enormen Fortschritts der Maschinen, ist Chronos zwischen meinen beiden Venedigaufenthalten rückwärts gegangen, und am lieblichen Gestade finde ich nicht nur ein altes, sondern auch

5 Giulio (nicht Giorgio) Aristide Sartorio (1860-1932), Maler und Bildhauer aus Rom, bevorzugte einen pompösen Stil. (Anm. d. Ü.)

ehernes Schiff wieder, das träge ist und von seinem Schild umschlossen, wie Hektor, der Achill entgegentritt, ein Segelschiff jedoch.

Ein großes Segelschiff, ein riesengroßes Segelschiff. Ein enormes Segelschiff. Ein schönes Segelschiff. Ein wunderschönes Segelschiff. Ein wunderbares Segelschiff. Die Bordwände mit weißem und schwarzem Blech beschlagen. Das Heck mit goldenem Schnitzwerk verziert, wie eine edle Klinge mit Arabesken versehen, von dem ein kleiner, grüner schmiedeeiserner Balkon vorspringt, von großen S gestützt. Ein Dreimaster. Riesige Masten und gekreuzte Rahen. Ein Segelschiff, dessen gestrichene Segel, dessen verworrene Taue, dessen hohe Mastkörbe, dessen bauchige Breitseiten, dessen Takel, die sich hakenförmig über den Schaluppen krümmen, dessen staunend aufgerissene Bullaugen die unzähligen Bilder des Abenteuers in sich bergen, den Atem der hohen See und das ewige Flüstern der Wogen, die über den Himmel jagenden Wolkenfetzen und die heitere Weite des Firmaments, Sonnenaufgänge und Abenddämmerungen, Tage und Nächte, blendende Mittagssonnen und flirrende Vollmonde, vertraute Häfen und ferne, unbekannte Gestade, Stürme und Windstillen, das Geleit der Delphine und die Sprünge der Flughähne, die Sterne der beiden Pole, alles Gute und Böse der Welt. Auch der Bug ist mit einer goldenen Schnitzarbeit versehen, und ganz oben an seiner Spitze steht ein Mann, auch er aus Gold, raubgierig und stolz, der sich in erstarrtem Schwung nach vorne beugt, der Admiral des Ozeans, der mit der Rechten den weißgekleideten Jungmatrosen die Westindienroute zeigt, die auf den Rahen sitzen wie Spatzen auf den Telegrafendrähten, um die Wette Fähnchen schwenken und im Rhythmus ihr dreifaches Hurra rufen.

Welches Geschick erwartet euch, o junge Kadetten der *Cristoforo Colombo*?

»Guten Tag, Herr Rechtsanwalt.«

Es ist ein Vergnügen, sich im Café Trovatore auf dem Campo San Bartolomeo niederzulassen und das Gespräch mit dem Vater Mirandolinas wiederaufzunehmen. Was fange ich mit Marmor, Säulen, zweibogigen Fenstern an? Was fange ich mit dem illustren, prachtvollen Skelett Venedigs an, wenn ich das goldene Leben Venedigs nicht mehr finde? Wenn ich auf den Balkonen die rotblonden Mädchen mit der *Solana* auf dem Kopf nicht mehr finde? Wenn sich die Mädchen nachts nicht mehr auf den Terrassen treffen, auf denen Papierlaternen blühen, und von der Liebe zwitschern? Wenn mich der Fremdenführer darauf hinweist, die letzte Liebesserenade auf den Kanälen Venedigs sei 1925 verklungen?

Hic manebimus optime. Ich erforsche Venedig in seinem Innersten, in seinem von Steinen übersäten Hinterland, das keine Sehnsucht nach Wasser kennt, in seinem Wesen, das weniger an Casanova gemahnt, dafür aber herzlicher ist, das weniger gondel- und serenadenhaft, dafür jedoch meinem Naturell näher ist.

Ich sitze zu Füßen Carlo Goldonis, der aufrecht und im Wadenstrumpf dasteht, sich pausbäckig und lächelnd auf seinen Stock stützt, den Dreispitz auf der Lockenperücke, ein winziges Schiff gewissermaßen in einem winzigen Sturm. Die vertrauliche Haltung dieses Mannes aus Marmor flößt Vertrauen zu den Menschen aus Fleisch und Blut ein. Nach einem raschen »Gestatten« nimmt ein Bootsmann mit seiner Schönen an meinem Tisch Platz, und ohne auf mich zu achten, als wäre ich der Dummkopf aus dem Lied, der selbst anwesend abwesend ist, beginnen sie ein feuriges Liebesgeflüster, von dem mir, ohne daß mir daran gelegen ist, kein Wort entgeht. Aber nicht nur mir wird diese Gnade zuteil, denn da kommt ein vierter Gast, ein Infanteriesoldat, der mit einem raschen »Gestatten« ebenfalls an meinem Tisch Platz nimmt, und jetzt wären wir vollständig für ein Kartenspiel, für ein *scientifico scopone*, dem der »Rechtsanwalt« von seinem Platz da oben vorsitzen könnte, wie es seinem Rang entspricht, aber der Bootsmann und seine Schöne haben etwas ganz anderes im Sinn, als Karten zu spielen.

Keine andere Statue eines berühmten Mannes hat wie diese das Recht zu sagen: »Ich bin ein Dichter inmitten meines Volkes.« Etwas größer als seine Landsleute, die um ihn herumlaufen, ihre Geschäfte abwickeln und sich nicht mehr um ihn kümmern als um einen zwar übergroßen Verwandten, an dessen tägliche Anwesenheit man sich jedoch gewöhnt hat, ruht der Fuß Goldonis, der in einem Schnallenschühchen steckt, auf einem Podest, das von dem tüchtigen Pellegrino Orefice entworfen wurde und im Stil des Rokoko gehalten ist, denn wenn man Orefice (Goldschmied) heißt, kann man sich seinem Namen kaum entziehen.

Goldoni hat sich ein wenig über die Lebenden erhoben, um seine Landsleute anzulocken und ihnen wundersame Produkte zu verkaufen.

Außer dem Trovatore befinden sich auf dem Campo San Bartolomeo noch zwei weitere *botteghe da caffè*:[6] das Caffè Bar Nostro und das Bierlokal Caffè Commercio. Alles hier ist vertraut und goldonihaft. Welcher Unterschied besteht zwischen dem Vater Mirandolinas und seinen Landsleuten von heute? Nur der, daß er einen Rock mit einer Unmenge von Knöpfchen trägt und diese Konfektionsanzüge aus den Magazzini del Duomo tragen, die in der Eleganz des Schnitts und der Anzahl der Knöpfchen um einiges bescheidener sind. Was für eine Idee jedoch, auf dem Campo San Bartolomeo eine Filiale der Mailänder Maggazzini del Duomo zu eröffnen und der Filiale denselben Namen wie dem Stammhaus zu geben! In Mailand bezieht der Name seine Berechtigung aus der Domnähe, aber auf dem Campo San Bartolomeo ist die Anspielung auf den Dom von Mailand völlig sinnlos.

Ich setze meine Erforschungen der Innereien Venedigs fort. Ich gehe in Richtung San Giovanni Crisostomo, dann biege ich in die sehr lange Via Vittorio Emanuele ein. Im Grunde besteht darin die Originalität Venedigs: daß es eine sehr lange Straße gibt. Hier riecht es nicht einmal mehr nach Meer, Kanälen, nach dem Canal Grande. Auch die Verkehrsadern legen in diesem »solideren« Teil Venedigs ihre klingenden Namen ab, sind keine *Calli Callette Calleselle* mehr, auch keine *Campi Campielli Campazzi*, keine *Stretto Fondamenta Rio* oder *Rio terrà Ruga Salizzada*, sondern heißen wieder ganz gewöhnlich und wohltuend »Via«. Dies ist das Venedig Daniele Manins.[7] Das Venedig des Risorgimento. Das auf der Riva degli Schiavoni durch das Denkmal von Vittorio Emanuele II. geheiligte Venedig. Das Venedig, das ich eines

6 Nach Goldonis Theaterstück: *La bottega del caffè* (*Das Kaffeehaus*). Auf den vorigen und folgenden Seiten spricht Savinio Goldoni mit »Herr Rechtsanwalt« an. (Anm. d. Ü.)
7 Daniele Manin (1804-1857), Rechtsanwalt und Patriot aus Venedig. Stellte sich an die Spitze im Kampf gegen die Österreicher, wurde 1848 zum Präsidenten der Republik Venedig gewählt, verteidigte die Stadt bis zum 22. August 1849. Danach floh er nach Paris, wo er sich Cavour anschloß. (Anm. d. Ü.)

Nachts vor vielen Jahren auf dem Markusplatz wiederfand, mit einem Schuh am linken Fuß, einem Latschen am rechten und einem Mantel meiner Mutter um die Schultern; und da unten, über einem Meer von Köpfen, zitterte der Federbusch des Kapellmeisters im Rhythmus, und über den Federbüschen wogten die Oriflammen in einem geheimnisvollen Nachtwind, und eine Taube, die diese verkehrte Morgenröte verstörte und erschreckte, flog trunken über den Himmel zwischen dem Torre dell'Orologio und dem Gesims der Libreria, und aus dem Lichterkreis stieg der Chor aus *Nabucco* auf und breitete sich aus, und Trompeten und Posaunen verströmten ihre Liebe zum Vaterland.

Nicht jede Musik ist für den Markusplatz geeignet. *Nabucco* eignet sich wegen seines Risorgimento-Charakters, den Venedig in einigen Teilen beibehalten hat; nicht eignet sich jedoch die Jazzmusik, die ich letzten Juni das Orchester des Restaurants Olimpia spielen hörte: die synkopierten Rhythmen, die Koloraturen des Saxophons, die mit dem Bogen angeschlagenen Saiten des Kontrabasses. Im Grunde verträgt sich der Markusplatz nur mit der Musik der Gabrieli, von Bonporti, von Buranello.[8] Der Negrismus und diese steinerne Dame im Spitzenkleid haben sich wenig zu sagen.

Und was ist mit dem Mohr von Venedig?

Oh, jetzt bin ich verblüfft!

Auf der Salizzada Santa Fosca, dem Rio terrà San Leonardo gibt es Apotheken mit schwarzgoldener Vertäfelung, einem grünen Pokal rechts in der Auslage, einem roten links und dazwischen Äskulap, der sich auf seinen Stab stützt, um den sich die Schlange der Wissenschaft windet. Auch den Krug, in dem Blutegel schlummern, gibt es. Und da ist auch der schlanke Krug, in dem der Bandwurm aufbewahrt wird, den Herr M. P. dank des berühmten Wurmmittels X.Y.Z. mit dem Kopf voran und aus jenem Teil seines Körpers ausgeschieden hat, den Luigi Pulci das

---

8 Andrea (1510-1586) Gabrieli und sein Enkel Giovanni (1557-1612), beide Komponisten aus Venedig, Organisten in San Marco, hatten großen Einfluß auf das Musikleben der Stadt.
Baldissera Galuppi, Buranello genannt, da 1706 in Burano geboren, lebte in Venedig, starb 1785. Widmete sich der *Opera buffa*, arbeitete dabei mit Goldoni zusammen. (Anm. d. Ü.)

rückwärtige Teil nennt. Würde meine Tante Apollonia noch leben, fände sie hier die wundertätigen Abführmittel, die ihrer Haut die Frische einer Rose bewahrten, und den Essig für die vorgetäuschten Ohnmachten einer alten Jungfer.

»Ist es nicht so, Herr Rechtsanwalt?«

Die Statue Goldonis ist ein gutes Beispiel für eine *bürgerliche* Statue. Die bürgerliche Statue muß sich ihrer Umgebung anpassen. Goldoni paßt bestens auf den Campo San Bartolomeo, aber Gustavo Modena,[9] dessen Haltung ähnlich wie die Goldonis ihn zu einem Unseresgleichen macht und der vielleicht sogar noch bescheidener wirkt als Goldoni, paßt nicht in die *Gärten*.

Der öffentliche Park ist kein Ambiente für bürgerliche Statuen. Er ist kein vertrautes Ambiente. Er besitzt nicht die Unschuld des Waldes. In einem Wald würde sich Gustavo Modena in Bronze gegossen und im Gehrock wie zu Hause fühlen. Aber der öffentliche Park ist ein arrangiertes, verziertes, mit Wille und Verstand angelegtes Wäldchen. Es ist ein sich des Guten und Bösen bewußtes Wäldchen. In den Park passen nur mythologische Statuen, denn sie hellen den Schatten der Erbsünde auf, der über Beeten, Bänken, Papierkörben liegt, und entführen den Geist in eine Welt ursprünglicher Unschuld.

Die Gärten Venedigs werden von einer stattlichen Anzahl mythologischer Statuen bewohnt. Da ist Pluto. Da ist Ganymed mit dem Adler. Da ist Áte. Da ist Acheloos (Acchelloo, in Savinios Schreibweise!) triefend vor Wasser, aber es ist unerklärlich, warum er so viele »c« und »l« in seinem Namen hat. Schade, daß diese Statuen aus Zement sind, dem häßlichsten und unedelsten Material dieser Welt, und daß sie außerdem beschädigt sind, nasenlos, verstümmelt. Da ist auch eine kolossale, auf einem Löwen reitende Minerva, aber sie versteckt sich hinter einem Busch, wie ein Pissoir. Dennoch und trotz ihrer Mängel trösten mich diese Statuen und versetzen meine Gedanken in jene goldene Welt der Mythen, die meine »natürliche« Welt ist.

Und hier stimme ich mit einem der Kirchenväter nicht überein. Der Heilige Augustinus hatte keinen Sinn für mythologische Fiktionen, in denen er eine Aufforderung zur Sünde sah. In

9 Gustavo Modena (1803-1861), einer der größten Schauspieler des 19. Jahrhunderts. (Anm. d.Ü.)

Buch I der »Bekenntnisse«, Absatz 16, ruft der Sohn Monikas aus: »Doch ach, der Strom der menschlichen Gewohnheit! Wer stellte sich dir entgegen? Wie lange wirst du nicht versiegen? Wie lange noch treibst du die Söhne der Eva hinaus in das große, furchtbare Meer, das kaum jene überqueren, die das Schiff bestiegen haben? Habe ich nicht in dir vom donnernden und ehebrecherischen Jupiter gelesen? Beides zugleich konnte er wohl nicht sein, aber er ist so dargestellt worden, damit der wahre Ehebruch ein Vorbild zum Nachahmen habe mit dem falschen Donnerer als Kuppler.«

Tatsächlich haben mir die Mythen immer unschuldige Gedanken eingegeben, und Jupiters verwerfliche Abwege haben mich bis heute noch nicht vom Weg der ehelichen Treue abgebracht, den ich heiter beschreite. Der Heilige Augustinus möge mir verzeihen, aber sollte ich nach dem Tod noch einmal leben, dann unter der Gewalt des »Donnerers«.

»Genau so, Herr Rechtsanwalt.«

Seltsame Zufälle gibt es manchmal im Leben eines Menschen. Tommaso Salvini wurde am Neujahrstag geboren und starb in der Silvesternacht; aber Goldoni traf es noch besser; er, der die goldene Kultur des 18. Jahrhunderts auf das anmutigste beschrieben hatte, starb in Paris am 6. Februar 1793; dem wirren, glühenden Aufbruch einer neuen Kultur. Goldoni bewies nicht nur ein ausgezeichnetes Gespür für Komödien, sondern auch für den richtigen Zeitpunkt.

Der Tod Goldonis legt auch einen Gedanken über die Größe der Poesie und über die Solidarität unter Dichtern nahe. Einen Tag nach Goldonis Tod sprach ein Dekret des Nationalkonvents Goldoni die Pension wieder zu, die man ein Jahr zuvor dem lebenden Goldoni entzogen hatte, und dieses Dekret war auf Betreiben von Marie-Joseph Chénier erlassen worden, Andrés Bruder, er war ebenfalls Dichter.

Von Orpheus bis Ungaretti halten sich die Dichter an den Händen und bilden über die Jahre und Jahrhunderte hinweg eine lange Kette von liebenswürdigen und anmutigen Stimmen. Die Jahrhunderte vergehen, aber jene bleiben uns zu unserem Trost. Denn in den anmutigen Stimmen der Dichter erklingt die Stimme der Ewigkeit.

Die Lokale Venedigs, ihre niedrigen Decken, die Holztäfelung –

die Fenster haben oft die Form eines Bullauges – geben uns das Gefühl, wir befänden uns an Bord eines Schiffes und lebten auf hoher See. Das gilt für die »modernisierten« Lokale, die Bars und Restaurants im Stil des »20. Jahrhunderts«. Aber nicht einmal jene, die noch immer im Hafen der Vergangenheit verankert sind, sollten uns täuschen. Die winzigen Kammern der Kaffeehäuser auf dem Markusplatz sind die Kabinen einer Fregatte, und die kleinen Säle des Florian sind die Säle des *Bucintoro*[10] selbst.

Die Seerepublik wirkt in Venedig noch immer nach. Was für eine Überraschung, sich am Abend in Venedig zur Ruhe zu legen und am nächsten Tag wieder in Venedig zu erwachen. Aber können wir sicher sein, daß wir in der Zwischenzeit nicht auf See gewesen waren? Maurice Renard hatte einen Flugapparat erfunden, der der Drehung der Erde auswich: Er erhob sich in die Lüfte, setzte seine »Immobilisierungsmechanismen« in Gang und vollführte an einem einzigen Tag dieselbe Reise um die Welt, für die Phileas Fogg achtzig Tage gebraucht hatte. Besser gesagt, die Erde hatte sich unter dem unbeweglichen Apparat Maurice Renards einmal um die eigene Achse gedreht.

Ähnliches geschieht, wenn ich in meiner venezianischen Koje schlafe, in diesem barkenähnlichen Bettchen, unter dem Moskitonetz, das in Wirklichkeit eine Windhuze ist. Gestern abend bin ich in Venedig eingeschlafen, heute morgen bin ich in Venedig aufgewacht; wo war ich jedoch in der Zwischenzeit? Das kommt in Venedig noch hinzu: Dort umsegelt man die Welt viel schneller als anderswo, denn niemand, nicht einmal in Venedig, schläft rund um die Uhr. Wer weiß? Vielleicht habe ich diese ganze Reise, dieses ganze Buch in einer einzigen Nacht in Venedig erlebt.

Dieser scherzhafte Ton, dieser ironische Umgang selbst mit den erhabenen Dingen und Menschen ist vielleicht die aufrichtigste Form der Liebe, die wertvollste, keuscheste. Liebe ist unter anderem auch Besitz, zumindest der Wunsch nach Besitz (ich sage nicht »Besitzstreben«, das wäre zu stark). Wenn wir etwas lieben, machen wir es uns zu eigen, denken wir daran wie an etwas Eigenes. Und dieses Bedürfnis, die allzu großen Dinge kleiner zu

10 Bucintoro: das Schiff des Dogen. (Anm. d. Ü.)

machen, um sie uns leichter aneignen zu können, die allzu harten weicher zu machen, die allzu starren biegsamer, treibt uns, scherzhaft, ironisch mit ihnen umzugehen. Wir versuchen die Dinge, die wir lieben, zu unseren Töchtern zu machen und sie als solche zu behandeln. Aber nicht alle haben Verständnis für diese sentimentalen Listen und sehen Respektlosigkeit, wo nur Liebe ist. Und sie erhitzen sich, machen sich zu den Paladinen der beleidigten Größe! Ach, was für eine sinnlose Raserei!

Um vom Markusplatz zum Bahnhof zu gelangen, habe ich nicht den Vaporetto, sondern das Motorboot genommen. Friede, Liebe, Schönheit. Plötzlich zerreißt ein schrecklicher Schrei den überirdischen Glücksschleier, der bestialischer ist als der Schrei einer Fabriksirene und zugleich unabänderlich zum Meer gehört. Ist es der Schrei eines Seelöwen, eines Dugongs, der geheimnisvollen Seeschlange? Eines unserer Torpedoboote hatte sich unbemerkt in die Lagune geschlichen, war vor der Land-zunge der *Salute* vor Anker gegangen, hatte mit seinem Schrei die erwachende Stadt begrüßt. In diesem durchdringenden Schrei, in diesem Schrei eines Bohrers, liegt die ganze Bedeutung des Wor-tes »silurante« – Torpedoboot.

Auf dem Weg zum Landesteg gehe ich die Arkaden der Neuen Prokuratien entlang. Als ich das Florian bereits hinter mir gelas-sen habe, bleibe ich verdutzt vor dem Geschäft »Aurora« (Mor-genröte) stehen, das »wegen Renovierung geschlossen« ist. Die Städte haben, genauso wie mein Freund Mario Crostarosa (rosa Kruste), ihre Bonmots. Eine Straße in Neapel, die sich in der Nähe des ehemaligen Hauses von Giambattista Vico und in der Nähe des Hauses von Benedetto Croce befindet, heißt »Via dei Giganti«. Einer unserer Dichter, dem an der Großartigkeit der Pose mehr gelegen war als an jener des Werkes, stieg in Paris im Hôtel des Grands-Hommes ab. Wann wird das Aurora wieder seine Pforten öffnen, und welche Artikel wird es danach verkau-fen? Sonnenstrahlen wahrscheinlich und – nicht an mich, der ich das Leben liebe und achte, sondern an Michelangelo und seine Jünger – das Unbehagen eines neuen Tages.

Im Gegensatz zum Vaporetto, der den ganzen Canal Grande hinunterfährt, biegt das Motorboot auf halber Höhe des Canal Grande links in den Kanal Rio Grande ein. Wir fahren an der Kaserne der Feuerwehr vorbei, an ihren kleinen, sich zum Kanal hin öffnenden Hafenbecken, in denen je ein Motorboot bereitsteht, unbeweglich im Binnengewässer, den Wasserwerfer am Bug nach vorn gerichtet wie ein Maschinengewehr. Aber warum hat man diesen kleinen Schiffen, deren Bestimmung es ist, Feuer zu löschen, derart leicht brennbare Namen gegeben wie »Blitz«, »Funke« oder »Flamme«?

Auch Venedig wird bald seinen neuen Bahnhof haben. In Mailand vollzog sich die Ablösung auf althergebrachte Art und Weise: Während einerseits der alte Bahnhof starb, entstand andererseits der neue. Vielmehr brannte der alte aus Verzweiflung ab, bevor er die Waffen streckte. In Venedig vollzieht sich der Übergang, wie schon in Florenz, durch Verschmelzung. Rund um die weiterhin funktionierenden Stellwerke verschwindet unbemerkt das alte Gebäude, und genauso unbemerkt entsteht das neue Gebäude. In der Filmsprache nennt man diese Übergänge »Überblendung«. Aus Altem wird Neues, und die Palingenese, das Proteushafte, die mythischen Transformationen nehmen in unseren Tagen eine sichtbare und deutliche Form an. Hierher gehört auch meine »Theorie der Eleganz«, die den Zusammenstoß, den Kampf, das »Mach mir Platz« durch den sanften, schweigenden, geölten Übergang, von Zeitalter zu Zeitalter, von Generation zu Generation ersetzt.

Wie viele Bahnhöfe habe ich schon sterben sehen, wie viele entstehen! Wie viele Milchkaffees habe ich im Doney des alten Bahnhofs von Florenz geschlürft, tropfenweise die Kehle hinabgeschickt wie das Öl die Rohre einer alten, müden Maschine; wie viele Milchkaffees, die so bleich waren wie der Morgen, der da unten über der unendlichen Trostlosigkeit der Gleise anbrach! Wie viele Gläser Bier bei Valiani in Rom hinuntergestürzt, in der glühenden heißen Zeit des Wartens auf den Zug nach Civitavecchia! Wie viele literarische Illuminationen bei den Cinzanos im alten Bahnhof Mailands gehabt!

Der alte Bahnhof von Florenz war der Bahnhof des jungen savoyischen Reiches. Kaum waren die Großherzöge in ihren barkenähnlichen Kutschen abgefahren – Vorhänge wehten zu den Fenstern hinaus und riefen »addio! addio!« –, erschien Bettino Ricasoli, der »eiserne Baron«, in der Vorhalle der stillen Kapelle, inmitten der Zylinder der Autoritäten. Geppetto, die Fee, und Pinocchio marschierten inzwischen durch die Schalterhalle, hielten sich an den Händen und nahmen den Zug nach Collodi. Und im Morgengrauen des nächsten Tages drängten sich hinter den bunten Fenstern des Bahnhofsrestaurants die Musikomanen aufgeregt um Carlo Lorenzini,[11] der von der Premiere der *Cavalleria Rusticana* in Livorno heimgekehrt war und prophetisch verkündete, Mascagni hätte zwar Talent, wäre jedoch ein Irrer, der den Tenor hinter geschlossenem Vorhang singen ließ. Dann wurden die ankommenden Züge langsam zu groß für diesen zu winzigen Bahnhof, und einer fuhr von einem Ende zum anderen hindurch, stieß mit dampfender Brust und glühenden Augen vor bis zum Bahnhofsplatz und war dann unschlüssig, ob er die Kirche Santa Maria Novella betreten und sich davon überzeugen sollte, ob die Giottos wirkliche Giottos oder nur Giottoimitationen waren. Um zu verhindern, daß sich derartige Unannehmlichkeiten wiederholten, stellten daraufhin sechs Architekten, die man unter den funktionalistischsten ausgewählt hatte, jene graue und feudale, undurchdringliche und undurchdrungene Mauer auf, die nun der neue Bahnhof von Florenz ist.

Schon werden die Gleise auf Venedigs neuem Bahnhof von Zementdächern beschattet, den zarten Töchtern der schwarzen und behäbigen Bahnsteigdächer von einst; schon erheben sich aus dem Chaos des entstehenden Werks ein paar glatte, einfarbige Mosaikwände, ein paar Bänke ohne Rücken- und Armlehnen, ein paar Säulen, die so nackt und glatt sind, daß sie nicht einmal einer Fliege Erholung bieten können.

Bevor ich aus Rom abreiste, und als ich mich noch nicht mit dem Gedanken trug, von meiner Reiseroute abzuweichen und ins Veneto zu fahren, erhielt ich überraschend einen Brief aus Padua, der mit Catrafossi unterzeichnet war und aus dem Jugend, beziehungsweise Studententum atmete. Ich nahm mir vor, jenen geheimnisvollen und anziehenden Catrafossi persönlich kennenzulernen, sobald ich das erste Mal nach Padua käme.

Obwohl ich mein ganzes Leben lang studiert habe und auch

---

11 Carlo Lorenzini, der richtige Name von Carlo Collodi (1826-1890), hat neben dem *Pinocchio* noch andere Bücher für Kinder geschrieben. (Anm. d. Ü.)

weiterhin studiere, als wäre jeder Tag der Vorabend einer Prüfung, bin ich nie Student gewesen, und deshalb geht von den Studenten und ihrem Leben für mich noch immer der melancholische Zauber unerfüllter Wünsche aus.

Die Studenten sind einzigartige Wesen. Sie führen ein anderes Leben als wir. Sie stellen das Sonnensystem auf den Kopf, machen die Nacht zum Tag und den Tag zur Nacht. Sie sind wie Jäger, die sich um Mitternacht erheben und im Morgengrauen – in jener Stunde, in der jedes Licht ein Schauspiel, jede Stimme ein Wunder ist – schon schußbereit am Rande der Wälder, auf dem Gipfel der Hügel stehen; bereit, die sanften Opfer abzuschießen, die mit dankbarem Gemüt aus ihrem Versteck kommen, um die Sonne zu begrüßen und den neuen Tag zu ehren. Ich kann es verstehen, wenn man in der Abenddämmerung jagt, unter der ganzen Schuldenlast, die der Tag auf uns gehäuft hat; wie soll man jedoch den Gedanken einordnen, in der keuschsten und reinsten aller Stunden zu töten, wenn die Seele nicht nur vom Bösen, sondern auch vom Guten frei ist und neutral wie Wasser, Luft, das neu erstrahlende Licht?

Für mich leben die Studenten in einer *Città dei Campanelli*.[12] Ich denke an die spitzen Hüte der Studenten, die wie die Besucher von Wundergrotten vor Münzen strotzen; ich denke an die *monômes d'étudiants*[13] im Quartier Latin und die von Murger besungene Studentenliebe; ich denke an Hoffmanns Erzählungen in der Kneipe von Eisenach, bei dampfendem Punsch unter Jagdtrophäen; ich denke an die Heidelberger Nächte, durch die Korpsprozessionen im harzigen Rauch ziehen; ich denke an die Studenten in strahlendem Weiß, mit anliegenden Hosen und Stiefeln bis zur Mitte des Schenkels, den Säbel an der Seite und Stulpen am Handgelenk, die Fackel in der Hand und die Mütze schief auf dem rasierten und von Säbelhieben zerfurchten Schädel. Ich denke an diesen letzten Akt der Kindheit, dieser gewalttätigen und von Erwachsenen gelebten Kindheit. Ich denke an diesen letzten Ausbruch des Instinkts, vor der Gefangenschaft in der

12 *Le paese dei campanelli* ist eine Operette von Virgilio Ranzato (1883 bis 1937), die in den 20er Jahren in Italien mit großem Erfolg aufgeführt wurde. (Anm. d. Ü.)
13 Lautstarke Studentendemonstrationen. (Anm. d. Ü.)

Ordnung, vor dem Maßhalten, vor der tiefen, grauen Stimme, die allmählich das Leben durchziehen und es bis an die Schwelle des Todes begleiten wird. Ich denke an dieses wilde Leben, das je nach den Umständen zum Garten oder Obsthain, zum Gemüse- beet oder zur dürren Steppe werden wird, übersät von Margeri- ten oder von alten, zerbrochenen Nachttöpfen.

Alles ist anders im Leben der Studenten, und der Name selbst, der von »Studium« herzurühren scheint, hat in Wirklichkeit ganz andere Wurzeln. Wie daran zweifeln? Ich kam in Padua um 11.45 Uhr an und klopfte eine halbe Stunde später bei der im Brief angegebenen Adresse. Das erstaunte Mädchen, das mir die Tür öffnete, sagte, vor sechs würde Catrafossi nicht aufwachen. Das Mädchen kann es nicht wissen, aber sie hätte mir auch ver- künden können, die Sonne ginge an diesem Tag am Abend auf.

Vor dem Bahnhof wartete der Trolleybus, der zum Pedrocchi fährt. Das Café Pedrocchi ist das anerkannte Zentrum Paduas. So als stünde vor dem Bahnhof Roms ein Autobus, der zum Aragno fährt, vor dem Bahnhof Mailands eine Straßenbahn, die zum Savini fährt. Das Schicksal des Cafés neigt sich zum Ende, aber früher einmal war das Café das, was die Agora für die Griechen, das Forum für die Römer war. Nicht zufällig errichtete der verdienstvolle Antonio Pedrocchi sein berühmtes Café auf Paduas antikem Forum. Wäre ich in einem früheren Leben nach Padua gekommen, hätte ich vor dem Bahnhof nicht nur den öffentlichen Pferdewagen angetroffen, der ins Pedrocchi fährt, sondern auch den Omnibus des Pedrocchi selbst, mit dem berühmten Vincenzo Galvan, dem buckeligen Postillion, auf dem Kutschbock, mit seinen kniehohen Stiefeln, der Peitsche in der Hand und zwei Federn auf der Mütze.

> El café de Pedrocchi xe un portento
> che supera ogni umana aspetassion;
> più che'l se varda e fora e soto e drento,
> più se resta copai d'amirassion.[14]

14 Das Café Pedrocchi ist ein Wunder,
    das jede Erwartung übertrifft;
    je öfter man es von außen und innen und von unten betrachtet,
    desto größer wird die Bewunderung. (d. Ü.)

Dem Café Pedrocchi nähert man sich mit Respekt, so wie man sich in Ägypten der Pyramide von Gizeh nähert. Diese Art der Annäherung ist, wie wir im folgenden sehen werden, nicht zufällig. Die Stadt bedrängt das Café von allen Seiten, aber angesichts seiner klassizistischen Würde lassen ihm die anderen Häuser den Vortritt, halten respektvoll inne, machen einen steinernen Kniefall, schaffen eine würdevolle Leere vor diesem Kolosseum eines Kaffeehauses. Von Loggien durchbrochen und mit Säulen wie mit Lanzen bewaffnet, führt das Pedrocchi wie die Akropolis ein einsames Leben. Die Tischchen überschwemmen die Piazza wie eine kleine Flut aus Weidengeflecht und Blech, und da das Meer zu dieser Stunde verlassen daliegt, setze ich mich triumphierend in die Mitte und warte auf den Kellner.

Die Fassade des Pedrocchi rückt seitlich in Form zweier Flügel vor, die eine Terrasse bilden und die von Pfeilern und sockellosen Säulen getragen werden. Greife und Kandelaber schmücken die Brüstung. Zwischen den Säulen des linken Flügels sitzen ein paar ins Gespräch vertiefte Greise, aber auf ihren Tischchen findet sich keine Spur von Tabletts, Tassen, Gläsern. Konsumiert man nicht im Pedrocchi?

In *Rom, Neapel und Florenz* erklärt Stendhal Pedrocchi zum *excellent restaurateur*, aber er verwechselt den Namen und nennt ihn Pedrotti.[15] Gibt es eine noch größere Demütigung? Der Name ist Symbol unserer Persönlichkeit. Zwei unserer Akademiemitglieder, deren Namen beide auf *-elli* endeten, bekamen von einer Dame zeit ihres Lebens immer wieder das Lob zu hören, das jeweils dem anderen gebührte. Napoleon, der auf die Empfindlichkeit bei Namen Rücksicht nahm, lernte die Namen der zu Empfängen in die Tuilerien Eingeladenen auswendig, und selbst der anonymsten Gattin eines Kurzwarenhändlers wurde die Genugtuung zuteil, vom Kaiser beim Namen genannt zu

---

15 Auch in dem kleinen Vorwort zur *Chartreuse de Parme* verwechselt Stendhal wieder den Namen Pedrocchis, und das Café, aus dem er den Neffen des guten Domherrn von Padua ein *excellent zambajon* holen läßt, wird sogar zum Café *Pedroti*. Und Stendhal war ein Italianisierer, er war »der Mailänder«. Dann erst die anderen! Im letzten Akt der *Phalène* von Henry Bataille spricht ein sizilianischer Bauernbub diesen Satz »auf italienisch« aus: »Ecco li tombi, señor.« Thibaudet hat recht, wenn er sagt, *Le Phalène* sei ein gutes Beispiel für *théâtre faisandé*.

werden. Aber wo bleibt der Kellner, um meine Bestellung entgegenzunehmen?

Giuseppe Jappelli, der Architekt des Pedrocchi, der das Café mit den angrenzenden Häusern verbinden mußte, errichtete neben der hinteren Loggia das sogenannte »Pedrocchino«, ein eigenartiges Gebäude mit zweibogigen Fenstern und maurischem Portikus, das erste italienische Beispiel für jene seltsame arabo-gotische Architektur, die im Werk Camillo Boitos ihren höchsten Ausdruck finden sollte. Ich versuche, den Kellner zu rufen, aber umsonst; ich versuche es mit Klopfen auf den Tisch, aber mein Klopfen verliert sich in der Meereswüste der Tische. Eine metaphysische Angst vor verzauberten Schlössern packt mich, und mehr als an der Hilfe des schlafenden Catrafossi wäre mir bei dieser Verschwörung an der Hilfe Malagigis gelegen.

Wie das Florian in Venedig war auch das Pedrocchi in Padua ein Café ohne Türen. Mit dem Café verband man die Vorstellung des Asyls. Antonio Pedrocchi, der Gründer, und Domenico Cappellato Pedrocchi, sein würdiger Nachfolger, waren nicht nur waghalsige und aufgeklärte Kaufleute, sondern auch feinfühlige und bescheidene Philanthropen. Das »Asyl« mußte zu jeder Tages- und Nachtzeit geöffnet sein. Bereit, den vorbeiziehenden Wanderer aufzunehmen, den ankommenden Reisenden, den Studenten, der studieren möchte, jedoch kein Geld für Holz oder Kohle hat, den Mann, der »nicht weiß wohin« (der tragischste aller Fälle), sowie den gewöhnlichen, den geduldigen, den fröhlichen Obdachlosen. Die Demütigung von Türen lernte das Pedrocchi erst nach Karfreit kennen, als wegen des nun Padua bedrohenden Krieges auch das Café ohne Lider seine Augen schließen mußte. Im Januar 1878, als die Nachricht vom Tod Vittorio Emanueles II. überbracht wurde, konnte das Pedrocchi seine Pforten nicht schließen, weil es keine Pforten besaß, aber zum Zeichen der Trauer knöpften sich die Kellner den Frack über der gestärkten, weißen Hemdbrust zu; und ein zweites Mal knöpften sie ihn im Juni 1882 zu, beim Tod Garibaldis.

Kellner gab es also damals im Pedrocchi. Und heute?

Vier ägyptische Löwen wachen zu Füßen der Terrassen, aber soll ich mich an einen Löwen wenden, um einen Kellner zu bekommen? Auf der Fassade zwischen den beiden Flügeln sehe ich die

Gedenktafel, die zum hundertjährigen Bestehen am 11. Juni 1931 angebracht wurde und deren Inschrift vom Rat der Stadt diktiert wurde, »zu Ehren des Antonio Pedrocchi – des bescheidenen und großen Schöpfers – dieses historischen Gebäudes – das von dem genialen Giuseppe Jappelli entworfen wurde«. Der Einfluß der Ägypten-Expedition Bonapartes ist noch frisch. Abgesehen von den zu Füßen der Terrassen liegenden Löwen gibt es im obersten Stockwerk einen Ägyptischen Saal, dessen Wände von großen goldenen Sternen übersät sind, wo Hieroglyphen auf den Gesimsen entlanglaufen, mit einer gelassen dasitzenden Anubis-Statue mit Hundekopf und den Händen auf den Knien. Im Erdgeschoß befinden sich die üblichen Säle: der rote, der grüne, der weiße, in dessen Mitte sich die halbmondförmige Bühne für das Orchester befindet. Hinter den Diwanen, auf denen unsichtbar, aber gegenwärtig Melchiorre Cesarotti, Giovanni Prati, Roberto Ardigò[16] sitzen, erhebt sich majestätisch das Bild der Welt, zum Zeichen der Universalität dieses Cafés. Die Weltkarte im Pedrocchi wurde 1821 von dem aus Lúsia bei Rovigo stammenden Studenten Peghìn gezeichnet. Ich kenne keine poetischeren, faszinierenderen, inspirierenderen Bilder als geographische Karten, und die Gemälde des Peghìn ähneln den berühmten geographischen Fresken im Vatikan. Aber die Weltkarte Peghìns geht vom Pol aus und stellt die Kontinente dar, wie sie sich halsbrecherisch über die Erdkugel beugen, und diese Ansicht der »auf den Kopf gestellten« Welt erhöht die metaphysische Verblüffung dieses Cafés voller Geschichte und Erinnerungen, wo die Geister der toten Gäste an den Tischen die Plätze der lebendigen Gäste einnehmen und wo die Kellner vor dem Gast flüchten.

Dann gewinne ich langsam meinen Mut zurück. Die »Philanthropie« des unsterblichen Antonio Pedrocchi wirkt auf mich. Er ist es, der an der Theke seines Cafés stets Zahnstocher für seine Kundschaft bereithielt, damit sie sich die Zähne säubern

16 Melchiorre Cesarotti (1730-1808), Priester und Literat aus Padua, Vertreter der Vorromantik, übersetzte die Gesänge von Ossian und die Ilias.
Giovanni Prati (1814-1884), Dichter, Verfasser von Liebesgedichten und patriotischen Versen.
Roberto Ardigò (1828-1920), Philosoph; Hauptvertreter des Positivismus in Italien. (Anm. d. Ü.)

konnten; Schachteln mit Schnupftabak für zarte, duftende Prisen; Regenschirme, damit sie auf dem Heimweg nicht naß wurden; er, der dem Studenten das Recht einräumte, sich zu jeder Tages- und Nachtzeit gratis Wasser und Anislikör servieren zu lassen; er ist es, noch immer er, der aus dem Jenseits dem Kellner zuflüstert, mich nicht zu zwingen, etwas zu bestellen.

Da erhebe ich mich, vom Impuls beseelt, dieser Großzügigkeit nachzueifern, von meinem Tisch und schleiche auf Zehenspitzen aus dem Pedrocchi, meinerseits darauf achtgebend, den abwesenden Kellner nicht zu stören.

Zwischen den Häusern Paduas liegt wie ein Salatkorb der älteste botanische Garten Europas. Der Name seines Begründers flößt Vertrauen ein: Bonafede (Gutgläubigkeit). Ein unbenutztes irdisches Paradies. Ein altes, wenn auch noch immer grünes Theater, in dem Schauspieler und Stücke verstummt sind und das sich darauf beschränkt, die verschiedenen Teile seiner Inszenierung als Personen darzubieten. Die berühmtesten sind die Doyenne der großblütigen Magnolien, die 1760 geborene *Juglans nigra*, und die zwei Jahrhunderte alte *Platanus orientalis*, deren völlig hohlen Stamm man genausogut von außen wie von innen betrachten kann. In der Nacht, aber auch am Tag, wenn keine Besucher da sind, singt die großblütige Magnolie eine kleine Mercadante-Arie aus der Zeit ihrer Jugend, und die *Juglans nigra* spricht mit entrindeter Stimme über den Vertrag von Campoformio und vom Kommen und Gehen der Österreicher und Franzosen in Padua.

Aber die Perle, wenn ich sie so nennen darf, des botanischen Gartens in Padua ist die *Chamaerops humilis vel arborescens*, besser unter dem Namen Goethepalme bekannt. Diese hohe Persönlichkeit des Pflanzenreichs lebt nicht wie irgendeine Pflanze an der frischen Luft, sondern in einem eigenen Haus, einem achteckigen Gewächshaus. Wolfgang Goethe studierte diese Palme 1788, und zum Dank gab ihm die Pflanze die Theorie über die Polymerie der Pflanzen ein. An dieser Stelle unterbricht mich ein Leser und fragt, was Polymerie sei, und nachdem ich das Wörterbuch zu Rate gezogen habe, antworte ich, die Polymerie sei die Eigenschaft des Polymeren, beziehungsweise eines Körpers, der aus mehreren Teilen besteht und ein Molekulargewicht hat, das ein Vielfaches vom Molekulargewicht eines anderen Körpers ist. Aber wenn der Leser das nicht verstanden hat, ist es nicht meine Schuld.

Goethe widmete sich, wie man weiß, nicht nur dem Studium der Botanik, sondern auch dem der Anatomie. Seine wichtigste Entdeckung auf diesem Gebiet ist der Zwischenkieferknochen oder Intermaxillarknochen oder Prämaxillarknochen (os incisivus), so genannt, weil zwischen den beiden Oberkieferbeinen gelegen. Auch der Zwischenkieferknochen ist nicht irgendein Knochen, sondern ein Knochen sozusagen mit »Beweischarakter«, und seine Entdeckung führte zu einer tiefgreifenden Veränderung des Menschenbildes im Rahmen der Schöpfung. Der Zwischenkieferknochen, dessen Existenz Vesal und andere Anatomen in Zweifel gezogen hatten, mit dem methodischen Ziel, einen Unterschied zwischen Mensch und Affe festzustellen, wurde von Vicq d'Azyr und Nesbitt »erahnt« und schließlich von Goethe entdeckt. Somit fiel der letzte Schleier, der die unerfreuliche, jedoch unleugbare Verwandtschaft zwischen Mensch und Affe verhüllte, und mit diesem Tag hörte Adam auf, eine reine Emanation Gottes zu sein. Aufgrund eines großen Irrtums gelten die Dichter als Freunde der Gottheit. In Wirklichkeit sind sie deren hinterlistigste und hartnäckigste Feinde, und nicht ohne Grund mißtrauen die Götter und an ihrer Stelle ihre irdischen Vertreter den Dichtern.

Ist es nur ein Zufall, daß auch Stendhal in dem kurzen, Padua gewidmeten Kapitel aus *Rom, Neapel und Florenz* von Goethe spricht? Man sieht, daß diese Stadt, die mit Kuppeln wie mit Brüsten versehen ist, diese Stadt, die sich dem Reisenden wie eine Stadt aus Tausendundeine Nacht darbietet, diese Stadt, die dem im Zug eintreffenden Reisenden erscheint wie das farbenfreudige kuppelreiche, funkelnde Samarkand dem Steppenreiter; man sieht, daß diese Stadt aus irgendeinem geheimnisvollen Grund zum Goetheismus einlädt. Stendhal hegte keine übermäßige Bewunderung für Goethe; er sagte, von dem zwanzigbändigen Werk Goethes wären nur zwei Werke zu gebrauchen, sagte jedoch nicht, welche.

Goethe hing hartnäckig am Leben. Er liebte es und nahm es zutiefst ernst.[17] Sein Olympismus war eine Möglichkeit, Kräfte

17 Die Ernsthaftigkeit hat großen Anteil am Ruhm mancher großer Männer.
   Was mich betrifft, so mißtraue ich der Ernsthaftigkeit. Wenn man die

zu sparen und seinen Aufenthalt hienieden zu verlängern. Auch seine Theorie, nur »der sterbe, der auf das Leben verzichtet«, war nur ein Ausdruck seines hartnäckigen Lebenswillens. Auch Schopenhauer hing am Leben, und »um Luft zu sparen«, gab er seinen Schülern oft keine Antwort, auch wenn sie ihm wichtige Fragen stellten. Auch Schopenhauer praktizierte den Olympismus, beziehungsweise die Methode, das Leben zu verlängern, und er wettete, daß ihm seine Methode dazu verhelfen werde, die achtzig zu erreichen; er starb jedoch mit zweiundsiebzig und verlor die Wette. Bezahlt hat er nicht.

Entweder es war ein Irrtum, dessen Grund ich nicht kenne, oder man dehnte die Schuld Charles Darwins auf alle Männer aus, die damals prominent waren, ohne gleichzeitig als gottesfürchtige Seelen zu gelten, jedenfalls hörte ich als Kind, als der Krieg zwischen Glaube und Freidenkertum auf das heftigste wütete, daß häufig auch sehr ernsthafte Menschen Arthur Schopenhauer seine Behauptung vorwarfen, der Mensch »stamme vom Affen ab«. Um diese Behauptung zu widerlegen, nahmen diese ernsthaften Menschen das Porträt des Philosophen als Beweis und meinten, dieser Ungläubige verfechte die Abstammung des Menschen vom Affen doch nur, um sich selbst zu rechtfertigen. Es war Schicksal, daß der Autor von *Die Welt als Wille und Vorstellung* mit einem Anthropoiden verglichen wurde. Als der kleine Arthur am 22. Februar 1788 in Danzig das Licht der Welt erblickte und sein Vater Heinrich Floris Schopenhauer, der in dieser Stadt ein sehr gut florierendes Handelshaus besaß, ins Kontor hinunterging, um seinen Angestellten das freudige Ereignis zu verkünden, sagte sein Buchhalter, sich auf die Taubheit des Prinzipals verlassend: »Meine Glückwünsche, Herr Schopenhauer: Wenn Ihr Sohn Ihnen ähnlich sieht, wird er ein wunderschöner Affe.«

Wir alle sind Anfällen des »Goetheismus« ausgesetzt, beziehungsweise einer Art, die Natur halb wissenschaftlich, halb poetisch zu betrachten; und auch ich hatte eines Tages meinen Anfall, der in seiner Art und Weise einzigartig war, am Fuße des Circello. Wie der Versuchung widerstehen, zu Mittag, allein am

---

Ernsthaftigkeit ansicht, entdeckt man durch das kleine Loch unter Umständen etwas, das der »ernsthafte« Mensch verbergen wollte.

Westabhang des *Circello* stehend, mit dem Meer unter mir und dem Himmel über dem Kopf, die Natur zu »befragen« und in ihr nicht nur die große Mutter, sondern auch die große Lehrmeisterin zu sehen? Ich pflückte ein Blatt von einem Strauch, führte es an meine Brille, untersuchte aufmerksam die zarte Blattäderung; ich genoß die keusche Lust des Botanikers und spürte die Versuchung, dieses Blatt genauer zu untersuchen, aus den »natürlichen Dingen« jene Lehren zu ziehen, die Leonardo und Goethe so nützlich waren. Ein kaum formulierter, auch schon verworfener Gedanke. Ich besann mich rechtzeitig darauf, daß ich aus der eigenen Untersuchung eines Blattes nichts gewinnen konnte, was nicht bereits den Lehrbüchern der Botanik anvertraut worden wäre. Über die greifbare Natur ist schon alles in Büchern aufgezeichnet. Der wissenschaftliche Geist ist die Weiterentwicklung des detektivischen Geistes und von all unseren Fähigkeiten am höchsten entwickelt. Was mich interessiert, was ich ergründen möchte, liegt außerhalb der Bücher und vielleicht sogar außerhalb der Natur. Die Erkenntnis entfernt sich jedoch wie ein Schiff, das seine Segel nicht streichen kann, immer mehr in Richtung der Dinge, die die Hand nicht mehr ergreifen, das Auge nicht mehr sehen kann. Die Intelligenz des Menschen verliert immer mehr ihren »manuellen« Charakter und verflüssigt sich. Und wenn die Verflüssigung nicht mehr ausreicht, geht die Intelligenz in den atmosphärischen Zustand über. Und wenn auch die Atmosphäre nicht mehr genügt, wird die Intelligenz zu einem Partikel des Alls. Und wenn der Zustand des Alls im All noch immer zu körperlich ist, zu »greifbar«, dann wird die Intelligenz zum Nichts. Das Ende der Welt wird kommen aufgrund der Versuchung des Unendlichen.

Ich habe mich eingehender über das Pedrocchi informiert. Das Pedrocchi wurde wie viele christliche Kirchen über einem antiken heidnischen Tempel auf dem Forum Paduas erbaut, und der Marmor dieses Tempels wurde teilweise beim Bau der Mauern, Säulen und Fußböden des berühmten Cafés verwendet. Der Zustand des Verfalls allerdings, dem das Pedrocchi heute ausgesetzt ist, ist Schuld der Konkurrenz, die ihm jüngere und modernere Cafés machen. Das Pedrocchi könnte sich der Entwicklung anpassen, seine jungen Rivalen mit deren eigenen Waffen schlagen, tut es aber nicht: *noblesse oblige*. Es zieht es vor, die Unantastbarkeit der Erinnerungen zu respektieren und sich die Zuneigung der nicht zahlenden Gäste zu wahren. Viele schämen sich, das Pedrocchi zu betreten, *weil es alt ist*, und gehen ins Café gegenüber, das *20. Jahrhundert ist*. Dinge, die uns das Herz schwer machen. Aber gibt es nicht auch Söhne, die sich ihrer Eltern schämen?

Das Pferd Romeos

Ich liebe die Enzyklopädien nicht.[1] Ich liebe es nicht, wie sie alles Wissen auf ein »von allem ein wenig« reduzieren. Ich liebe sie nicht, weil auch der Enzyklopädie ein Kreis zugrunde liegt, der für Protagoras das Bild der Perfektion darstellte und für mich das der Dummheit. Der Gedanke an das sprichwörtlich runde O Giottos[2] irritiert mich, während ich mein Gemüt auf die Scrovegni-Kapelle vorbereite. Aber zum Glück hat das O keine Spur in der Malerei des guten Meisters hinterlassen, die im Gegensatz voller Ecken ist, wie die Tempel des antiken Griechenland. In der Zeit, als ein leichter Flaum meine Wangen umschattete, machte ich Bekanntschaft mit einem der letzten Exemplare des Gelehrten alten Schlages: meinem Lateinlehrer. Eines Tages wagte ich ihn mit der Unschuld jener Jahre zu fragen, welche Enzyklopädie er benutze, worauf eine jähe Glut wie eine rote Haut sein Gesicht überzog. Mein *Magister* lachte entrüstet, fast als hätte ich ihm vorgeworfen, zwischen den gewichtigen Bänden seiner Bibliothek eine vollständige Sammlung des »Voleur« aufzubewahren, des pornographischen Blättchens aus der Zeit Napoleons III., die ich an einem stürmischen Abend, während Lemuren und Lamien unheilvoll zu dem dumpfen Rauschen des Rummel winselten, in der Bibliothek des Senators des Departements von Constantine fand, in einer Buchattrappe, die in Wirklichkeit eine Schachtel war, und auf deren Rücken in Goldlettern stand: *Œuvres complètes de Voltaire*.

Dieser Lehrer war von einer schönen, runden, vollkommenen Dummheit, wie ich ihr nie mehr begegnet bin. Von einer gepan-

1 Ich liebe die Enzyklopädien so wenig und bin so unzufrieden mit ihnen, daß ich mir eine eigene, für den persönlichen Gebrauch bestimmte, geschrieben habe, so wie Schopenhauer, der seinerseits Gründe genug hatte, die Philosophiegeschichten nicht zu lieben, sich eine eigene, für den persönlichen Gebrauch bestimmte, schrieb.

2 Es gibt ein italienisches Sprichwort, das etwa lautet: »rund wie das O Giottos«, das sich auf die Legende bezieht, Giotto hätte einen Kreis ohne Zuhilfenahme eines Zirkels zeichnen können. All das ist im italienischen »O di Giotto« enthalten, deshalb das »sprichwörtlich runde O«. (Anm. d. Ü.)

zerten, uneinnehmbaren Dummheit. Die außergewöhnlichsten, beunruhigendsten und bedrohlichsten Dinge ließen ihn gleichgültig, durchdrangen nicht die Dunkelheit, die ihn umgab. Er sah sie nicht, spürte sie nicht, ahnte nicht einmal, daß es sie gab. Außer dem Ablativus absolutus verstand er nichts, und selbst den Ablativus absolutus verstand er auf seine eigene Weise, die nicht dazu angetan war, einen Ablativus absolutus zu einem Werkzeug der Erkenntnis zu machen. Unter den halbamtlichen Verwaltern der klassischen Kultur herrschte eine familiäre Atmosphäre, und als ihren Stammvater sehe ich die Gestalt meines Lateinlehrers die anderen überragen. Ich sehe sein Gesicht, das so ausdruckslos ist wie eine Fußsohle, seinen Blick, der nicht hervorschießt, sondern wie ein Rinnsal aus einem müden Wasserhahn tröpfelt. Welch finstere Geister, welch blinde Gespenster gehen in den Gärten der antiken Literatur um? Und diese Geister richten sich empor, diese Gespenster heben drohend den Arm gegen jeden, der es wagen sollte, den Schleier über jenen wundervollen Gärten zu lüften – eine Erfahrung, die auch Salvatore Quasimodo mit seiner schönen, seiner ruhigen Fassung der griechischen Lyriker machen mußte.

Die Enzyklopädien haben immer etwas Mondänes an sich. Als praktische Menschen haben die Amerikaner die lebendige Enzyklopädie geschaffen, und während sich Mrs. X am späten Vormittag die Hautfalten bügeln, den Busen liften oder sich türkisen Lack auf die Zehennägel pinseln läßt, erteilt ihr der Vertreter der lebendigen Enzyklopädie ein paar Blitzlektionen über den dialektischen Materialismus, über die mixolydische Tonart, die geheimnisvolle Entstehung der Metalle, mit denen sie noch am selben Abend in den Salons der Fifth Avenue glänzen wird. Darf ich nach alldem noch wagen zu gestehen, daß auch ich eine Enzyklopädie besitze? Es ist die »von Francesco Predari herausgegebene, dem Verständnisse und den Bedürfnissen eines jeden Standes angemessene Enzyklopädie, von besonderem Nutzen für Familienväter und Geistliche«. Um diesen Besitz zu rechtfertigen, muß ich hinzufügen, daß die Enzyklopädie aus dem Jahr 1861 stammt, und wenn ich in ihr auch nicht finde, was ich in aktuellen Enzyklopädien finde, so finde ich im Gegensatz das, was in den aktuellen Enzyklopädien fehlt. Ich schlage in der Enzyklopädie Predari das Stichwort Padua auf, und während ich

über die Scrovegni-Kapelle kein Wort finde, finde ich hingegen
eine ausführliche Eintragung über die Hängebrücke aus Eisen-
drahtketten, die über den Bacchiglione führt, »die erste ihrer Art,
die in Italien gebaut und 1829 nach dem Entwurf des Oberst
Anton Claudio Galateo fertiggestellt wurde«.

1861 lag eine undurchdringliche Gleichgültigkeit über dem Werk
Giottos. Stendhal wundert sich, daß Montaigne, der doch so
geistvoll, so neugierig war und überall herumspazierte, nur siebzehn Jahre nach dem Tod Michelangelos nach Florenz gekommen war und ihn dennoch in seinem Tagebuch nicht erwähnte,
als doch die Stadt noch vom Donner seiner Werke widerhallte.
Aber selbst Stendhal, obgleich ein so großer Liebhaber der Malerei, spricht in den beiden kurzen, Padua gewidmeten Kapiteln
aus *Rom, Neapel und Florenz* zwar vom Café Principe Carlo,
spricht von der glühenden Seele des Sängers und Kastraten Pac-
chiarotti, spricht von dem Turm, in dem Bembo seine Geschichten auf den Knien seiner Geliebten schrieb, gönnt jedoch der
Scrovegni-Kapelle kein einziges Wort. Möglich, daß er sie nicht
gesehen hat. Es ist aber auch möglich, daß er sie gesehen und
trotzdem schweigend übergangen hat.[3] Zur Zeit Stendhals war

3 Der Grund, warum Stendhal über Giotto schwieg, findet sich nicht in
  Rome, Naples et Florence (Rom, Neapel und Florenz), sondern in einem
  anderen touristischen Buch Stendhals, genauer gesagt in den *Mémoires
  d'un touriste (Memoiren eines Reisenden)*. »Es ist keine Blasphemie«,
  schreibt Stendhal, »zu meinen, daß Giotto, wäre er 1483 statt 1276 geboren, Raffael hätte gleichkommen können. Sein ›inneres Feuer‹ war genauso
  stark, er wäre weniger lieblich, dafür aber feierlicher gewesen.« Diese
  meiner Meinung nach völlig richtigen Worte Stendhals werden ihrerseits
  wieder blasphemisch in den Ohren vieler meiner Kollegen aus Kunst und
  Kultur klingen. Stendhal gestand Giotto »inneres Feuer« zu, nicht jedoch
  die malerische Reife Raffaels, und hielt ihn somit für einen Primitiven.
  Unsere Zeit hingegen, die so tüchtig ist im Entdecken von Bouvard- und
  Pécuchet-Wahrheiten, hat entdeckt, daß es die Primitiven nie gegeben hat
  oder, wie einer unserer Maler entweder zum Scherz oder aus Dummheit
  sagt, daß es »die Antiken nicht gegeben hat, weil auch die Antiken ihrer-
  seits ihre Antiken hatten«. So ist aus dem Vokabular unserer Zeit die
  Bedeutung von »primitiv« verschwunden, die das Fehlen der Reife von
  Geist und Mitteln bezeichnete, durch welche die Kunst eine *vollkommene
  Schönheit* erreicht. Es war dumm, die Malerei Giottos als kindliche Malerei zu betrachten, weil sie in der Zeichnung nicht das Runde und im

die Malerei Giottos eine Malerei, *von der man nicht spricht*. Die Kenntnisse über Giotto sind neueren Datums. Sie wandelten sich bald in Liebe, und schließlich degenerierten sie zur Manie. Nicht archäologische Schwierigkeiten standen der Beschäftigung mit Giotto und mit Piero della Francesca und Masaccio im Wege, sondern der Geschmack. Dante Alighieri, den wir als Vater unserer Sprache bezeichnen und mit seinen eigenen Worten als »größten« Dichter, war für das 18. Jahrhundert nicht mehr als ein langweiliger Barbar. Zur Zeit Stendhals suchte der unschuldige und natürliche Geschmack das »reife« Zentrum der Dinge, das ist in der Malerei Paolo Veronese, und nicht Giotto, der ein peripherer Maler ist. Giotto betrachtete man damals entweder »aus Neugier« so wie heute ein Sgrafitto in einem Kloster auf Hagion Oros oder gar nicht. Ein Jahrhundert mußte vergehen, damit das Wort »primitiv« jene negative Bedeutung verlor, aufgrund deren man die »Primitiven« so betrachtete, wie ein Erwachsener ein Kind betrachtet, ein Riese einen Zwerg. Dann kam Spengler, der Relativist der Kultur, von dem wir erfuhren, die Primitiven hätte es nie gegeben. Für Stendhal ähneln die pompejanischen Malereien den schlechten Bildern von Domenichino. Ein Jahrhundert mußte vergehen, bis sich das Gefallen am Primitiven, das Gefallen am Rohen, das Gefallen an den nicht zur Reife gelangten Dingen entwickelte. Heute wird Giotto gegenüber Veronese der Vorzug gegeben, aber bei genauerem Hinsehen entdeckt man an dieser Vorliebe etwas, das seltsamerweise an den Geschmack der Vegetarier erinnert. (Man beachte, daß Vegetarier von *vegetus* stammt und einer, der vegetarisch ißt, *Vegetalianer* heißt.) Dasselbe gilt für die, die Monteverdi gegenüber Chopin den Vorzug geben. Die Stilisierung des Geschmacks ist das Zeichen eines unsicheren Geschmacks. Die Stilisierung des Geschmacks ging einher mit der Stilisierung der Künste. Wenn die Maler heute Giotto größere Beachtung schenken als

Pinselstrich nicht die Flüssigkeit von Raffaels Zeichnung und Pinselstrich erreicht; aber es ist gewiß nicht intelligent, die Malerei von Giotto (und somit auch von Piero della Francesca oder Masaccio) als *vollkommene* Malerei zu betrachten, wie es heute geschieht, und sie zum Modell zu erheben. Dem wäre noch hinzuzufügen, daß der heutige Giottokult weniger die Entdeckung einer Wahrheit ist als eine praktische Notwendigkeit, denn es ist einfacher, Giotto nachzumachen als Raffael.

Rubens, besteht kein Grund, warum es ihnen die Kunstliebhaber nicht gleichtun sollten. Es gibt zwar das Bedürfnis, zur Quelle zurückzukehren, die »Wurzeln wiederzufinden«, aber es gibt auch den bequemen Ausweg, die verführerische Verständlichkeit. Der Geschmack von heute hat etwas von dieser Abänderung an sich, von dieser Abweichung, diesem Laster, dem Fleisch die Knochen vorzuziehen. Es sei jedoch darauf hingewiesen, daß es hier nicht im mindesten darum geht, Masaccio, Giotto, Monteverdi zu »stürzen«, noch darum, Rubens, Paolo Veronese, Chopin auf ein »Podest zu heben«. Wir sprechen nicht von den Dingen an sich, sondern davon, was der Betrachter bei den Dingen denkt, was er empfindet. Woraus wir den beunruhigenden Schluß ziehen, daß es dem Menschen recht selten gelingt, mehr als jeweils ein Ding zu sehen, zu verstehen, zu empfinden. Unter der Last meiner Jahre gehe ich über die Wiese, aus der wie Knochen eines glattgeschabten Skeletts die Mauern der alten Arena aufragen, aber sobald ich auch nur die Schwelle der Scrovegni-Kapelle überschritten habe, rollt die Zeit zurück, und ich betrete als Kind mein Spielzimmer. Spielzeug rechts und Spielzeug links. Eine doppelte Reihe von Spielzeug, in deren Mitte der wieder zum Kind gewordene Mensch dahinschreitet, feierlich und leichtfüßig, im ewig jungen Licht der irdischen Unsterblichkeit. Die Malerei Giottos ist die Mutter des Spielzeugs. Darin liegt ihre höchste Qualität, ihre geheime Qualität. Die Komposition folgt den Anweisungen des »Piccolo Architetto«. Diese reinen, lebendigen Farben sind dieselben Farben, wie sie auch auf Würfeln, Bällen und Kegeln meiner Kindheit leuchteten. Und da unten ist auch mein Schaukelpferd. Die Kunst entzündet immer wieder aufs neue die Lichter des verlorenen Paradieses, das von der düsteren Hand der Nicht-Künstler immer wieder ausgelöscht wird, aber Giotto läßt stärker als das Bild des verlorenen Paradieses die Spiele erstrahlen, die wir in diesem sich sanft anfühlenden Licht, in diesem wie in einer Perle eingeschlossenen Dasein spielten, um die zeitlose Zeit zu vertreiben. Wie bei der Kunst des antiken Griechenland übersteigt hier nichts die Kräfte des Menschen, alles ist dafür vorgesehen, zerlegt und aufs neue zusammengesetzt zu werden, alles ist tragbar. Geduldiger Pinsel des Erziehers, stille Arbeit des Großvaters, der seinen Enkeln Spielzeug schenken möchte. Noch wirft die Sünde keine schwarzen Schatten. Noch hat sich keine Wolke auf diesen klaren Himmel gesenkt. Silberne Nägel halten diese unabänderliche Heiterkeit fest, dieses intensive, endlose Tiefblau. Chronos beging einen schweren Fehler, als er Giotto in eine Zeit versetzte, in der die Maler des langen und breiten die Heilige Schrift illustrieren mußten, um sich auszudrücken. Als guter Toskaner »umging« Giotto jedoch das Hindernis, reduzierte die Heilige Schrift auf die Heilige Geschichte, hielt sich an ein manieriertes Pathos, streifte das Drama, hütete sich jedoch davor, die Hände im Spiele zu haben. Man braucht nur einige Schritte zurückzutreten, und selbst die leidvollsten Gestalten resorbieren die Falten, wischen die Augenringe weg, glätten die Furchen, kehren zur Gesetztheit, zur ruhigen Ausdruckslosigkeit der Gestalten zurück, die über dem alltäglichen Leid stehen. Giotto hat die düstere, formlose, schwülstige Tragödie der semitischen Nacht ins Licht sauberer, leuchtender Landschaften gerückt, hat sie in eine klar umrissene Architektur eingeschlossen, hat sie gezwungen, mit Maß und Würde zu leben.

Auch die Teile der Landschaft sind austauschbar. Die Häuser sind zerlegbar, und selten findet sich auf diesen bunten Vierekken mehr als ein Haus, mehr als ein Hügel, mehr als ein Baum. Intelligente Poesie, maßvolle Art und Weise, die poetischen Dinge zusammenzusetzen und anzuordnen. Geschmack am Einzigartigen, am Einzelstück.

– und den Ruf vernahm
von einem Frosch weit draußen in den Feldern.

Auf was würde dieser Frosch, der das »Universum füllt«, zusammenschrumpfen, wenn es, sagen wir, nicht unzählige, sondern nur zwei Frösche gäbe? Später, wenn der aristokratische Geschmack am Einzelstück verloren gegangen ist, wird die Kunst beginnen, die Häuser, die Hügel, die Bäume zu vervielfachen. Und wird glauben, reicher zu werden, während sie jedoch verarmt. Auch die Landschaften Michelangelos bestehen aus Einzelstücken, aber aus einem anderen Grund: wegen der Strenge des kompositorischen Stils, wegen einer allzu »katholischen« Auffassung der menschlichen Würde. Die Landschaften Giottos wollen jeden Abend, wenn die Spielstunde vorbei ist, abmontiert und in die Schachteln zurückgelegt werden. Die

Tempel, die Häuser, die Loggien, die Türme, die Glockentürme mit den gewundenen Säulen in eine Schachtel. Die kauernden Schäfchen, die blumenkohlförmigen Bäumchen, das Eselchen aus dem *Einzug Christi in Jerusalem*, das Kamel aus der *Anbetung der Könige*, das aussieht wie ein junger Herr mit Strohhut, in eine andere. In wiederum eine andere, längliche, werden die Krippenfiguren nebeneinander gelegt.

Jetzt, da der ganze Giotto in Schachteln verpackt ist, gehen wir weiter in die Sakristei. Mehr als der Tempel interessieren mich die Geheimnisse des Tempels. Weininger unterteilte die Menschen – nicht alle, aber »gewisse« Menschen – in *Priester und Forscher*. Wie man sieht, gehöre ich der ersten Spezies an. In der Sakristei der Kapelle finde ich in einer Nische die Statue Enrico Scrovegnis, des »Soldaten von Varena«. Die Statue ist vom Grab hinter dem Hauptaltar entfernt und in die Sakristei gebracht worden. Warum wird der Leichnam vom Abbild getrennt? Ich finde die *Ankündigung* von Pietro Paolo Santacroce. Sie ist doppelseitig, wie ein guter Stoff, und um beide Seiten zu sehen, muß man das Gemälde um eine Eisenachse drehen. Wunderschöne geschnitzte Schränke, ehrwürdiges, wurmstichiges Chorgestühl. Das Kruzifix von Giotto finde ich nicht, aber als Ausgleich finde ich ein eigenartiges Kreuz aus Laternenglas, wahrscheinlich das Reliquiar des Kruzifixes. Als würde man einen Freund besuchen und nur seinen Regenmantel antreffen. Dicht nebeneinander zwei am Boden liegende Glocken, einige Lederstühle, Kandelaber. Giovanni Pisano hat Enrico Scrovegni in betender Haltung dargestellt. Warum betet der »Soldat von Varena«? Um sich seine Sünden als Wucherer vergeben zu lassen, die auf seinen Schultern lasten.

> Con questi Fiorentin' son Padovano.
> Spesse fiate m'intronan gli orecchi,
> Gridando: »Vegna il cavalier sovrano
> Che recherà la tasca co' tre becchi«.[4]

4   Bei diesen Florentinern bin ich Paduaner:
        oft betäuben sie mich mit ihrem
        Geschrei: »Hoffentlich kommt bald der erlauchte Ritter,
        der die Tasche mit den drei Schnäbeln trägt.« (d. Ü.)

Wer es nicht wissen sollte, der »cavalier sovrano«, dessen Wappenbild drei schwarze Schnäbel sind, ist der Florentiner Giovanni Buiamonte, der »König der Wucherer«.

Bei den oben erwähnten Schachteln habe ich die Schachtel für die Engel Giottos vergessen: die schwimmenden Engel aus der *Beweinung Christi*, bei denen sich Giotto von Paul Klee hat helfen lassen; die Engel als Sardinenschwarm aus der *Himmelfahrt Christi*; die Engel als Publikum im Amphitheater aus dem *Jüngsten Gericht*, bei denen Giotto sich nicht von Paul Klee, sondern von Massimo Campigli hat helfen lassen. In der Objektivität, mit der Giotto die Engel darstellt, ist noch der metamorphische Glaube der antiken Dichter lebendig. Die Engel Giottos sind Flughähne und bewohnen ein Himmelsaquarium: ein Sphärarium. Dieses Aussehen von heraldischen Vögeln hatten auch die drei Schwestern Aglauros, Pandrosos und Orseos, als die Furien sie den Felsen hinunterstürzten und in Schwalben verwandelten. Auch Luigi Pulci[5] fand wie Giotto Gefallen daran, die Gestalten der christlichen Legende zu »ptenisieren«, und nannte die Madonna einen »Heiligen Vogel«.

Eine Schachtel für die Schatten gibt es nicht, denn die Figuren Giottos haben keinen Schatten. Unter den Figuren ist so etwas wie ein kleiner nasser Fleck, aber der schräg fallende Schatten fehlt, jener Schatten, der die Seele der Person ist, ihr *Alter ego*, ihr *Ka*, den Peter Schlemihl verkaufte wie einen unmodern gewordenen Mantel. Als Bewohner einer metaphysischen Welt werfen die Figuren Giottos keinen Schatten.[6]

Am *Jüngsten Gericht*, das allein die innere Eingangswand füllt, wird der Übergang vom Apollinischen der Seitenwände zu einem beginnenden Michelangelismus beklagt. Giottos *Gericht* beruft sich auf die traditionelle Formel, die Thematik in parallelen Reihen um die zentrale Christusfigur herum darzustellen, so

---

5 Luigi Pulci, 1432 in Florenz geboren und 1484 in Padua gestorben. Gehörte zum Kreis um Lorenzo il Magnifico. Sein Hauptwerk ist das Gedicht *Il Morgante*. (Anm. d. Ü.)

6 In der Sprache Homers ist der Schatten der Geist des Toten, und wer seinen Schatten verliert, stirbt binnen eines Jahres. Giotto wünschte sich seine Figuren gesund und lebendig.

wie sie zum ersten Mal im vatikanischen Manuskript von Kosmas Indikopleustes (6. Jhdt.) auftaucht, sich im Jüngsten Gericht von Sant'Angelo in Formis (11. Jhdt.) und dann im Mosaik im Dom von Torcello (12. Jhdt.) weiter entwickelt und schließlich in der Sixtinischen Kapelle ihren Höhepunkt findet. Diese übereinandergeschichteten Figurenreihen, dieses *Nicht-alle-Figuren-auf-dieselbe-Ebene-Stellen*, ist die von allen am wenigsten malerische Komposition. Das Ganze dröhnt wie die lautesten Akkorde der Orgel. Man muß den Blick schärfen und ihn auf die Details heften.

Der Kontrast zwischen den Gemälden auf den Seitenwänden und den sich darunter befindenden monochromen Allegorien (Barmherzigkeit, Seelenstärke, Neid usw.) beweist das *szenografische* Talent Giottos. Alles andere als O!

Die Gemälde an den Seiten sind in drei Reihen angeordnet. In der dritten Reihe sind sie am besten erhalten. Ein Zeichen, daß es der im Boden unter der Arena Paduas vorhandenen Feuchtigkeit schwerfällt, so weit hinaufzusteigen.

Das Gewölbe der Scrovegni-Kapelle ist himmelblau und mit Goldsternen bemalt, wie die Kuppel, die Galileo Chini 1908 für die Biennale in Venedig entwarf. Unsterblichkeit der Ideen...

Als ich die Scrovegni-Kapelle verlasse, rollt die Zeit die Jahre wieder vorwärts, die sie bei meinem Eintreten zurückgerollt war, und nicht ohne Genugtuung finde ich mich als Erwachsener wieder. Warum weinen die Menschen ihrer Vergangenheit nach? Es ist töricht, wieder der sein zu wollen, der man einmal war. Die Vergangenheit ist nicht anders vorstellbar denn als Anhäufung der Schuld und Schmach, die wir hinter uns gelassen haben. Nur auf eines dürfen wir neugierig sein – auf das, was noch nicht gewesen ist, auf das, was wir noch nicht getan haben. Die Arena Paduas ist betäubt von der Sonne. Es ist die Stunde des Mittagsdämons. Eine dumpfe Wut kräuselt Pans Nase, und der unvorsichtige Schäfer ist verloren, der es wagen sollte, zu dieser Stunde seine Rohrflöte zu blasen. Zu dieser Stunde zieht man die Vorhänge vor die Pforten der Tempel, und den Gläubigen ist der Eintritt versagt, damit die Unsterblichen ungestört bleiben. Und der Wächter der Scrovegni-Kapelle schließt die Tür hinter mir auch tatsächlich ab, und während er darauf wartet, daß die gefährliche Stunde verstreicht, geht er eine Scheibe Polenta essen. Ich kann mir die Freude der Figuren Giottos vorstellen, allein zu sein, ich sehe sie, wie sie die Mauer herabpurzeln, über den Boden hüpfen, um sich die Beine zu vertreten, wie zu schnell gewachsene Kinder zwischen Sakristei und der Wand des Jüngsten Gerichts auf und ab laufen, die Stunde der Ruhe nutzend, um ein wenig Krach zu machen. Auch Giotto ist von seinem Platz links neben dem Kreuz herabgestiegen und überwacht seine Geschöpfe. Wenn wir jetzt, da die Figuren frei sind, die Kapelle betreten dürften, könnten wir einige Beobachtungen machen, die die starre Pose nicht zuläßt, wie zum Beispiel, daß der Judas des Kusses und der Judas, der die dreißig Silberlinge in Empfang nimmt, nicht ein und dieselbe Person sind, denn nebeneinander gesehen ähneln sie einander gar nicht. Aber da wir es nicht dürfen, nehmen wir zurück, was wir über Judas gesagt haben. Nur die Madonna mit dem Kind auf dem Arm hat sich nicht von dem Altar bewegt, auf dem sie seit mehr als sechs Jahrhunderten aufrecht sitzt, die Madonna von Giovanni Pisano, die Nase, Mund und Kinn einer Minerva aus dem 5. Jahrhundert besitzt und in ihrer ruhigen Haltung an den Hermes von Praxiteles erinnert, der den kleinen Bacchus im Arm hält. Sie fürchtet sich, die Triptychon-Symmetrie mit den beiden kerzentragenden Engeln zu stören, die geschlossene Ordnung der Komposition aufzubrechen, die Stilisierung à la Wildt zu stören. Einem Ameisenauge mag diese Symmetrie majestätisch erscheinen, aber für das menschliche Auge verkleinert diese exzessive Ordnung die Form, macht sie unscheinbar, nimmt ihr das Überbordende, jenes notwendige Zuviel, an das das Auge sich klammert, um zu schauen.

Ein Blitz zuckt plötzlich durch das mittägliche Licht, und die dem Erdboden gleichgemachten Mauern des alten Amphitheaters beginnen sich zu bewegen und rasch von der Wiese in die Höhe zu schießen, dann restaurieren sie sich aus eigener Kraft und fügen sich zu dem ursprünglichen Oval zusammen, füllen sich schließlich mit Zuschauern, auf denen der rote Widerschein des vom Wind geblähten Vorhanges liegt, der wogt und sich aufbauscht. Ich sehe mich verblüfft in der majestätischen Arena um und stelle fest, daß sie unversehrt größer ist als die Arena von Verona, in der ich und mein Freund Danilo im Sommer 1920 umsonst versucht hatten, uns den *Mefistofele* anzuhören, denn nach dem Prolog im Himmel übermannte uns derart der Wunsch davonzulaufen, daß wir uns eilig in ein Café auf der Piazza Bra flüchteten, gerade rechtzeitig, um Angelo Dall'Oca Bianca[7] zu sehen, der, in weißes Leinen gekleidet, stolz unter dem Portikus spazierte und wegen der Hitze die Perücke in der Hand hielt. Auch meiner Schreibmaschine gefällt der *Mefistofele* nicht, und jedesmal, wenn ich sie *Mefistofele* schreiben lassen möchte, schreibt sie *Pefistofele*. Wer wird je die Psyche einer Schreibmaschine durchdringen?

Mit diesem Fetzen aus Pefistofele im Ohr gingen wir ins Bett, und am Tag darauf wohnten wir im strahlenden Sonnenschein der Öffnung des Sarges von Can Grande della Scala bei, im eingefriedeten Raum der Scaliger-Gräber, der von einem beweglichen Gitter aus Eisengeflecht umzäunt ist. Zu diesem Zweck hatte man ein „Öffnungskomitee" unter dem Vorsitz von Angelo Dall' Oca Bianca gebildet, der zur Feier des Tages die Perücke wieder aufgesetzt hatte. Es ging das Gerücht um, der Veroneser Herr befände sich nicht mehr in seinem Grabe, aber als das Grab offen war, konnten alle Anwesenden sehen, daß er noch da war, und prächtig war er, zwei Meter lang, großartig gekleidet, und der Kopf, der zu einer faustgroßen schwarzen Pergamentkugel geschrumpft war, lag neben seinem Zweihänder, der genauso lang war wie er. Wer sagt, der Tod flöße uns Angst ein? Der irrt. Der Tod, dieses faszinierendste aller Schauspiele, zieht uns an; und kaum hatte der Sarg seinen Mund geöffnet, schwärmten Damen und Fräulein um den Toten herum, begierig, ihn aus der Nähe zu sehen und ein Erinnerungsstück mit magischen Kräften zu erwischen. Eine, die kühnste von allen, streckte ihre Hand nach der Seidenbinde aus, die das Kinn von Can Grande hielt, aber zusammen mit dem Stoff (pulvis) löste sich auch der Kiefer (pulvis). Ist es verwunderlich, daß sich die Toten bisweilen an den Lebenden rächen und Tutenchamun den Archäologen ins Jenseits beförderte, der es gewagt hatte, seinen Schlaf zu schänden?

Ich höre die Stimme eines Schauspielers, die deklamiert: »*Sub*

---

7 Angelo D'All Oca Bianca (1858-1942) aus Verona. Genremaler. Glorifizierte in seinen Bildern Verona, z. B. *La Piazza erbe a Verona*. (Anm. d. Ü.)

terris tonuisse putes«,[8] und mir wird klar, daß in der Arena Paduas ein Epos von Lucius Domitius Ahenobarbus aufgeführt wird, der offensichtlich eine Rezitationstournee in dieser Gegend macht. Die Langeweile muß groß sein, denn ein Zuschauer neben mir läßt sich der Länge nach zu Füßen des Sitzes hinfallen und stellt sich tot, worauf er von denselben bewaffneten Wächtern hinausgetragen wird, wie sie auch Nero vor dem Theater aufgestellt hatte, um die Zuschauer während des Schauspiels am Hinausgehen zu hindern. Ein anderer Zuschauer sagt mir, vor einigen Tagen hätte eine Frau Geburtswehen vorgetäuscht, um das Theater verlassen zu können. Schließlich brachen jene drei Arten von Beifall los, mit denen Ahenobarbus seine Dichtung begrüßt haben möchte: die *bombi*, die das Summen der Bienen nachmachen, die *imbrices*, die das Prasseln des Hagels auf Dachziegel nachmachen, die *testae*, die das Geräusch von zerschellenden Amphoren nachmachen; und während sich das Publikum zum Ausgang drängt, ruft mir die Stimme Catrafossis aus seinem tiefen Schlaf zu: »Verlasse die Arena und geh zur Erimitanikirche.«

Wie die Toten haben auch die Schlafenden ihre Gespenster, die zwar weniger vampirhaft, aber genauso aktiv sind, und während der Schläfer ruht wie der Tote im Grabe, geht sein Gespenst wie das des Toten unter den Lebenden um und mischt sich unsichtbar in deren Leben ein. Warum möchte mich das Gespenst des schlafenden Catrafossi in die Eremitanikirche führen? Sicher nicht, um mir die Fresken des siebzehnjährigen Mantegna zu zeigen, dessen scholastische Härte ich, wie er weiß, nicht schätze, und in der Tat, sobald wir die Kirche betreten haben, führt mich der unsichtbare Gefährte zu dem Pfeiler links neben dem Hauptaltar, auf den ein überlebensgroßer Heiliger Petrus gemalt ist. An sich ist dieses Gemälde nicht beachtenswert; es ist

---

8 Offenbar spielte dieser Vers von Nero auf ein Erdbeben an, und als der junge Dichter Lukan eines Tages einen Freund furzen hörte, erinnerte er sich an Neros Vers. So erzählt Sueton in seinem »Leben Lukans«. Von den restlichen neun Versen, die uns von Nero geblieben sind, werden drei in der Anmerkung des Scholiasten über Lukan zitiert (III, 261); fünf wurden von Persius aus dem Scholiasten entfernt und in dessen *Satiren*, I, 93, 94, 99, 100, 101 zitiert; ein weiterer wird von Seneca zitiert, *Quaestionum Naturalium*.

es nur insofern, als dem Schlüssel, den der heilige Pförtner in der Hand hält und der am Ende des Rohres von der Kante des Pfeilers abgeschnitten wird, ein geformtes und durchlöchertes Stück Eisen angefügt worden ist, das über den Pfeiler hinausragt und die getreue Nachbildung des Schlüsselbartes ist, beziehungsweise jenes Teils des Schlüssels, der sich im Schlüsselloch dreht.

Die Hinzufügung eines wahren Objektes zur malerischen Fiktion gehört zu den kindlichen Ideen. Als Kind dachte ich mir viele derartige Möglichkeiten aus; aber schließlich habe ich eingesehen, daß sie undurchführbar sind, und durch Anschauung habe ich gelernt, daß es zwischen wirklicher Welt und gemalter Welt keine Brücken gibt. Kindlich ist also das Gemüt des unbekannten Künstlers, der dem gemalten Schlüsselrohr des Heiligen Petrus diesen wirklichen Schlüsselbart hinzugefügt hat; kindlich ist das Gemüt von Max Klinger, der dem Gemälde seines *Christus im Olymp* die Vollplastiken einiger Titanen hinzufügte; kindlich ist das Gemüt der Kubisten, die bei ihren sogenannten Collagen Malerei und reale Gegenstände vermischten, wie der berühmte Picabia, ein steinreicher Südamerikaner,[9] der auf eines seiner Stilleben einen *echten* Tausenderschein klebte. Es erübrigt sich zu sagen, daß auf Ausstellungen ein Wächter eigens beauftragt war, den Tausenderschein im Auge zu behalten. Welcher kriminelle Trieb erwacht auf dem Grunde meines Ichs und flüstert mir zu, mir den *echten* Teil des Schlüssels anzueignen? Wenn da nicht das Gespenst Catrafossis wäre...

Der Hof des »Bó« ist die *schönste Brust* Paduas, so zahlreich sind die gemalten oder gemeißelten Wappen, die wie eine Kruste die Wände seiner zweistöckigen Loggia überziehen. Es gibt zahlreiche Gründe für die Berühmtheit der Universität. Sie ist die älteste Universität Italiens, nach der allerältesten von Bologna. Girolamo Fabrici d'Acquapendente, Giambattista Morgagni,[10] Gali-

9 Picabia war jedoch Sohn spanischer Eltern und lebte in Paris, New York und Zürich. (Anm. d. Ü.)

10 Girolamo Fabrici d'Acquapendente (1533-1619) war Professor für Chirurgie an der Universität von Padua.
Giambattista Morgagni (1682-1771) aus Forlì; Arzt und Anatom, daneben auch Dichter, Historiker und Archäologe. Sein Name ist aber haupt-

leo Galilei hatten hier ihren Lehrstuhl. Aber noch liebenswerter wird mir diese Universität dadurch, daß sie 1684 an Elena Lucrezia Cornaro Piscopia den Doktortitel der Philosophie verlieh. Von meinem unsichtbaren Freund geleitet, schreite ich bis zum unteren Ende der Treppe E vor und verneige mich vor der Büste der schönen Philosophin.

Der Priester Parini mag aus anderen Gründen noch so liebenswert sein, tugendhaft und von keuscher Poesie erleuchtet, ich habe dennoch einen schwerwiegenden Grund, ihn zu hassen. Als Direktor der Brera widersetzte er sich hartnäckig der Aufnahme von Studentinnen in dieses Athenäum, und als schließlich gegen seinen Willen eine einzige Studentin aufgenommen worden war, quälte er sie auf verschiedenste Weise, trennte sie von ihren männlichen Kollegen, schloß sie von den Vorlesungen aus, in denen Wissenschaften gelehrt wurden, die nach seinen Aussagen der Bestimmung der Frau fremd seien. Dieser hinkende Mann hatte nicht bedacht, daß für eine würdige, echte, tiefe Gemeinschaft von Mann und Frau die geistige Ebenbürtigkeit noch wichtiger ist als die soziale. Wie kann man bei einem großen Unterschied jenes höchste Vertrauen erreichen, das die Liebe ist? Prinzen heiraten Schäferinnen, doch nur in Fabeln, aber ein edler Geist gesellt sich nicht ohne Schmerz und Reue zu einem schlichten Geist. Wie viele vergeudete Schönheiten! Wie sehr verdrießt es uns, die wir die Schönheit von beiden, von Seele und Körper suchen, wie sehr verdrießt es uns immer wieder, wie häufig verdrießt es uns, daß eine Frau von schönem Äußeren, eine anziehende und bezaubernde Frau, sich bei näherer Bekanntschaft als hirn- und seelenlos erweist und als leer an Gedanken! Jede Hoffnung erlischt, jeder »Austausch« wird unmöglich, und nach einem flüchtigen Blick in den Garten erhebt sich plötzlich vor uns eine Mauer. Wir, o Lucrezia Piscopia, wir, die wir alle Frauen lieben, die der Vergangenheit genauso wie die der Zukunft, wir wünschen, daß sie sich alle wie du der höchsten Liebe als würdig erweisen. Was jammern da unten die Priester Parini? *Sinite feminas...*
Titus Livius wurde in Luvigliano bei Padua geboren, und

sächlich mit Entdeckungen auf dem Gebiet der Anatomie verbunden. (Anm. d. Ü.)

Livianum heißt ihm zu Ehren die philosophische Fakultät dieses Athenäums, das heute dank Gio Ponti einen Wohnsitz hat, der so sauber und keusch ist wie ein junges Mädchen. Muskulöse Bäume schützen mit ihrem strengen Laub die Reinheit der weißen Fassade. Die Treppen, deren spärliche, bogenförmige Fenster durch die Pflanzen gefiltertes Licht hereinlassen, klettern mit mönchischer Würde empor, vorbei an den Geheimnissen des Wissens. Der funktionalen Architektur liegt das Konzept der Jungfräulichkeit, der Keuschheit, der Reinheit zugrunde. Über den schräggestellten Zeichentischplatten der Architekten wacht der heilige Franziskus von Assisi. Diese Hörsäle sind in ihrer Schlichtheit so vollkommen, daß man vor allem an bescheidenen und scholastischen Luxus denkt. Aber Luxus ist ein anderer Name für das Überflüssige, und hier überschreitet nichts die Grenzen der Zweckmäßigkeit, nichts die Schwelle des Allernotwendigsten. Auf dem Fresko, das Massimo Campigli[11] über die große Wand des Atriums ausgebreitet hat und das wie alle Werke dieses Malers dem modernen Geschmack entspricht, weil es Sinn für das Antike beweist, unterrichtet der Autor der *Dekaden*, in festliches Weiß gehüllt und die Rechte um eine Papyrusrolle geschlossen, eine Gruppe von Studenten und Studentinnen, die wie du und ich gekleidet sind und ihn anblicken, ihn anhören, und zwei zeigen mit dem Finger auf ihn. Was lehrt Titus Livius diese Jugendlichen? Er lehrt, daß die Vestalin Rea Silvia, von Mars vergewaltigt, Zwillinge zur Welt brachte, von denen einer Romulus hieß und der Gründer Roms war; er lehrt, daß eines Tages eine Flamme um den Kopf eines schlafenden Jungen loderte, der Servius Tullius hieß, und als Tanaquil das Wunder sah, sagte sie, dieser Junge würde eines Tages der Stolz dieses Staates sein; er lehrt, daß Romulus zu Iulius Proculus sagte, dem er als Geist erschien: »Geh und verkünde den Römern, daß Rom, dem Willen der Götter zufolge, das Haupt der Welt sein wird.«
Auf einem anderen Teil des Freskos, wo sich Campigli wie Giotto im *Jüngsten Gericht* und Raffael im *Parnaß* selbst darge-

---

11 Massimo Campigli (1895-1971) orientierte sich in seiner Malerei an archaischer Kunst, der (kretischen und etruskischen) Freskenmalerei. (Anm. d. Ü.)

stellt hat, sind unter den Bogen und Säulen neben dem Maler der Architekt Ponti zu sehen, der Rektor der Universität, und Giuditta, die schöne Riesin, Gattin und Mitarbeiterin von Campigli. Über das Fresko verteilt finden wir die verschiedenen Mauerwerke der Römer, mit Ausnahme des *opus reticulatum*, des wichtigsten von allen.

Campigli ist ein tafelfreudiger Mensch. Selbst als er arm war, lud er gerne zum Essen ein, und um Armut und Gastfreundschaft in Einklang zu bringen, machte er es so: Er bereitete einen großen Topf Pastasciutta zu. Man setzte sich zu Tisch und aß einen ersten Teller Pastasciutta. Dann erhob man sich, nahm in seinem Atelier Platz, sprach über dies und jenes. Dann kehrte man an den Tisch zurück und aß einen zweiten Teller Pastasciutta. Dann erhob man sich wieder und nahm in seinem Atelier Platz und sprach aufs neue von diesem und jenem. Dann kehrte man noch einmal an den Tisch zurück und aß einen dritten Teller Pastasciutta. Dann erhob man sich endgültig vom Tisch, und niemand konnte sagen, er hätte kein dreigängiges Mahl zu sich genommen.

Campigli lacht nie, so sehr sich Verhältnisse und Klimata auch ändern. In einer menschenleeren Nacht saßen er und seine Frau an einem Tisch vor dem Dôme in Paris. Allein. Campigli hatte einen Strumpf seiner Frau vor dem Gesicht, seine Frau hatte das Korbgeflecht einer Weinflasche auf dem Kopf. Es war eine frostige Nacht. Auch die Sterne waren Eisstückchen in dieser Nacht und funkelten in einer Eiseskälte, die einem Feuer gleichkam.

Vor nicht langer Zeit lud mich Campigli zum Abendessen in sein Mailänder Atelier. Das Essen war diesmal reichlich und vielfältig. Nach dem Essen betrat ein Herr das Atelier und wurde mir als Professor Palloni vorgestellt. Die Palloni, hieß es, seien eine alte Familie aus Reggio Emilia. Er war in Schwarz gekleidet, beinahe zu feierlich: Gehrock, steifer Kragen. Er trug eine Brille, gestärkte Manschetten, und sein Haar glänzte, er kam in Begleitung von Frau Palloni, einer ausgestopften und von Angst geschüttelten Schnepfe mit unruhigem Blick und Stutzhandschuhen aus Spitze an den Händen. Dicht unter der Decke schlug der Wahnsinn mit unsichtbaren Flügeln in einem langsamen und unregelmäßigen Flug. Der Professor war vielseitig. Er sprach über alles. Er sprach mit einer Logik, die die Logik überstieg. Er sprach auch von Malerei. Er sagte, die Malerei sei auch sein Steckenpferd und er male gerne »natures mortes«.

»Und wie setzen Sie Ihre ›natures mortes‹ zusammen, Herr Professor?«

»Aus Leichenstücken natürlich«, antwortete der Professor. »Woraus soll man sonst eine ›nature morte‹ zusammensetzen?«

Um Mitternacht, beim letzten Glockenschlag, kamen zwei robuste junge Männer im Krankenpflegerkittel, um den Professor Palloni abzuholen und in die Klinik zurückzubringen, zu deren ruhigsten Patienten er zählte. Aber der Professor hatte Gefallen an unserer Gesellschaft gefunden. Er brach aus seiner schwarzen Ruhe aus und begann zu rasen. Da nahmen ihn die beiden Krankenpfleger in die Mitte und führten ihn ins Wohnzimmer, um ihm eine Beruhigungsspritze zu geben. Campigli behandelte mich wie einen König, den man nach dem Essen mit ausgefallenen Darbietungen zerstreut. Der Professor Palloni kam ins Atelier zurück...

Can Grande della Scala ruht waagrecht in seinem Veroneser Grab, Michel de Nostredame, Nostradamus genannt, hingegen steht aufrecht in seinem Grab in Salon, in der Provence, mit Papier, Feder und Tintenfaß ausgerüstet; und in seinem astrologischen Tod fährt er fort, »Centuries« zu erstellen, worin er Königen, Prinzen und gewöhnlichen Sterblichen die Zukunft voraussagte. Die graphische Darstellung von Nostradamus' Prophezeiungen schmückt das Innere der Ragione von Padua, und es ist eigenartig, aus dieser Traumwelt in das äußerst wache Leben zu treten, das rund um den riesigen, von einem auf den Kopf gestellten Schiff bedeckten »Salone« brodelt: der Obst- und Gemüsemarkt.

Ich bin nicht mehr Herr meiner selbst. Unnachgiebig leitet mich das Gespenst des schlafenden Catrafossi. Sich in der ausgedehnten Melancholie des Prato della Valle wiederfinden und nicht wissen, wie man hierher gekommen ist. Düstere Erinnerungen umgeben mich. Ich spüre jemandes Nähe. Jäh drehe ich mich um: Es ist der Mathematiker Poleno, der mit übermenschlicher Anstrengung seine marmornen Lippen öffnet und zu mir sagt: »Mich hat der junge Antonio Canova geschaffen. Was ist mit ihm? Ist er ein guter Bildhauer geworden?«

Ich bin nicht in der Stimmung, dem Mathematiker Poleno zu antworten. Mein Blick schweift zu den Säulengängen um mich herum. An einem Fenster bleibt er hängen... Das ist es... Nach so vielen Jahren. Die Mauer wird bleich, durchsichtig. Im Wohnzimmer ist alles unverändert. Da sind die Sessel mit den Fransen, die Konsole, das kleine Piano mit den Kerzenhaltern aus Messing.

Angela ist da. Weiß wie ihr Name. Die goldene Säule der Harfe ruht an ihrer Schulter. Die Arme, über die tulpenförmige Ärmel fließen, gleiten über die gleichfalls goldenen Saiten. Die mir teuren Finger zupfen die Saiten, aber die Saiten geben keinen Ton von sich. Warum nicht?

Plötzlich, heute wie damals, die Stimme Othellos, mächtig und schwärzer als die Nacht; die Stimme Othellos vor dem Bett Desdemonas, die schreckliche, gepeinigte Stimme Othellos schreit: »Tot!... Tot!... Tot!... Tot!«

Angela hieß mit Nachnamen Marcucci. Sie starb mit neunzehn Jahren an Typhus. Und war eine Blume. Eine strahlende Blume. Eine prächtige Blume. Das türkische Wort für *marcucci* ist das Wort für den Schlauch der *Nargileh* und im weiteren Sinne für den Schlauch der Klistierspritze. Wie traurig! Welche Abgründe reißen diese ungeheuren Assonanzen unter uns auf! Ich liebte Angela mit frommer Liebe. In diesem Alter denkt man nicht, daß das geliebte Mädchen verdaut, die überflüssige Nahrung aus dem Körper ausscheidet... Catrafossi, führe mich weg von hier!

Und das Gespenst Catrafossis führte mich nach Vicenza.

Auch in Vicenza gibt es eine Ragione, sie ähnelt jener in Padua wie eine Schwester. Beide waren schon in der Antike Sitz der Gerechtigkeit. Ragione und Giustizia: glückliche Synonyme. Die Ragione von Vicenza heißt auch Basilika, beziehungsweise die *Regale*. Ich steige die Treppe empor, die zwischen den beiden Arkaden aus Bögen und Säulen nach oben führt; auf halber Höhe finde ich den Maskaron, der in seinem Mund die *heimlichen Anzeigen in Sachen Hygiene* aufnimmt. Der Saal ist riesig und leer. Ich frage: »Wozu dient dieser Saal?« »Zu nichts«, antwortet mir das Gespenst Catrafossis. »Manchmal werden Konzerte gegeben.« Aber ich glaube, daß die Konzerte von diesem enormen Echo zu zehn Konzerten vervielfacht werden, zu zwanzig, zu hundert. Ich versuche, meinen Namen zu sagen, und fühle mich sofort von einer Menge meinesgleichen umzingelt. Auf der gegenüberliegenden Mauer bezieht der Löwe von San Marco Wache vor blauem Hintergrund, auf dem Meer seiner Bestimmung. Fette Tauben fliegen mit energischem Flügelschlag wirr durcheinander zwischen den Spitzbogenfenstern hin und her. Von unten betrachtet läßt das Dach der Ragione die Tragbalken aus altem Holz erkennen, die bogenförmigen Rippen seines auf den Kopf gestellten Schiffsrumpfes. Die Bänke füllen sich mit Galeerensträflingen, die an der Stelle des Kopfes Füße haben. Ich zähle die kahlen Schädel, die zahlreicher sind als die behaarten. Aus den Bordseiten ragen wie Flügel die Ruder hervor und breiten sich erwartungsvoll aus. Der Schrei des Bootsmannes erschallt, und mit genau angegebenem Rudertakt sticht die Galeere majestätisch in See, in ein ebenfalls auf den Kopf gestelltes Meer. Beginnt somit die große Reise um die Welt der *ragione*, der Vernunft? Während ich bange auf eine Antwort warte, klatscht etwas Weiches auf meinen kahlen Schädel, und mit diesem unerwarteten Ruf der Wirklichkeit nimmt die Seefahrt ein Ende. Mit traurigem Blick folge ich der Taube, die Schuld an meinem Erwachen ist.

Alles hier im Umkreis riecht nach Meer, selbst die *Loggia del Capitaniato* gegenüber.[12]

> *Belli saecura quiesco*
> *Palmam genuere Carinae.*

Wie die *Ragione* von Padua ist auch die *Ragione* von Vicenza ein im Hafen gestrandetes Schiff. Einmal abgesehen von der großen Ähnlichkeit hegen die beiden *Ragioni* auch große Sympathie füreinander: beide sind etwas kränklich in diesen Zeiten und leiden an denselben Übeln. Kundige und zarte Hände pflegen die *Ragione* von Vicenza. Ein Teil ist abgetrennt. Ich betrachte die Dübel, die in den leidenden Teil der Mauer eingerammt worden sind, um sehen zu können, wie stark sie sich verschiebt. Ein Muskel umspannt den Bogen. Warum wollte sich das alte Haus des Bürgermeisters von der Basilika trennen? Im Hof, wo die Restaurierungsarbeiten im Gange sind, liegt eine eigenartige

---

12 Auch *Loggia del Capitanio* genannt. (Anm. d. Ü.)

kleine Kutsche aus geschnitztem Holz, die mir der dienstfertige Catrafossi als Sänfte aus dem 15. Jahrhundert beschreibt. Der alte Bürgermeister wird wohl daran gedacht haben, sich in Sicherheit zu bringen, als er vom Nachgeben der Grundmauern hörte. Vom *Uhrturm* herab tönen die schweren Schläge der Marangona, und jeder Schlag wiederholt: *Vicetia venenum plena*. Warum erlaubt man dieser alten Glocke, ein derart falsches Gerücht zu verbreiten? Stendhal sagt nicht, Vicenza sei voller Gift, sondern berühmt für die Neugier seiner Bewohner. Und was ist die Neugier sonst, wenn nicht die Wurzel der Erkenntnis?

Neben der *Ragione* steht Andrea Palladio aufrecht auf einem Marmorsockel, wie ein Künstler, der sein Werk zu Ende gebracht hat und es nun zufrieden betrachtet. Palladio trägt einen Bart und ist wie zum Schutz vor Kälte in einen Mantel gehüllt. Der gute Meister, der vorbildliche Meister, der großzügige Meister, der dem Menschen Tempel zum Wohnen gegeben hat und die Illusion der Unsterblichkeit, der unvergleichliche Meister, der den Namen einer Gottheit trägt, erinnert auf seinem Denkmal weniger an einen Architekten als an einen Heiligen. Jetzt verstehe ich seinen Namen eines heiligen Xoanon. Wo er ist, gewinnt man, aber ihn zu verlieren, bedeutet Schmerzen. Die *Ragione* gehört in jeder Hinsicht ihm. Palladio hält die Hand mit ausgestrecktem Zeigefinger an den Mund. Was mag diese Geste bedeuten? Sie bedeutet: »Schweigt, ihr Schwätzer, und laßt die Steine sprechen, den Marmor, die Ziegel, den Kalk, die Säulen, die Portale, die Flachkuppeln und die Schichtkuppeln, die Freitreppen, die Metopen, die Loggien, die Bögen, die Akroterien, die Statuen, mit denen ich diese Stadt und das umliegende Land vollgestellt habe.« Es ist wahr: Schwiegen die Menschen, würde man diese Steine sprechen, spielen, singen hören, wie eine riesige Orgel, deren Teile in dieser Ebene und auf diesen Hügeln verstreut sind. Maurice Maeterlinck wollte erinnerungswürdige Worte über Vicenza sagen, er sagte, daß »Vicenza entweder Flügel haben oder in luftiger Höhe liegen müsse, weit oben, wie ein Wallfahrtsort«, ohne zu bemerken, daß seine Worte wie immer aus der Luft gegriffen waren.

Das hartnäckige Gespenst besteht darauf, mich zum *Teatro Olimpico* zu führen, und findet erst Ruhe, als es mich auf diese berühmte Bühne treten sieht. Erst als es zu spät ist, wird mir die abgrundtiefe Bosheit meines unsichtbaren Gefährten klar. Es ist eigenartig, sich plötzlich vor dieser unbeweglichen Kulisse wiederzufinden, vor dieser ausgeklügelten Perspektive, auf diesen drei, auf Schachtelgröße reduzierten Straßen Thebens, mitten im Herzen der Fiktion und der Täuschung. Ich spüre, daß ich schnell hinabsteigen muß, sonst wird sich mein ganzes Weltbild verändern, zu meinem eigenen großen Schaden und dem der Welt.

Es dichtet Gabriele D'Annunzio:

nel Teatro Olimpico, in coorti
i vasti versi astati e clipeati
del Tragedo cozzar contro le turbe.[13]

Im September 1882 trat eine unerwartete Person auf die Bühne des Teatro Olimpico in Vicenza, ließ aber weder Lanzen- noch Schildverse aufmarschieren: Es war das Hochwasser des Bacchiglione, das sich machtvoll zischend und mit einem Gischtkamm präsentierte; aber da ihm niemand Beifall schenkte, zog es sich von der Bühne zurück, mit dem Geifer, den es hinter sich herzog, eine tiefe Verbeugung andeutend.

Über das Auftreten von Wasser an Orten, wo es für gewöhnlich nicht auftritt, siehe einige Gemälde von Giorgio De Chirico, siehe einige meiner eigenen Gemälde, siehe aber vor allem, ich meine *in natura*, einen der ersten Tonfilme, der eine Paraphrase des Untergangs der *Titanic*[14] ist und in dem das Meer eine Tür öffnet, wie ein Herr die leeren Salons des Ozeandampfers betritt, sich auf den Teppichen ausbreitet, Sofas und Sessel umspült, sie an den elegant tapezierten Wänden entlang mit sich hochträgt.

13   Im Teatro Olimpico (sehe ich)
      Des Tragödiendichters erhabene
      Schild- und Lanzenverse
      In Kohorten aufmarschieren
      gegen den Pöbel. (d. Ü.)

14 Dieser Film heißt Atlantis. Besser gesagt, er hieß. Kurz ist das Leben der Filme.

Um sich die Gespenster günstig zu stimmen, braucht man einen geduldigen Glauben. Sonst flüchten die Gespenster. Außer den lebenden Einwohnern beherbergen die Städte auch die Gespenster einiger toter Einwohner. Diese wenigen bilden eine unsichtbare und zahlenmäßig unbedeutende Gesellschaft. Ihre Anwesenheit bemerkt man an dem leichten Wind, der uns mal über das Gesicht, mal über die bloßen Hände streicht. Da muß man den Blick schärfen, und allmählich entzündet sich das Gespenst, nimmt eine Form an, die heller ist als Licht, wie ein Bild aus Glasfaden.

Vicenza scheint eigens dafür geschaffen zu sein, das Gespenst Antonio Fogazzaros[15] zu beherbergen. Eine Stadt für Spaziergänge in der Wintersonne. Für Herren um die fünfzig. Mit feinen Manieren. Aus wohlhabendem Hause. Sie tragen herabhängende Schnurrbärte, Kneifer mit Metallfassung, Mäntel mit Samtkragen, auf welche die würdevollen Schuppen ihrer weißen Haare rieseln.

Vicenza ist eine der Städte, die durch Modernisierung am wenigsten Wunden davongetragen hat. Modern ist hier nur das Postgebäude. Leider gibt es auch den Anbau am rechten Seitenflügel des *Capitaniato*, der aus dem Jahr 1938 stammt. Die einzige schrille Note von Modernität: der Olivetti-Laden auf dem Corso Umberto. Aber der Olivetti-Laden ist in allen Städten Italiens die modernste Note, selbst in der Mailänder Galerie, die ohnehin schon reich genug ist an modernen Noten.

Es ist müßig, das Gespenst Fogazzaros im Vicenza Palladios zu suchen. Gian Giorgio Trissino gab dem kleinen Andrea, der keinen Nachnamen besaß, den Namen der Pallas Athene; und indem er ihm den Namen der Göttin der Vernunft gab, rettete Graf Trissino Andrea vor dem Verismus, der der Stil der Armen ist, und bestimmte ihn für den Klassizismus, den Stil der Reichen.

Noch etwas anderes muß man Gian Giorgio Trissino zugute

---

15 Antonio Fogazzaro (1842-1911). Italienischer Schriftsteller, der als gläubiger Katholik und Verfechter eines reformatorischen Modernismus die Lehren der Kirche mit modernem Denken verbinden wollte. (Anm. d. Ü.)

halten, nämlich daß er die Unterscheidung zwischen U und V[16] verfochten hat. Heutzutage ist jedoch dank des Ästhetizismus (alles Schlechte auf dieser Welt geschieht aus Gründen des Ästhetizismus) die Konfusion in der Schreibweise von U und V zurückgekehrt, und viele schreiben *avtomobile* und *auuenire*. Vieles haben Eltern bei der Wahl des Namens zu beachten. Oft genug hängt das Schicksal eines Menschen von seinem Namen ab. Mariano Fogazzaro nannte sein Söhnchen Antonio, aber vielleicht dachte er weniger an die Bedeutung dieses Namens, die »Blume« ist und im übertragenen Sinn »der Vortreffliche«, als an jenen, der Ezzelino von Romano,[17] auch *Sohn des Teufels* genannt, seine Sünden büßen ließ. Und so kam Antonio bereits mit einem angeborenen Sinn für Religion zur Welt.

Es fällt mir schwer, einen Künstler zu verstehen, der nicht vom reinen und einsamen Gedanken der Kunst beherrscht wird. Ich verstehe nicht den katholischen Schriftsteller, ich verstehe nicht den sozialen Schriftsteller. Das heißt, ich verstehe sie, aber ich zweifle an ihrer Kunst.

Die Architektur Palladios ist schön, aber nutzlos. Die Bewohner der *Rotonda* mußten darauf verzichten, wie Menschen zu leben, das heißt in bewegter Unordnung, und mußten sich darauf beschränken, wie Götter zu leben, unbeweglich inmitten des Salons, als Gruppen in statuenhafter Pose. Die Prosa Fogazzaros hingegen ist nicht schön, sondern nützlich. Besser gesagt, sie möchte nützlich sein, entsprechend jener eigenartigen Auffassung von Nützlichkeit, mit der die gebildeten Köpfe der Jahrhundertwende »möbliert« waren und die darin bestand, den Geist mittels der Evolutionstheorie und eines modernisierten Jansenismus zu erhöhen. Zwar religiös, aber auch modern. Eine Zeitschrift für »freie Studien«, die »Coenobium« hieß und in

16 Die Römer machten bekanntlich keinen Unterschied zwischen U und V. (Gian Giorgio Trissino – 1478-1550 – aus Vicenza, beschäftigte sich mit Fragen der Sprache. Er schlug vor, eine einheitliche italienische Sprache aus einer Verschmelzung der verschiedenen Dialekte zu schaffen. d. Ü.)

17 Ezzelino von Romano (1194-1259), Schwiegersohn von Friedrich II., er hatte sich ein großes Gebiet angeeignet, das Verona, Padua, Vicenza, Brescia und Trento umfaßte. Seine Gewalttätigkeit veranlaßte Papst Innozenz IV., ihn zu exkommunizieren und einen Feldzug gegen ihn zu führen, der mit Ezzelinos Niederlage endete. (Anm. d. Ü.)

Lugano gedruckt wurde, stellte folgende Frage: »Ist es möglich, Wissenschaft und Religion in Einklang zu bringen?« Das Werk Antonio Fogazzaros ist eine lange Antwort auf die von der Zeitschrift »Coenobium« aufgeworfene Frage.[18]

Das Gespenst Fogazzaros muß man in Vicenza vielmehr in den Gärten des Campo Marzio suchen, in der Nähe des Musikpavillons, in jenem seltsamen, in indischem Stil gehaltenen Kaffeehaus, wo man zusammen mit Fogazzaro auch das Gespenst von Franco und Luisa, von Jeanne und Ombretta, von Piero Maironi und Daniele Cortis treffen kann, die hier seit mehr als fünfzig Jahren zu einem Imbiß mit Milchkaffee und Brioches vereint sind.

Aber auch in den fogazzarianischen Gärten des Campo Marzio entwischt mir das Gespenst Fogazzaros. Warum?

Ich besitze nur sehr wenige direkte Erinnerungen an Fogazzaro und sein Werk. Ich erinnere mich an eine Seite des *Daniele Cortis*, über die Art und Weise, die Tennisterminologie auszusprechen. Ich erinnere mich an den Tod Ombrettas, in *Piccolo mondo antico* (*Die Kleinwelt unserer Väter*), eine der traurigsten (und ich sage traurig, nicht poetisch melancholischsten) Seiten der Weltliteratur. Ich erinnere mich an das Finale von *Leila* wie an eine Paraphrase des dritten Aktes von *Tristan*: die bange Erwartung, mit der sich die Liebenden suchen, die zermürbenden Verzögerungen, die wollüstige Explosion beim Wiedersehen.

Meine sonstigen Erinnerungen an Fogazzaro sind indirekter Art. Ich erinnere mich an einen Ausflug in die Euganeen vor langer Zeit, an den Besuch im Kloster von Praglia, wo mich weniger die unbeschreibliche Gestalt Fogazzaros faszinierte, der sich von diesem Kloster zum *Piccolo mondo moderno* (*Kleine Welt unserer Zeit*) hatte inspirieren lassen und auf die die guten Klosterbrüder vergebens meine Aufmerksamkeit zu lenken versuchte, als das zugleich komische und zutiefst traurige Schauspiel, das eine alte Krähe bot, der die Brüder die Flügel gestutzt hatten und die, da sie sich nicht ihrer Natur gemäß bewegen konnte, ohn-

---

18   Auch Francesco Petrarca nahm sich Ähnliches vor:

da ich das eine mit dem andren Wahren paare...

womit er sagen wollte, er versuche die christliche Wahrheit mit der von den heidnischen Weisen gelehrten zu versöhnen.

(Die Personen im folgenden Absatz sind Gestalten aus Fogazzaros Werken. d. Ü.)

mächtig auf der Klostermauer hin und her hüpfte. Ich erinnere mich an einen Onkel, einen überzeugten Katholiken, der, um auf seine Weise den Modernismus Fogazzaros zu bekämpfen, immer wieder behauptete, die Bücher Fogazzaros seien voller Idiotismen, in dem festen Glauben, Idiotismus bedeute Idiotie. Ich erinnere mich an eine Ausgabe der *Leila*, die ich vor Jahren unter den Büchern eines Schwagers fand, eines Dorfarztes in einem kleinen piemontesischen Dorf, der am Rande alle Taten und alle geistreichen Aussprüche Massimo Albertis angemerkt hatte, die er auf sich beziehen konnte und auf die er zurückgriff, um seine Gefühle für jene zum Ausdruck zu bringen, die später seine Frau werden sollte. Vor allem erinnere ich mich an meinen letzten Versuch, mich Fogazzaro zu nähern, noch vor jenem in Vicenza, der auf das Jahr 1934 zurückgeht.

Es war ein milder Herbstnachmittag. Wir befanden uns in der Nähe Comos, in der Villa einer Freundin, einer begabten Schriftstellerin. Unter den Anwesenden war auch die Langeweile. Aber wie von einer begabten Schriftstellerin nicht anders zu erwarten, hatte unsere Gastgeberin einen Geistesblitz. Sie schlug vor, nach Valsolda zu fahren, um das Haus Antonio Fogazzaros zu besichtigen, das sie sehr gut kannte, da sie mit den augenblicklichen Besitzern befreundet war.

Weich rollten die Reifen über den Asphalt. Schweigend und bereits eingenommen von der Atmosphäre der *Kleinwelt unserer Väter* passierten wir die inzwischen im Winterschlaf daliegenden Ferienorte, wo der lebhafte, der frivole Duft der Sommerfrische bereits verflogen war, zusammen mit der Erinnerung an kurze Liebeleien, nicht zustande gekommene Ehen, nicht eingehaltene Versprechen. Die Mondsichel glänzte am Abendhimmel, spiegelte sich im metallischen Glas des Sees. Einsam erhob sich eine Zypresse zwischen Straße und Ufer, beugte den Wipfel im noch milden Hauch der *Breva*, die, wie Pasotti an jenem Tag, von Albogasio Superiore herabkam.

»Da«, rief plötzlich die bebende und dennoch gedämpfte Stimme der begabten Schriftstellerin, und ihre Hand wies auf die verwitterten Ziegel eines niedrigen Häuschens unterhalb des Mäuerchens am Rande der Straße, das sich niederkniete, »um im See zu trinken«.

Wir traten heran, um es zu besichtigen. Die fünfhundertacht-

undsiebzig Seiten der *Kleinwelt unserer Väter* kamen flügel-
schlagend unter dem Dach hervor wie Tauben aus dem Schlag,
flatterten uns mit ihren Personen entgegen, die erstarrt waren in
einem 19. Jahrhundert voller Schauer und guter Manieren, mit
ihren pathetischen Szenen, ihren Leiden und Lieben, den bitte-
ren Demütigungen, den gemeinen Schikanen der k.u.k. Regierung, dem heiligen Glauben an ein freies Italien, dem bedeutungsschweren, musikalischen Selbstgespräch von Onkel Piero,
das vom letzten Kapitel in den Himmel der Zukunft aufstieg wie
Rauch vom Altar. Und da war auch der »Dachgarten, der sich
zum sichtbaren Ausdruck von Francos Wesen gestaltete«. Da
war »die *olea fragrans*, die in der einen Ecke von der Macht der
sanften Dinge über den ungestümen Geist des Dichters
erzählte«. Da war »die kleine Zypresse, die Luisa weniger gern
mochte, die in einer anderen Ecke von ihrer Frömmigkeit
sprach«. Da war »eine niedrige Brüstung aus durchlochten Back-
steinen, oben mit zwei Reihen Tuffstein belegt, woraus ein bun-
tes Volk von Verbenen, Petunien und Portulaken hervorlachte,
die den einzigartigen Ideenreichtum ihres Schöpfers bekundete«.
Da waren »die vielen, überall verstreuten Rosen, die von seiner
Liebe zu klassischer Schönheit zeugten; der *ficus repens*, der die
Mauer nach dem See hinunter überwucherte, die zwei Orangenbäume in der Mitte der beiden Terrassen und ein heller Johannis-
brotbaum, die ein großes Bedürfnis nach Wärme offenbarten,
eine immer auf den Süden gerichtete Sehnsucht, die für alle
Lockungen des Nordens unempfindlich war«. Da war das kleine
Hafenbecken, in dem Toni Gall in jener schrecklichen Nacht
beim Heulen der *Caronasca* den kleinen Körper Ombrettas im
schwarzen Wasser schimmern sah.
Die begabte Schriftstellerin hebt mit halblauter Stimme an:

> Ombretta, du Spröde
> Vom Mississippi,
> Sei doch nicht blöde
> Und küsse mich.

»Aber wie sehr sich das Bild geändert hat«, stellt einer von uns
fest. »Wo ist das Gäßchen, das zum Haus von Don Franco
führte? Wo sind die Hütten von San Mamette?«

»Die neue Straße, die jetzt am Seeufer eingeweiht wird, hat alles zerstört«, sagt die begabte Schriftstellerin und wirft ebenfalls einen unschlüssigen Blick um sich.

Ganz langsam und voller Melancholie kehren wir zum Automobil zurück, das am Straßenrand stand, und als wir eben das Mäuerchen hinter uns gelassen haben, begegnen wird dem Briefträger oder vielleicht dem Schatten des Giacomo Panighét, »der die Briefe nach Valsolda brachte, nicht dreimal am Tag wie heute, sondern zweimal die Woche, wie es der selige Brauch der kleinen alten Welt war«.

»Sagt einmal, guter Mann«, fragte die begabte Schriftstellerin, »wohnt denn niemand mehr im Haus Fogazzaro?«

Giacomo Panighét richtete einen glühenden Blick auf die begabte Schriftstellerin, betrachtete das geschlossene Haus unterhalb des Mäuerchens, richtete dann den Blick wieder auf die begabte Schriftstellerin.

»Aber das ist doch nicht das Haus des Herrn Fugassaro«, sagte schließlich der bescheidene Beamte. »Das Haus des Herrn Fugassaro ist weiter unten. Hier wohnt die Frau Gräfin. Wollen Sie es sehen? Kommen Sie.«

Ich kehre nach Vicenza zurück, aber ich verzichte darauf, Antonio Fogazzaro zu suchen. Zum Ausgleich zeigt man mir das Geburtshaus Gaetano Coronaros,[19] des Autors von *Tramonto* (ein Mädchen, das ich in Scanno kennenlernte, sagte zu mir: »Ich heiße Alba wie die Morgenröte, aber ich bin bereits ein Sonnenuntergang«); dann das Haus Antonio Pigafettas,[20] dessen Terrassen aus alter Spitze sind, die dreimal von dem aus dem Inneren kommenden Atem aufgebauscht werden, und das seit 1481 bis heute wiederholt: »*Il n'est rose sans espine*«; schließlich das Hospiz Proti für heruntergekommene Adelige, in das man nach einer öffentlichen Auswahl aufgenommen wird, die jedes Jahr im Februar stattfindet, und das augenblicklich vier Männer und

19 Gaetano Coronaro (1852-1908), wie Savinio schreibt, in Vicenza geboren. Komponist, verfaßte u. a. die pastorale Idylle *Un Tramonto* nach Versen von Arrigo Boito. (Anm. d. Ü.)

20 Antonio Pigafetta (15./16. Jh.), Seefahrer, nahm an der Weltumsegelung von Magellan teil. Er stammt aus Vicenza. (Anm. d. Ü.)

vierundvierzig Frauen beherbergt. Welchen Schluß aus diesem
enormen Mißverhältnis zwischen Edelmännern und Edelfrauen
ziehen? *O saisons ô châteaux...*

Statuen, Urnen, Fialen, Körbe, die den Giebelschmuck der Häuser in Vicenza bilden, haben keinen dekorativen, sondern religiösen und beschwörenden, also magischen Zweck.

Kein Blitz schlägt in Vicenza ein. Und die Statuen stehen teilweise auf dem Dach, teilweise sind sie herabgestiegen. Vicenza
betreibt Statuenhandel, und wenn ihr durch diese Stadt geht,
werdet ihr Unmengen dieser Glyptikmagazine finden: nasenlose
Floren, verstümmelte Silenen, Venusfiguren ohne Arme, die auf
Kunden warten.

Auf der Piazza della Vittoria, die die Stadt beherrscht, lenken
einige einfallsreich auf der Marmorbrüstung angeordnete Fern-
rohre das Auge des Besuchers auf im Umkreis gelegene erinnerungswürdige Schauplätze des Ersten Weltkriegs. Auch ich lege
das Auge ans Fernrohr, sehe jedoch nichts, denn dichter Dunst
umhüllt die Voralpen. Ist es von Belang? Die Phantasie ist angeregt, und ich beschwöre Opfer, Kämpfe, heroische Taten besser
herauf, als wenn ich sie sähe. Victor Hugo tat gut daran, seine
Enkel zu lehren, wie man von Paris aus Konstantinopel sehen
kann – durch ein Papierrohr.

Im Juni 1848 zerfetzen österreichische Truppen mit Bajonettsti-
chen ein Bild Paolo Veroneses, und diese barbarische Episode
wird in einem Aquarell von Achille Beltrame[21] festgehalten, dem
unsterblichen Illustrator des *Domenica del Corriere*.

Wir fahren im Topolino zu den Schlössern der Montecchi hinauf,
wo uns ein Restaurant in pseudo-mittelalterlichem Stil empfängt.
Wir betreten den nach Romeo und Julia benannten Saal mit den
Gemälden von Pino Cesarini aus Verona, die die Geschichte
dieser beiden unglücklichen Liebenden illustrieren.

Sowohl Aloise da Porto[22] als auch Matteo Bandello und Shakespeare selbst sagen, Romeo sei spornstreichs von Mantua aufge-

---

21 Achille Beltrame (1871-1945), Maler und Illustrator aus Vicenza.
   (Anm. d. Ü.)
22 Savinio meint wohl Luigi Da Porto (1485-1529); dieser schrieb die
   Novelle *Giulietta e Romeo*, die in der Bearbeitung von Bandello Shakespeare zu seiner Tragödie inspirierte. (Anm. d. Ü.)

brochen, um zu seiner Julia in die Gruft zu gelangen; aber der liebenswerte Führer, der uns hierher begleitet hat, versichert, Romeo sei von diesem Montecchi-Schloß aufgebrochen, und uns ist diese profane Version genehm.

Auf dem Rücken von Romeos Pferd erreichen wir Verona, und da der stolze Montecchio das Pferd außerhalb von Verona nicht mehr brauchen kann, besteigen wir es diesmal allein und machen uns auf nach Mailand.

Aber Romeos Pferd ist unerwartet feurig. Seine Augen beginnen unterwegs zu glühen und versprühen gewaltige Lichtbündel. Kolben brechen aus seinen Rippen hervor, die Hufe krümmen sich zu Rädern, und schnaubend, pfeifend und aus den Flanken Dampf ausstoßend, fahren wir triumphierend in den Bahnhof von Mailand ein.

Der Sohn Mariens

> *Milan est sans doute, dans*
> *ce moment-ci, l'une des villes*
> *les plus heureuses du monde.*
>
> (Stendhal, *Promenades dans Rome*)[1]

Excelsior! Ich wohne im zehnten Stockwerk. Mein Wolkenkratzer gehört zu jener Herde von Wolkenkratzern, die auf dem gepflegten Rasen der Piazzale Fiume grasen. Die Wolkenkratzer sind Grasfresser wie die großen Säugetiere des Pliozän. Mein Wolkenkratzer ist hoch, aber er ist nicht der höchste. Andere, die vierzehn, sechzehn, achtzehn Stockwerke übereinandertürmen, sind noch höher. Wer wird den Menschen bei seinem kühnen Aufstieg in den Himmel aufhalten?

Diese Megatherien unter Mailands Bauten sind in breiten vertikalen Streifen erbaut worden, einer ganz aus Glasfliesen, der andere aus Backstein, der dritte aus übereinanderliegenden Balkonen, mit einer massiven Brüstung, und der vierte ganz verputzt mit »eingestanzten« quadratischen Fenstern.

Ich habe unter verschiedenen Partizipien wie »durchlöchert«, »gesteppt« usw. nach jenem gesucht, das sich am besten für die Fenster der Wolkenkratzer eignet; die Vorstellung einer derartigen Regelmäßigkeit und Symmetrie vermag jedoch nur die Stanze hervorzubringen.

Einige dieser Wolkenkratzer sind verletzt: und zwar jene, die außen mit Marmorleisten verkleidet sind; und kühne Marmorsteinmetze in weißen Overalls, ein Zeitungsschiffchen auf dem Kopf, hängen in Fensterputzeraufzügen in der Luft und bringen die herabgefallenen Marmorleisten wieder an. Äußerst gefährlich, Wolkenkratzer außen mit Marmorleisten zu verkleiden!

Ich wurde zur Zeit der Balkone mit Säulchen, Geländern, schmiedeeisernen Spiralen geboren. Ich erinnere mich auch noch

---

1 »Augenblicklich ist Mailand zweifellos eine der glücklichsten Städte der Welt.« (Stendhal, *Wanderungen in Rom*, Frankfurt/Berlin/Wien 1982, S. 642) (d.Ü.)

an die ausgebuchtete Balustrade, die so praktisch für eine schwangere Frau war, wenn sie auf den Balkon treten und darunter die vorbeifahrenden Kutschen und Landauer beobachten wollte. Da mein Kopf zu jener Zeit nicht über die Brüstung des Balkons reichte, mußten meine Kinderaugen zwischen zwei urnenförmigen Säulchen hindurch die blühenden Orangenbäume betrachten, das blaue Meer jenseits des Gartens, den Himmel, den die Störche in Dreiecksformation durchzogen, mit herabhängenden Beinen, die rundherum das »tack, tack« fliegender Skelette verbreiteten. Hätte ein rationalistischer Architekt den Balkon meiner Kindheit mit massiver Balustrade entworfen, was hätte ich von jenen unvergeßlichen Schauspielen gesehen? Aber ich verfolgte sie ohne Staunen, ohne Genuß. Erst die Erkenntnis des Bösen enthüllt uns im Gegensatz dazu das Schöne und Gute. Die Eltern des kleinen Sakia Muni verwehrten ihm das Wissen um Alter, Krankheit und Tod, nicht um ihm Glück zu schenken, sondern um ihn an der Erkenntnis und am *Glücklichsein* zu hindern. Und das tun alle Eltern. Sie bedenken nicht, daß nicht glücklich ist, wer keine Unterschiede kennt. Sie bedenken nicht, daß es das Wissen um Alter, Krankheit, Tod ist; sie bedenken nicht, daß es die häufige Begegnung mit dem Alter, der Krankheit, dem Tod ist, die unser Glück begründen, und es uns um so teurer machen, je häufiger die Begegnung ist. Sie bedenken nicht, daß für uns das einzige Glück in jenem andauernden Duell, jenem andauernden »Spiel« mit dem Bösen besteht.

Was hat die rationalistischen Architekten dazu bewogen, die Balustraden der Balkons massiv zu bauen? Die Angst vor den Beinen vielleicht (*horror crurum*) oder vielleicht die Befürchtung, unter den Bewohnern der Wolkenkratzer könnten sich auch flüssige Menschen verbergen, die Gefahr laufen würden, zwischen den Stäben durchzufließen und sich auf die Straße zu ergießen.

Auf dem Gipfel meines Wolkenkratzers breiten sich Terrassen und Dachgärten aus, wie im Babylon von Nebukadnezar, der von Unwissenden Nabuchodonosor genannt wird und von Verdi der Kürze halber Nabucco.

Die Luft hier oben ist göttlich. Zufällige Begegnungen haben hier oben eine viel metaphysischere Bedeutung als auf unser aller

Erde, von der mich der Aufzug heute morgen entführt hat und auf die ich vielleicht nie wieder hinabsteigen werde. Wer je Gipfelluft eingesogen hat, wird es immer wieder tun. Hier oben fällt mir, *mirabile dictu*, das kuriose Tagebuch des Fürsten Agostini Chigi[2] in die Hände, in dem ich unter dem Datum des 9. Februar 1843 folgende Eintragung finde: »Heute abend wurde in Tordinona eine neue Oper mit Namen ›Nabuchodono-sor‹ aufgeführt, die Musik eines gewissen Maestro Verdi, die gegen alle Erwartungen ziemlichen Beifall fand.«

Tor di Nona ist die verballhornte Form von Torre dell'Annona, des Namens einer der fünf *posterule*, der Schlupftüren, die in regelmäßigen Abständen in die Stadtmauern rund um das Mars-feld in Rom eingelassen waren, genauer gesagt, der im Osten gelegenen *posterula*, die bis in die Renaissance zur Hälfte erhal-ten blieb. Die Etymologie ist eine Variante der Psychologie und eine der tiefsten und überraschendsten Quellen des Glücks. Besitzt nur der Mensch eine Seele? Unser vom Katholizismus noch so wenig abgestumpfter Geist, unser für jeden Ruf des Universums so empfänglicher Geist, unser Alchimistengeist ver-bietet uns, es zu glauben. Weininger hat als erster einen »psycho-logischen« Blick auf die Natur geworfen, hat die Vulkane, das Meer, die Stürme als menschliche Wesen betrachtet. In Wahrheit nahm er für sich die Frage der Alchimisten wieder auf, die Suche nach einem Zusammenhang von Mikrokosmos und Makrokos-mos. Wir, die wir von Kindesbeinen an, als wir unser Spielzeug kaputtschlugen, um das Innere sehen zu können, Psychologen und Alchimisten sind, müssen uns heute damit begnügen, unsere brennende Neugier mit weniger radikalen Experimenten zu stil-len. Neugier, beziehungsweise die Liebe zu den Menschen, der Wunsch, bis ins Innerste zu gelangen, zum Allerheiligsten ihrer Seele vorzudringen. Und die Etymologie geleitet diese Liebe zum Allerheiligsten des Wortes, die Alchimie zum Allerheilig-sten des Universums.

Mein Freund, der mich auf dem Gipfel dieses Wolkenkratzers beherbergt, hat ein Musikergesicht. Der Blick ist feucht und träumerisch, die Stirn breit, und im Silber der vom Wind der

2 Fürst Agostini Chigi (1853-96) aus der großen Adelsfamilie der Chigi aus Siena und Rom, fiel in Adua (Äthiopien). (Anm. d. Ü.)

Inspiration zurückgeworfenen Haare schimmert noch das Gold der Jugend. Er führt mich über die luftige Terrasse, zeigt mir die Duschkabine, das Schwimmbecken, in dem er nackt in der Sommersonne zu baden pflegt, nur von den Vögeln oder von einem vorbeiziehenden Gott beobachtet, am häufigsten von Merkur mit den geflügelten Füßen, dem Gott der Geschäfte, der seiner Lieblingsstadt einen Besuch abstattet.

Was jenen »gewissen Maestro Verdi« anbelangt, so habe ich ihn vor einigen Tagen wiedergesehen, in einer Vitrine des Scala-Museums, in den Zustand von Wells *Unsichtbaren* versetzt. Die historische Jacke ist über der mit Seegras ausgestopften Brust zugeknöpft, die Krawatte um den steifen, gestärkten Hemdkragen gebunden, und zwischen Kragen und dem schwarzen, breitkrempigen Hut ist gerade soviel Platz freigelassen worden, wie der Kopf einnehmen würde. Auch die Hände fehlen, und unter den Ärmeln hängen leer die Manschettenschläuche herab. Wenn am Abend die Museumswächter die Pforten schließen und einen Teller Mailänder Risotto in ihren Häusern in Niguarda (man denkt an Zentralamerika) oder Abbiategrasso[3] (eine Verheißung, die das Mailänder Risotto erfüllt) oder Greco Milanese (bedeutungsvolle Verbindung: Wir werden in der Folge noch sehen, wieviel Griechisches, beziehungsweise subtil Poetisches sich in der Natur Mailands verbirgt) essen gehen, verlassen Verdis Jacke und Hut, zu denen sich ein Paar schwarze Hosen und ein Paar ebenfalls schwarze Schuhe gesellt haben, die Vitrine, gehen hinunter auf die Piazza della Scala, spazieren durch die Stadt und begegnen fünfundsechzig Jacken derselben Art, fünfundsechzig Hüten, fünfundsechzig Hosen und hundertdreißig Schuhen.

Große Menschen haben ein Recht auf ein Denkmal. Dieses wird nach dem Tod des großen Menschen errichtet, um dessen körperliche, auf immer verschwundene Form weiterleben zu lassen. Nur äußerst selten erhält ein, auch ein sehr großer Mensch zu Lebzeiten ein Denkmal. Es heißt, auch wenn ich es nicht beschwören kann, daß Primo Carnera[4] dieses Glück wiederfahren ist, dem die Einwohner von Sequals als ihrem größten Mit-

---

3 Abbiate grasso bedeutet: »Werdet fett.« (Anm. d. Ü.)
4 Primo Carnera (1905-1967), Boxer aus Sequals (Udine). Wurde 1933 Weltmeister im Schwergewicht. (Anm. d. Ü.)

bürger ein Denkmal errichtet haben. Was ist daran außergewöhnlich? Auch Milo wurde in Kroton ein Monument errichtet, und er bewunderte es zu Lebzeiten. Verdi wurde eine noch einzigartigere Ehre zuteil, nicht nur in Form von Marmor- und Bronzemonumenten, sondern in Form von *lebendigen* Monumenten.

Verdi schrieb achtundzwanzig Opern, denen man noch die Oper *Un giorno di regno* (*Ein Tag Herrschaft*) hinzufügen muß, die am 5. September 1840 uraufgeführt und nie wieder gespielt wurde. Das Schicksal dieses Melodramas liegt in seinem Titel. Manche fügen zu den neunundzwanzig erwähnten Werken ein dreißigstes hinzu, das nicht aus Tönen, sondern aus Baumaterial besteht, nämlich die *Casa di riposo per musicisti*, das Altersheim für Musiker, das auf Wunsch des Vaters unserer Melodien zwischen 1896 und 1899 in Mailand gebaut wurde und das von den oben Erwähnten als »postumes Werk« Verdis bezeichnet wird.

Die *Casa di riposo per musicisti* liegt zwischen der Via Raffaelo Sanzio, der Piazza Michelangelo Buonarroti und der Via Monte Rosa: drei Namen, die alle auf ihre Weise den Gedanken an Größe hervorrufen. Über der Schreibweise von Buonarotti hängen kleine Zweifelswölkchen. Die meisten schreiben Buonarroti, wenige Buonarrotti, und Verdi für seine Person schrieb Buonarotti, wie aus der Seite seines eigenhändig verfaßten Testaments hervorgeht, auf der sich die Verfügungen zugunsten der *Casa di riposo per musicisti* befinden. Ganz in der Nähe erheben sich die babylonischen Gebäude der Mustermesse, der quadratischen Stadt, der pro Jahr nur zwei Wochen Leben beschieden sind, so intensiv wie kurz.

Die *Casa di riposo per musicisti* entstand nach einem Entwurf von Camillo Boito in mittelalterlichem, leicht maurisch gefärbtem Stil. Die Brüder Boito[5] waren, jeder auf seine Weise, die schwarzen Engel Verdis im letzten Akt seines Lebens, seine Schwieger-

5 Arrigo Boito (1842-1918), in Padua geboren, lebte in Mailand; Komponist, Dichter und Musikkritiker. Er schrieb das Libretto zur Oper *Mefistofele*, mit der er die Wagnerschen Neuerungen in Italien einführen wollte. Die Oper fiel bei der Uraufführung im Mai 1867 durch, hatte aber in einer neuen Fassung 1875 in Bologna Erfolg. Er schrieb auch die Libretti zu Verdis Opern *Othello* und *Falstaff*.
Camillo Boito (1836-1914), in Rom geboren, lebte wie sein Bruder Arrigo

mütter. Wer weiß, welch unerbittliche Bösartigkeit in den Taten einer Schwiegermutter liegt, vor allem, wenn sie gut gemeint sind, kann sich leicht vorstellen, welch metaphysische Macht die kombinierten Handlungen zweier Schwiegermütter erlangen, vor allem wenn es Schwiegermütter mit Schnurrbart und Melone sind. Die Fenster der Fassade sind zweibogig, dreibogig die beiden großen Fenster über dem Portal. Gegenüber der Fassade, mitten auf der Piazza Michelangelo, steht das Verdi-Denkmal von Enrico Butti, der auf den vier Seiten des Sockels auch die MELODIE, die DICHTUNG, die HEITERKEIT und die TRAGÖDIE abgebildet hat. Verdi ist in ungezwungener Haltung dargestellt, mit lockerem, entspanntem Körper, und die Arme hat er auf dem Rücken unter der Jacke verschränkt. Das Original ist jenes berühmte Kleidungsstück, das in einer Vitrine des Scala-Museums ausgestellt ist, wo es zusammen mit dem Kragen, der wehenden Krawatte und dem breitkrempigen Hut über dem fehlenden Schädel das furchterregende Bild des Unsichtbaren darstellt.

Diese hausbackenen Denkmäler, die in demokratischen Zeiten gepflegt werden wie eine ihrer Spezialitäten, haben den Nachteil, daß sie kein schlechtes Wetter vertragen. In der prallen Sonne, wenn die Straße wie ein Vorzimmer des Hauses ist, steht das Denkmal bestens da und strahlt Ruhe und Vertraulichkeit aus. Es ist ein unbeweglicher Passant, der kaum größer ist als die anderen Passanten. Aber wenn es wie heute in Strömen regnet, ist es ein Jammer zuzusehen, wie der Vater unserer Melodien dem Wolkenbruch ausgesetzt ist, mit unbedecktem Kopf und ohne Mantel. Am liebsten möchte man über das schmiedeeiserne Geländer springen, dem guten Maestro vom Sockel helfen, ihn an der Hand unter einem Schirm über die Straße führen und in die *Casa di riposo* geleiten.

Fabrizio und ich sind mit der Straßenbahn zu diesem Hause gefahren, und im Vestibül empfängt uns mit großer Höflichkeit nicht die Melodie und die Dichtung, auch nicht die Heiterkeit

in Mailand. Schriftsteller und Architekt. War unter anderem ab 1898 Leiter des Museums Poldi Pezzoli und hat es umgebaut. (Anm. d. Ü.)

und die Tragödie, wie es dem Willen Enrico Buttis entsprach, sondern ein durchdringender und einladender Duft nach Mailänder Risotto.

Wahrscheinlich war es auch die Absicht des guten Vaters unserer Melodien, diesen alt gewordenen Musikern, diesen verarmten Musikern, diesen heruntergekommenen Musikern, zu deren Kollegen *Er* sich großzügigerweise zählte und mit denen er brüderlich die Ewigkeit teilen wollte, weniger das Fortleben der melodischen Illusion zu geben als die olfaktorische Garantie auf ein sicheres Essen. Welche Ruhe, welcher Friede für uns, die wir von der unsicheren Zukunft, vom zweifelhaften Schicksal geschüttelt werden wie Blätter im Wind, welcher Trost, wenn auch wir beim Geruch des Mailänder Risottos sagen könnten: »Du gehörst uns!«

Dies ist die Bedeutung des Schlafes, den Verdi in der Krypta der *Casa di riposo* schläft, dies ist der weiteste Sinn, den das Wort *riposo*, Ruhe, in diesem Haus annimmt.

Während wir die von Camillo Boito entworfene Jugendstiltreppe hinaufsteigen, flüstert uns der Hausmeister zu, als hätte er unsere Gedanken erraten: »Die Bewohner dieses Hauses vergessen langsam die Musik.«

Auch das entsprach wahrscheinlich dem Willen Giuseppe Verdis: seine Kollegen von den Ängsten und Illusionen der Musik zu befreien, ihnen das sichere Glück einer tonlosen Ruhe zu schenken. Hört auf die Erfahrung eines, der es wissen muß: Nur im Leid erinnert man sich an Musik. Dich zu vergessen, o Euterpe, quälende Muse, ist weniger ein Verlust als eine Befreiung.

Dennoch vernehmen wir Orgelklänge in diesem Haus, wo die Musik zum Schweigen gebracht worden ist, und sie werden stärker, als wir die Empfangshalle durchqueren, mit ihrer üppigen Kassettendecke, deren Rechtecke wie harte Brüste herabhängen, den Lüstern mit hängenden Kristalltropfen, den Goldleisten, die überall wie Stalaktiten herabtriefen. An der Orgel sitzt jedoch kein Bewohner des Hauses, sondern ein Ordensbruder: ein Gast der Gäste.

Wir sind noch keinem Gast des Hauses begegnet, und das ermutigt uns, denn wir hüten uns ängstlich davor, den besiegten Musikern die Last, die Schmach unserer Neugier spüren zu lassen. Dies ist der ungesunde Wahnsinn des Lebens in Altersheimen, Kasernen, Klöstern: selbst die Intimsphäre mit den anderen teilen zu müssen. In einem sich häufig wiederholenden Angsttraum befinde ich mich auf einer belebten Straße, von der Taille aufwärts perfekt gekleidet, von der Taille abwärts jedoch nackt. Die Träume sind also nicht der Ausbruch jener beschämenden Gefühle, die wir im Wachzustand verbergen müssen, sondern das Experimentiertheater, auf dem diese Gefühle Form annehmen und sich uns in erbauender und mahnender Gestalt zeigen. Die Freiheit, das Un-Bewußtsein des Traumes birgt keine Lust, und deshalb sehnen wir uns danach, in das »Gefängnis« unserer Moral zurückzukehren, in das Gefängnis unseres Bewußtseins, unseres Bedürfnisses nach Heimlichkeit. Die Träume, diese treuen Heloten, bieten uns jede Nacht das beängstigende, aber gesunde Schauspiel unserer Hölle.

Sextus Empiricus zufolge hoben die Perser nach dem Tod des Königs für fünf Tage die Autorität des Gesetzes auf, damit das Volk sehen konnte, welches Unheil die Anomie, beziehungsweise die Gesetzlosigkeit, mit sich bringt. Und die Anomie des schlafenden Menschen zeigt uns jeweils, welche Wohltat die Gesetzgebung des wachen Menschen ist.

Nur ein Gesetz konnte Verdi gestatten, außerhalb eines Friedhofes bestattet zu werden, und als Verdi den Minister Baccelli schriftlich um Einwilligung bat, gab ihm dieser im Parlament eine Antwort, die ein Wunder an Höflichkeit ist. Er sagte, solange Verdi am Leben sei, würde es das Parlament nie wagen, eine Maßnahme zu treffen, die den toten Verdi beträfe. Wie man sieht, verstand sich Baccelli jedoch nicht auf Magie, denn den berühmten Magiern zufolge basiert die Magie auf dem System der Homöopathie, und der Tod vertreibt den Tod.

Die Krypta der *Casa di riposo* ist mit »faszinierenden Mosaiken nach Vorlagen von Lodovico Pogliaghi» geschmückt und von jenem »Streben nach dem Ideal« gezeichnet, das um 1900 die offizielle Kunst ganz Europas inspirierte. Verdi ruht in dieser Krypta neben Giuseppina Strepponi, seiner geliebten Gefährtin.

Aber Verdi hatte zwei Frauen, und die erste war die Tochter jenes Antonio Barezzi, des Freunds und Beschützers des jungen Verdi.

Eines Tages stattete Königin Margherita der Krypta einen Besuch ab, und als sie mit ihren schönen Augen einen Blick um sich geworfen hatte, fragte sie: »Und von der ersten Gemahlin, der süßen Margherita, fehlt hier jede Spur?«

Der königlichen Bitte wurde sofort entsprochen, und binnen kurzem wurde ein Gedenkstein in die Krypta eingemauert, in memoriam »Margherita Barezzi, seiner geliebten Frau, die ihm in den ersten Kämpfen des Lebens beistand«.

Unsere ausgestreckte Hand will der Bewegung des Hausmeisters Einhalt gebieten, aber er hat bereits die Tür eines Zimmers geöffnet...

Zum Glück bevölkern nur Möbel das Zimmer. Ein weiß bezogenes Bett, ein glanzloser Schrank, ein Tischchen, eine Madonna von Luini an der Wand.

»Und wenn der Bewohner verheiratet ist?«

Der Hausmeister antwortet: »Beide Eheleute werden aufgenommen, leben jedoch getrennt: er bei den Männern, sie bei den Frauen.«

Ich zweifle daran, daß Verdi selbst diese Anordnung getroffen hat, er, der 1851, verärgert über das Gerede der Einwohner Bussetos über sein Privatleben, mit Giuseppina Strepponi nach Paris fuhr.

»Die Frau«, fügt der Hausmeister hinzu, »ist unter ihrem Mädchennamen eingeschrieben.«

»Warum? Etwa, um der Frau die Persönlichkeit zurückzugeben, die sie durch die Heirat verloren hat?«

Der Hausmeister überhört die Frage, aber zum Ausgleich teilt er uns mit, im Augenblick gäbe es hundertzehn Bewohner im Hause: fünfundsechzig Männer und fünfundvierzig Frauen.

Vom Korridor im ersten Stock blicke ich auf den Hof hinunter und erblicke Verdi – tatsächlich: Verdi, wie er langsamen Schrittes den Hof überquert und auf den Ausgang zugeht. Ich schreie nicht, denn es ist nicht meine Art zu schreien, und wie mir meine Mutter erzählt, war ich auch stumm geblieben, als ich das Licht der Welt erblickte.

Ich hebe rasch den Blick gen Himmel, um den Zauber zu bannen, dann senke ich den Blick auf die Fenster gegenüber, um sicherzugehen, daß er noch im Besitz seiner Kräfte ist und in der Zwischenzeit nicht nekromantische Fähigkeiten erworben hat;

schließlich richte ich ihn wieder auf den Hof: Verdi geht noch immer über den Hof und will eben das Atrium betreten.

Damit nicht genug, hinter dem ersten Verdi geht ein zweiter Verdi und hinter dem zweiten ein dritter, dann ein vierter, ein fünfter...

Er ist es: *sind* sie er?... Er kommt aus der Krypta: *kommen* sie aus der Krypta?... Ich allein sehe ihn: Ich allein sehe *sie*?...

Der Hausmeister sagt:

»Eine Uniform wäre demütigend gewesen, und deshalb hat der Maestro verfügt, seine Gäste, seine ›Kollegen‹, sollten genauso gekleidet sein wie er, mit der weiten, schwarzen, zweireihigen Jacke, der wehenden Krawatte, dem breitkrempigen Hut.«

Die Stimme des Hausmeisters klingt in meinen Ohren wie die Stimme meiner Mutter, als sie mich als Kind aus der Finsternis eines Alptraums weckte.

Denkmäler bewegen sich nicht, aber um den Vater unserer Melodien gebührend zu würdigen, verlassen fünfundsechzig lebende Monumente, rüstig, kräftig und mit Mailänder Risotto vollgegessen, täglich die *Casa di riposo* und spazieren durch Mailand; und bei schönem Wetter dringen sie bis zu den Seen vor, und oft gelangen sie bis zu den Alpen, und manchmal überschreiten sie sogar die Grenze, um auch jenen fremden Völkern Sein lebendiges Andenken zu bringen.

»Und wie sind die Frauen gekleidet?«

»Wie Giuseppina Strepponi«, antwortet der Hausmeister.

Und nach einer Weile fügt er hinzu:

»Und alles wird vom Kaufhaus Rinascente geliefert.«

Ich kehre auf den Gipfel meines Wolkenkratzers zurück. In einem Winkel der Terrasse (eine weitere zufällige Begegnung: mit dem Winkel der Terrasse) zeigt mir mein Gastgeber einen eigenartigen, schräg gestellten Eisenkorb, in den in feierlichen Nächten der Scheinwerfer gelegt wird, der seinen Schein auf die Fahne wirft.

Im ersten Augenblick hatte ich die Fahnenstange, die am höchsten Punkt des Wolkenkratzers befestigt ist, für die Fangstange des Blitzableiters gehalten; aber mein Irrtum ist gerechtfertigt. Alle Zeichen, die der Mensch auf das Dach seines Hauses setzt, sind dort zu prophylaktischen Zwecken, und die Statuen, die

Flügel, die Fahnen bewahren uns vor den metaphysischen Gefahren, von denen es in der Luft wimmelt, so wie uns der Blitzableiter Benjamin Franklins vor dem Blitz schützt.

Über dem kleinen Rasenstück des Dachgartens schimmern in der Sonne, der nicht existierenden Sonne, ein paar Wäschestücke: Flügel, die unbekannten weißen Vögeln rechts und links von den Seiten abgefallen sind. Was zieht meinen Blick an? Ich erkenne einige Wäschestücke, die die Frauen nicht immer, sondern in periodischen Abständen verwenden, und mein Gastgeber, der Junggeselle ist, sagt mir, wie um auf meinen fragenden Blick zu antworten, diese Wäschestücke gehörten Carolina, seiner alten und treuen Köchin. Mein Gastgeber spricht von seiner Köchin wie Odysseus von seiner Amme. Aber ist nicht auch die Köchin eine Amme, eine Nährmutter? Bis in welches Alter wird die treue alte Carolina von diesen speziellen Wäschestücken Gebrauch machen? Carolina ist wohl eine Nacheiferin von Rachel, der Frau Jakobs und Mutter Benjamins.

Wie überflüssig diese Erklärung doch ist! Auf was reduziert sich hier oben das Spiel der Liebe, der Kampf der Geschlechter, das Drama zwischen Adam und Eva? Im zehnten Stock eines Wolkenkratzers, mit dem Mezzanin und dem Souterrain in Wahrheit das zwölfte, lebt der Mensch bereits im Himmel und wird engelsgleich. Eine entspannte Ruhe, eine große Reinheit, mildert meinen Aufenthalt im Wolkenkratzer. Um mich auch metaphorisch von den Dingen der Erde zu trennen, genügt mir der Aufstieg in einem der drei potenten Lifts, die zusammen mit den beiden Lastenaufzügen im Innern des Wolkenkratzers unablässig in Bewegung sind, in ihren hohen Türmen auf und ab fahren. In der Nacht, wenn ich schon beinahe in einen todähnlichen Schlaf gesunken bin, in meinem weichen, barkenähnlich geschwungenen Bett zusammengerollt, höre ich, bevor ich endgültig im Vergessen aufgehe, im sideralen Schweigen dieses enormen, sich zu den Sternen aufschwingenden Betonklotzes das dumpfe, tiefe, weit entfernte Summen der Lifts, deren Auf- und Abbewegung kein Ende nimmt, sowie das schwerfälligere, müdere »plebejischere« der beiden Lastenaufzüge. Dann senkt sich der Schlaf auch auf meinen letzten Gedanken: daß hier oben ein Weniges genügen würde, um mich von dieser in eine andere Welt zu befördern, und daß das Sterben leicht sein müsse in dieser Höhe.

Auch bei der Vorbereitung auf den Tod beherrscht die Wissenschaft vom Wohlstand die Mailänder Intelligenz. Der Luxus, die Bequemlichkeit, die Sicherheit des *Cimitero Monumentale* sind eine sichere Garantie für das Leben der Seelen und Gespenster. Die weniger Begüterten gehen nach Musocco schlafen und nehmen dazu eine – dem angemessene schwarze – Straßenbahn.

Ist es nur Einbildung? Auch die Verdauungsfunktion wird durch die Luft im Wolkenkratzer (*aër cacuminum*) angeregt, unten werden meine Augen nach dem Essen glasig, wie die des Kalbskopfes auf dem Marmortisch des Schlächters, hier oben verspüre ich die Leichtigkeit Ariels selbst bei vollem Magen. Und als mein Gastgeber verkündet, zum Mittagessen gäbe es Huhn, bekommt jeder Tischgast selbstverständlich ein ganzes mächtiges Huhn auf den Teller, das wie ein Vogel aus mit Wachs überzogenem Palisander glänzt, auf dem Rücken mit angezogenen Beinen liegt wie ein Neugeborenes, dem nur der Kopf fehlt, um uns anzulächeln und zu begrüßen, denn der Hals spricht nicht, der schwarz gekrümmt und abgeschnitten ist wie das verstümmelte Rohr in der verlassenen Wohnung, nachdem die Beamten vom Gaswerk gekommen sind, den Zähler abzumontieren.

Sobald du unten die mächtigen Gittertore, die den Eingang zum Wolkenkratzer versperren, hinter dir gelassen hast, erwarten dich die Lifts mit geöffneten Türen, erleuchtet wie kleine Theater. Weit und breit keine Menschenseele, du bist allein inmitten des glänzenden Marmors, in einer Stille wie in einem Heiligtum. Wie beeindruckend für uns, die wir nur Lifts kennen, die uns wie wilde Tiere in einen Käfig sperren, an widerborstige Portiers, die man, sofern man sie in ihrer Loge antrifft, schmieren muß, damit sie den Käfig öffnen! Den Lift des Wolkenkratzers betritt man wie die verzauberten Häuser im Lunapark; nichts geschieht, bis du nicht mit dem Finger den Knopf des Stockwerkes gedrückt hast, das du anstrebst. Aber kaum hast du den Knopf gedrückt, schließen sich die Türen wie durch Magie, und der Lift fährt langsam ab, wie ein Schiff, das aus dem Hafen ausläuft, dann mit voller Kraft Fahrt aufnimmt und bald darauf mit der regelmäßigen und pulsierenden Fahrt eines Hochseedampfers nach oben strebt. Jetzt kannst du Platz nehmen, an die Zukunft denken oder wie ich einen Brief an die geliebte Frau schreiben. Am Ziel angelangt, bleibt der Lift des Wolkenkratzers nicht ruckartig stehen, sondern läuft langsam in den Hafen ein, wie ein von Lotsen geleitetes Schiff, und seine magischen Türen öffnen sich nicht auf einem gewöhnlichen Treppenabsatz, sondern direkt in der Wohnung, die dich erwartet. Für träge Geister, für die einfachen Gemüter, für Leute aus dem 19. Jahrhundert hat man in der Halle des Wolkenkratzers eine großartig geschwungene Treppe gebaut; aber die Treppe ist nur »für das Auge« und endet im Hochparterre.

Der Wolkenkratzer hat das Leben der Mailänder verändert. Geheimnisvolle Aktivitäten gehen in diesen vertikalen Städten vor sich, von denen die horizontale Stadt keine Ahnung hatte, die sich mit ihren niedrigen Häusern und geschlossenen Gärten sanft in der Ebene ausbreitete. Seltsame Aufschriften schmücken die Fenster meines Wolkenkratzers, und soweit der Blick reicht, lese ich unbekannte und wunderbare Worte. Was ist »Tecnomasio Italiano Brown Boveri«? Bei der Inschrift »Ide la.spe.me« halte ich »speme« im ersten Augenblick für das poetische Synonym von »Hoffnung«, aber der unerwartete Punkt nach dem Artikel und in der Mitte des Hauptwortes überzeugt mich kurz darauf, daß es im »spe.me« meines Wolkenkratzers keine Hoffnung gibt. Was die auf den milchfarbenen Türen des Souterrains angekündigte »Termo Terapia Parapack« betrifft, so erklärt mir mein Gastgeber, »Parapack« setze sich aus dem deutschen Hauptwort »Pack« und den ersten Silben von »Paraffin« zusammen und bezeichne eine Kur, bei der der Patient mit Fett eingeschmiert und eine Zeitlang eingepackt wird, damit er abmagert.

Von der Terrasse meines Wolkenkratzers aus betrachte ich die darunterliegende Stadtlandschaft, die Bastioni di Porta Venezia, deren ursprüngliche Erhebung abgetragen wurde und die auf der linken Seite mit Wolkenkratzern wie dem meinen bebaut sind.

Diese Wolkenkratzer, die sich auf der Piazzale Fiume versammeln und über die ehemaligen Bastioni di Porta Venezia und di Porta Nuova die Arme eines riesigen Kreuzes ausbreiten, dessen Achse sich in der breiten Allee fortsetzt, die zum Bahnhof führt, bilden eine einzige Familie von Giganten, die vieläugig sind wie Argus und den Rauch ihrer Heizkessel wie einen Federbusch tragen. Eine zweite Familie von Wolkenkratzern ist rund um San Babila entstanden, um die kleine lombardo-romanische Kirche und die dorische Säule mit dem Löwen auf dem Kapitell noch tiefer zu demütigen.

Die kleine Kirche von San Babila ist auf dem Boden eines ehemals der Sonne geweihten Tempels erbaut worden. Auch der heilige Bischof von Antiochia wollte eine heidnische Gottheit »verschlingen«. Den christlichen Heiligen kann man alle Tugenden zuerkennen, nur nicht Toleranz. San Babila hat die Sonne aus ihrem Tempel vertrieben, aber deshalb hat die Sonne nicht aufgehört, uns Licht und Wärme zu schenken. Helios rächt sich nicht. Was den Löwen vor der Kirche anbelangt, so hatte er nicht immer auf dieser Säule gesessen, sondern auf der Erde gestanden, auf einem niedrigen Sockel, und die Mailänder hatten ihn mit Kot überschüttet. Um den König der Tiere vor dieser systematischen Besudelung zu retten, ließ ihn der Straßeninspektor Carlo Serbelloni 1650 auf diese rettende Säule setzen. So wurde durch ein Mißverständnis der Löwe von San Babila zum »venezianischen« Löwen. Viele vergaßen, daß dieser Löwe einfach das Wappentier des Stadtviertels war, erhoben ihn zum Löwen von San Marco und bildeten sich ein, er erinnere an einen Sieg der Mailänder über die Venezianer.

Infolge dieses Mißverständnisses, das sich wie eine ansteckende Krankheit verbreitete, entstand auf der linken Seite von San Babila ein künstliches Venedig (*ein Venedig in Wien* verhießen einst die Wiener Vergnügungsparks), ein falscher Palazzo Vendramin, der, als ich ihn das letzte Mal sah, eine große Traurigkeit aus seinen zweibogigen Fenstern verströmte und resigniert auf den Tod wartete.

Auf den Tod wartete auch der Palazzo, der sich an den falschen Vendramin anlehnte und der auf seiner Fassade und auf der freien Seitenwand einige schwarze Balkons trug, auf denen sich der Name »Palmer« in goldenen Lettern wiederholte. Auf der Via Durini,[6] gegenüber der inzwischen verschwundenen Schneiderei Palmer, tut sich der Eingang des *Florida Danze* wie eine zum Kielraum hinunterführende Luke auf. Ich gehe in das mit

6 Alessandro aus der aristokratischen Familie Durini war der erste in der Lombardei, der Figuren aquarellierte.

schwarzem Wachstuch ausgekleidete *Florida* hinunter, wo ein paar nach den Regeln der *pompes-funèbres*-Kunst aufgestellte Kerzen genügen würden, das Aussehen einer Leichenhalle perfekt zu machen. Zur Begleitung eines Banjo, einer Hawaiigitarre und einer singenden Säge schreit der stimmlose Sänger in ein kleines Pappmegaphon: »Eine einzige Stunde bloß, um dir zu sagen, was Du nicht weißt«, dem der Bassist sofort diese Variante folgen läßt: »Eine einzige Stunde nur, für ein Gericht, das Polenta und osei[7] heißt.« Der Bassist ist nicht nur der Spaßvogel des Lokals, sondern sagt auch die Nummern an, und kurz darauf kündigt er *Mademoiselle George* mit dem Bolero von Ravel an, den er *Ràvel* ausspricht, so wie die Südländer *Càvour*[8] sagen. Und *Mademoiselle George* stürzt sich auf die Tanzfläche, ein prächtiges blondes Wesen, das höchstwahrscheinlich aus einem der fruchtbaren Rheintäler stammt, und sie tanzt den Bolero, wobei sie den Glockenrock kreisen läßt und sich mit den Kastagnetten anfeuert; aber in der Hitze des Gefechts schlüpft ihr eine rosige Brust mit rötlichem Auge aus dem Kleid, und mit einer Hand auf der Brust, wie die Mediceer Venus, läuft die Tänzerin davon, um sich in der Garderobe zu verstecken. Wie kommt es, daß dieselbe *Mademoiselle George*, die das Heraushüpfen einer einzigen Brust in so große Verlegenheit gebracht und ihre Wangen mit schamhafter Röte bedeckt hat, etwas später kühn auf die Tanzfläche zurückkehrt, zu einem neuen Tanz bereit, und diesmal nackt, köstlich nackt, einzig mit Verwegenheit gewappnet?

> Melancholie, freundliche Nymphe,
> Dir weihe ich mein Leben.

Marta Palmer ist tot, die in den trüben Tagen des Jahres...
Es war einer der tragischsten Tage im Sommer 1919. Ein paar junge Männer trugen im Laufschritt einen Verletzten mit blutüberströmtem Gesicht fort. Kurz zuvor war der »Avanti!«[9] in

---

7 *Osei* ist der venezianische Ausdruck für Vogel. (Anm. d. Ü.)
8 Manche Süditaliener sagen auch *bàule*, jedoch aus Aberglauben, weil für sie baule Sarg bedeutet.
9 Avanti!: Sozialistische Zeitung; u. a. war Mussolini von 1912-1914 ihr Leiter. (Anm. d. Ü.)

Brand gesteckt worden. Auf den Gesichtern lag noch die Hitze des Kampfes. Auf die menschenleeren Straßen senkte sich der Schatten des Abends, und der Himmel war von Schwalben zerfurcht. Auf dem Corso Venezia begegnete ich Carrà. Wir fanden kein Restaurant, kein Gasthaus, keine Schenke. Carrà hatte die Idee, zu einer befreundeten Dame zu gehen, die hier in der Nähe wohnte. Das Haus war verschlossen wie eine Festung. Hinter den Fenstern des Eßzimmers phosphoreszierte ein meeresgrüner Garten wie eine Unterwasserlandschaft. Es gab keinen Strom. Man behalf sich und aß beim Schein der Kerzen. Aber ein kleines Mädchen, auf dem die bedrückende Atmosphäre nicht zu lasten schien, »erhellte« die Dunkelheit. Sie plapperte, stellte Fragen, verschwand in den Schatten des Zimmers, bis uns von ihr nur mehr der Klang der zarten Stimme blieb, kam dann wieder in den kleinen Schein der Kerze zurückgelaufen, wie ein vom Boden aufsteigender Fisch. Ich behielt die Erinnerung an diesen schwarzen, von einem kleinen, kindlichen Licht punktförmig erhellten Tag, bis ich im März 1938 dieses Licht auf der Bühne des Teatro Valle wiederfand, das jedoch mit den Jahren stärker geworden und nicht mehr den Schein einer Kerze, sondern einer 15-Watt-Birne verbreitete und im Programmheft unter dem Namen Kiki Palmer angekündigt wurde.

Der Name ist nicht nur eine Bezeichnung: Er ist auch eine Qualifikation und nicht selten eine Beschwörung. Wenn wir jemanden den Namen Viktor oder Andreas geben, was »mutig« bedeutet, oder Euaristus, was »perfekt« bedeutet, so schreiben wir ihm auch eine Eigenschaft zu und hoffen, diese Eigenschaft sei für sein Schicksal bestimmend. Namen wie Angelus oder Leon oder Pia werden ebenfalls mit beschwörender Absicht gegeben. Aber welches Schicksal birgt eine Lautmalerei in sich, der die Notwendigkeit einer Lautmalerei, wie es zum Beispiel die Namen der Haustiere sind, fehlt, und deren Sinn darin besteht, eine Stimme, einen Laut, einen Ruf zu imitieren? Wenn der Name so etwas wie ein guter Zauber ist, verbirgt sich im Spitznamen, von der kindischen Idiotie unserer Eltern einmal abgesehen, vielleicht auch ein böser Zauber. Einem Mann, der Bubi oder Riri oder Cicci heißt (wir haben das gar nicht weitergeholte Beispiel eines Erwachsenen, der Cincìn heißt), ist ein heroisches oder auch nur ernsthaftes Leben verwehrt. Es gibt unendlich viele Methoden, und nicht alle sind uns bewußt, mit denen wir uns an den anderen und manchmal selbst an unseren Liebsten für das zu rächen versuchen, was uns an uns selbst Anlaß zur Unzufriedenheit gibt, uns schmerzt, uns demütigt. Daran hat vielleicht die Palmer gedacht, als sie den Kosenamen Kiki ablegte und wieder ihren Namen Daniela annahm. Die Manie der Spitznamen ist nicht nur unseren *Gagà*, unseren Gecken, eigen (zu diesem Wort siehe meine Anmerkung weiter hinten, in dem Kapitel, das Alarich gewidmet ist). Bibin hieß eine der schönsten Damen im Mailand Stendhals, und jener Buondelmonte, der 1215 seinen Treueschwur gegenüber einem Fräulein Amidea brach und eine lange und blutige Fehde zwischen den Amidei und den Buondelmonti auslöste, wurde Cecé genannt.

Auch der Palazzo, der wie mit Brüsten mit schwarzen Balkons versehen war, auf denen goldene Aufschriften prangten, ist einem Bruder des Wolkenkratzers ihm gegenüber gewichen, auf dessen glühendem Gipfel jeden Abend der Name *Snia Viscosa* aufleuchtet.

Das Geschick derer, die zwischen zwei Kulturen geboren wurden, ist es, die falschen Vendramins sterben und die Wolkenkratzer entstehen zu sehen; wir, die wir vielleicht nie sterben werden und vielleicht nicht einmal geboren wurden.

Eines Tages ließ uns Marta Palmer ihren Laden besichtigen, wo die langen und schmalen, wie Rüstungen in der Waffenkammer hängenden Gewänder aus schwarzem Samt wachten, die selbst der üppigsten Hausfrau das würdevolle Aussehen einer Wanda Landowska gaben; die Lamétuniken, die selbst die fetteste Bürgerdame in eine Jeanne d'Arc verwandelten, die Kleider mit Blumenmuster, die selbst der welksten Frau die Frische eines wandelnden Gartens verliehen. Nachdem uns Marta für würdig befunden hatte einzutreten, führte sie uns schließlich, mit vorsichtiger Hand eine Tür öffnend, ins »Heiligtum« mit den violett tapezierten Wänden, wo über einem schwarzen Altar ein Triptychon des Malers Martelli[10] thronte.

Ein Jahr zuvor hatte ich auf den Bastioni di Porta Venezia der Geburt der Mustermesse beigewohnt. War die Messe ein Kind

---

10 Diego Martelli (1838-1896), Kunstkritiker, förderte vor allem die Impressionisten. (Anm. d. Ü.)

oder waren wir Kinder? Auf die Mustermesse ging man wie auf den Jahrmarkt an der Porta Genova, kindlicher und lärmender Laune, und nicht der Geschäfte wegen, sondern um Nougat zu essen. Dann ging man durch die Unterführung der Bastioni und trank im Hauptbahnhof einen Kaffee. Der Geist des 19. Jahrhunderts war noch nicht tot und das Vermengen und Neuverbinden noch gang und gäbe: ein Schirm war ein Schirm und gleichzeitig ein Stock, ein Kanapee war ein Kanapee und gleichzeitig eine Badewanne, ein Bahnhof war ein Ort, wo Züge ankamen und abfuhren, und gleichzeitig ein Ort der Erholung und des Vergnügens.

Dann kam der Funktionalismus mit einer Reihe von kindischen Ideen im Gefolge, und das goldene Licht der Kultur verlöschte. Ich stehe auf dem Gipfel meines Wolkenkratzers und denke an die glücklichen Verbindungen, die das Leben erträglicher machen und uns der Vollkommenheit nähern. Ich denke an den Mann, der auch die Frau in sich trägt, an den Engel, der auch den Dämon in sich trägt. Eines Tages werden wir wieder zu den glücklichen Verbindungen zurückkehren, aber wann?

Eine hufeisenförmige Allee führte zum alten Bahnhof hinauf, umkreiste eine Rasenmulde, verlief vorbei an den Hotels, die bei der Ankunft der Züge die eiligsten Reisenden schluckten: das Terminus, das Albergo Nord, das Palace, das heute Palazzo heißt und damals von den Eingeweihten *Pèless* genannt wurde.

Um den zeitlichen Abstand zu damals zu ermessen, brauche ich nur vom Gipfel meines Wolkenkratzers aus das überlebende *Pèless* zu betrachten, das damals so groß war und heute so klein ist.

Mein Blick verweilt mit Melancholie. Die Erinnerungen erwachen, eine nach der anderen. Es war eine atemberaubende Liebe. Nicht so sehr wegen der Leidenschaft, die uns beide verzehrte, sondern weil ich in jener Zeit des strengen Puritanismus mich der Künste eines Marderjägers befleißigen mußte, wenn ich versuchte, möglichst ohne Verdacht zu erwecken, die Eingangshalle des schwer befestigten *Pèless* zu durchqueren, wo mich mit gekreuzten Schlüsseln geschmückte Portiers und Liftboys in roten Wämsern beobachteten, und wenn ich mich am nächsten Tag beim ersten Hahnenschrei über geheimnisvolle Korridore und steile Hintertreppen davonschlich.

Wie verschwenderisch ist doch die Jugend! Wie wenig weiß sie doch den flüchtigen Augenblick zu nützen! Wie viele Mühen galt es zu überwinden, wie viele Hindernisse zu besiegen, wie vielen Gefahren die Stirn zu bieten – und als wir schließlich im Zimmer waren, allein, sicher, im Kreis des verführerischen Lichts, nahmen wir nicht den ersehnten Preis entgegen, sondern brachten die Nacht damit zu, uns in die Augen zu blicken, uns mit den Augen zu verzehren, uns mit den Augen zu lieben, allein mit den Augen. Aber ist denn Großzügigkeit Verschwendung, oder ist sie nicht vielmehr Weisheit und die Kunst, das Glück zu speichern? Die vor zwanzig Jahren nicht gestillte Begierde, die sonst verloschen wäre, ist noch immer lebendig in mir. Und was ist ein verloschenes Glück im Gegensatz zu einer lebendigen Begierde?

In der Kunst, das Glück mittels nicht vollzogener Liebe zu bewahren, ist mir Francesco Petrarca vorausgegangen. Das *Buch der Lieder* ist die Dichtung der Keuschheit, und dafür dankt er Laura im 21. und 22. Sonett anläßlich ihres Todes.

> Ihr danke ich und Ihrem Rat, dem hehren,
> daß Sie mit sanftem Zorn und ernstem Schauen
> mir stets Erinnerung an mein Wohl geliehen.

Die Keuschheit ist eines unserer wenigen Mittel, den Tod zu besiegen.[11] Der Preis der Unsterblichkeit entschädigt uns großzügig für die Mühe, die die Keuschheit von uns fordert.

> Gebenedeit die Frau, die mir zum Lande
> zurück-verhalf und meine Brunst bezähmte
> und, mich verlockend, wieder aufgemauert.

Der Pöbel, der mit eigenen Worten »sofort zur Sache kommt«, kommt jedesmal zur Sache des Todes. Der Tod senkt sich auf die

---

11 »Eabani (der babylonische Adam) besaß magische Macht über die wilde Natur. Um ihm diese Macht zu nehmen, wurde Eabani dazu verleitet, seine Jungfräulichkeit zu verlieren, denn man glaubte, die Jungfräulichkeit verleihe beiden Geschlechtern überdurchschnittliche Kräfte.« (Alexander Haggerty Krappe, *Mythologie universelle*)

befriedigten Liebenden, und nicht umsonst bezeichnen die Franzosen die Befriedigung der Begierde als *petite mort*. Damit nicht genug: bleibt die Befriedigung aus, wähnt sich der dumme Mensch als Opfer eines Betruges und meint, »angeschmiert« worden zu sein. Immer neue Listen wendet der Tod an, um seine Waffen zu verbergen!

Die Lombardei ist nicht Äthiopien. Anders als dort wird in der Lombardei das Jahr nicht durch die Regenzeit in zwei verschiedene Perioden geteilt, in eine der Aktion und eine der Kontemplation; aber selbst in der Lombardei führen die Niederschläge des Regengottes zu einigen leichten Störungen; sie zwingen zum Beispiel die Geschäftsmänner dazu, ihre Hüte mit einer durchsichtigen und schützenden Membran zu überziehen. Die Mailänder Messe fällt mit der Regenzeit zusammen, und dadurch ist die Legende entstanden, die Messe bringe Regen. So werden Religionen geboren.

Einst entsandten die Mailänder, je nachdem, ob sie Regen oder Sonne wünschten, eine Abordnung von Honoratioren ins Gemeindehaus, damit sie den Meßdiener von Santa Maria Segreta beauftragten, jeweils den Engel des Regens oder den der Trockenheit aufzustellen. Blieb das Wunder aus, war das Volk wütend auf den Meßdiener, weil »er den falschen Engel genommen hatte«. Auch heute, am dritten Tag der Mailänder Messe, regnet es, aber da die Kirche Santa Maria Segreta am Anfang dieses Jahrhunderts niedergerissen und durch das Post- und Telegraphengebäude ersetzt wurde, gibt es keinen Engel mehr, der dem Regen Einhalt gebieten könnte. Die Kirche hieß Segreta, weil man nie erfuhr, von wem die Mittel zu ihrer Errichtung stammten. In der Sakristei wurde neben den Drachen und wundertätigen Engeln das Buch der Pestkranken aus dem Jahr 1630 aufbewahrt, die von dieser Pfarre aus »auf Karren in die Lazaretts gebracht wurden«. *Lazarett* ist die verballhornte Form von *Nazareth*, dem ersten venezianischen Hospiz für Pestkranke auf der Insel Santa Maria di Nazaret. Aber hat es Nazareth wirklich gegeben? Vor vielen Jahren lieferte das »Journal des savants« eine eigenartige Erklärung für »Nazarener«: Diesem gelehrten Journal zufolge gaben die Juden dem Erstgeborenen die Bezeichnung »Nazarener«, während hingegen die frühen Christen glaubten, »Nazarener« bedeute »aus Nazareth gebürtig«. Wozu diese

Mühen, die historische Existenz Christi nachzuweisen oder zu widerlegen? Christus ist in uns, in der Luft, in den Dingen, wenn auch nicht in dem Ausmaß, wie es wünschenswert wäre. Er ist in jener geheimnisvollen Form der Liebe, die nicht der Sexualität entspringt. Er ist im Mitgefühl, das den Raum zwischen Mensch und Mensch ausfüllt und dafür sorgt, daß sich der Mensch dem Menschen verbunden fühlt. Er ist in dem geheimnisvollen Gefühl, das die Idee des Guten beseelt, die sonst »platonisch« steril und starr wäre. Vor Jahren bewies der »Simplicissimus« zum Scherz, Jesus sei ein *von Nazareth*, somit ein Adeliger. Eigenartige Mentalität, die Humor, Respektlosigkeit und Gefallen an Bildung vereint.

Es fällt ein feiner, jungfräulicher Regen. Die Luft selbst verwandelt sich in flüssige Fädchen. Dieser Regen gebietet weder dem Leben Einhalt, noch zwingt er dazu, sich unterzustellen: er lädt ganz im Gegenteil zum Spiel ein, die nackten Körperteile der Berührung dieser hurtigen Pfeile darzubieten, die die verrückte Aprilsonne, die hinter den vorbeiziehenden Wolken hervorlugt, hin und wieder funkeln läßt. Wer versichert uns im übrigen, daß es nicht der Naturzustand des Menschen ist, im Regen zu leben? Als ich die Messe zwischen der Porta Nuova und der Porta Venezia entstehen sah, hatten die Bastioni noch den Charakter einer laubbeschatteten Promenade aus Stendhals Zeit bewahrt, der, schüchtern und liebeshungrig, den schönen Mailänderinnen an den Türen der Kutschen den Hof gemacht hatte.

Als Stendhal eines Tages auf dem Corso ein Gespräch zwischen einer Mailänder Dame und ihrem Kutscher belauschte, hörte er, wie dem *vermaledeiten Bonapart* die verfrühten Frosteinbrüche angelastet wurden, die nach der Französischen Revolution die Lombardei heimsuchten. Die Mailänder Damen waren fest davon überzeugt, die Alpenkette sei ein Schutz vor Nordwinden, und Napoleon hätte mit der Eröffnung der Simplonstraße ein Loch in den Paravent geschlagen. Ich für meinen Teil wundere mich über Stendhals Verwunderung. Ich kenne einen Verleger von anspruchsvollen Büchern, der sehr erstaunt war, als ich ihm sagte, die Flüsse bestünden nicht aus Meerwasser, das sich aufs Land verirrt hat. Die Simplonstraße heißt noch heute *la Napoleona*, ein Name, der weniger an eine Straße erinnert als an eine riesige üppige Wirtin. Die Dame, von der Stendhal spricht,

war natürlich eine Dame in vorgerücktem Alter, sonst hätte sie
sich nicht mit ihrem Kutscher unterhalten. Die Liebesaffären
zwischen Herrin und Kutscher gaben einem die Ruhe, die
Sicherheit der hausgemachten Dinge. Mit der Erfindung des
Automobils wurden die Liebesaffären zwischen Herrin und
Kutscher durch jene zwischen Herrin und Chauffeur ersetzt.
Mit zunehmender Sittenfreiheit wurden schließlich die Liebes-
affären zwischen »Gleichen« immer weniger »schwerwiegend«
und »gefährlich« und die Liebesaffären zwischen Herrin und
Diener immer seltener. Offen gestanden ist diese Mischliebe
auch weniger Liebe als ein Dienst, der kaum intimer ist als der
sonst übliche des Dieners gegenüber seiner Herrin. Und der
Diener mit Stil wird diese teilweise Intimität nicht ausnutzen, um
sich in anderen Momenten des Lebens schadlos zu halten und das
Herrin-Knecht-Verhältnis umzukehren. Für die vollkommene
Liebe, für die vollkommene Einheit von Seele und Körper, für
die über den Sexualakt hinaus andauernde Liebe ist soziale
Gleichheit eine unerläßliche Voraussetzung, wie auch Lope de
Vega in *Der Hund des Gärtners* beweist. Die Liebe zwischen
Ungleichen ist genauso monströs wie Sodomie, wie die Vereini-
gung Pasifaes mit dem Stier. Und diese Monstrosität der Liebe
zwischen Ungleichen erlaubt es der Patrizierfrau auch, einer
Liebesaffäre mit dem Diener keine Bedeutung beizumessen.[12]
Ich kenne eine Dame, die zufällig eines Abends intimen Verkehr
mit einem Plebejer hatte. Und als dieser am Tag darauf der Dame
wieder begegnete, war sein Verhalten noch immer das des Vorta-

12 »On assure que dans la partie méridionale de la Virginie, dans les Deux-
   Carolines, ou la Georgie, et même dans la ville de Charlestown, de jeunes
   noirs absolument nus se présentent devant leurs maîtresses, les servent à
   table sans qu'elles se doutent que cela soit indécent... A la vérité, il serait
   difficile de faire entendre à une *habitante* qu'un nègre et son mari sont
   deux êtres de la même espèce.« (*Sénancour, De l'Amour,* chapitre »De la
   Nudité«)
   »Es wird behauptet, daß im Süden von Virginia, in Nord- und Südcaro-
   lina oder in Georgia, ja sogar in der Stadt Charlestown die jungen
   Schwarzen völlig nackt vor ihren Herrinnen erscheinen, so bei Tisch
   servieren, ohne zu denken, daß es unanständig sei... Es wäre auch
   tatsächlich schwierig, der Herrin auf einer Plantage zu erklären, daß ein
   Neger und ihr Mann zur selben Gattung gehören.« (d.Ü.)

ges. Was die Dame zutiefst verwunderte. Wer war er? Was wollte er? Worauf spielte er an? Ein Irrtum allem Anschein nach, eine Verirrung. Die Dame betrachtete ihren Liebhaber vom Tag zuvor, als hätte sie ihn noch nie gesehen. Zola hätte einen Roman über die Leiden dieses Plebejers geschrieben, der die Frau, die sich ihm hingegeben hatte, nach nur wenigen Stunden fremd, unbekannt und unnahbar wiedertraf. Aber Zola war entgangen, daß nur völlige soziale (und ich füge hinzu: geistige) Gleichheit der Liebe gestattet, über den Akt hinaus anzudauern. Diese Irrtümer, diese Verirrungen werden sanktioniert von falschen rhetorischen Formen wie »sich hingeben«, sie »zu der seinen machen« usw. Man müßte die Sprache von den vielen unsinnigen Ausdrücken reinigen, die sie verkrusten. So sagt man noch immer, die Sonne gehe auf und unter. Als Plebejer würde auch die Sonne diese Ausdrücke wortwörtlich nehmen, welche ihr eine Bewegung zuschreiben, die sie sich nicht einmal im Traum einfallen ließe, und würde beginnen, sich um die Erde zu drehen. Aber die Sonne ist kein Plebejer, und sie steht unbeweglich am Himmel und sieht der Erde zu, wie sie sich um sie dreht.

Mein Freund Barilli, der vor einigen Jahren eine Schiffsreise die afrikanische Küste entlang unternahm und seine Reise in einem Buch von wunderlicher Schönheit niedergeschrieben hat, erzählt mir, diese kaum intimeren Dienstleistungen, die dem Diener von der Herrin abverlangt werden, seien bei den Frauen der englischen Beamten in Südafrika noch immer gang und gäbe; und dort unten werden sie auch nicht seltener, einerseits weil das Klima in Südafrika sehr erhitzend ist, andererseits, weil das Amt des Dieners dort von Zulus bekleidet wird, deren Glieder wie die von Bronzestatuen über alle Maßen entwickelt sind, und die, wenn schon nicht über das Wort, so doch über Feuer und Leben gebieten. Den Frauen der Beamten in Rhodesien fällt es genauso schwer, sich den heftigen Umarmungen dieser warmen und wandelnden Statuen zu entziehen, wie es einst den Schönheiten des heroischen Zeitalters schwerfiel, den Umarmungen der Götter zu widerstehen.

Den Höhepunkt der Liebschaften mit der Dienerschaft erlebte Rom. Martial macht sich, im übrigen auf nicht sehr geistreiche Art, über eine vornehme Dame namens Marulla (auf Neugriechisch bedeute *maruli* Lattich) lustig, weil ihre zahlreichen Kinder nicht von ihrem Mann stammten, sondern vom Koch des Hauses, vom Flötenspieler, vom Sportlehrer, vom Sekretär. Wem entsprechen im Personalstand einer reichen Familie von heute der *ludimagister* und der Flötenspieler? Die Dichter des zweiten Jahrhunderts berichten uns, daß in den vornehmeren Familien der Ehemann von seiner Frau *ancillariolo*, Liebhaber der Mägde, genannt wurde, und der Mann seiner Frau zum Scherz vorwarf, *lecticarii*, Sänftenträger, zu bevorzugen. Aber ist es nicht verwunderlich, daß gerade das Christentum die Liebe zu den Dienstboten gefördert hat? Im dritten Jahrhundert legitimierte Papst Calixtus die Heirat zwischen Patrizierfrauen und Sklaven, und während diese Ehen einerseits die christliche Gleichheit zwischen den Menschen bekräftigten, machten sie andererseits die Kastenunterschiede zunichte, die bei der Liebe notwendiger sind als anderswo. Wenn die Liebe zwischen Angehörigen verschiedener Klassen praktiziert wird, mündet sie in Prostitution.

Heute besitzt die Messe eine eigene Stadt: eine quadratische, weit außerhalb des Zentrums Mailands gelegene Stadt, die von länglichen Industriebauten und hohen, rechteckigen und schmucklosen Gebäuden umgeben ist, die sich um die Stadt der Geschäfte wie ein Gebiß schließen, dem hier ein Backenzahn fehlt und dort ein Schneidezahn.

Was wird in den Köpfen der zukünftigen Philologen vor sich gehen, wenn sie auf einem ausgegrabenen Plan der 21. Maländer Messe Worte finden wie *Salve, Censa, Scae*? Vielleicht ist das Etruskische deshalb noch immer eine unerforschte Sprache, weil ihre Vokabeln, die bisher den kühnsten Interpretationsversuchen widerstanden haben, in Wirklichkeit nichts anderes sind als die Namen der 1940 v. Chr. bei der Messe von Populonia ausgestellten Industrieprodukte. Das Wort *Pater*, das sich neben *Cofa*, *Oxal* und *Dubied* findet, wird plötzlich Licht in das Dunkel der Forschung werfen. Die Philologen werden jubilieren, aber es wird ein trügerisches Licht sein, denn *Pater* heißt nicht Vater, wie die Latinisten glauben, sondern bezeichnet ein Baumaterial, das nach dem Vorbild jenes Materials entwickelt wurde, das die Schwalben beim Nestbau verwenden, eines Gemisches aus Stroh und Zement.

Ich betrete die Messe durch den Eingang »Domodossola«. An

den Seiten und auf hohen Pfeilern erheben sich die Schutzgötter des Handels und des Gewerbes: rechts, mit kurzem Röckchen, Merkur im Laufschritt, links eine üppige Frauengestalt, die einen riesigen Hammer auf einen zwerghaften Amboß fallen läßt. Am Beginn der Straße kündigt eine Überschrift mit riesigen Buchstaben den »Geschäftspalast« an. Früher wurden Paläste ausschließlich von Königen bewohnt. Die Geschäfte wurden im Dunkeln abgewickelt, und »Herr« war ein Synonym für den »Mann, der nicht arbeitet«. Inzwischen folgt eine neue Aristokratie, kühn und kämpferisch, Merkurs flinkem Petasos, mit aus der Westentasche ragendem Füllfederhalter, den Bestellblock in der Rechten und das Scheckbuch in der Linken.

Der Mailänder Geschäftsadel hat schon eine lange Geschichte. 1350 besaßen die Mailänder Kaufleute bereits einen eigenen Sitz in der heutigen Via Armorari, den sie *Casa dei Banchieri* nannten. Kaum hatten sie im eigenen Lande die höchste Finanzmacht erlangt, begannen die Mailänder Bankiers, mit ausländischen Staaten Handel zu treiben. Die *Lombard Street* ist heute noch ein Hinweis auf die Darlehen, die Heinrich IV. von den Mailändern erhielt; in Madrid erinnert die *Calle de los Milaneses* an die Geschäfte der Mailänder Bankiers mit dem Spanischen Hof, und in *El mejor alcalde el Rey (Der beste Richter, der König)* von Lope de Vega sagt Don Tello de Neira:

> Di que la regalaré,
> y dile que la daré
> un vestido tan galán,
> que gaste el oro a Milán
> desde su cabello al pie.[13]

Das Ende des Heidentums wurde zum großen Teil durch die Verachtung der Adeligen für die Arbeit herbeigeführt. Kolonnen von Schulklassen, von steifen und martialischen Leh-

13   Sage ihr, daß ich sie beschenken werde,
und sage ihr, daß ich ihr
ein Kleid geben werde,
von Kopf bis Fuß so prächtig,
daß das Gold in die Taschen der
Mailänder fließen wird. (Anm. d. Ü.)

rerinnen kommandiert, ziehen fähnchenschwingend vorbei. Die Kinder tragen gelbe Papierschiffchen auf dem Kopf, auf denen geschrieben steht, die Schokolade Cima sei die »Schokolade, die schmeckt«. Plötzlich stehe ich eingekeilt inmitten einer Reihe von Taubstummen, die mit den Händen sprechen und sich köstlich amüsieren. Sie sind pausbäckig und rotwangig, haben jedoch alle ein einziges Gesicht. Am Rand des Gehsteigs verkauft eine alte Frau einerseits Lose für die Tripolis-Lotterie, andererseits den Gegenstand, den viele auf der Messe für unentbehrlich halten, nämlich einen Regenschirm in einer Hülle aus Butterbrotpapier. Viele kaufen Lotterielose, niemand jedoch einen Regenschirm. Der Lärm der Schulklassen, das Dröhnen der Lautsprecher, aus denen die Schlager von Vittorio De Sica dringen, und das Hupen der motorisierten Diwane, die die gehfaulen Besucher bequem nebeneinandersitzend transportieren, wird von einem Lautsprecher übertönt: »Achtung! Achtung! Fräulein Yvonne Paraguerra wird gebeten, sich zum Bekleidungspavillon zu begeben. Eine Nachricht wartet auf sie!« Yvonne Paraguerra![14] Es war im Mai 1940. Verbirgt sich doch eine magische Kraft in den Namen, die manchmal unterstreicht, öfter jedoch widerspricht?

Der belgische Pavillon ist die bescheidene und freundliche Nachahmung eines bequemen Hauses, das brabantischen Philemons und Baucis' eine Herberge für heitere Greisenjahre bietet. Zwischen den Palmen thront die Bronzebüste Leopolds III., vielleicht eine Baumwerbung für den Kongo. Im Hintergrund des Pavillons erheben sich Monumente aus Gießkannen und Waschkesseln.

Die Messe von 1940 ist das letzte Bild des Europäischen Einvernehmens. Wie eine Kanone aus der Kasematte ragt ein Stahlrohr aus dem Cogner Pavillon heraus.

Das zweideutige Aussehen dieses Stahlrohres symbolisiert die Mechanik von heute. Auf der einundzwanzigsten Mailänder Messe erwacht das geheimnisvolle Land Jerewan zu neuem Leben, das Butler »jenseits der Berge« entdeckte, und wo sich die Maschinen wie Säugetiere vermehrten und den Evolutionsgesetzen gehorchten. Die Verwandtschaft zwischen Maschinen, die

14 Paraguerra: Savinio spielt auf guerra = Krieg an. (Anm. d. Ü.)

zu kriegerischen, und Maschinen, die zu friedlichen Zwecken bestimmt sind, wird immer enger. Gräßliche Zweifel plagen mich. Wozu ist dieser gewaltige Bagger bestimmt, der unter seiner falschen Froschhaut düster dreinblickt, zu landwirtschaftlichen oder kriegerischen Zwecken? Unter dem enormen Dach der Mechanik regt sich schreiend ein Volk von Maschinen. Es schreit der Wurstbereiter. Es schreit das Schüttelsieb für Handelsweizen. Es schreit der automobile Pflug, *automobile ottovomere*, mit seinen acht Pflugscharen (wie gelegen wäre das Proparoxytonon *ottovomere* dem Autor der *Odi Barbare*[15] gekommen). Es schreit der Düngerstreuer mit seinen roten Rädern und dem dunkelblauen Brustkorb. Es schreit die Pumpe mit dem Rührwerk für Mistgruben, Senkgruben, Bewässerungsanlagen usw. Es schreit die Ölkuchenpresse. Es schreien die Balilla-Traktoren, die aussehen wie kleine Panzerwagen. Es schreien die Pflüge, die aussehen wie große, grüne Heuschrekken, und auch der Lautlose Wickenvernichter schreit, seinen Namen Lügen strafend. Unbeweglich, unbeteiligt stehen in einer Glaskabine zwei Herren ohne Alter, mit bis unter das Kinn zugeknöpftem Trenchcoat und zellophanbedecktem Hut, und blicken ins Leere, mit den glänzenden Augen einer chryselephantinen Statue.

Große architektonische Gegensätze charakterisieren den vielfältigen Stil der Messe. Gegenüber dem mittelalterlichen Pavillon Sardiniens, der mit zinnengeschmückten und von Schießscharten durchfurchten Türmchen gespickt ist, befinden sich die glatten Glas- und Aluminiumwände der Triplex und des Bekleidungspavillons. An der Tür des sardischen Pavillons überfällt mich ein Mädchen, das so dunkel ist, daß es wie eine Anthrazitfigur blaue Reflexe versprüht, mit einem Strahl stinkenden Parfüms. Als die Harpyen die Tafel der Götter mit Scheiße bedeckten, meinten sie wahrscheinlich, sie zu parfümieren.

Vor einem Modellkuhstall bleibe ich stehen. In jeder Box glänzt eine kleine Keramikschüssel, in der sich auf halber Höhe ein Metallgitter befindet. Damit Wasser in die Schüssel läuft, muß

---

15 Die *Odi barbare* stammen von Giosue Carducci (1835-1907), der in seinen klassizistischen Gedichten die heroische Vergangenheit Italiens feiert. (Anm. d. Ü.)

die Kuh mit ihrer feuchten Schnauze auf das Metallnetz und somit auf die Feder drücken, die das Zuflußrohr öffnet. Die Mechanik mechanisiert auch Wiederkäuer. Ein üppiger Geruch nach Sauerkraut schiebt sich wie eine Wolke über die Messe. Gegenüber Mottadoro hat Perugina Berge von bunten Bonbons aufgeschüttet.

Ich gehe zu den verschiedenen Verwendungszwecken von Liqui-gas weiter. Da gibt es die Providus-Lampe mit 1500 Birnen. Da gibt es den mit Selterssiphon betriebenen Kocher. Wenn Liqui-gas Küchen und hydrothermische Anlagen speist, verwandelt sich der Selterssiphon in eine große, auf dem Boden liegende Flasche. Moka Scerif verbreitet in einem aus bunten Dosen bestehenden Pavillon seine aromatischen Verlockungen, und in demselben Pavillon erfährt man auch, Sapor sei ein vorzügliches Gewürz. Wie es sich gehört, ist die Kälteindustrie von Eisrohren umgeben.

Aber was vermag Sapor gegen die Nahrungsoffensive, die gerade gestartet wird? Während die Sirenen Mittag verkünden, setzen sich Wurstketten in Bewegung und schlüpfen in aufgerissene Mäuler, wie ein Zug in den Tunnel. In der Abteilung der regiona-len Spezialitäten winden sich Kilometer von Bandnudeln, und das römische Spanferkel verbrüdert sich mit den Turiner Tortel-linis. Im Grande Ristorante Impero singt ein Grammophon: »Der Zauber wird aufs neue erblühen«, und da der Regen inzwi-schen aufgehört hat, tritt Peter Paul Rubens an ein Himmelsfen-ster, betrachtet das gastronomische Schauspiel der einundzwan-zigsten Mailänder Messe und gibt ehrlich zu, daß im Vergleich dazu seine berühmten Kirmesfeiern ein frugales Frühstück waren.

Ich gelange zum Vergnügungspark. Was macht diese Hütte mit indischer Fauna neben dem »aufregenden Flugzeug des Ritters Manfredini«? Ein junger Brahmane bewacht die Schwelle der Hütte und blickt mit glühenden Augen vor sich hin. Zu Füßen des Brahmanen läuft ein kleiner Mungo im Kreis, *Herpestes javanicus,* der erbitterte Feind der Schlangen, bevor er sich auf einer Sackleinwand zusammenrollt. Rund fünfzig, sich zu einem Knäuel zusammendrängende und vor Kälte zitternde Affen geben im Inneren der Hütte ein verkleinertes, jedoch getreues Abbild der armen, gegeißelten Menschheit wieder.

Warum, Herr, läßt du Menschen und Affen derart leiden? Diese tristen Gedanken verleiten mich, eilig auf meinen Wolkenkratzer zu steigen, und kaum bin ich am Gipfel angelangt, knie ich auf der Terrasse nieder und gelobe den Göttern der Luft, nie wieder auf die Ebene des menschlichen Leidens hinunterzusteigen.

Ich habe mein Gelübde nicht erfüllt. Heute abend bin ich von meinem Wolkenkratzer hinabgestiegen, wenn auch nur, um nach einem kurzen und atemlosen Lauf auf dem Pflaster der Menschen und Affen einen anderen Wolkenkratzer zu erklimmen. Von nun an werde ich versuchen, diese kurzen Wege ohne Bodenberührung zu machen, indem ich von Wolkenkratzer zu Wolkenkratzer fliege, wie ein Engel von Giotto.

Die Signora Paola wohnt im fünfzehnten Stock, im höchsten Wolkenkratzer der Riesenfamilie von San Babila. Die Signora Paola hat wie die Fee Pinocchios blaue Haare und ist die letzte Bewahrerin der schwierigen Kunst der Konversation.

In meiner Kindheit war die Kunst der Konversation noch lebendig und wurde von der guten Gesellschaft mit höchster Meisterschaft praktiziert. Um fünf Uhr nachmittags stand meine Mutter perfekt gekleidet bereit, mit der Toque auf dem Kopf, dem Schleier vor der Nase, der Boa um den Hals, den Händen im Muff und einem angesteckten Sträußchen Stoffveilchen an der Brust; man bestieg die Kutsche und brach auf, die Besuche zu »erledigen«. Wenn ich hin und wieder an diesen Expeditionen teilnahm, dann nicht zum Vergnügen, sondern aufgrund einer harten Einführung in die Disziplin des mondänen Lebens. Auf diesen Besuchsrunden habe ich gelernt, daß das bürgerliche Leben eine lange und schweigende Mühsal ist; auf diesen Besuchsrunden habe ich mehr noch als in der Kirche gelernt, daß das Leben Religion ist. Ich saß auf den Polstern der Kutsche, zur Linken meiner Mutter, ein gewöhnliches schottisches Plaid bedeckte unsere Knie. An einem einzigen Nachmittag gelang es uns, fünf, sechs, sieben Besuche zu »erledigen,« manchmal sogar acht. Viele Besuche waren jedoch aufgrund eines stillschweigenden Einverständnisses zwischen Besucherin und Besuchter keine wirklichen Besuche. Der Diener erschien am Portal und verkündete mit einem Lächeln von erlesener Heuchelei, die Signora sei

»nicht zu Hause«; man wußte, man spürte jedoch, daß die Signora zu Hause war, und dem geübten Auge entging auch nicht die kaum wahrzunehmende Bewegung des *brise-bise*, hinter dem die abwesende Signora Stellung bezogen hatte, um zu horchen, und – meisterhaftes Zusammenspiel! – noch bevor der Diener seine honigsüße Lüge fertig formuliert hatte, drückte ihm der Lakai der Besucherin eine an der Ecke eingerissene Visitenkarte in die Hand, zum Zeichen, daß sie nicht von einem Diener, sondern persönlich überbracht worden war. Ich habe gesagt: »Der Diener erschien am Portal«, denn in jenen Zeiten in Wohnungen zu hausen war etwas für kleine Leute, und die »gute Gesellschaft« bewohnte kleine Palazzi oder schlimmstenfalls kleine Villen. Eine ähnliche Unterscheidung galt auch im alten Rom. »Die *regionari*, beziehungsweise die Stadtführer von Rom aus dem 4. Jahrhundert, geben uns 1782 *domus* und 46.290 *insulae* an. Die *domus* waren herrschaftliche Paläste, die *insulae* Mietshäuser mit je fünf oder sechs Wohnungen (*cenaculae*). Während die fünf oder sechs Stockwerke hohen Mietshäuser in engen und dunklen Gassen zusammengedrängt waren und der breiten Masse Elendsbehausungen ohne fließendes Wasser und ohne sanitäre Anlagen boten, trugen die Paläste der Reichen wertvollen Marmor und große Räume zur Schau.« (*Sant'Ambrogio e la sua età (Der Heilige Ambrosius und seine Zeit)*). Auch die Art und Weise, wie man die Visitenkarte faltete, war eine Möglichkeit, die eigene Persönlichkeit zum Ausdruck zu bringen: Der eine machte oben links einen Knick, der andere unten rechts, der eine einen großen, der andere einen kleinen, der eine faltete die Karte in der Mitte, der eine mehr auf dieser, der andere mehr auf jener Seite. Aber das waren die Originale und die Extravaganten, die sich von den anderen abheben wollten: Ernsthafte Menschen hielten sich an die klassische Methode, die Karte oben links einzureißen.

Manche dieser Besuche hatten nicht nur Symbolcharakter, sondern wurden, ebenfalls aufgrund eines stillschweigenden Einverständnisses zwischen Besucherin und Besuchter, Wirklichkeit. Die angenehmsten Besuche hob man sich für das Ende des Nachmittags auf, und es war eine besondere Raffinesse, der Dame des Hauses beim Betreten ihres Salons um halb acht mitzuteilen, man komme deshalb so spät, »weil man zuerst die

*Pflicht*besuche habe erledigen müssen«. Worauf man alle Häuser aufzählte, die man an diesem Nachmittag aufgesucht hatte, um *pousser du carton*. Man betrat diese Salons wie ein Vogelhaus. Man rief das Gekreische, die Triller, das Tirilieren, die Pfiffe, das Glucksen aller anwesenden Junghühner und alten Hennen hervor, aller Perlhühner und Puten, Fasane und Gänschen, Gänse und Rebhühner, in deren Mitte ein paar dunkle Flecken, Krähen und Amseln, Rotkehlchen und Wiesenpieper, leuchteten. Waren die Männer damals weniger ernsthaft, weniger beschäftigt als heute? Blühende Zwanzigjährige und von der Reife gegerbte Vierzigjährige, stattliche Dreißigjährige und sieche, schwankende Siebzigjährige »erledigten« gleichermaßen zwischen fünf und acht Uhr ihre Besuche, bevölkerten die Salons, den Hintern von den Schößen des Cutaway schützend bedeckt, die Gurgel vom Halseisen des gestärkten Hemdkragens umschlossen, auch »Vatermörder« genannt, die Linke in einem gelben Handschuh, der an der Handwurzel von drei großen schwarzen Nähten abgeschlossen wurde, mit den Hinterbacken kaum den Rand eines Sitzpolsters berührend, eine Tasse Tee in der Hand und den Zylinder auf dem Teppich wie ein trauernder Nachttopf. Man wurde empfangen wie eine wundersame Erscheinung. Freudenschreie begrüßten uns beim Eintreten, Rufe der Bewunderung, Lobeschöre; und die Bösartigkeit hatte dieselbe Stimme wie übertriebenes Lob.

Die Konversation begann, und es war, als würde man Wasserspiele aufdrehen. Leicht, beweglich und flüchtig schossen die Sätze wie Raketen empor, krümmten und vereinigten sich, trennten und kreuzten sich, verflochten und fügten sich zu Büscheln zusammen, fielen wie Chrysanthemenblüten zu Boden, stiegen auf und ab, wuchsen an und nahmen ab, entzündeten sich und verloschen, eilten voraus oder wurden langsamer, rückten geradlinig vor oder ruckartig, im Ganzen oder als Bruchstücke, gekräuselt oder glatt, rotbackig oder bleich, funkelnd oder matt, wie Sternschnuppen oder Konfetti, geflüstert oder deklamiert, stark oder schwach, nervös oder sanft, emphatisch oder leise, rhetorisch oder salopp, aufgeputzt oder schlicht, geschmückt oder nackt; und war die Konversation vorbei und fragte man sich aus retrospektiver Neugier, zu der sich im übrigen niemand veranlaßt fühlte, was man bei dieser Konversation gesagt hatte, stellte man fest, daß im Verlauf einer derart reichen, schäumenden, brillanten Konversation *nichts gesagt worden war*.

Man darf jedoch nicht glauben, bei diesen Konversationen wurde deshalb nichts gesagt, weil man sich nichts zu sagen gehabt hätte. Die Schwierigkeit, nur dann etwas zu sagen, wenn man auch etwas zu sagen hat, ist eine allgemeine Schwierigkeit; die wahre und große Schwierigkeit besteht jedoch darin, zu sprechen, *ohne etwas zu sagen*, und dabei Aufbau und Textur einer Konversation zu respektieren, bei der man so tut, als würde man *alles sagen*; beziehungsweise der Kunstfertigkeit halber zu sprechen. Diese Kunstfertigkeit erlangt man nur in der höchsten und goldenen Periode einer Kultur, wenn die Zeit der großen Taten vorbei ist und auch die Zeit der Symbole vorbei ist, die an diese großen Taten erinnern; wenn man weder die Notwendigkeit verspürt, jeden Tag den Boden zu pflügen, um ihn für eine neue Aussaat vorzubereiten, noch die Notwendigkeit, neue Gedanken hervorzubringen, der Vergangenheit Gehör zu schenken, die Stimme des Schicksals anzuhören; sondern nur mehr der zarte Wunsch übrigbleibt, das Leben leicht zu schmücken, und zwar nur an der Oberfläche, damit die inzwischen für fest und endgültig erachteten Grundlagen nicht angegriffen werden; die Lust sozusagen, das Leben zu vertonen. Mir, dem im Wasser der Gehörschnecke noch die »wohlerzogene« Musik jener Konversationen treibt, jetzt, da es die Kunst der Konversation nicht mehr gibt, sondern nur noch das Aufeinanderprallen der Stimmen und in ihrem eigenen Wahnsinn eingeschlossene Monologe, wüstenhaftes Schweigen – mir erscheint es immer plausibler, daß jene weise Konversierenden nicht von dem Gedanken an Worte und Bedeutungen erfüllt wurden, sondern allein von dem Bedürfnis, ihre Salons mit leichten und flüchtigen Tönen zu schmücken, die ohnehin schon reich geschmückt waren mit Tapeten und Vorhängen, weichen, fleischigen Möbeln und auf deren Grund, wie auf dem Grund eines Waldes, ein wunderbares Geheimnis schlief.

Es waren vertonte Gespräche. Vor zwei Jahren, nachdem ich sie so lange vermißt hatte, hörte ich diese vertonten Gespräche wieder: Als ich im September 1940 in Siena bei einer Scarlatti-Feier an der Accademia Chigiana die Kantaten von Alessandro

Scarlatti hörte, in denen soviel Eloquenz liegt, soviel Emphase und Feierlichkeit, bei denen die Bogen wie die Beine eines Paraderegiments in schöner Gleichmäßigkeit auf und nieder gehen und die Sänger einstimmig dieselbe Vokalise wiederholen; und am Ende der Kantate stellt man fest, daß man *nichts gehört hat*, aber dennoch ist man so glücklich, als hätte man die lichtvollen Worte eines Gottes gehört.

Ist es nicht ein Laster, den geheimen, verborgenen, tiefen Sinn des Lebens zu suchen? Zu hoffen, in der menschlichen Stimme einen göttlichen Funken aufblitzen zu sehen? Dies sind die Listen, mit denen die Gottheit sich schützt. Diesen Durst nach dem tieferen Sinn des Lebens hat Gott dem Menschen nicht eingegeben, um ihn zu bestrafen, sondern um ihn hinzuhalten und um ihn von seinem Versuch abzubringen, sich zu *Seiner Höhe* aufzuschwingen. Und der Mensch, der meint, Gott ähnlich zu werden, indem er immer tiefer schürft, verbraucht in Wirklichkeit seine Kräfte bei einer Sisyphosarbeit. Gott fürchtet nur einen Rivalen: den, der um die Sinnlosigkeit der Suche weiß und aus Gleichgültigkeit, Hoffnungslosigkeit, Ungläubigkeit Ihm ähnlich ist.

Wenn die Verdauung im zehnten Stock schon gut ist, so ist sie im fünfzehnten engelsgleich. Trotz der grünen Lasagne, des Hasensalmi und des Monte Bianco, die wir an der Tafel der Signora Paola in großen Mengen verschlungen haben, fühlen sich Fabrizio und ich nicht beschwert, als wir schweigend am Fenster stehen und das nächtliche Mailand betrachten, das sich zu unseren Füßen ausbreitet.

Im Salon klingelt das Telefon, die Signora Paola nimmt den weißen Hörer ab und antwortet der fernen Stimme, die aus Amsterdam zu ihr spricht, im Französisch einer Gräfin Tolstoja, einem Vogelgezwitscher: einem *gazouillis*.

Die Stadt funkelt unter uns wie ein weites Meer von glühenden Augen, aber keine Stimme dringt zu uns herauf in unseren interstellaren Raum.

Allein vor dem nächtlichen Himmel, winzig und riesig, wacht die goldene Madonnina über Mailand.

Vielleicht schlägt auch uns bald die Stunde der Söhne Mariens.[16]

---

16 »Söhne Mariens«: eine religiöse Kongregation, die sich um die Bestattung der Toten kümmerte. (Anm. d. Ü.)

»Gott hat uns das Leben geschenkt, es liegt an uns, uns ein schönes Leben zu schenken.« Diese Maxime stammt aus dem kleinen Notizbuch mit dem Titel *Le sottisier*, dem Voltaire nach und nach Gedanken und Anmerkungen anvertraute. Viele davon haben keinen Sinn oder haben ihn zumindest verloren. Es ist das einzige Buch Voltaires mit einem Hauch von Geheimnis. Dieses verdanken wir jedoch nicht dem Autor, sondern dem Zufall. Voltaire ging auf intelligente Weise mit dummen Dingen um, und deshalb ist er jenen so willkommen, die über der Intelligenz stehen, und jenen so wenig willkommen, die darunter stehen.

Gott hat den Mailändern das Leben geschenkt, und die Mailänder sorgen selbst dafür, sich ein schönes Leben zu schenken.[1]

Viele werden sagen, *darsela da sé* sei ein Grammatikfehler, aber ich ziehe einen Grammatikfehler einem Stilfehler vor. Die Verwendung von *loro* in der abhängigen Form ist eine der größten Schwerfälligkeiten der italienischen Sprache, und da die Grammatiker nicht dafür sorgen, sie zu beseitigen, beseitige ich sie selbst.

Zum schönen Leben gehört auch die Gastronomie, besser gesagt, das *schöne Leben* steht ganz in ihrem Zeichen. Man hüte sich, *bella vita* mit *vita bella* zu verwechseln. Ersteres ist gutmütig und genießerisch, letzteres ästhetisierend und dannunzianisch. Besser als von der Mailänder Gastronomie spricht man von »Essenskultur«.

Der Mailänder Geschmack hat eine illustre Tradition. Zur Zeit Renzo Tramaglinos brachte das Volk sogar seine Klagen in Essenssymbolen zum Ausdruck, und auf die Verordnungen von Don Giovanni de Mendoza Marchese de la Hynojosa, der zahlreiche Gastwirte zum Schließen ihrer Wirtschaft zwang, antwortete der Dichter Maggi durch den Mund Meneghinos:

»*Mortadell di Tri Scagn – Busecca della Goebba – Passaritt di Tri Merla – Carna de manz del Pioeugg – Ris in Cagnon del Fus –*

---

1 Savinio verwendet eine im Italienischen nicht ganz korrekte Form: *Darsela da sé* (es sich schenken). Dazu schreibt er: »Viele werden sagen, *darsela da sé* sei ein Grammatikfehler...« (Anm. d. Ü.)

*Supp sbroeuscer di Tre Leguer – Formai de la Cagnoeura –
Stracchin de la Senaevra – Guarnazza del Bisson – Moscatell di
Tri Rè – Montarobbj del Gall – Pondestura del Gamber – Malva-
sia d'Offelé.«*[2]

Ugo Foscolo[3] bezeichnete Mailand als *Paneropolis*, Stadt der
Sahne, woraus hervorgeht, daß ein hervorragender Dichter nicht
unbedingt geistreich sein muß.

Aufgrund einer phonetischen Assoziation erinnert uns Ugo Fos-
colos *Paneropolis* an Paneroni, den Verrückten der Astronomie,
der um 1918 mit Kohle große Parolen auf die Mailänder Fassaden
schmierte, die so lauteten: »Ihr Esel von Astronomen, ihr habt
alle unrecht!« Worin die Astronomen unrecht hätten, erfuhr
man nie genau, aber in einer Stadt wie Mailand, wo die Wissenschaften so kultiviert werden, will auch die verrückte Wissenschaft vertreten sein.

Wer versichert uns im übrigen, daß der Wahnsinn im Kopf
Paneronis war und die Weisheit in dem der Astronomen, die
nicht Mauern beschrieben, sondern Bücher schrieben?

Vor dem Wahnsinnigen der Astronomie hatte Mailand den
Wahnsinnigen der Philosophie beherbergt. Er hieß Gregorio

2 Das Zitat ist im Mailänder Dialekt aus jener Zeit geschrieben. *Mortadell di
Tri Scagn, Busecca della Goebba, Passaritt di Tri Merla, Carna de manz del
Pioeugg, Ris in Cagnon del Fus, Supp sbroeuscer di Tre Leguer sind typische*
Mailänder Gerichte: *Mortadella, Kuttelsuppe, gebratene Spatzen, Rind-
fleisch, Knoblauchreis; dabei sind »Tri Scagn«, »Goebba«, »Tri Merla«*
usw. Namen von Gaststätten oder Lokalen. Es müßte also heißen »Kuttel-
suppe nach Art der ›Goebba‹« usw. *Formai, Stracchin, Guarnazza sind
Käsesorten, Moscatell, Montarobbj, Pondestura, Malvasia sind Weine.*
Renzo Tramaglino ist die Hauptfigur in Manzonis Die Verlobten.
*Don Giovanni de Mendoza, Marchese de la Hynojosa. Spanischer Gouver-
neur von Mailand. Manzoni erwähnt ihn in* Die Verlobten. *(Anm. d. Ü.)*
3 Niccolo Ugo Foscolo (1778-1827), einer der großen italienischen Dichter.
Sohn einer griechischen Mutter und eines venezianischen Vaters, in Griechenland geboren, verlebte er seine Jugend jedoch in Venedig. Er kämpfte
für die Republik Venedig gegen die Franzosen. Aus Schmerz über die
Niederlage der Republik und über eine unglückliche Liebe schrieb er
seinen autobiographischen Briefroman *Le ultime lettere di Jacopo Ortis*
(1802). Nach mehreren Zwischenstationen ging er 1814 ins Exil, zuerst in
die Schweiz, dann nach England, wo er verarmt in London starb. (Anm.
d. Ü.)

Pezzoli, war aber besser bekannt unter dem Spitznamen »Falla-tajà«. Fallatajà war Autor von philosophischen Werken, und sein Hauptwerk *Warum ich den Menschen Licht und Wahrheit geschenkt habe* war für Fallatajà, was für Schopenhauer *Die Welt als Wille und Vorstellung* ist. Die Bücher Fallatajàs waren in einer kleinen Buchhandlung auf der Via Larga ausgestellt und trugen auf dem Buchdeckel das Porträt des Autors.

Fallatajà war in Mailand nicht so sehr als Philosoph berühmt als für seine eigenartige Garderobe. Er trug die hellen und großka-rierten Anzüge eines Zirkusdirektors, und seine weißen *Mille-righe*-Westen erweckten den Eindruck, Fallatajà trüge ein klei-nes Grabmal auf dem Bauch; unter dem milchkaffeebraunen Zylinder fiel eine üppige Mähne auf die Schultern und bedeckte sie langsam mit Schuppen und Staub. Im Quartier Latin in Paris, in Schwabing in München und auch in der Mailänder Galerie wimmelte es in dieser Zeit des Freidenkertums von Pseudo-Christusfiguren, aber niemand vereinte die Nazarenermähne mit der Eleganz einer Schneiderpuppe. Darin bestand die Originali-tät Fallatajàs.

Um nichts in der Welt möchte ich mir einen Barbarismus zuschul-den kommen lassen, aber ich halte es für meine Pflicht, klarzustel-len, daß »millerighe« der italienische Ausdruck für Pikee ist.

Wenn Fallatajà durch Mailand lief, folgten ihm in einigem Abstand die Straßenjungen, wiesen mit dem Finger auf seine lange Mähne und riefen ihm im Tonfall eines Sklaventreibers auf der Galeere nach: »Fallatajà! Laß sie dir schneiden! Fallatajà.« Daher der Spitzname.

Eine allem Anschein nach komische, in Wirklichkeit jedoch höchst tragische Existenz. Unter der marmorweißen Weste, hin-ter dem glänzenden Schnurrbart, den er hin und wieder mit speichelnassem Finger aufzwirbelte, hinter dem starren, glän-zenden Blick, dem Äußeren eines mit einem Uhrwerk betriebe-nen Roboters, lebte er, der den Menschen Licht und Wahrheit geschenkt hatte, in einer ständigen Angst, verzehrte sich in stum-mer Verzweiflung, erstarrte im Gefängnis des Lächerlichen, das die Grausamkeit der Menschen rund um ihn errichtet hatte. Auf diesen Mann, dem Gespött einer ganzen Stadt, die Augen zu richten, erschien mir schändlich und gemein. Wenn ich diesen Heiligen Sebastian der Verhöhnung von weitem kommen sah,

abgesondert und ausgestoßen, um den sich wie um einen Lepra-
kranken ein menschenleerer Raum gebildet hatte, senkte ich den
Blick und dachte an die Helden.

Liebe, Familienbande – auf alles hatte Fallatajà verzichten müssen. Auch die Einsamkeit war ihm verwehrt.

Eines Tages, es war Sommer, sah man Fallatajà von der Via Dante
kommen. Er lief die *Portici Settentrionali* entlang, bog in die
Galerie ein, nahm an einem Tischchen des Biffi Platz und
bestellte ein Eis. Dieser Denker hatte die Vorlieben einer Katze,
er leckte Sahneeis mit herausgestreckter Zunge. Ein Kreis Neu-
gieriger drängte sich um ihn.

Plötzlich schrie eine kleine, spitze Stimme: »Fallatajà!«

War Fallatajàs Seele an diesem Tag weniger stark? Eine Blut-
wolke zog über sein wächsernes Gesicht. Seine Hand schnellte
los: Er warf die Schöße seiner karierten Jacke zurück, zog aus der
Gesäßtasche einen großen schwarzen Revolver, legte ihn neben
das Eis auf den Tisch, das inzwischen zu einem kleinen, irisieren-
den See zerfloß.

Aber diese Hand drohte nicht. Der Arm nahm bald darauf
wieder die Haltung eines Heuschreckenbeines an, der Daumen
war wieder in den Ausschnitt der marmorweißen Weste einge-
hakt. Die Beine waren unbeweglich übereinandergeschlagen,
stellten die schlanken Fesseln, die weißen Gamaschen, die Lack-
schuhe, die so spitz und glänzend waren wie ein Torpedoboot,
zur Schau. Der Blick dieses Mannes, der einen Alptraum lebte,
hörte nicht einmal einen Augenblick auf, geradeaus zu schauen –
und nicht zu sehen. Da zogen sich die Spötter zurück wie Tiere
vor dem Feuer, überholten sich gegenseitig, um hinter dem
anderen Schutz zu finden.

Einige Tage lang wurde Fallatajà in Mailand nicht gesehen, vielleicht hatte er auf dem Polizeipräsidium zu tun. Als er wieder
auftauchte, *trug er kurze Haare.*

Die Jungen nahmen wieder ihre Verfolgung auf. Nur ihr Ruf
hatte sich verändert. Sie riefen: »Laß sie wachsen!«

Wer hat behauptet, die Kochkunst trübe Geist und Empfindsam-
keit? Jarros[4] Haupttätigkeit bestand im Essen, und zu seiner Zeit

4 Jarro ist das Pseudonym des Journalisten Giulio Piccini (1849-1919), der
  für die Zeitung »Nazione« schrieb. (Anm. d. Ü.)

war er der geistreichste Mann von Florenz, was etwas heißen will. Sein Körper hatte sich zu einer vollkommenen Kugelform gerundet, so daß er wie ein lustwandelnder Globus wirkte. Für Jarro war die Tafel, was für den Schauspieler die Bühne ist. Jarro spielte bei Tisch Theater. Man lud ihn zu sich ein, damit er seine außergewöhnlichen Freßqualitäten zur Schau stellte. Während des allgemein üblichen Ablaufs des Essens begleiteten die Tischgenossen den Champion mit dem klirrenden Duell des Bestecks und dem schweigenden Mahlen der Kiefer. Dann legten die Konkurrenten der Reihe nach die Waffen nieder, und Jarro blieb allein übrig. Sein Monolog und sein einsamer Gesang hoben an, sein Päan und sein Threnos. Ringsherum die Besiegten, die Gesättigten, die Geblähten, mit dem vertierten Ausdruck einer geistlosen Befriedigung auf dem Gesicht, die ihm beim »Arbeiten« zusahen, die bei den gewaltigsten Bissen Bewunderungsschreie ausstießen, wie die Menge in der Arena, wenn der Espada den Stier zwischen die Hörner trifft, wie die Menge im Stadion bei einem Tor. Zuckungen des Magens unterbrachen die Dithyramben, und in den Frackwesten hüpften die Bäuche auf und ab. Auch ich wohnte einem dieser Wettkämpfe bei, und ich habe sie in trauriger Erinnerung behalten. Was ist unser Mitleid für den Mageren, Ausgezehrten, für den, der nur aus Haut und Knochen besteht, im Vergleich zu unserem Mitleid für den Dicken und dessen Blick eines weinenden, in Fettwülsten erstickenden Hundes? Jarro sagte, um einen Kapaun zu essen, dazu gehören zwei: er und der Kapaun. Und mit diesem Lerchengesang, mit diesen poetischen Blümchen erleichterte er ein wenig die Last seines Lebens, die darin bestand, zu essen, zu essen und zu essen. Es kam die Nachricht, Kapitän Peary hätte den Nordpol erreicht. Jarro hob den Kopf vom Teller und fragte: »Was ist der Unterschied zwischen dem Nordpol und einem Klo?« Alle schwiegen erwartungsvoll. »Gar keiner«, antwortete Jarro, »beide sind allen Winden ausgesetzt.« Und aß weiter. Die Assoziation von Tafel und Latrine kennzeichnete seine Person. Jarro wohnte auf der Piazza del Duomo, im Inneren eines Sakristeischrankes. Faß- und schweinsartig bewegte er sich vorsichtig zwischen den Stolen und den mit Goldarbeiten verzierten Wänden, auf denen mit Reißzwecken Bilder von Schauspielern und nackten Frauen befestigt waren. Ein scharlachroter Morgenrock verbarg ihn gänzlich. Er ging ohne Füße. Er vereinte in seiner Person das Aussehen eines Kardinals, eines gekochten Krebses und einer *maîtresse*. Es ist grauenvoll, sich den Tod Jarros vorzustellen, die Anstrengung der Seele, sich aus diesem Fettgefängnis zu befreien.

Auch Apollinaire war Feinschmecker und gleichzeitig auch das freundlichste Gemüt, der melancholischste und keuscheste Dichter seiner Zeit. Er nährte eine kindliche Vorliebe für die italienische Küche, und die Agnolotti pflegte er sich wie Rossini selbst zuzubereiten.

Alle großen Esser haben den Mund eines Neugeborenen. Als ich eines Tages dem mit seinen Lieblingsagnolotti beschäftigten Apollinaire zusah, erinnerte ich mich an die Fabel vom Kamel, das durch ein Nadelöhr will. Das war in Paris, im Wirtshaus der Witwe Baty, in dessen Hauptmauer eine Kugel aus dem Jahr 1871 stecken gelassen wurde. Der Mund Apollinaires blieb, auch wenn er ganz weit geöffnet war, ganz klein, und wer ihm beim Essen zusah, den packte die Angst vor den großen Widersprüchen.

Den Mund eines Neugeborenen hat auch mein Freund Broglio, ein prismatischer und einsamer Maler und ehemaliger Herausgeber der Zeitschrift »Valori plastici«, der Wiege der modernen italienischen Kunst. Wenn ich an die Weisheit der Natur glaubte, würde ich meinen, der kleine Mund sei eine Bremse für die Gefräßigkeit der großen Esser; aber ich glaube nicht an die Weisheit der Natur.

Auch Rossini hatte den Mund eines Neugeborenen von der Form eines Elefantenmauls. In seinem dramenlosen Leben wetteiferte Gastronomie mit Euterpe und gewann. Und dennoch war Rossini ein geistreicher Musiker, und Schopenhauer, der an der Kunst mehr den Geist als die Tiefe schätzte, ernannte ihn deshalb zu seinem Lieblingskomponisten.

Wir haben Rossini im Museum der Scala wiedergefunden, in dem kleinen, ihm vorbehaltenen Raum, wo er sich friedfertig breitmacht. Bis hinab zum *budel gentile*, so steht es in der *Naturgetreuen Zeichnung der Innereien des menschlichen Körpers, gewidmet den Herren Barbieren & Chirurgieprofessoren in der Stadt & Grafschaft Mailand anno 1663. (budel gentile* = zartes Gedärm) ist die Gestalt des Komponisten in Bronze gegossen und der runde Bauch kräftig betont, aber auf der Höhe des *budel gentile* ist die Gestalt abgeschnitten und ragt über das marmorne Podest hinaus.

Gebieterisch und von Lächeln umfächelt, sitzt der Maestro liebenswürdig der Versammlung seiner Interpretinnen vor: Giulia Grisi, Marietta Brambilla, die beiden Marchisio: wie kostbare, in der Seide der Krinolinen einbalsamierte Vögel, die kostbaren Münder halb offen und bereit, ihr Bestes zu geben, blicken die Interpretinnen starr auf die Spiralen der Melodie, heben ihre zarten Finger, um in der Luft die Goldfäden der Koloraturen zu erhaschen, die Leiterchen der Triller, den Strahlenkranz der Fermaten.

Bei einigem guten Willen kann man die Interpretinnen Rossinis in diesem ruhigen Saal voll harmonischer Fossile noch singen hören, in weiter, weiter Ferne – ein Gesang aus altem Gold, ein Gesang aus uraltem Blau. Aber diese Probe erfordert eine allzu große Konzentration, eine ermüdende Anstrengung, und alles in allem wissen wir mit dem Belcanto nicht sehr viel anzufangen.

Für die Mailänder Gastwirte ist das Essen eine poetische Angelegenheit. Oft ist die Speisenkarte in Versen abgefaßt:

> Geräuchertes Heringsfilet in Butter
> Mailänder Risotto mit Trüffel
> Garnelen in Öl und Zitrone

Mailand war stets Heimat ruhmreicher Gaststätten. Die Wirtshäuser Pozzo und Falcone (*Hospitium Falconis*) wurden bereits 1397 erwähnt, aber »Hospiz« würde heute neben Gasthaus nicht gut klingen. Andere wie das Tre Re, das Rebecchino, das Cappello sind erst vor wenigen Jahren verschwunden. Wiederum andere wie das Laghetto, das Bissone haben überlebt.

Manche waren für ihre Spezialitäten berühmt. Im Ronchetto vor der Porta Ticinese wurden Frösche auf köstliche Weise zubereitet, die dem Wirt nichts kosteten, weil sie sich zu Unmengen in diesem sumpfigen Gebiet befanden. Der Frosch war in Mailand ein hochverehrtes Totem. Nicht nur an der Peripherie, sondern auch im Herzen der Stadt hießen viele Orte *cantarane*, nach dem Quaken (cantare) der Frösche (rane) in dem wenigen Wasser, das sich hier fand. Was für eine poetische Bezeichnung. Poetisch ist auch der Gesang der Frösche. Poetisch nicht nur nach Aristophanes, sondern auch nach Anakreon. Ob nun der Frosch einsam in der Nacht singt und sein Triller, von regelmäßigem quak quak begleitet oder von quar quar unterbrochen, im melancholischen Schein des Mondes aufsteigt – und in diesem Fall ist die Klage des Frosches die von Orpheus und Eurydike selbst –, oder ob ein Chor von Fröschen die Nacht mit seinem batraphonen Panniktismus erfüllt. Zur Zeit Washingtons verließen die Amerikaner nächtens ihre Holzstädte und begaben sich des geistigen Genusses wegen an den Rand der Sümpfe, um die »Froschkonzerte« zu hören. Frenetischer Gesang. Wer hat beim Anblick des Batrachiers, der Zykade nächtlicher Bruder, nicht den Eindruck, die Brust würde ihm vor Leidenschaft zerspringen? Der Chor der Frösche ist ein unaufhörliches Tremolieren und soviel Rhythmus und Klang, daß kein Platz mehr für Rhythmus und Klang bleibt. Und trunkene Verwirrung. Und bedeutsam für jene »antiken« Amerikaner ist, daß das Froschkonzert bereits das Delirium des Jazz vorwegnimmt. Einst war in der Lombardei der Frosch ein kleiner Gott. In Como lebt der Kult des Froschgottes noch immer weiter, und der kleine Marmorfrosch, der in eine Seitenmauer der Kathedrale gehauen ist, ist von den Berührungen der Gläubigen so abgegriffen, wie der Fuß des Heiligen Petrus im Vatikan schwarz ist.

Im Frühling gingen die Mailänder zum Spargelaussaugen in die Melgasciata, in der Nähe des Merlata-Waldes, wo Battista Scorlino und Giacomo Legorino, zwei hochberühmte Räuber, ihr Unwesen trieben. Ich würde gerne wissen, ob Freud im Aussaugen des Spargels nicht mehr sah als bloß einen Essensvorgang.

In der *Farsa del Bracho e del Milaneise inamorato in Ast*, findet der »Milaneise« in Asti nichts zu essen:

»Ho mi cercad – de qua e de là per i ostarii – Da fa banchitt e leccarii – Ma el non se trova de magnà.«

Da denkt der arme »Milaneise« an seine Stadt:

»Vada a Mireen chi vuol guadagn – Vu avrì lasagn – piena scudella.«[5]

---

5 »Farce über den Einwohner von Bracho und den Mailänder, der sich in Asti verliebt hat.«

Goldoni kam 1735 nach Mailand, und als er eines Tages mit einem Freund vor der Porta Tosa spazierenging, betrat er das berühmte Wirtshaus Cazzuola, »das die Mailänder *Cazzeula* aussprechen«. Hier der Kommentar Goldonis: »In Mailand gibt es keinen Spaziergang oder Ausflug, bei dem nicht das Essen die Hauptbedingung wäre. Im Theater, im Spielsaal, bei Familienfesten, Prozessionen, ja selbst bei wirtschaftlichen Vorträgen, überall wird gegessen. Die sehr mäßigen und sparsamen Florentiner nennen die Mailänder deshalb lombardische Wölfe.« (Memoiren, Erstes Buch, Dreißigstes Kapitel, S. 147. Wien/ Leipzig, 1935) Undankbarer Rechtsanwalt, der nicht nur das Huhn mit Kohl und Speckschwarten und die hochberühmte Busecca, die dicke Mailänder Suppe vergaß, die man ihm im Schatten der riesigen Platanen der Cazzeula serviert hatte, sondern auch seine Liebe zu Margherita Biondi, der diese Gastwirtschaft einen angenehmen Unterschlupf geboten hatte. Ganz davon zu schweigen, daß die Kultur auf ihrem Höhepunkt natürlich tafelfreudig wird und der Tisch ins Zentrum des Lebens rückt: siehe das Athen Alkibiades', das Rom Petronius', das Florenz Lorenzos des Prächtigen, das Paris Brillat-Savarins. Einer meiner teuren Freunde, der vorgibt, mit uns verwandt zu sein, wies mich darauf hin (es war 1936), daß die Fotos in den Zeitungen, die die Franzosen bei mondänen, politischen oder künstlerischen Ereignissen zeigen, fast immer bei Tisch aufgenommen wurden, mit dem Glas in der Hand. Eine allzu erlesene Kultur. Tatsächlich... Im *Tagebuch* von André Gide wird das Dejeuner als sicherster und beständigster Hinweis auf Fakten, Ereignisse, Überlegungen gebraucht: »Dejeuner mit Copeau... Dejeuner mit Viélé-Griffin ... Dejeuner bei Familie Charles Gide...« Die Jurymitglieder der Literaturpreise, vom Goncourt angefangen, treffen ihre Entscheidung im Verlaufe eines Dejeuner. Um Geschäfte zu einem günstigen Ende zu bringen, verlassen sich die Franzosen auf die Euphorie, die ein gutes Dejeuner und vor allem die Weine, die dabei fließen, hervorruft. Die

»Ich habe mich in allen Gaststätten umgesehen – um zu tafeln und zu schlemmen – aber es gibt nichts zu essen.«
»Wer es sich gut gehen lassen will, muß nach Mailand fahren, dort wird er Lasagne bekommen, ganze Schüsseln voll.« (d. Ü.)

Besitzer einer der berühmtesten Kunstgalerien in Paris gingen so vor: Sie versammelten in ihrer Wohnung eine Gruppe von Personen, die möglicherweise Bilder, Skulpturen usw. kaufen würden, und servierten ein schmackhaftes, von reichlich strömenden verfänglichen Weinen begleitetes Dejeuner, und nach dem Essen, auf dem Höhepunkt der Euphorie, führten sie sie in die neben dem prunkvollen Speisesaal gelegene Galerie, wo die Geschäfte *viel besser und leichter abgeschlossen wurden, als wenn die Kunstliebhaber nüchtern gewesen wären*, ganz davon zu schweigen, daß man jemandem, der einem gut zu essen und noch besser zu trinken gegeben hat, nicht gut eine Absage erteilen kann. Die Franzosen sagen auch sprichwörtlich, Geschäfte müsse man *entre la poire et le fromage* (zwischen Birne und Käse) abschließen. Wir Italiener haben über die Birne und den Käse unser: »Den Bauern laß nicht wissen...« Dieses populäre Sprichwort ist sogar den Steinen bekannt, aber es gibt Menschen, die es immer noch nicht kennen. Ich saß im Speisewagen, zwischen Genua und Viareggio. Mir gegenüber saßen zwei Männer, die ein Gespräch angeknüpft hatten, obwohl sie sich nicht kannten. (Muß ich sagen, daß ich nicht zu den Reisenden gehöre, die gerne ein Gespräch anknüpfen? Die Konversation ist genauso delikat wie die Liebe: Eine lange und bewährte Intimität ist vonnöten, ein völliges Vertrauen, *um miteinander reden zu können*.) Einer der beiden, vom Typ Mensch, »der redet wie ein Wasserfall«, zitierte beim Obst den schrecklichen Spruch: »Den Bauern laß nicht wissen, wie gut sind Käs' und Birnen zu genießen.« Der andere Reisende hielt mit der Gabel in der Luft inne. Voll bewunderndem Staunen. Er hatte das Sprichwort noch nie gehört, und seltsamerweise gefiel es ihm. Er ließ es sich zwei-, drei-, fünfmal wiederholen. Dann wiederholte er es bei sich, genoß es stückchenweise, speicherte es in seinem Gedächtnis. Ich hatte mich immer für einen sanftmütigen Menschen gehalten: In diesem Augenblick wurde mir jedoch bewußt, daß sich unter meiner scheinbaren Sanftheit die Triebe eines Mörders verbergen.

Zu meiner Zeit besaß Mailand ein Laboratorium der experimentellen Kochkunst: das Restaurant Bonola. Wenn Apollonius von Tyna nach dem Vorbild der Apostel, die diese Fähigkeit nur am Pfingstsonntag erwarben, alle Sprachen beherrschte, so kannte

Bonola alle Küchen der Welt, und aus diesem Universum der Gastronomie hatte er mit großer Geduld, mit großer Intelligenz und großem Fleiß seine eigene Küche abgeleitet. Bonola war ein Mystiker der Gaumenfreuden.

Das Lokal selbst war von bescheidenem Äußeren, aber nicht jeder fand bei Bonola Einlaß. Bonola hatte eine sehr erlesene Kundschaft - Leute, die sich alles nach Maß anfertigen ließen: die Schuhe, die Zigaretten, die Mahlzeiten. Bonola kannte jeden einzelnen seiner Gäste sehr genau, sein Leben und seinen Geschmack. Besser gesagt: Bonola suchte sich seine Gäste selbst aus. Bonola bereitete jedem Gast seine persönliche Mahlzeit zu, Gerichte, die dem Gast »ähnlich sahen«, seine Wünsche und Sehnsüchte widerspiegelten, seinen Charakter illustrierten. Es waren »Porträtgerichte«.

Eines Tages trat bei Bonola ein gewöhnlicher Mensch ein. Es war wie die Erscheinung eines schwarzen Mannes, einer Bestie, eines Monsters, das sich lüstern unter einen Kreis weißer Internatszöglinge gemischt hatte. Die Gäste warfen sich entsetzte Blicke zu, ihre Gabeln verharrten über dem kulinarischen Porträt. Bonola entsandte sehr diskret einen Kellner, um den Eindringling davon in Kenntnis zu setzen, daß dies nicht der richtige Ort für ihn sei; dieser fühlte sich jedoch gekränkt, insistierte, erwies sich als stur.

»Wir sind aber sehr teuer«, vertraute ihm der Kellner salbungsvoll wie ein Beichtvater an.

»Ich zahle«, gab der andere zurück und verlangte die Speisekarte. Man sagte ihm, bei Bonola gäbe es keine Speisekarte.

»Bringt mir trotzdem etwas zu essen.«

Bonola stellte, wie es seine Gewohnheit war, die Mahlzeit selbst zusammen: eine leichte Brühe, zwei Eier auf Spargel, eine Kleinigkeit zum Abschluß. Und kaum hatte der andere zu essen aufgehört, präsentierte ihm Bonola die Rechnung: 270 Lire!

Dem Amtsgericht bewies Bonola bei der Verhandlung, daß er sogar noch draufgezahlt hatte: Die Spargel hatte er sich aus Ägypten kommen lassen, der Cognac für die Zubereitung der beiden Spiegeleier hatte ihn 200 Lire gekostet.

Am Firmament der Mailänder Kochkunst war Bonola nicht mehr als ein Komet: Er funkelte zwei Jahre, dann verlosch er.

Mailand ist das Zentrum einer vollendeten Essenskultur. Es gibt verschiedene Arten, den Stand einer Kultur zu messen. Manche messen ihn am Seifenverbrauch, manche an der Art und Weise zu essen.[6] Ich ziehe letztere vor. Es ist eine in unseren Tagen weitverbreitete Haltung, die Kultur am Seifenverbrauch zu messen, vor allem bei den Neophyten des täglichen Bades. Hinter dem Reinlichkeitskult verbirgt sich eine falsche Scham, ein mißverstandener Stolz, eine falsche Auslegung von Ehre, eine unrichtige Auffassung von Adel. Das Prinzip des Adels ist es zu konservieren, und Waschen schadet dem Konservieren. Nur Dummköpfe, nur Plebejer schämen sich ihres Schmutzes. Mein Freund Caterino, der »Mann des Nebels«, von dem an anderer Stelle dieses Buches noch die Rede sein wird, sagte periphrastisch: »Um sieben bin ich im Wasser«, womit er zum Ausdruck bringen wollte, um sieben sei er bereits gewaschen, aber vor allem, daß er jeden Tag ein Bad nehme. Als ich das Geheimnis seines Lebens durchdrang, stellte ich fest, daß Caterino, der damals zirka fünfunddreißig Jahre alt war, in seinem Erwachsenenleben gut zehnmal ein Bad genommen hatte. Der falschen Scham, sich zu seinem Schmutz zu bekennen, entspricht die falsche Scham, sich zur Armut, zur Krankheit zu bekennen. Illustre Beispiele treten für den Adel des Sich-nicht-Waschens ein. Goethe soll vor Schmutz gestarrt haben und soll seinem Schmutz sehr zugetan gewesen sein. Ebenso Leopardi. (Ich höre schon Stimmen, die entrüstet protestieren, ich sehe schon Briefe voller schriftlich dokumentierter Entrüstung: Ich warne hiermit jene ungefragten Gelehrten, daß ihre Briefe, ihr Protest zu Füßen meiner eiskalten Gleichgültigkeit verenden werden.) Michelangelo zog sich die Stiefel zirka einmal im Monat aus, und jedesmal löste sich auch

6 »Le goût, ce sens, ce don de discerner nos aliments, a produit dans toutes les langues connues la métaphore qui exprime par le mot ›goût‹, le sentiment des beautés et des défauts dans tous les arts.« (Voltaire, *Dictionnaire philosophique*, Stichwort »Le goût«)
»Der Geschmack, dieser Sinn, diese Fähigkeit, unsere Nahrungsmittel zu unterscheiden, hat in allen bekannten Sprachen zur Bildung einer Metapher geführt, die in dem Wort ›goût‹ das Empfinden für Schönheit und Mangel in allen Künsten ausdrückt.« (d. Ü.)

ein Stück Fleisch. Ganz zu schweigen vom Schmutz Gemitos,[7] des Mannes, der mit Gott sprach. Gott bevorzugt im übrigen schmutzige Menschen, und wenn es heißt, Gott werde »die Seinen erkennen«, so ist damit natürlich gemeint, Gott werde am Geruch jene erkennen, die sich nicht waschen. Hydrophilie und Christentum kommen nicht gut miteinander aus. Die um sich greifende Unart, im Becken oder in der Badewanne zu baden, unter unbeweglicher Besprenkelungsrose oder beweglichem Schlauch zu duschen; die Unsitte der Ablutionen jeglicher Art geht Hand in Hand mit der Abnahme des christlichen Lebensgefühles. Tolstoi wusch sich nicht, und er liebte es, unter dem Bauernhemd den Geruch des Muschikbruders anzunehmen. Um die lästige Notwendigkeit des Waschens zu vermeiden, achtet Picasso darauf, *sich nicht schmutzig zu machen*. Picassos Badephobie hat im übrigen einen psychischen Grund, und Picasso hat nur deshalb Angst vor dem Baden, weil er fürchtet, er könne sich im Wasser auflösen wie Seife und zu einem Schaumball werden, mit einem häßlichen, unbeweglichen Auge in der Mitte. Man vergesse auch nicht, daß sich in der Bademanie der Keim der Dekadenz verbirgt. In einem Absatz der *Wanderungen in Rom* sagt Stendhal: »Die Thermen der Agrippa enthielten einhundertsiebzig Bäder und waren die ersten in Rom; das war ein Zeichen für den Verfall der Sitten: Caesar und Cato badeten im Tiber.«[8] Er hätte jedoch hinzufügen müssen, daß selbst Menschen, die mehr noch als Cäsar und Cato auf ihre metaphysische Gesundheit bedacht sind, nicht einmal im Tiber ein Bad nehmen würden.

Die Grundlage der Mailänder Essenskultur ist der Käse. Ein Zeichen, wie althergebracht und natürlich diese Kultur ist. Milch und Milchprodukte nährten die ersten Menschengruppen, denen eine größere und ruhmreichere Entwicklung vorherbestimmt war, oder besser gesagt, »stillten« sie. Den königlichen Charakter der alten Käsekulturen bezeugt das Wort Tyrann, das ursprünglich Käser bedeutete und die Würde dessen bezeichnete, der als Häuptling des Hirtenstammes den Käse verwahrte.

---

7 Wahrscheinlich meint Savinio den Bildhauer Vincenzo Gemito (1852-1929). (Anm. d. Ü.)

8 Aus: Stendhal: *Wanderungen in Rom*, Frankfurt/Berlin/Wien 1982, S. 271. (Anm. d. Ü.)

Der Chinese hält die Ernährung mit Milch über das zweite Lebensjahr hinaus für absurd, und das ist sie auch tatsächlich, sofern man die Naturgesetze in engem Sinn und wortwörtlich auslegt. Aber die Chinesen haben etwas Dürres und Trockenes an sich. Das welke Gelb ihrer Haut beweist nur zu gut, daß die fette weiße Milch allzu früh aufgehört hat, in ihren Adern zu fließen. Aufgrund einer eigenartigen Form von Chinophilie ist bei manchen Intellektuellen der antigalaktische Snobismus verbreitet. Dieser Snobismus entspringt einer ausdrücklichen Feindschaft gegenüber allen natürlichen Dingen. Der antigalaktische Snobismus geht Hand in Hand mit einer ausdrücklichen Antipathie für Kinder und einer betonten Sympathie für sterile Liebe. Als Gegenstück dazu kenne ich einen Maler, der bis ins Alter von zehn Jahren von seiner Mama gestillt wurde. Er ging zur Schule, führte im übrigen ein ganz normales Leben, mit der einzigen Ausnahme, daß er zwischen den Mahlzeiten hin und wieder an die Brust gelegt wurde. Er ist ein klassizistischer Maler, und vielleicht ist seine Sehnsucht nach Arkadien eine Folge dieses langen Gestilltwerdens.

Der Parmesan ist ein Basiskäse. Er ist in der Käsefamilie, was der Kontrabaß in der Familie der Saiteninstrumente ist. Auf den Grundton im tiefen, väterlichen Baß des Parmesan stützen sich die leichteren Mitglieder des Käsequartetts: Taleggio und Crescenza, die Bratschen und Altstimmen der Familie, die Schar der Robiola und Stracchino (der Stracchino: ein »müder« Käse, der wie ein Mädchen in der Pubertät auf dem Teller »umsinkt«), zu ihnen gesellt sich der Kleinkram der hohen Töne, die zarten Flöten- und Pikkolokollegen, der kleine, weiße Montevecchiakäse, der, winzig, untersetzt und mit Pfefferaugen versetzt, in einem grünen Ölsee weicht.

Stella Alpina ist ein jungfräulicher Käse im Kleid einer Erstkommunikantin. Was den Mascarpone anbelangt, diesen Kompromiß zwischen Butter und Rahm, so ist er der Kapaun unter den Käsesorten: ein fetter Eunuch, der um der Wollust willen auf die Wollust verzichtet.

Es versteht sich von selbst, daß im Quartett des Käseorchesters der Gruyères das Violoncello spielt. In Siena heißt der Gruyères Emmentaler, denn man weiß dort nicht, daß Emmentaler und Gruyères ein und dasselbe sind. Gino, der berühmte Gastwirt auf der Via Calzoleria, antwortete auf meine Bitte um ein Stück Gruyères zum Abschluß des Mahles, er könne mir auf sein Ehrenwort den Gruyères nicht geben, »denn die Zeit des Gruyères ist bereits vorbei«; zum Ausgleich empfahl er mir jedoch einen erstklassigen Emmentaler. Wie viele Konflikte entstehen doch aus verschiedenen Auffassungen ein und desselben Wortes...

Der Parmesan ist schwer, robust, zuverlässig. Seine Form eines Lastwagenrades unterstreicht den ihm eigenen soliden Geschmack. Er ist der Riese Morgante unter den Käsen.

Der Parmesan ist kein Einzelkind. Er hat zwei Brüder: den Reggiano und den Lodigiano – drei Giganten des Käsewesens. Man bewundere die hieratische Anordnung dieser Käsedreifaltigkeit. Drei ernsthafte Brüder, die in kurzem Abstand voneinander auf derselben alten Römerstraße angesiedelt sind, in Nord-Süd-Richtung, und jeder »stützt sich« auf eine starke Stadt, wie die Armee auf ihren Stützpunkt: der Lodigiano auf Lodi, der Reggiano auf Reggio Emilia, der Parmesan auf Parma.

Bald werden die drei Brüder jedoch nur mehr zu zweit sein: Der Lodigiano verschwindet allmählich. Bricht man mit dem kurzen, dreieckigen Messer die Haut eines der letzten Exemplare dieses illustren und prädestinierten Käses auf, findet man in seinem porösen und kavernösen Inneren eine duftende Stalaktitenlandschaft: feuchte Münder von Alveolen, weshalb diesem Patriarchen der Käsesorten nachgesagt wird, er hätte »Tropfen in seinem Inneren«. Aber kann man die äußere Hülle dieses eichenen Käses als Schale bezeichnen, sollte man sie nicht besser Rinde nennen?

Auch der Niedergang der Käsesorten hat bereits begonnen, denn auch sie – *horribile dictu!* – werden serienmäßig hergestellt. Einer der wenigen, die noch die Reinheit der »blauen Milch« beibehalten, ist der Cademàrtori. In Frankreich wurde der Erfinderin des Camembert ein Denkmal errichtet. Aber wer hat den Cademàrtori erfunden?

Der Gorgonzola ist ein erwachsener Käse. In seiner Jugend heißt er Panerone: ein Name, der eigentlich nicht paßt für ein Kind und darüber hinaus den Nachteil hat, an den Namen des Amateurastronomen Paneroni zu erinnern, der auf die Mailänder Hausmauern schrieb, außer ihm seien alle Astronomen Esel.

Trotzdem bezeichnet das Lexikon diesen so männlich potenten Käse als *la* (die) Gorgonzola.[9] Der Panerone, beziehungsweise der kleine Gorgonzola ist weiß und fett, delikat und feucht wie der Gaumen eines jungen Kälbchens. Der Panerone ist ein Käse vor der Geschlechtsreife, sofern man die Fermentation als Geschlechtsreife verstehen darf. Zwischen einem Panerone und einem Gorgonzola besteht derselbe Unterschied wie zwischen einer bartlosen und einer bärtigen Wange. Der Panerone ist der Gorgonzola, der in den Käsereien der Voralpen noch nicht zum Gären gebracht worden ist, ein Vorgang, dem dort manchmal mit künstlichen Mitteln nachgeholfen wird.

Schon immer war es üblich, daß die Menschen der Natur nachhalfen, und Herodot berichtet im Absatz 193 seines Klio gewidmeten Buches, fälschlicherweise übrigens, daß die Babylonier auf die Dattelpalme die Blüte der männlichen Palme aufpropften, damit die Fliege in die Frucht eindrang und deren Reife beschleunigte. Auch der ernsthafte und apoetische Aristoteles beschreibt im Kapitel V seiner Naturgeschichte die sogenannte »Kaprifikation«, beziehungsweise die Methode, die Reife der Feigen zu beschleunigen.

Lodi ist aus drei Gründen berühmt: weil es die Heimat des

9 Von den drei Gedanken, die uns als einzige vom Buch des Protagoras über die *Richtigkeit der Sprache* geblieben sind, bezieht sich einer auf das Wort »Wut« (μῆνις), das als weiblich gilt und in seiner weiblichen Form auch von Homer im ersten Vers der *Ilias* verwendet wird, »während ihm das männliche Geschlecht«, wie Protagoras sagt, »angemessener wäre«. Theodor Gomperz wiederum sagt in dem Protagoras gewidmeten Werk über die *Griechischen Denker*: »Der Wildwuchs der Sprache hat kaum einem anderen Teil ihrer Schöpfungen so deutliche Spuren aufgedrückt wie der Geschlechtsbezeichnung unpersönlicher Substantive. Der so merkwürdige Umstand, daß mehrere Sprachfamilien in weiter Ausdehnung das Unbelebte als belebt und darum teils als männlich, teils als weiblich ansehen, entspringt, falls diese Deutung der sprachlichen Tatsachen die richtige ist, demselben Trieb zur Verlebendigung und Personifikation, den wir in den Anfängen der Religionsbildung eine so bedeutende Rolle spielen sahen (vgl. S. 12 ff.). Zur eigentlichen Personifikation hat sich ein erstaunlich feines und reizbares Analogiegefühl gesellt, dem das Bewegende, Thätige, Nervige, Knappe, Scharfe, Harte und Weiche als weiblich gegolten hat.« (Theodor Gomperz: *Griechische Denker*, 1. Bd., Berlin und Leipzig 1922).

Lodigiano ist, weil hier Ada Negri geboren wurde, weil sich hier einige menschliche Teile befinden, die von Professor Gorini, einem Zeitgenossen und Nacheiferer Girolamo Segatos, petrifiziert wurden.

Girolamo Segato starb mit vierundvierzig Jahren, am 3. Februar 1836; er hinterließ einige Schulden und nahm sein Geheimnis, die Petrifizierung der Leichen, mit ins Grab. Er war ein außergewöhnlicher Kartograph und Ägyptologe, schrieb jedoch ein eigenartiges Italienisch. Hier ein Beispiel aus seinem *Giornale da Venezia a Zante e da Zante ad Alessandria d'Egitto, del brigantino* l'Arpocrate (warum eine Brigantine dem Schweigen weihen?) *comandato dal capitano Alessandro Giliberti*, einem Manuskript, das in Belluno von der Familie Segato aufbewahrt wurde und das 1917 während der österreichischen Invasion verlorenging: »Am Morgen des 15. fuhren wir (si tirassimo) mit der Brich in der Nähe der großen Zollstelle in den Hafen ein und gingen (presimo) im Freihafen an Land. Hier stellte ich mich einigen Herren vor, denen man mich rekommandiert hatte, und es war mir eine große Befriedigung, so herzlich empfangen zu werden; am Abend gingen wir (tornassimo) wieder an Bord.«[10] Wir erinnern uns, daß die Wendungen »dove abbiassimo giunti« und »è ora di finiamola« eine Doublette von Witzeleien darstellten, die zwischen 1919 und 1925 sehr in Mode waren. (Das Wort »doppietta«, Doublette, wird hier nicht in seiner Bedeutung von Doppelflinte gebraucht, sondern in jener, die ihr die Homerforscher geben, um darauf hinzuweisen, daß derselbe Vers zweimal wiederholt wird, was meistens zur Entdeckung einer Interpolation führt.) Gianfrancesco Rambelli widmete Girolamo Segato folgendes Sonett:

> Italische Erde, göttliche Mutter der Helden
> Wehe dir, die du schön bist, ach, jedoch nicht stark
> Sieh, wie jeder dreiste Fremdling zu Unrecht
> Sich mit Lorbeer schmückt und Krieg erklärt deiner Tugend.

10 *Tagebuch über die Reise von Venedig nach Zante und von Zante nach Alexandria in Ägypten auf der Brigantine* Arpocrate, *unter dem Kommando des Kapitäns Alessandro Giliberti.* Die von Savinio angesprochenen Sprachfehler klingen im Italienischen so, als würde man im Deutschen sagen »er nehmte«, »er ziehte« usw. (Anm. d. Ü.)

Gib acht, damit dein ewiger Geist nicht untergeht
Durch eitles Geschwätz, durch widriges Geschick
Nun da er die geheimnisvolle Natur enthüllt
Und neuem Wissen öffnet die Pforten.

Sieh, wie der edle Geist durch Versteinern
die sterbliche Hülle dem Zahn der Zeit entreißt
Weshalb ihm Respekt gebietend zuruft die Natur:

Halt ein den wundersamen Geist
Oft pflückt welke, saure Früchte der
Der den Schleier wegreißt von meinem dunklen Reich.

Nichts erinnert so sehr an die Verrückten im Irrenhaus wie die
Rhetorik, ihre Bilder und ihr Vokabular, die leider in unserer
Literatur so reich vertreten waren und zum Teil noch immer
sind.

Eines der kostbarsten Werke des Petrifikators Segato ist ein
Tischchen, dessen Intarsien aus menschlichen Teilen bestehen
und für das ein Amerikaner 1837 sechzehntausend Lire bot
(Brief von Luigi Muzzi an Giuseppe Pellegrini, vom 1. März
1837, aus Bologna).

Besäße Alboin ein Tischchen, das auf menschlichen Beinen steht,
könnte er Rosamunde eine Variante seines berühmten Scherzes
anbieten, aber zum perfekten Gelingen dieses Scherzes bräuchte
der Vater Rosamundes nicht zwei, sondern vier Beine.

Es heißt, Segatos Geheimnis sei von Professor Francesco Spirito
wiederentdeckt worden, dem Rektor der Universität Siena und
Ordinarius für Geburtshilfe und Gynäkologie. Die von Professor Spirito für die Petrifizierung bevorzugten Teile sind Frauen-
becken, und man kann sich den Charakter seiner Sammlung
leicht vorstellen und die Gefühle, die sie hervorruft.

Zwischen dem 15. und 20. September 1940, in der Woche der
Scarlatti-Feier, hielt ich mich in Siena auf. Die Creme des ita-
lienischen Geisteslebens hatte sich in die Stadt des Heiligen
Bernhard begeben, und das Hotel Excelsior wimmelte wie ein
Bienenkorb von Musikologen und Publizisten, von Literatin-
nen und jenen undefinierbaren Gestalten, die ständig auf der
Wanderschaft und dennoch allgegenwärtig sind, die für eine

Cembalotokkata sterben und sich für eine Orgelfuge zerstükkeln lassen würden. Hier begegnete ich einer Schriftstellerin von Ruf, hochbusig und von stolzer Haltung wie die Kaiserin Agrippina. An einem blonden Nachmittag tranken wir den Tee auf der Terrasse der Villa Scacciapensieri, unterhielten uns bei Torten und Keksen über die Experimente des Professor Spirito, und bevor wir auseinandergingen, beschlossen wir, gemeinsam die Sammlung des Petrifikators zu besichtigen. Die hochbusige Dame wollte mir über das Zimmermädchen am nächsten Morgen Stunde und Ort unseres Treffens mitteilen lassen. Aber das Hotel Excelsior in Siena, das während des Jahres ruhig das Kommen und Gehen der wenigen Gäste beobachtet, füllt sich in der Woche, die von der Accademia Chigiana organisiert wird, mit fieberhaftem Leben – und Hilfspersonal. Eifrige, aber unkundige Mägde, bemühte, aber höchst unfähige Diener laufen die Treppen auf und ab, durchpflügen wie verängstigte Hirsche die Gänge, übermitteln von Stockwerk zu Stockwerk falsche Anordnungen, brechen das Geheimnis der Doppelzimmer, ignorieren die peremptorischen Appelle des Kommerzienrats, der »keine Zeit zu verlieren hat«, bringen der zarten Blondine im zweiten Stockwerk die Sporenstiefel des Obersten aus dem dritten, und mir, der ich noch im Morgenschlaf versunken bin, der laut Pythagoras seherische Träume begünstigt, bringen sie die heiße Milch mit Honig, die für die Exzellenz bestimmt ist, die an diesem Morgen im Atlassaal des Palazzo Comunale, unter dem *Trionfo* von Simone Martini und gegenüber der Reitergesellschaft von Guidorizzo Fogliano, die Lobrede auf die Scarlattis halten soll, aber die Exzellenz hat sich vor ein paar Tagen am Lido der Versilia einen Schnupfen geholt und ist deshalb nicht bei Stimme. Wem wurde die Mitteilung überbracht, die die schöne Literatin für mich bestimmt hatte und auf die ich vergebens wartete, während die schöne Literatin ihrerseits vergebens auf meine Zustimmung wartete? Als wir uns am Abend in der Hotelhalle begegneten, inmitten der von Euterpes Hauch ergriffenen Menge, traf sich eisig unser Blick, aber wir taten, als hätten wir uns nicht gesehen.

Nun, da ich in meinem Zimmer wartete, das noch warm war von meinem Schlaf, und zwischen zwei Spiegeln auf dem ungemachten Bett saß, die zwar mein Abbild vervielfachten, jedoch nicht das Problem meiner Einsamkeit lösten, begann ich zu denken. Und langsam begann der Gedanke die Ungeduld zu mildern, die Enttäuschung wegzuwischen, mein Zimmer mit illustren und lächelnden Toten zu füllen. Der Freund Gedanke griff wieder einmal im rechten Augenblick und wohlwissend ein. Der Gedanke ist unser bester Freund, unser verläßlichster Gefährte. Was ist die Liebe einer Frau im Vergleich zur Beharrlichkeit, zur Beständigkeit, zum Stil dieses äußerst treuen und allgegenwärtigen Gefährten? Die Frau ist auf unsere Gedanken eifersüchtig, jedoch zu Unrecht. Beklage nicht, Maria, deine Unterlegenheit, deine Ohnmacht gegenüber dem unschlagbaren Gedanken. Der Gedanke ist zwar dein mächtigster Rivale, er ist aber auch dein sicherster Verbündeter. Die wenigen Augenblicke der Freiheit, die der Gedanke mir gönnt, Maria, reichen kaum aus, deine Liebe zu beherbergen. Wertvolle Einschränkung. Die Monogamie ist im Grunde eine Frage der Zeit. Im Kopf ist man polygam. Im »leeren« Kopf. Und ich begann zu denken.

Ich begann zu denken. Ich begann zu denken, daß die Konservierung des Körpers, ob nun durch Mumifizierung oder Petrifizierung, zum Teil das Problem des Todes löst. Mumifizierung oder Petrifizierung beschränken sich jedoch allein auf die Konservierung des Körpers und nicht der Seele. Aber warum sollten wir uns um die Konservierung der Seele Gedanken machen? Die Seele ist unsterblich, wie wir alle wissen, und sorgt selbst dafür, sich zu konservieren. Der Körper hingegen ist unser vergänglicher Teil. Der Körper stirbt. Der Körper vergeht. Der Körper wird zu *pulvis, cinis, nihil* (Staub, Asche, Nichts). Um den Körper also müssen wir uns Gedanken machen. Und der Konservierung des Körpers müssen wir unsere ganze Aufmerksamkeit schenken.

An diesem Punkt sagt die Signora Vincenza, meine Schwiegermutter: »Man betet für sein Seelenheil.«

Es antwortet ihr aus dem Jenseits der selige Signor Cesare, mein Schwiegervater: »Ja, aber das ist ein Kompromiß. Der Mensch betet nur deshalb nicht ›auch‹ für das Heil seines Körpers, weil er weiß, der Ärmste, weil er mit wissenschaftlicher Sicherheit weiß, das selbst das inbrünstigste, das glühendste, das brennendste Gebet zu diesem Zweck unerhört bleiben muß.«

Die Stimme des seligen Signor Cesare schweigt, aber dann, nach einer Pause, hebt sie aus größerer Entfernung wieder an, aus unermeßlicher Entfernung, so daß sie kaum zu hören ist:
»Bestünde auch nur eine winzige Hoffnung, erhört zu werden, würden die Gebete für das Heil des Körpers von euch da unten zu uns heraufsteigen, mit einem unaufhörlichen und furchterregenden Dröhnen. Gott müßte umziehen.«
Vergil sagt zu Dante, da Ciacco zu sprechen aufgehört hat:

> Der ersteht nicht wieder
> Bis die Posaune einst des Engels schallt.
> Erst wenn ihr Richter zürnend steigt hernieder,
> Sein traurig Grab sucht jeder sich, Gestalt
> Und Fleisch und Bein von neuem anzulegen,
> Und hört den Spruch, der ewig widerhallt.

Aber wenn Gestalt und Fleisch beim Klang der Engelsposaune sich unversehrt anlegen lassen und nicht neu gebildet werden müssen, bleibt uns eine große Anstrengung erspart, und man muß ihnen nur, wie gewissen Arzneien, ein wenig Flüssigkeit beimengen: »In zwei Fingerbreit Wasser lösen.« Für das gute Gelingen des Jüngsten Gerichts wäre das Segato-Spirito-System jedenfalls von großem Vorteil.

Die Ägypter schenkten der Konservierung des Körpers höchste Aufmerksamkeit, und es ist bezeichnend, daß Girolamo Segato sein geheimnisvolles System zur Konservierung der Toten nach wiederholten langen Aufenthalten in Ägypten gefunden hat, wohin er sich als Reisender und Kartograph begeben hatte und wo er Papyrustexte interpretiert, uralte Gräber erforscht, das Innere der Pyramiden untersucht hatte.

Herodot spricht in dem Euterpe gewidmeten Buch seiner *Bücher der Geschichte* über die von den Ägyptern praktizierten Einbalsamierungen, und er ist sehr genau, sowohl was den wissenschaftlichen als auch was den kommerziellen Aspekt dieser Operation anbelangt.

Wenn man den gewerblichen Einbalsamierern einen Toten bringt, darf der Kunde unter verschiedenen, lebensecht bemalten Holzmodellen von Toten auswählen; daraufhin erklärt man ihm, die Einbalsamierung erster Klasse sei in jeder Hinsicht mit jener identisch, die Anubis Osiris angedeihen ließ, der Gott mit dem Hundekopf und Erfinder der Einbalsamierungsriten. Daraufhin wird dem Kunden die Einbalsamierung zweiter Klasse vorgeführt, die minderwertiger ist als die erste und billiger, und schließlich die dritte, die billigste von allen. Nach diesen Erklärungen fragen die gewerblichen Einbalsamierer den Kunden, welche Art er bevorzugt, und sobald sich der Kunde mit den Einbalsamierern über den Preis geeinigt hat, geht er weg, und die Einbalsamierer, die allein mit dem Toten in der Werkstatt zurückbleiben, gehen wie folgt zur Einbalsamierung erster Klasse über.

Zunächst entfernen sie das Gehirn durch die Nasenlöcher, wobei sie sich einerseits einer Art Häkelhaken bedienen, andererseits bestimmter Arzneien, die sie in den Kopf des Toten gießen. Dann machen sie seitlich am Leib des Toten mit Hilfe eines spitzen äthiopischen Steines einen kleinen Schnitt und entfernen die Innereien, die sie zuerst mit Dattelwein, dann mit verschiedenen zerstoßenen wohlriechenden Essenzen reinigen, die in vier Krügen aufbewahrt werden, auf deren Deckel die vier Söhne des Horus abgebildet sind. Daraufhin füllen sie den Bauch des Toten mit gemahlener Myrrhe, Zimt und anderen wohlriechenden Essenzen, nur nicht mit Weihrauch, und nähen ihn wieder zu. Schließlich legen sie den Toten sechzig Tage lang in Salzlake, danach waschen sie ihn, wickeln ihn in Binden aus feinstem gummiertem Leinen und händigen ihn den Verwandten aus. Diese lassen ein Reliquiar aus Holz anfertigen, das mit einer menschlichen Figur bemalt ist, legen den Toten hinein, stellen ihn aufrecht in die Totenkammer und bewahren ihn auf wie einen Wertgegenstand. Auf diese Weise entsteht langsam ein Familienmuseum.

Hier nun die Methode, wie die Einbalsamierung zweiter Klasse durchgeführt wird. Die Einbalsamierer füllen eine Spritze mit flüssigem Fett, einem Extrakt des *Juniperus oxycedrus,* spritzen sie wie ein Klistier in den Bauch des Toten, wobei sie darauf achten, daß die Flüssigkeit nicht dort austrat, wo man sie hineingespritzt hat, danach legen sie den Toten auf eine vorgeschriebene Anzahl von Tagen in Salz; schließlich lassen sie den *Juniperus oxycedrus* austreten, der mit solcher Kraft herausschießt, daß er auch die zu Brei gewordenen Gedärme und Eingeweide mit-

reißt. Daraufhin wird der Tote wieder den Verwandten übergeben.
Und schließlich die billige Einbalsamierung: Die Eingeweide des
Toten werden mit *Syrmaia*extrakt gereinigt, er wird auf die
üblichen sechzig Tage in Salz gelegt, und danach wird er ohne
weitere Behandlung den Verwandten zurückgegeben.[11]
Herodot fügt hinzu, daß Frauen berühmter Persönlichkeiten,
Frauen von anerkannter Schönheit oder aus altem Geschlecht
nicht sofort nach dem Tod den gewerblichen Einbalsamierern
übergeben wurden, sondern erst einige Tage später, um zu verhindern, daß sich die Einbalsamierer körperlich mit ihnen vereinigten. Diese Vorsichtsmaßnahme wurde ergriffen, nachdem
man einen Einbalsamierer, der von seinem Kollegen angezeigt
worden war, dabei überrascht hatte, wie er einer wunderschönen
Frau beischlief, die am Vortag gestorben war. Für manche sind
diese makabren Paarungen der Ursprung der Lues, aber dazu
können wir keine Erklärungen abgeben.
Wenn sich die Ägypter mit ihren mumifizierten Toten zufriedengeben, werden wir uns um so mehr mit unseren petrifizierten Toten zufriedengeben, die so sauber und blühend erhalten
werden, wie sie es sich zu Lebzeiten noch nicht einmal vorstellen konnten. Sicher, sie werden nicht sprechen und sich nicht
bewegen können, aber wer weiß, ob es uns eines Tages, im
Verlauf der Zeit und bei den Riesenschritten, die die Wissenschaft macht, nicht gelingen wird, diesen glänzenden und uns so

---

11 Es beunruhigt die Entfernung des Gehirns aus einem Körper, der nach
tausend Jahren Seele und Geist wiederfinden sollte. Voltaire sagt ganz
richtig (*Dictionnaire philosophique*, Stichwort »Apis«): »Wenn sie an die
Auferstehung glaubten, warum entfernten sie ihm dann das Gehirn,
bevor sie ihn einbalsamierten? Sollten die Ägypter also ohne Gehirn
auferstehen?« Das Herz gefriert einem bei dem Gedanken, daß die Prinzen, die Gouverneure, die einflußreichen Männer, die am Ende ihres
Jahrtausends den belebenden Geist wiederfinden sollten, aus Augen auf-
schlagen, aus dem Holzreliquiar steigen, sich die Binden lösen, sich unter
die Lebenden mischen, jedoch kein Gehirn besitzen, was vielleicht niemandem auffällt. Man ist gezwungen zu sagen, daß in Ägypten in einem
gewissen Augenblick nur das Volk und die kleinen Leute den Verstand
behalten haben, beziehungsweise jene, die nach der billigsten Methode
einbalsamiert worden waren und das Gehirn behalten hatten.

teuren Puppen nicht auch die Sprache und die Bewegung wiederzugeben?

So werden langsam Familienmuseen entstehen. Unsere petrifizierten Toten werden auch weiterhin das Haus bewohnen, in dem sie früher lebten, zwischen vertrauten Möbeln und Dingen. Es wird sich höchstens die Wohnungsnot verschärfen, und für jede neue Generation wird man entweder einen neuen Flügel oder ein neues Stockwerk an das Haus anfügen müssen. Als Entschädigung werden die Dynastien nicht mehr nur durch Porträts dokumentiert sein, und der Intensität der Erinnerung, der Phantasie und der Zuneigung entsprechend wird man einmal in den zweiten Stock hinabsteigen, um die Mama zu besuchen, ein andermal in den ersten, um die Tante Zenaide zu besuchen, und dann ins Erdgeschoß, um den Großvater in der Uniform eines Botschafters des sardischen Königs wiederzusehen, mit der Goldstickerei und den Orden.[12]

Ich habe das Muster eines Familienmuseums genau vor Augen. Letzten Sommer verbrachten Maria und ich einige Tage bei einem Antiquitätenhändler in Florenz, dessen Wohnung und Geschäft sich am Arnoufer befinden; und wenn wir in der Nacht in unser Zimmer hinaufstiegen, das auf die wunderschöne Promenade und den Fluß mit den hier und da aufblitzenden Sandbänken blickte, mußten wir einen großen, zu ebener Erde gelegenen Saal durchqueren, der vom schräg durch die Glastüren einfallenden Mondschein erhellt wurde und den in tiefer Stille ein lächelnder Page, ein in Eisen gepanzerter Krieger, ein an der Garnwinde sitzendes Mädchen und ein alter König mit weißem Bart und dem Szepter in der Hand bewohnten.

Zwischen uns und diesen Personen entstanden von der ersten Nacht an eigenartige Beziehungen; etwas lebhaftere zu dem Pagen und dem Mädchen an der Garnwinde, etwas zurückhaltendere zu dem Krieger und dem alten König; und während wir

12 Als im Oktober 1941 die deutsche Offensive drohend bevorstand, transportierten die Behörden die Mumie Lenins von Moskau nach Samara: in dasselbe Samara, wohin sich auch Leo Tolstoi im Mai 1862 zum Kumystrinken begeben hatte, um von der Tuberkulose zu genesen, von der er sich bedroht fühlte.

im Zimmer darüber darauf warteten, daß der Schlaf seine Flügel auf unsere Lider legte, tröstete uns der Gedanke, daß jene da unten für uns wachten.

Und dabei bedeuteten sie uns gar nichts, waren bloß Wachspuppen. Aber zu wissen: Dieser ist unser Vater, sein Schnurrbart, sein Backenbart; zu wissen: Dies ist unsere Mutter, das Mal über ihrer Lippe, die von blauen Adern durchzogene Hand; zu wissen, dieses Mädchen mit dem Mantel aus Haaren ist unsere Schwester Adelaide mit ihren dünnen Jungfrauenärmchen ...[13] Und zu denken, daß alle unter demselben Dach leben – unser Vater aus eiskaltem Stein und unser warmes Söhnchen in seinem duftenden Schlaf, während es draußen regnet und stürmt ...

Bleibt nur noch die Frage der Seele. Von einem Körper ohne Seele, auch wenn er noch so glänzt und spiegelblank ist, wird

---

13 Admetos sagt in *Alkestis* von Euripides:

> Dein Abbild, von geschickter Künstlerhand gestaltet,
> es soll auf meinem Lager ruhn, darauf will ich
> herniedersinken, umschlingend es mit Armen
> und deinen Namen rufend, wähnen daß ich hielte
> – stimmt es auch nicht – mein liebes Weib im Arm.

Hyginus sagt von Laodamia (Fabulae CIV), daß sie in Abwesenheit des Gatten »*fecit simulacrum cereum simile Protesilai conjugis et in thalamis posuit sub simulatione sacrorum, et eam colere coepit*« (»ein wächsernes Ebenbild ihres Mannes Protesilaus anfertigte und es im Schlafzimmer als Heiligtum aufstellte und es zu verehren begann«). Von diesem Abbild schreibt sie selbst dem Gatten (Ovid. *Heroides* XIII, 157):

> Dies seh ich an und drück's an mein Herz
> statt des richtigen Gatten,
> Klag ihm mein Leid, als könnt' Rede und Antwort es stehn.

Auch bei Statius (*Sylvae* II, 7) heißt es, der Witwe des Dichters Lucanus sei wie Admetos das Bild des toten Gatten teuer:

> Ac solatia vana subministrat
> Vultus, qui simili notatus auro
> Stratis proenitet, etc.

(»Und leere Tröstung verschafft das Bild, welches wie durch Gold hervorgehoben nahe dem Bette erstrahlt.«)

man sagen, es sei ein toter Körper. Wer wird die Seele auf ihrer Reise aufhalten? Wer wird ihr raten, umzukehren? Wer wird sie zu dem Körper zurückführen, den sie verlassen hat?

Die Seele fliegt aus dem sterbenden Körper auf, wie die Bewohner das vom Erdbeben zerstörte Haus verlassen, die Ratten das sinkende Schiff. Die Seele, die ihrem Wesen nach flüssig ist, verabscheut die sich zersetzende Materie. Wenn jedoch die Seele die sterbliche Hülle, die sie verlassen hat, in einem Zustand derartiger Festigkeit und Sauberkeit wiederfindet, wer weiß, ob sie sich ihr nicht verliebt nähert und sie aufs neue beseelt?[14]

Und eines Morgens, wenn im Familienmuseum die Sonne durch die Vorhänge auf den vor Bohnerwachs glänzenden Boden scheint und der Kommerzienrat T. seinen Lieben den üblichen, alltäglichen Besuch abstattet, bevor er ins Büro geht, wird er Papa und Mama vorfinden, wie sie sich an der Hand halten und wie ungeübte Tänzer die ersten Schritte wagen; ganz hinten im Museum wird er die Großeltern vorfinden, die blinzeln wie jemand, der plötzlich aus dem Dunkel ans Licht getreten ist; und er wird sein Töchterchen Rosina vorfinden, die mit fünfzehn an Typhus gestorben ist und ihren armen Papa untröstlich und mit auf ewig gebrochener Lebensfreude zurückgelassen hat, er wird sie vorfinden, wie sie mit rosigem Katzengaumen gähnt und sich mit der Hand über die Augen streicht wie damals, als sie noch am Leben war und sich als junges Mädchen nach einem leichten Sommerschlaf erhob; er wird sehen, wie sie sich geschmeidig vom Diwan erhebt, ihm entgegentritt und zu ihm sagt: »Papa, ist es schon so spät, daß du gehen mußt?«

Dieser Morgen wird allem Anschein nach sein wie jeder andere Morgen auch; aber in Wahrheit wird er ganz anders sein; denn ohne Posaunenstöße und brüllende Lautsprecher wird auf der

14 Lukian *Lobrede auf die Fliege*:
»... und also das Mährchen von jenem Hermotimus aus Klazomenä beglaubigt, von welchem erzählt wird, seine Seele habe ihn öfters verlassen, und nachdem sie eine Zeitlang für sich allein in der Welt herumgewandert, sey sie wieder in ihren Leib zurückgekommen, und so sey Hermotimus mehrmals für todt gehalten worden, und immer wieder aufgestanden.« zit. nach: C. M. Wielands sämmtliche Werke. Neun und vierzigster Band. Übersetzungen, Vierter Band, Lucians Werke, Vierter Theil, Wien 1813, S. 425 f.

Erde, die schon seit so langer Zeit an den Tod gewöhnt ist, die Unsterblichkeit geboren sein.[15]

Aber es ist unzulässig und unmoralisch, von Toten zu sprechen, ihre Konservierung zu wünschen. Schopenhauer sagte, seinen Körper über den Tod hinaus bewahren zu wollen sei genauso, als wolle man seine Exkremente aufbewahren.

Ich habe *Unsere kleine Stadt* gesehen. Im letzten Akt habe ich einen Teil der Personen tot wiedergefunden, die ich in den vorhergehenden Akten dabei beobachtet hatte, wie sie unsichtbare Tore öffneten und schlossen, taten, als würden sie Kaffee trinken, gackerndem, aber körperlosem Geflügel Futter hinstreuten, aber selbst im Tod waren sie noch in der Lage, die aufrechte Haltung beizubehalten und ihre melancholischen Gedanken in Worte zu fassen.

Was sagen diese Toten? Sie sprechen vom windumwehten

---

15 Wer an der vollständigen Konservierung und Unveränderlichkeit unserer petrifizierten Toten zweifelt, lese folgenden Absatz Schopenhauers: »Die von *Kant* entdeckte *Idealität der Zeit* ist eigentlich schon in dem der Mechanik angehörenden *Gesetze der Trägheit* enthalten. Denn was dieses besagt, ist im Grunde, daß die bloße *Zeit* keine physische Wirkung hervorzubringen vermag; daher sie für sich und allein an der Ruhe oder Bewegung eines Körpers nichts ändert. Schon hieraus ergibt sich, daß sie kein physisch Reales, sondern ein transzendental Ideales sei, d. h. nicht in den Dingen, sondern im erkennenden Subjekt ihren Ursprung habe. Inhärierte sie als Eigenschaft oder Akzidenz den Dingen selbst und an sich, so müßte ihr Quantum, also ihre Länge und Kürze, an diesen etwas verändern können. Allein das vermag solches durchaus nicht. Vielmehr fließt sie über die Dinge hin, ohne ihnen die leiseste Spur aufzudrücken. Denn *wirksam* sind allein die *Ursachen* im Verlaufe der Zeit; keineswegs sie selbst. Daher eben, wenn ein Körper allen chemischen Einflüssen entzogen ist – wie z. B. der Mammut in der Eisscholle an der Lena, die Mücke in Bernstein, ein edles Metall in vollkommen trockener Luft, ägyptische Altertümer (sogar Perücken) im trockenen Felsengrabe – Jahrtausende nichts an ihm verändern. Dieselbe absolute Unwirksamkeit der Zeit also ist es, die im Mechanischen als Gesetz der Trägheit auftritt. Hat ein Körper einmal eine Bewegung aufgenommen, so vermag keine Zeit sie ihm zu rauben, oder nur sie zu vermindern; sie ist absolut endlos, wenn nicht physische Ursachen ihr entgegenwirken: Gerade wie ein ruhender Körper ewig ruht, wenn nicht physische Ursachen hinzukommen, ihn in Bewegung zu setzen.«

Hügel, auf dem sie sich in schöner Ordnung versammelt haben, sie schimpfen über das Leben,[16] raten Emily lebhaft davon ab, in die Welt der Lebenden zurückzukehren, soweit es die Toten vermögen, von etwas »lebhaft« abzuraten.

Thornton Wilder, der Autor von *Unsere kleine Stadt*, ist Amerikaner angelsächsischer Herkunft und neigt somit wie alle Angelsachsen zu einer nekrophilen Poetik. Arthur Schopenhauer beklagt in einem seiner Bücher mit dem Titel *Von den Erscheinungen und Träumen* diese ungesunde[17] Vorliebe,[18] scheint jedoch deren Grund nicht verstanden zu haben, der meiner Meinung nach darin besteht, daß es den Angelsachsen oft an poetischem Realismus fehlt, daß sie die poetischen Werte der Gegenwart ignorieren und sie diese Werte deshalb in eine ferne Welt versetzen, die dunkel und unkontrollierbar ist wie der Tod.[19] Was enthüllt dieses Vertrauen in die zukünftige Poesie des Todes, wenn nicht einen Mangel an gegenwärtiger Poesie? Verschiebe nicht auf morgen, was du heute kannst besorgen. Wer keine eigenen Werte hat, glaubt an den Tod als höchsten Wert und erwartet vom Tod das, was ihm das Leben nicht gegeben hat. Es ist äußerst vulgär, »anders« sein zu wollen, als man ist. Daraus

16 Was sonst haben die Toten zu tun, als über das Leben zu schimpfen? Eines Tages wurde ein zeitgenössischer Dichter gefragt, wovon Dante, Vergil, Horaz, Homer, Ovid und Lucanus auf ihrem Weg zum *Stolzen Schloß* sprechen. »Über die Metrik«, antwortete der Dichter.

17 Ich verwende das Wort »ungesund« nicht in moralistischem Sinn, sondern im Sinne poetischer Realität.

18 Zur Vorliebe für den Tod gesellt sich die Vorliebe für Gespenster, Geister, Spiritismus.

19 Bei diesen nekrophilen Phantasien handelt es sich somit nicht um wahre poetische Werke, um wirklich tiefe Gedanken, sondern um das Bild poetischer Werte, um das Phantasma tiefer Gedanken; um die übliche, unwürdige und verfälschende ästhetische Transposition. Dorian Gray kommt bei Thornton Wilder zu neuen Ehren. Wie ich gehört habe, zieht dieser Autor in seinen anderen Werken noch stärker die Toten den Lebenden vor, und seine Leser sind stolz und zufrieden, weil sie davon überzeugt sind, durch seine Gnade in die tiefste Tiefe der illustresten Abgründe hinabzusteigen. Maeterlinck, dieses weiche Hirn, gelangt in seinem letzten Werk, das dem Tod gewidmet ist, zur totalen Aufweichung. Sich des Todesthemas zu bedienen, um poetisch und tiefgründig zu sein, ist ein Zeichen von philosophischer und poetischer Schwäche.

entsteht der Ästhetizismus: das sich Herausputzen, das feierliche Reden, das Verbessern und Verschönern der eigenen Realität. Welche Veränderung ist radikaler als der Tod? Nicht umsonst gilt der Tod als höchste Eleganz, höchste Würde, höchster Adel. Im Tod wird selbst der verachtungswürdigste Mensch geadelt und sollte von uns verabschiedet werden. Nicht umsonst ist der Tod Meister des Ästhetizismus.[20]

Junge Mädchen lieben es, sich tot zu sehen, aber da es zuviel Aufwand wäre, zu sterben, begnügen sie sich damit, sich tot zu stellen.[21] Ich kenne ein Mädchen, das sich tot stellte, nicht so sehr, um die Treue ihres Geliebten auf die Probe zu stellen, wie sie zu ihrer Rechtfertigung behauptete, sondern um sich in seinen Augen interessant zu machen, um in seiner Achtung zu steigen, sich zu adeln.

Ein ganzes Zeitalter bediente sich des Todes, um sich zu adeln: das Mittelalter, diese am meisten ästhetisierende Epoche der Geschichte, die Laura und Beatrice im Tod höher achtete als im Leben.

In langsamen Bewegungen glauben wir Würde zu erkennen. Wie würdevoll schreitet man doch hinter einem Sarg einher! Und die Straße der Langsamkeit führt zur Beendigung jeglicher Bewegung: zum Tod.

Der Tod ist auch ein Meister des guten Tons. Burschen und Mädchen, die ihr die Schule der guten Manieren besucht, ihr habt ja keine Ahnung, unter wessen Führung ihr das tut, warum man euch lehrt, leise zu sprechen, selten und verhalten zu lachen, langsam und wenig zu gestikulieren, oder besser gar nicht zu gestikulieren, *um Ihm ähnlicher zu sein*. Ist es nicht bezeichnend, daß es im ganzen letzten Jahrhundert immer die Engländer waren, diese Freunde des Todes, die den guten Ton bestimmt haben?

Wer den Tod gebührend ehren will, beginnt mit der Ehrung des Schmerzes. Manche Seelen reinigen, läutern, erhöhen sich durch den Schmerz. *Die Freude ist vulgär*. Als große Anbeterin des

20 D'Annunzio, beziehungsweise der italienische Ästhetizismus, verbindet Ästhetizismus mit Rhetorik, und der Tod wird zum schönen Tod.

21 Die jungen Mädchen setzen nur deshalb ihren Wunsch, sich tot zur Schau zu stellen, nicht in die Tat um, weil sie sich im Tod nicht sehen können.

Schmerzes stellte Eleonora Duse auch physisch die leidende
Seele dar, und ihre Schmerzensmaske, die auch die Hände, den
Hals und die Kopfhaltung mit einbezog, »entriß« den Mengen
Bewunderung.[22]

André Suarès stellt fest, daß die italienische Literatur Schmerz
und Tod nie ernstgenommen hat. Unsere geistige Überlegenheit
über die Angelsachsen: unser Klassizismus.[23] Die einzigen Aus-
nahmen sind Dante und Leopardi. Ich weiß nicht, ob der Vater
Dantes sein Söhnchen in der Schule des Todes erziehen ließ,
Monaldo Leopardi jedenfalls schickte seinen Sohn in diese
Schule.

Ein Biograph schreibt:

»Im Palazzo Leopardi in Recanati war am Morgen des 19. Januar
1803 ein neun Tage altes Kind gestorben. In dem Saal, der
von Monaldo, dem Vater Giacomos, feierlich ›Akademiesaal‹
genannt wurde, war das Neugeborene auf ein Kissen aus rotem
Damast gebettet worden, das auf einem mit einer Tischdecke
bedecktem Tisch lag. Auf dem Tisch brannten vier Kerzen. Die
Verwandten, die wenigen Freunde und die Dienstboten, die sich
im Zimmer versammelt hatten, bildeten eine kleine, demütige
und schweigende Menge. Neben dem Kind stand der Vater, Graf
Monaldo, ganz in Schwarz und den Degen an der Seite, einem
Brauch aus dem 18. Jahrhundert folgend, den er um der Würde
und des Pomps wegen beibehalten hatte. Die Priester trafen für
das Begräbnis ein. Bevor der kleine Sarg aus dem Haus getragen
wurde, ließ Monaldo seine anderen Kinder rufen. Sie kamen:
zwei Jungen und ein Mädchen, der älteste Junge noch keine fünf
Jahre alt und das kleine Mädchen zweieinhalb. Die Kinder blickten mit großen verwunderten Augen. Die drei Geschwister wurden eines nach dem anderen hochgehoben, und sie mußten dem
leblosen Wesen einen Abschiedskuß geben. Als sie schon im

22 Wer wie Eleonora Duse den Schmerzenskult praktiziert, verwechselt
   unbewußt Poesie mit schwarzer Magie.
23 Es ist also nicht Schwäche, wenn ich nicht an Tod und Schmerz denke,
   sondern Stärke und der Wille, mich nicht vom »plebejischen« Zauber des
   Schmerzes und des Todes umgarnen zu lassen. Ich rate jedoch, nicht in
   dieser verächtlichen Überlegenheit zu erstarren, denn sie wird leicht zur
   dürren Leere, so wie die formale Strenge, erstarrt sie, leicht zum
   Akademischen und künstlerisch Mittelmäßigen wird.

Begriffe waren zu gehen, wollte eines von ihnen, das älteste, nicht vom Tisch wegtreten und brach in heftiges Weinen aus: die einzigen Tränen bei dieser Szene von gemessener Feierlichkeit. An diesem Tag notierte Graf Monaldo in sein Tagebuch: ›Bevor er aus dem Haus getragen wurde, mußten seine Geschwister ihn noch sehen und küssen, und Giacomo Tardegardo (der Name eines mittelalterlichen Vorfahren der Leopardi) hat den Verlust heftig beweint, auch wenn er erst viereinhalb Jahre alt ist.‹«

Bei den südlichen Völkern ist die Schule des Todes grausamer und materialistischer; der Tod wird herbeigerufen, um die Lebenden zu erschrecken, er gehört zum Erziehungssystem der Hiebe, Kopfnüsse und Ohrfeigen. Im Orient wird der Tote im offenen Sarg begraben, und auf einer Straße Athens sah ich einmal, wie ein Toter aus einem Fenster heruntergelassen wurde, da die Treppe zu eng war; er stand aufrecht im Sarg, wie ein Fisch in Aspik.

Über die Toten aus *Unsere kleine Stadt* hatte ich einmal einen Streit mit einer Freundin, einer der intelligentesten Frauen, die ich kenne, das vorzügliche Resultat einer Hochkultur.

Aber meine Freundin ist eine Frau, und die Frau ist allen Legenden zufolge, ob diese nun von Heiden, Barbaren oder Primitiven stammen, die Quelle des Bösen und des Todes. Um diese unheilvolle und tödliche Funktion der Frau zu erklären, sagen die Baganda, die Frau sei die Schwester des Todes und hätte in dieser Eigenschaft den Tod unter uns gebracht.[24] Aber hätte ich meiner teuren, meiner schönen Freundin sagen können, sie lobe im Tod ihre eigene Schwester?

Ritter wiederum meinte, der Mann sei ein Fremdling auf dieser Erde und könne sich nur mit Hilfe der Frau zurechtfinden. Der Mann »befreit« die Frau nur, hilft ihr, ihr ureigenes Schicksal zu finden. Es ist die Erde, die gewissermaßen durch die Frau befiehlt: »Wir lieben nur die Erde, und die Erde erwidert unsere Liebe durch die Frau.« (André Breton, im Vorwort zu Achim von Arnims *Seltsamen Erzählungen*.) Diese Überlegung von Ritter bestätigt die Schwesternschaft der Frau mit dem Tod, ihre tödliche Mission.

Als ich eines Abends im Winter 1918 einer spiritistischen Sitzung

24 Der Tod ist somit unsere Schwägerin.

im Hause Rana (Corso Buenos Aires 5, Mailand) beiwohnte, wurde die Signora Violetta Rana, ein außerordentlich gutes Medium, von ihrem Schwager, der aufgrund eines Gasangriffs im Krieg an Katoblepharitis litt, aufgefordert, einen vor vielen Jahren verstorbenen Onkel heraufzubeschwören. Die Signora Rana führte ihre Gespräche mit dem Toten nicht mit Hilfe des spiritistischen Tischchens, sondern mit Hilfe der *écriture automatique*, die von den Surrealisten zu dichterischen Zwecken eingesetzt wird, und dabei gelang es ihr, in Trance selbst in Sprachen zu schreiben, die ihr völlig unbekannt waren. Der tote Onkel gab schriftlich eine Antwort, aus der sich die plausibelste Vorstellung ergab, die man von den Toten haben kann. Der Onkel sagte, die Toten seien äußerst schwache Schemen, unbemittelt und von einer maßlosen Dummheit (insofern als die Dummheit eine Folge der Schwäche ist), die begierig auf die Welt der Lebenden blicken wie die Dienerschaft hinter der Dienstbotentür begierig die Feste der Herrschaft beobachtet. Und er fügte hinzu: »Wie sollen wir euch über die Zukunft aufklären, wir, die wir nicht einmal die Gegenwart kennen?«[25]

Als ich einige Abende später wieder von einer spiritistischen Sitzung im Hause Rana nach Hause ging, fesselte mich ein roter Schein am Himmel; ich machte einen Umweg und gelangte auf die Piazza del Duomo, wo sich das Kaufhaus Rinascente in ein Flammenmeer verwandelt hatte. Ich war fasziniert, aber wie in den Kindermärchen wurde der einfache Soldat, der ich damals war, für seine Neugier bestraft. Ein Hauptmann sah, wie ich mich in der Nähe der Flammen herumtrieb, und befahl mir, zusammen mit den anderen Soldaten, die sich in der Nähe befanden, eine Kette zu bilden, um die »Zivilbevölkerung« daran zu hindern, sich dem Brand zu nähern. Unser Dienst dauerte bis in die Morgenstunden. Als ich nach Hause gehen durfte, waren von

---

25 Den Alten zufolge hatten die Toten eine so leise Stimme, daß sie von den Ohren der Lebenden kaum gehört wurde.

> *Umbra cruenta Remi visa est assistere lecto,*
> *Atque haec exiguo murmure verba loqui.*
> (Ovid, *Fasti*)

(»Es ward der blutige Schatten des Remus gesehen, wie er sich zu jemanden gesellte und einige Worte leise flüsternd zu ihm sagte.«)

dem großen Kaufhaus, das einmal voller Ware gewesen war, nur mehr schwarze Mauern und entsetzte, wimpernlose Fenster übriggeblieben. Man bat Gabriele D'Annunzio, dem neuen Kaufhaus, das aus der Asche des alten entstehen sollte, einen Namen zu geben, und D'Annunzio sagte: »Es soll *la Rinascente* heißen.« Das alte Kaufhaus hatte *Gebrüder Bocconi* geheißen, und diese beiden runden, friedfertigen und gesichtslosen Brüder, die stets in Alpaka gekleidet waren und einen steifen Hut auf dem wie ein Laib Provolone glänzenden Kopf trugen, hatten bis dahin als bescheidene und komische Schutzgötter im Herzen von Mailand, Florenz und Rom gewacht. Die *Rinascente* erinnert jedoch an den Phoenix, der sich aus seiner Asche erhebt, vermittelt das Bild der schönen Flamme, die geschmeidig emporzüngelt und sich um die Sterne schlängelt. O unnütze, falsche Poesie, wann wirst du uns endlich in Frieden lassen? In diesem Übergang von einem Namen zum anderen liegt auch der Übergang von einer Epoche zur anderen.

Bululù

Sans qu'ils s'en doutent le
moins du monde, les bons habitants de
Milan sont probablement à la tête
de la civilisation.«

(Stendhal, *Mémoires d'un touriste*)[1]

Mailand genoß nicht immer einen guten gastronomischen Ruf.
Zur Zeit der Alma Roma galt die Mailänder Küche als barbarische Küche. Aber so ist es: Die Barbaren von heute werden die
Zivilisierten von morgen sein. Als Julius Cäsar eines Tages nach
Mailand kam und bei dem Patrizier Valerius Leone zu Gast
weilte, wurden ihm, wie Plutarch berichtet, Spargel serviert, die
jedoch nicht, wie in Rom üblich, mit Öl angerichtet waren,
sondern mit Butter; und während seine römischen Freunde
ihren Widerwillen dagegen zeigten, aß er sie, ohne großes Aufhe-
ben darum zu machen. Diese Anekdote will gleichzeitig mehrere
Dinge zeigen. Erstens, daß Cäsar genug anderes im Sinn hatte,
und nicht »lebte, um zu essen«, zweitens, daß Spargel mit Butter
ein miserables Essen ist. Und Spargel mit Parmesan? Jedenfalls
hatten jene römischen Patrizier ein eigenartiges Verhalten, die
»ihren Widerwillen« gegen Essen zeigten, das der Gastgeber
ihnen serviert hatte. Es ist ein schlimmes Zeichen, wenn sich die
Regeln der Gastfreundschaft lockern. Von derselben Anekdote
ist auch eine zweite Version bekannt: Julius Cäsar aß die mit
Butter angerichteten Spargel nicht nur ohne Widerwillen, sondern war auch neugierig und erfreut zugleich über dieses
»schmackhafte Fett, das man in Rom nicht kennt«. Wem glauben? Niemandem, wie immer. Vielleicht täuschte Cäsar das
Staunen und die Verwunderung nur vor, um sich dem Gastgeber
gegenüber höflich zu verhalten. Als Abkömmling der Venus war
Cäsar wohlerzogener als die Freunde, die ihn begleiteten. Auch
das ist ein Grund, dem kulinarischen Urteil Cäsars zu mißtrauen.

---

1 »Ohne daß sie sich dessen überhaupt bewußt sind, stehen die braven
Mailänder wahrscheinlich an der Spitze der Zivilisation.« (d.Ü.)

Cäsar war ein Ästhet. Er sprach griechisch. Sein Geschmack ist wohl vergleichbar mit dem meines Freundes Giacomino, eines äußerst anspruchsvollen Menschen, der im Restaurant auf der Speisekarte sofort Pasta und Bohnen, Ossobuco und Zichoriensalat übergeht und sich den raffinierten Gerichten zuwendet: dem Huhn in Aspik, der Störmayonnaise, und der ein gegrilltes Kotelett als »Sauerei« bezeichnet. Wir dürfen uns von Cäsars Bescheidenheit und Nüchternheit nicht täuschen lassen, genausowenig wie von seiner Anpassungsfähigkeit »im Felde«.[2] Die Menschen, die die besten Dinge des Lebens kennen, die Heikelsten, Anspruchsvollsten, sind auch am ehesten dazu bereit zu verzichten, sind am besten gegen die *Langeweile* gewappnet. Nur die Ungeschliffenen und Ungebildeten sind schwach und weichen als erste. Nur der Aristokrat (im Geiste versteht sich, nicht im wortwörtlichen Sinn) ist stark und *zu allem bereit*. Um auf die Episode mit Julius Cäsar an der Tafel von Valerius Leone (oder Leonte?) zurückzukommen, möchte ich noch hinzufügen, daß die Rivalität zwischen Öl und Butter der großen Rivalität zwischen Süden und Norden entspringt, zwischen dem Katholiken und »dem Menschen, der selbst urteilt«. Die Küche auf der Basis von Öl ist die Küche der Katholiken, die Küche auf der Basis von Butter erkläre ich zwar nicht zur Küche der Protestanten (der Protestant ißt nur Gekochtes, und vom Gekochten steigt er herab zur Pflanzen- und zur Rohkost), aber zur Küche von Menschen, die in ihren Beziehungen zum Universum keine Mittelsmänner wünschen, keine Hilfeleistungen, außer von der Vernunft.

In Mailand gab es viele berühmte Gaststätten, und ihr Andenken ist auf immer und ewig den Seiten von Arduino Anselmis *Milano storica nelle sue vie e nei suoi monumenti* (*Das historische Mailand im Spiegel seiner Straßen und Monumente*) anvertraut. Das waren der Wirt der Cagneula, die seiner Spargel wegen eine Rolle spielte; die Carità, berühmt für pikantes gebratenes Fleisch und guten Wein; die Isola Bella, für die im Ofen überbackene Polenta; die Magna und die Magnetta, ebenfalls für den Wein; die alte Gaststätte Berta Filava, für die Kohlgerichte und ihre

2 Sueton sagt, Cäsar sei immer an der Spitze seiner Legionen marschiert, häufig zu Fuß, und bei Sonnenschein wie bei Regen mit bloßem Haupt.

Garnelen-Risotto. Die Gaststätte Berta Filava[3] (viele halten
»Filava« irrtümlich für Bertas Zunamen) war auch ein Treffpunkt
für Patrioten, und nach den Mazzini-Aufständen[4] wurden 1853
hier »die Brüder Ferrini verhaftet, den einen nannte man *Nebbia*
(Nebel), und den anderen, der den Meßdiener von San Fedele
gezwungen hatte, Sturm zu läuten, nannte man *Il Guercio* (den
Schielenden)«. Der Ort, an dem sich die Gaststätte Berta Filava
befunden hatte, wurde später die Piazzale Riccardo Wagner.
Arduino Anselmi bezeichnet Wagner als »klassischen Komponisten«, als »größten Komponisten Deutschlands«, so wie der
»Novissimo Melzi«, eine Enzyklopädie aus dem Jahr 1896, Meis-
sonier als »größten Maler unseres Jahrhunderts« bezeichnete.
Eigenartige Assoziation. Und die Kochkunst war Wagner wohl
noch »gleichgültiger« als Julius Cäsar. Man ist nicht gleichzeitig
Magier und Gourmet. Wovon ernährte sich Wagner? Von Zauber-
tränken wahrscheinlich. Rossini war Komponist und gleichzeitig
Feinschmecker, aber Rossini hat seine Musik aus Holzstückchen,
die gegen andere Holzstückchen schlagen, komponiert.
Dem zufälligen Aufeinandertreffen von Worten, in dem die
Griechen das Göttliche erkannten, müßte man die Lapsus der
Schreibmaschinen hinzufügen und auch in ihnen ein göttliches
Spiel sehen. Weiter oben, als ich »Meissonier il più gran pittore
del secolo« geschrieben habe, hat meine Schreibmaschine
geschrieben: »il più gran puttore«, und als ich geschrieben habe,
die Gaststätte Berta Filava sei ein »ritrovo di patrioti« gewesen,
hat meine Schreibmaschine geschrieben: »ritorvo di patrioti«.[5]
Sind die Schreibmaschinen so unschuldig, wie wir glauben, oder
verbirgt sich in ihnen der Dämon der Boshaftigkeit?
Ein anderer berühmter gastronomischer Treffpunkt in Mailand

3 »Nei tempi in cui Berta filava« heißt soviel wie: »In der guten alten Zeit«
   (»In der Zeit, als Berta Wolle spann.«) (Anm. d. Ü.)
4 Mazzini-Aufstände. Benannt nach Giuseppe Mazzini (1805-1872), dem
   Verfechter der italienischen Einheit.
   Weiter unten im Text: Jean-Louis Ernest Meissonnier (1815-1891), französischer Maler, war von der holländischen Malerei des 17. Jahrhunderts
   beeinflußt worden. Malte Historien- und Genrebilder, wie *Napoleon III.
   bei Solferino.* (Anm. d. Ü.)
5 »pittore«: Maler; »puttore« erinnert an »puttana«: Nutte. »Ritrovo«:
   Unterschlupf, und »ritorvo« erinnert an »torvo«: finster. (Anm. d. Ü.)

war das Hotel Promessi Sposi, das sich zusammen mit dem Hotel Loreto und dem Hotel Noce »die Ehre teilte, Jungvermählten ein üppiges Mahl zu bereiten«.

Ins Promessi Sposi (Die Verlobten) kam man nur mit Heiratsurkunde. Ich spreche aus eigener Erfahrung. Wir kamen im Oktober 1926 in Mailand an – ich und jene, die später meine Frau und die Mutter meiner Kinder werden sollte. Wir hatten einen poetischen und unglücklichen Aufenthalt in Venedig hinter uns, und am Bahnhof Porta Vescovo in Verona hatte ich einen Korb mit Reiseproviant gekauft, den wir gemeinsam verzehrten. In Mailand suchten wir vergebens Unterkunft in Hotels, Herbergen und Restaurants mit Gastzimmern. Ein kalter puritanischer Wind fegte in jener Zeit über die Hotels der lombardischen Hauptstadt. Die italienische Literatur kam uns zu Hilfe. Guido da Verona[6] begleitete uns in seinem Auto, das grau wie ein Torpedoboot und breit wie ein Motorboot war, von einem Hotel zum anderen. Seine Autorität, sein Ruf, sein Schnurrbart einer fauchenden Katze zeigten keine Wirkung. Solange man nicht verheiratet war, gab es auch keine Zimmer. Und zwei Einzelzimmer ohne Verbindungstür, womöglich auf zwei verschiedenen Stockwerken? Nichts zu machen! Die letzte Station war das Hotel Promessi Sposi an der Porta Venezia, in der Nähe des Diana. Der Widerwillen Dianas, dieser scheuen und androgynen Jägerin, uns aufzunehmen, ist verständlich, aber das Promessi Sposi? Ich betrat allein das Hotel, dessen Emblem all denen Obdach verhieß, die geboren sind, sich zu lieben. Und tatsächlich gab es ein Zimmer. Aber der Hotelbesitzer traute mir nicht und bestand darauf, mich bis zum Eingang zu begleiten. Und von der Eingangstür aus sah er meine Gefährtin, die in diesem Landmotorboot saß wie in einer Badewanne, neben dem Autor vom *Mimì Bluette* mit seinem Profil eines Karagös; er sah die kurzen, gebleichten Haare, in denen der Wind spielte, den orangenen Schal um ihren Hals... Es gab kein Zimmer mehr. Im Hotel Marino nahm man uns schließlich auf – sie bekam ein Zimmer im zweiten Stockwerk, ich im Lesesaal ein Notbett.

6 Guido da Verona (1881-1934), Schriftsteller in der Tradition D'Annunzios, der seinem Vorbild bis hin zur unfreiwilligen Parodie nacheiferte. (Anm. d. Ü.)

Dafür ließ die italienische Literatur in ihrer Hilfe nicht nach, und am nächsten Tag fand Luigi Pirandello nach hartnäckigem und inbrünstigem Flehen im Hotel Corso eine weniger sterile Unterkunft für uns.

Die Jugendstilfassade des Hotel Corso ist eines der seltsamsten architektonischen Exemplare in dieser Stadt, die ohnehin schon reich genug ist an seltsamer Architektur. Es ist nicht der übliche Blumen-Jugendstil, sondern ein Schnee-Jugendstil. Besser gesagt, ein Blumen-Jugendstil, auf den es geschneit hat, wie auf das Haar der Heldin *Argia Sbolenfi*.[7] Schnee hat sich auf den Giebeln und Balkons angesammelt, von wo er in Form weißer Stalaktiten abfließt, die keine Hitze schmelzen, keine Sonne zerfließen lassen wird und nicht einmal die Augustsonne im Zeichen des Löwen, vor der auch die letzten Mailänder aufs Land flüchten und die die Stadt in einen wüstenähnlichen Zustand versetzt, so wie Ischia das Erdbeben von 1301, als die Einwohner flohen, die einen per Schiff, die anderen schwimmend und die Größten zu Fuß, da eine Furt zwischen Ischia und Neapel nie tiefer als zwei Meter ist.

Das 20. Jahrhundert hat sich auch dem Schnee-Jugendstil des Hotel Corso endgültig aufgedrängt, und über dem Tor dieses Hotels stoßen unerwarteterweise die Schienen des Vordachs hervor, gewölbt wie eine Gondel oder ein *Zarùk*, wie der Abschluß eines toten Gleises oder die Schanze, auf der sich das Jahrmarktauto eines *looping the loop*-Liebhabers in die »Todeskurve« stürzt.

Hat man das ewige Eis des Hotel Corso hinter sich gelassen, findet man bald darauf ein Gespenst aus Stein, das an der Mauer klebt. Dieses Gespenst ist durch das Fenster der Schneiderei Ventura geflohen, ist über den Balkon gelaufen, auf die Brüstung geklettert, blieb schließlich auf der Höhe des zweiten Stockwerkes an der Mauer kleben. Was macht dieses Gespenst unbeweglich an der Wand, direkt über der dichtest bevölkerten, bürgerlichsten, vertrautesten Straße Mailands? Was oder wen will es? Was oder wen erwartet es? Oder wartet es auf nichts und niemanden? Wen bedroht es, oder bedroht es niemanden, und seine

---

7 Argia Sbolenfi ist eine Figur (eine hysterische alter Jungfer) aus Olindo Guerrinis (1835-1886) Gedichten. (Anm. d. Ü.)

Absichten sind aufrichtig und unschuldig? Vielleicht ist es ein verwitwetes Gespenst, dem es nicht gelingt, seine arme Verblichene zu vergessen. Oder es ist ein verheiratetes Gespenst, das hier draußen darauf wartet, daß seine Gespenstergattin mit dem Betrachten der Modellkleider bei Ventura fertig wird. Oder es ist ein erinnerungsloses Gespenst, das sich an der Mauer vergessen hat und sich nun auf die Suche nach sich selbst begibt, in irgendeine entlegene Region der Erde.

Tausende, Zehntausende, Hunderttausende, Millionen von Männern, Frauen, Kindern gehen Tag und Nacht über den Corso Vittorio Emanuele, und keiner sieht, keiner bemerkt dieses Gespenst, das sich, von der Schneiderei Ventura kommend, auf der Höhe des zweiten Stockwerks an die Mauer gelehnt hat: niemand. Wenn also die Menschen nicht einmal ein Gespenst sehen und bemerken, das sich so schön zur Schau stellt und das noch dazu aus Stein ist, also plastisch, greifbar, massiv, hart und so schwer, daß es ein Dutzend Menschen zerquetschen würde, wenn es sich von der Mauer löste und auf den Gehsteig stürzte; warum sich also wundern, daß die Menschen die ungreifbaren Wesen nicht wahrnehmen und sehen, die uns umgeben, und schon gar nicht die unbegreiflichen Landschaften, inmitten deren wir leben?

Ein gelehrter Freund belehrt mich, daß dieses Gespenst in Talar den Erzbischof Adelmanno Menclozzo darstelle. Mag sein. Aber was sollen dann diese Worte einer mysteriösen Sprache rund um das Gespenst, die möglicherweise seine obskuren Wünsche zum Ausdruck bringen? Eines davon ist *Vepo*, das andere *Innova*...

In der Zwischenzeit schlief ich, wieder dank der italienischen Literatur, genauer gesagt dank Cesare Vico Lodovici,[8] ein paar Nächte in einer Kammer des Hotels Piemontese, während meine Gefährtin im unbestechlichen und strengen Marino ruhte, einsam wie Psyche nach der Flucht des entlarvten Eros.

Um ins Piemontese zu gelangen, durchquert man zuerst eine gleichnamige Gaststätte, die links neben dem Eingang der Gale-

---

8 Cesare Vico Lodovici (1885-1968), Schriftsteller und Theaterkritiker. Übersetzte auch viele Werke, so die gesamten Shakespeare-Stücke. (Anm. d. Ü.)

rie liegt, dann steigt man eine endlos lange Treppe hinauf und
erreicht die Hotelzimmer. Wie ein schräger Giebel blickte mein
Zimmerfenster auf das Dach der Galerie. Nebelbänke lagen
weich auf dem riesigen Glaswurm. Hier oben war ich Herrscher
über unsichtbare Baustellen, über eine metallurgische Kultur,
über die Maschinen und den Fortschritt. Die Zähne klapperten
mir vor Kälte, aber ich fühlte mich gleichsam als Industriekapi-
tän, ich kommandierte Kohorten von rußgeschwärzten Männern, die Feuerstrahlen spien und den Metallen Dauerwellen
machten.

Die meisten kennen nur die offenen und begehbaren Teile der
Galerie Vittorio Emanuele, aber nur die wenigsten kennen ihr
Inneres, ihre geheimen Organe, ihre Mysterien. Heute abend,
am 30. November, dringe ich in die Geheimnisse der Mailänder
Galerie ein, auf einer Treppe, die nicht die ist, die sich im Hintergrund des Piemontese emporschwingt. Die Tür befindet sich in
einer der kleinen schrägen Vorhallen vor dem Eingang an der
Piazza della Scala, zwischen der inneren Auslage der Buchhandlung Algani und der Bar Grande Italia. Neben dem Eingang der
Galerie steht am Rand des Gehsteiges ein Eisenpfosten, an dessen Spitze sich die Pfeile der Straßenschilder befinden, und etwas
über dem Boden ein Kasten, der an eine Luke erinnert und
Papierabfälle aufnehmen soll. Die Wände des Kastens sind nicht
nackt, sondern mit Werbung geschmückt, und auf einer Seite
preisen sie die Qualitäten des »Hauses des Stahls«, auf der anderen die Heizkraft des Herdes »Aequator«. Als moderne Stadt ist
Mailand eine riesige Schule, wo alles – Straßen, Schaufenster,
Abfalleimer – Lektionen erteilt. Rechts neben dem Torbogen
erstrahlt nachts manchmal ein großes erleuchtetes Fenster: ein
Zeichen, daß sich die *martinìt* zum Spiel versammelt haben. Es
ist das Fenster eines Zirkels von erwachsenen Findelkindern,
oder man kann auch sagen, Findelmännern. Auch Segantini war
ein *martinìt*, und bevor er sich Segantini nannte, hieß er Segatini.
Neben der Tür, durch die ich gerade gehe, hängen die Schaukä-
sten eines Fotografen. Schnellfotos für Ausweise: ein erstarrtes,
gespenstisches und momentanes Leben; Augen, die dem Tod ins
Antlitz blicken; das Staunen von Anwärtern auf den elektrischen
Stuhl, der letzte Blick in eine Reihe von zwölf Mündungsfeuern.
Dann die gestellten Fotografien, die Schönheitsfotografien: die

Fotografien, auf daß dein Abbild, Sterblicher, bei deinen Nachkommen weiterlebe. Der Bersagliere mit dem Blutegel anstelle der Augenbrauen und den Federn an der Schulter; die selige Mama mit ihrem guten Lächeln; die Braut mit dem behaarten Leberfleck auf dem Kinn und dem sanften Blick einer Kuh; der einfältige Jüngling am Tag der Erstkommunion. Ein Eingang, der zu allgemein, der viel zu zugänglich ist, als daß sich die Hausmeisterin Sorgen machen müßte, wer ich bin und wohin ich gehe, aber die Hausmeisterin – womöglich vom Fotografen zum Seelenfang abgerichtet – ruft mich dennoch und zeigt mir mit krummem Daumen, daß der Fotograf auf der anderen Seite der Treppe ist.

Nein, werte Frau: Ich möchte keine Fotografie, und auch das Abbild meiner sterblichen Hülle möchte ich nicht auf dieser Erde hinterlassen, ich, der ich hoffe, eine Spur meines unsterblichen Teils zu hinterlassen.

Der Mensch ist in sich selbst verliebt. Narziß ist viel mehr als jener Sünder aus Eitelkeit, von dem der Mythos nur andeutungsweise spricht, mehr als der mysteropsychische Komplex, der unter dem Namen Narzißmus zusammengefaßt wird. Wie der Karikaturist Sem sagte, interessiert sich der Mensch hauptsächlich *de sa gueule* (für seine Fresse), und deshalb kann der auf sicheren Erfolg rechnen, der sich um diese *sa gueule* kümmert und der sie ihm in einer wenn auch karikaturhaften Sauce vorsetzt. Ich weiß nicht, ob auch Kodak von demselben Gedanken beseelt war, aber gewiß hat sich auch ihm irgendwann der enorme Vorteil offenbart, den man aus der Liebe des Menschen zu seinem Gesicht ziehen kann. Der Erfolg der Fotografie ist um so mehr gerechtfertigt, als der Fotoapparat mit seiner einäugigen Gleichgültigkeit in dem Ruf steht, die wahre Wahrheit abzubilden. Und die Wahrheit sucht der Mensch zwar auch außerhalb seiner selbst, aber er hofft, sie vor allem in sich selbst zu finden. Die Eitelkeit des Individuums läßt sich an seinem Widerstand gegenüber dem Objektiv messen. Ich habe Menschen gesehen, die dem Objektiv gegenüber nicht nur keinen Widerstand leisten, sondern sogar danach lechzen wie die Blüte nach dem Tau. Ich kehre gerade von einer Autoreise mit einem Freund und, wie die Bauern im Süden sagen, »seiner Dame« zurück. Bei jeder Station – Abruzzenhochebene oder Neptuntempel in Paestum –

stellte sich die Dame in Positur, streckte die Brust heraus, verzog den Mund zum Lächeln einer Sidonie (Sidonie hießen die Pappköpfe, auf denen die Friseure ihre Perücken herstellten) und sagte zu ihrem Mann: »Gaspare, das Foto.« So die ersten Male. Dann wurde das Wort überflüssig. Sidonie stellte sich in Positur, und der gefügige Gaspare ging ans Werk. Wer sich gerne fotografieren läßt, läßt sich genauso gerne aus der Hand lesen. Aus der Hand läßt man sich nicht lesen, um im voraus zu wissen, was morgen geschehen wird (der Mensch wird von einer Ambition beherrscht, von dem einen gleichbleibenden Wunsch: morgen der zu sein, der er heute ist), sondern um sich von dem »enthüllen zu lassen«, der aus ihr liest.

Ich stieg die Treppe hinauf. Vom Erdgeschoß bis in den Mezzanin ist die Wand bis auf Kopfhöhe – und ich bin versucht zu sagen, bis auf Besudelungshöhe – mit weißen Kacheln gepanzert wie eine öffentliche Bedürfnisanstalt. Dort, wo die Kacheln aufhören, war vor vielen Jahren der Eingang des Restaurants Economico: ein Mittagstisch für Arme, unzählige vereinzelte und deshalb um so tristere Tischchen. In dieser düsteren Sättigungswerkstätte zeigte sich, welch ein Schrecken, welch ein Todeselend der doch so natürliche, so fröhliche Vorgang des Sichsättigens in sich birgt. Die Mahlzeiten kosteten den Einheitspreis von einer Lira, ein Fläschchen gewässerten Weines inbegriffen. Eine Tomatensauce bedeckte gleichförmig und gnädig das diesen Gerichten innewohnende Elend. Kleine Angestellte, alte, einsame Frauen kauten schweigend. Das Essen wurde von Kellnerinnen serviert, die gekleidet waren wie das Hilfspersonal in Krankenhäusern, ihr Kopf verbarg sich unter großen Hauben, wie die Frauen sie früher in Seebädern trugen. Als Gast im Economico fühlte man sich, als sei man Patient im Krankenhaus.

Nach dem Mezzanin wird die Treppe noch unheimlicher. Ich gehe über Galerien mit eiserner Brüstung. Ich gehe durch Schwingtüren, die hinter mir noch lange hin und her schlagen wie Flügel sterbender Vögel. Ich laufe über Korridore mit Glaswänden, über Korridore, deren Boden aus Glas ist, durch den rotes Licht dringt, als würde man die Hölle mit einem Steg überbrücken. Dann geht es wieder vorbei an undurchsichtigen Wänden und dem gelbsüchtigen Licht sparsam verteilter Lämpchen, die in Maulkörben aus Eisen stecken. Ich weiß nicht mehr, ob ich mich in einem Gefängnis oder hinter den Kulissen eines Theaters befinde. Von weither dringen in aufbrausenden und abschwellenden Wogen die Orchesterklänge des Grande Italia an mein Ohr, wie die Stimmen der Freiheit an das Ohr des Gefangenen. Schon so weit entfernt, schon so losgelöst von der Welt...

Früher einmal befand sich hier, am oberen Ende der Treppe, das Atelier von Silvestri, des Pathologen der Malerei. Ein riesiges Atelier, hoch wie eine Kathedrale auf dem Gesims der Galerie. Silvestri war Bilderrestaurator. Dem *Letzten Abendmahl* von Leonardo hatte Cavenaghi eher geschadet als gutgetan, und Silvestri mußte es unter seine Fittiche nehmen. Er brauchte mehr als sechs Jahre für diese Restaurierungsarbeit. Er fixierte die sich lösenden Teile. Er trennte die Mauer, auf der das Gemälde ruhte, von der Mauer der Sakristei und den Grundfesten der Kirche; er ließ es trocknen, versah es mit Luftlöchern, so daß es aussah wie ein Bertelli-Pflaster. Als Sachverständiger war Silvestri ein Robespierre, ein Unbestechlicher. Lockig fiel der weiße Bart bis auf seine Brust herab. Er sah aus wie ein Heiliger von Theotokopulos. Durch den Umgang mit alten Bildern war er selbst zu einem *vieux tableau* geworden. Er starb mit achtzig Jahren.

Heute arbeitet und »malt« der Bildhauer Arturo Martini[9] im Atelier Silvestris. In diesem Atelier, wo sich zur Zeit des bärtigen Bilderheilers gekreuzigte Christusse, schmerzensreiche Magdalenen, meditierende Hieronymusse zwischen Totenschädeln und Löwen, zu Nadelkissen gewordene, verletzte, mit Wunden bedeckte, zerrissene, verpflasterte, genähte, geflickte Heilige Sebastiane stapelten, zeigt mir heute Arturo Martini seine neuen Bilder, die sich bester Gesundheit erfreuen, die flink hingepinselt, poetisch und genial sind und die von der kathedralischen Höhe der weißen Wände zwar drohend überragt, jedoch nicht beherrscht werden.

Wir gingen hinunter, um bei Biffi zu Abend zu essen. Die Auslagen des Biffi sind kleine Speisemuseen. Ein Fasan kauert in seinem Kleid mit Schleppe auf einem Kranz aus nackten, gerupften Drosseln – er die Glucke, sie die Eier einer tragischen *Todesbrut*. In der Auslage daneben kniet ein Reh in seinem Silberfell

9 Arturo Martini (1885-1947), einer der größten Bildhauer Italiens der Gegenwart, daneben auch Maler. (Anm. d. Ü.)

und erweist einer Schar Bekassinen, den Schwertfischen der Luft, mit erloschenem Blick seine Ehrerbietung, sowie den Lerchen, die mit angezogenen Beinchen auf dem Rücken liegen, in eine kleine Speckmatratze gewickelt. Die Pilze haben das Märchenland verlassen und sind unter ihrem Schirm, auf ihrem Stößelfuß hüpfend, ebenfalls ins Biffi gekommen, um sich vor dem unschuldigen Silberreh zu verneigen. Die pechschwarzen Kaviarkörnchen in den Wolga-Dosen glänzen wie Gewehrkugeln, und allem Anschein nach ist ihnen der zynegetische Tod dieser Ernährungsfauna anzulasten.

In dem kurzen Stück zwischen Martinis Tür und dem Biffi erwecken einige Stellen der Galerie schlafende Erinnerungen in mir. Wie hieß um 1908 die Bar da unten rechts, die heute von den sie frequentierenden Künstlern das »Si« genannt wird? Winternächte jenes fernen Jahres. Acht Uhr abends. Als ernste und arbeitsame Menschen halten die Mailänder streng die Essenszeiten ein, und um acht sind sie bereits am Ende des Mahls angelangt. Verlassen sind die Straßen zu dieser Stunde. Nur ganz wenige Passanten in der Galerie. Und diese wenigen stammen entweder aus anderen Teilen Italiens oder gar aus dem Ausland. Und sie halten sich nicht auf in der Galerie, wie es üblich ist, sondern durchqueren sie nur. Sie durchqueren sie hastig. Der eine oder andere Sizilianer, ganz in Schwarz. Eine Familie von Nordländern in der Formation der in den Süden ziehenden Störche, mit dem Vater an der Spitze. Der Vater beschnuppert die vor den Gaststätten ausgehängten Speisekarten, weniger auf der Suche nach seinem Lieblingsessen als nach mäßigen Preisen. Zu dieser Stunde hat das Savini die roten Vorhänge vor die Fenster gezogen, hinter denen die Kommerzienräte auf Samtsofas speisen, die Gabel in der Rechten und den Telefonhörer in der Linken. Im Kaffeesalon des Biffi bleibt nur ein wenig verschämte Armut zurück, etwas würdevolles Elend. Eine Dame in vorgerücktem Alter und ihr halbwüchsiger Sohn tunken mit einstudierter Gelassenheit Krapfen in die heiße Schokolade. Bevor sie den Saal des Biffi betreten, den die Stammgäste zu dieser Stunde verlassen haben, sagen sich Mutter und Sohn, es sei besser, am Abend etwas Leichtes zu essen. »Wer«, versichert die Mutter, »könnte denn auch zweimal am Tag essen? Ich nicht, und du?« »Mir«, antwortet der Sohn, »mir steht das Mittagessen noch bis

hier«, und tippt mit dem Finger auf den Adamsapfel. Allein um
das Biffi zu betreten, mußten Mutter und Sohn die Scheu überwinden, die ihnen der einzige Kellner einflößt, der vor den leeren
Tischen Wache bezogen hat. Am liebsten möchten sie von niemandem gesehen werden. Welchen Mut hat die Mutter doch
bewiesen, als sie nach der Schokolade den Kellner noch um eine
Flasche Wasser und zwei Gläser gebeten hat! Im Zug versichern
sich die beiden gegenseitig, das Lunchpaket sei der »ungenießba-
ren« Küche des Speisewagens vorzuziehen. Leichte Nebelbänke
treiben zwischen den Fenstern im zweiten Stockwerk und der
Glaswand der Galerie. Lichtkugeln verdampfen im undurch-
dringlichen Weiß, wie Monde, die sich in einander gegenüberliegenden Spiegeln endlos wiederholen. Das Mosaik auf dem
Boden ist feucht und hie und da mit Sägespänen bestreut. Zu
dieser Stunde trat ein blonder Riese aus der Tür der Bar, die heute
von ihren Gästen »Si« genannt wird, in einen dicken Mantel
gehüllt, einen riesigen Schlapphut auf dem Kopf; er irrte rich-
tungslos durch die große Leere der Galerie, wie ein Schiff auf
einem unbewegten Meer mit geblähten hohen Segeln, gepeitscht
von einem »inneren« Sturm. Fjodor Schaljapin ging in diese Bar,
um sich mit Likören anzufeuern, er betrank sich systematisch;
und kaum war dies vollbracht, verließ er die Bar, durchquerte die
Galerie, wobei er wie das Diagramm eines Erdbebens enorme
Zacken beschrieb, schob sich in den Künstlereingang der Scala
auf der Via Filodrammatici, um sich auf den *Boris Godunow*
vorzubereiten. Welches Wunder ließ diesen Mann, der umnebelt
war von den Dämpfen des vor einer halben Stunde genossenen
Alkohols und bei jedem Schritt zusammenzubrechen drohte,
Klarheit und Selbstbeherrschung wiedergewinnen, sobald er, im
Ornat des Zaren und mit der Krone auf dem Haupt, die Bühne
betreten hatte; welches Wunder ließ sie ihn gemessenen Schritts
überqueren, beim Dröhnen der Glocken, ließ ihn mit einer
Hand, die nicht zitterte, nach rechts und links den Bojaren und
dem zwischen Himmelfahrts- und Erzengelkirche kauernden,
knieenden Volk Segen spenden, Daumen, Zeige- und Mittelfin-
ger zum Zeichen der untrennbaren Einheit der Dreifaltigkeit
zusammengelegt, ließ ihn den Mund zwischen dem langen Bart
und dem herabhängenden Schnurrbart wie eine kleine Höhle
öffnen und Kilometer um Kilometer einer Stimme hervorstoßen,

feierlich, warm, mächtig, breit und ruhig wie die Ströme seiner Heimat?... Geheimnisse eines Gewissens, das die Würde des Künstlers und jene des Trinkers perfekt miteinander in Einklang gebracht hatte.

Neben der Bar, die heute »Si« heißt, befanden sich die Auslagen der Bellotti. Zu Schaljapins Stunde lagen die Schaufenster der Bellotti im Dunkeln, und ein Metallgitter schützte sie vor den Gefahren der Nacht. Hinter diesem doppelten Schutzwall schliefen enorme Hüte auf schlanken Ständern über einem Meer aus Samt, auf dem sich kleine Wellen kräuselten. Nie mehr als drei. Die Straußenfedern wölbten sich hoch über den runden Krempen und fielen herab wie eine Kaskade, die Federbüsche schossen vom Hutkopf empor wie ein Wasserstrahl: ein indiskreter Blick in den Käfig eines Zoos, wenn die Tiere schlafen und von ihren Heimatwäldern träumen. Man kann sich das Schicksal jener Denkmäler aus Filz, Draht und Federn leicht vorstellen. Sie verließen die Auslagen der Bellotti, um sich schließlich glorreich auf dem Haupt irgendeiner Lina Cavalieri[10] niederzulassen.

Duroni war bereits damals dort und ist heute immer noch dort. Er vertreibt hervorragende Linsen. Er liefert den Menschen Mikroskope, die das unendlich Kleine ins Riesengroße wachsen lassen, und Teleskope, die das *Mare Serenitatis* auf dem Mond in greifbare Nähe rücken; sein Name ist jedoch so brutal und indiskret, uns die Leiden unserer Füße (Duroni sind Schwielen) in Erinnerung zu rufen.

Noch ein paar Schritte auf diesen schmerzenden Füßen, und ich erreiche einen seltsamen Laden, der Büroschilder und moralische Maximen verkauft: »Zeit ist Geld«, »Reden ist Silber, Schweigen ist Gold«, »Gleiche Rechte, gleiche Pflichten«, »Das vorzeitige Verlassen des Arbeitsplatzes ist verboten«, »Besucher sind willkommen, aber man fasse sich kurz«, »Fluchen verboten«, »Vorwärts«, »Markenabonnements«. Überblickt man diese Prinzipien und untersucht sie der Reihe nach, so hat man als Ergebnis die Kurzfassung aller Prinzipien, die das ehrliche, arbeitsame, praktische Leben Mailands bestimmen.

Noch ein Schritt, und ein Schaufenster kündigt uns an: »Fin

---

10 Lina Cavalieri (1874-1944) Opernsängerin, die auch als Soubrette Berühmtheit erlangte. (Anm. d. Ü.)

Cra«. Was ist »Fin Cra?« Die Apokope von »fini cravatte« (feine Krawatten) – ein Beispiel für die bündige, synthetische Sprache derer, die ein modernes Leben führen.

Ein schnelles Leben zu führen, heißt, das Leben zu verkürzen, es nicht genießen können, es an Unordnung und Konfusion zu verschwenden. Wie das Essen will auch das Leben langsam gekaut werden. Für die Magenerkrankungen, die euch unweigerlich bevorstehen, ihr schnellebigen Menschen, haltet eine Dosis Pepsin, Brechnuß und Brechwurz bereit.[11]

Was für ein Unterschied zwischen damals und heute! Das Hotel auf der Piazza della Scala, das mich damals so grausam abgewiesen hat, nimmt mich heute auf, als wäre ich der Verlorene Sohn und der Hotelbesitzer der Vater des Verlorenen Sohnes. Mein Zimmer liegt im dritten Stock. Um mich herum ist Stille, diese höchste Tugend der Hotels, die die hohen Preise rechtfertigt. Ein Doppelfenster schützt mich vor den Unbilden des Herbstes. Außerdem sichern mich Doppeltüren. Und ich weiß noch dazu, daß draußen, auf dem mit Teppichen gepolsterten Korridor, ein Zimmermädchen in Filzpantoffeln wacht – wie Eurykleia, Odysseus' alte und treue Amme. Wie soll ich in diesem unbedeutenden, aber sicheren Zeichen nicht erkennen, daß ich mit Laertes' Sohn identisch bin? Das Telefon auf dem Nachtschränkchen gestattet mir, jederzeit Verbindung mit der Außenwelt aufzunehmen, aber die unbekannte Priesterin in der Vermittlungsstelle weiß, daß ich keine Verbindung mit der Außenwelt aufzunehmen wünsche, und beschützt von ihrer unsichtbaren Schaltstelle aus meinen Frieden. Ich schreibe diese Zeilen, während ich vor dem Fenster sitze. Es regnet auf die Stadt. Im Dachstübchen der Scala fertigen junge Näherinnen hinter niedrigen Fenstern die Kostüme für die Könige, die Troubadoure und die Burgfrauen der beginnenden Saison an. Wie ein Kind neben der Mutter steht neben der Scala das Theater der Filodrammatici, das zur Zeit Stendhals *Patriottico* hieß und in dem Kundgebun-

---

11 In der Galerie befinden sich noch die »Toteninsel« von Böcklin, die Porträts von Katherina Botzaris und Lola Montez, Reproduktionen von Van Gogh, Manet, Degas, dem »Zöllner« Rousseau. In der Mailänder Galerie funktioniert noch eine Internationale der Kunst.

gen gegen die k.u.k. Regierung stattfanden. Auf der Bühne der Filodrammatici habe ich zum letzten Mal Ermete Novelli gesehen.

Ich wurde als Italiener in Griechenland geboren. Meine Seele hat von Anfang an die Teleologie des Lebens zu spüren bekommen. Den Gedanken, das Leben hier auf Erden sei nur ein Übergang, habe ich selbst wirklich gelebt. Erst im Jenseits erwartet uns das ewige Leben und das Paradies. Meine ersten dreizehn Jahre verbrachte ich in der Enge, im Dunklen, im Schwebezustand des Wartens. Ich befand mich außerhalb des Lichts, das von Liebe und Besitz verbreitet wird. Eine Buße in Erwartung der Belohnung. Aber hin und wieder erhaschte ich ein Stück, eine Stimme oder ein Ding der ersehnten Belohnung, des angerufenen Paradieses, des Landes Italien, das sich mit der Schönheit, der Süße, der Großartigkeit einer überirdischen Vor-vorstellung offenbarte, in Form eines äußerst willkommenen Vorgenusses: einer schwitzenden Mortadella, eines tränenden Provolone, einer Aufführung mit Ermete Novelli.

Die Butterdosen, die man uns aus Codogno schickte, waren mit fetten, auf Spinatfeldern grasenden Kühen geschmückt, wie sie sich Attika nie hat träumen lassen, nicht einmal vor jener geologischen Abtragung, von der Platon in *Kritias* spricht.

Erst jetzt, im Abstand einiger Jahre und aus der Perspektive der Erinnerung, schätze ich die Früchte jener göttlichen Erde, den Schimmer der Fische, den Duft der Trauben, das geheimnisvolle Gemüse, das die Form eines Nagels hat und »bamia« heißt; die klare Tiefe des Meeres, den strahlenden Himmel und das Edle und Feierliche dieser Erde, für die ich damals nichts anderes empfand als Haß und Verachtung. Ein kleiner Schrank in unserem Haus, mit unzähligen Glaskästen, und »made in Italy« genannt, war der Mikrokosmos meines geliebten Universums.

Nach einer Typhusepidemie in unserem thessalischen Dörfchen ließ mein Vater in großen Korbflaschen Serino-Wasser aus Neapel kommen, und wir huldigten diesem kostbaren Wasser wie einem Lebenselixier.

In dieser Suche nach den Dingen »made in Italy« verbarg sich mehr als der Wunsch nach Dingen, die sich von den Einheimischen unterschieden: Es verbarg sich darin auch die Vorstellung, Zauberkräfte aus der Heimat zu bekommen und sich daran zu stärken, so wie der Gläubige bei der Kommunion göttliche Kräfte erhält; es verbarg sich darin der Glaube an die Seele dieser Dinge, und derselbe Gedanke trägt beim Pilsudski-Denkmal in Rom die Erde Polens, beim Grabmal Bafficos in Boccadivalle das Piavewasser und fügt dem Gepäck des reisenden Chinesen einen Sarg hinzu, damit er im Falle seines Todes in das Land seiner Ahnen zurückkehren kann.

Ermete Novellis Ankunft kündigte sich schon aus weiter Ferne an, wie das Lichtauge am Ende eines dunklen Tunnels. Novelli kam auf dem Seewege und ging im Demotikòs an Land, im Nationaltheater von Athen. Die enorme klassizistische Fassade dieses Gebäudes erhob sich neben der Äolusstraße, und von dort drang der Gott der Winde mit Schulterstößen in das große, baufällige, knarrende Theater ein, lief im Kreis über die Logenbrüstungen, stürzte sich in den Staub des Parterre, rollte sich auf der Bühne zu einer Windhose zusammen, machte sich ganz klein, um in die Garderoben zu schlüpfen und die nackten Schauspielerinnen heimlich zu betrachten.

Aber was machte es Novelli aus, inmitten eines Hurrikans zu spielen? Novelli, selbst ein Hurrikan, dominierte über die anderen Hurrikans, die allesamt kleiner waren als er. Sein einziges Auge mitten auf der Stirn kehrte zum Ursprung des Zyklopenauges, dem Krater eines Vulkans zurück. »Ermete« war weniger ein Name als das Markenzeichen eines Schauspielers, und es hieß, Zacconi trage zu Ehren Novellis den Namen Ermete.

In meinem Kopf hallt noch immer das Brüllen des eifersüchtigen Mohren wider, das schmerzvolle Zischen von Rabagas, der an der Seite von einem antidemagogischen Steinwurf getroffen wurde, das langgezogene »siii«, mit dem der schwarze Pädagoge die Ängste der Mutter *Bebés* beschwichtigte. Bei seiner Ehrenvorstellung fügte Novelle seinem Programm auch einen Gesang aus der *Göttlichen Komödie* hinzu: »Den tiefen Schlaf im Haupt mir brach mit Krachen / Ein Donnerschlag, daß ich zusammenfuhr / Wie wenn man mit Gewalt erweckt zum Wachen«; und mit diesen Worten, von dieser Stimme ausgesprochen, drang die Seele Italiens stoßweise in mein Herz.

»Hört ihm gut zu«, mahnte unser Vater, »von ihm hört ihr das schönste Italienisch.«[12] Und tatsächlich kamen aus dem Munde Ermete Novellis Teile von Skulpturen, und binnen kurzem war die Bühne des Demotikòs voller Statuen.

Aus der Entfernung erscheinen die Erinnerungen größer, aber ich bin dennoch davon überzeugt, daß Novelli ein Bühnenphänomen war, so wie Dempsey ein Boxphänomen und Girardengo ein Radsportphänomen.

Inzwischen ist Novelli tot... Vor einigen Tagen jedoch habe ich bei einem dreißigjährigen Freund, der sich auf der Via Appia Nuova ein ländliches, aber zugleich sehr zivilisiertes Haus gebaut hat, ein Foto an der Wand entdeckt, das »meinem lieben Cousin« gewidmet und mit Ermete Novelli unterzeichnet ist.

Wie kann Novelli, der vor vielen Jahren hochbetagt gestorben ist, einen so jungen Cousin haben?

Aber vielleicht ist Novelli gar nicht tot, vielleicht geht er unter den Lebenden um, ein Gefährte Barbarossas, Nostradamus', Oscar Wildes (auch sie Tote, *die nicht tot sind*), und läßt noch immer seine statuenhafte Stimme erschallen, mit der er Hurrikans zähmte.

Nicht nur Novelli kam zu uns, um uns die Stimme der Heimat zu bringen.

Eines Nachts, im Schein des attischen Mondes, in dem man selbst kleingedruckte Bücher lesen kann, rezitierte Eleonora Duse, aufrecht auf den Stufen des Parthenon stehend, würdevoll im weißen Hemde Annas, einen Absatz aus *Die tote Stadt*:

»Glaubst du nicht auch, Bianca Maria, daß die Brunnen-Statuen sehr glücklich sein müssen! In ihrer unbeweglichen und bleibenden Schönheit kreist eine muntere Seele, die sich fortwährend erneuert...«

Obwohl ich erst zehn Jahre alt war, hatte man mich neben den General Papatrapatàkos gesetzt, den Kommandanten der Athe-

---

12 Ich war also davon überzeugt, daß Novelli Toskaner war, und erst vor wenigen Jahren habe ich zu meinem großen Erstaunen erfahren, daß Novelli aus der Romagna stammte.
(Ermete Novelli (1851-1919), in Lucca geboren – also in der Toskana! –, war einer der besten Schauspieler seiner Zeit. d.Ü.)

ner Garnison, der an einer umgestürzten Säulentrommel lehnte und das Gesicht in den Händen verbarg.

»Sie erfreuen sich zu gleicher Zeit der Untätigkeit und der...«

In diesem Augenblick ertönte eine kleine Deflagration, ein Flämmchen leuchtete zwischen den illustren Ruinen auf, und ein langgezogenes »pst...« lief durch die Reihen der Zuhörer, ein entrüstetes Zischeln wehte durch den heiligen Hain. Sich vor Schmach duckend, blies der General Papatrapatàkos die Flamme aus, versteckte die Zigarette im Käppi. Eleonora hob aufs neue an:

»In den einsamen Gärten schienen sie manchmal wie im Exil, aber sie sind es nicht, denn ihre flüssige Seele...«[13]

Als auch der letzte Satz zum Mond emporgestiegen war, war kein Applaus zu vernehmen, sondern ein vornehmes Zittern lief durch die Zuhörer.

Der Herzog von Avarna, der bevollmächtigte Minister des italienischen Königs, reichte Eleonora den Arm, und gemeinsam schickten sie sich an, die Propyläen hinunterzusteigen.

Auch Fregoli[14] war eine der Vorfreuden, die uns Italien sandte. Nicht der richtige Fregoli, sondern ein Stellvertreter, den Fregoli für kleine Tourneen im Ausland einsetzte und der sich Frizzo-Fregoli nannte. Angesichts der Magie dieses »einzigartigen« Schauspiels dachte ich: »Wenn das der Stellvertreter ist, wie mag dann erst der echte Träger des Namens sein?«

Den richtigen Fregoli sah ich viele Jahre später in Florenz. Ich wohnte in einer Pension am Arnoufer, und bei Tisch mußte ich hartnäckig das italienische Theater vor den Angriffen der ausländischen Tischgenossen verteidigen. Als ich auf dem Plakat las: »Letzte Sondervorstellung von Leopoldo Fregoli«, verkündete ich meinen Widersachern: »Heute abend werdet ihr sehen, was aus euren Reinhardts wird, aus euren Meyerholds und Tairows!«

---

13 Die Zitate stammen aus: Gabriele D'Annunzio: *Die tote Stadt*, Berlin 1901, S. 192 f. (Anm. d. Ü.)

14 Leopoldo Fregoli (1867-1936), Variété-Künstler, war berühmt für seine Verwandlungen. (Anm. d. Ü.)

Die Vorstellung fand im Teatro Verdi statt, das von Zugluft und Latrinenseufzern heimgesucht wurde. Fregoli war alt, vom Rheuma geplagt, und wenn er sich hinter den Kulissen mühsam umkleidete, hörte man, wie er mit dem falschen Gebiß lallte, das in seinem Mund auf- und abhüpfte.

Vor einigen Jahren fuhr ich im Auto eines Freundes durch Piemont. Eine kleine Villa in der Nähe von Asti, auf dem Gipfel einer kleinen Anhöhe, erinnerte mich an die Holzhütte, mit der ich als Kind gespielt hatte. Ich zeigte sie meinem Freund, und er sagte zu mir:

»Sie gehörte dem seligen Fregoli.«

Ferravilla[15] sah ich 1907 ein einziges Mal, im alten Teatro Fossati. Er rezitierte *La class di asen*, sein Glanzstück. Er faltete ein Stück Papier, schnipselte mit der Schere daran herum, faltete es auseinander, und eine Kette von kleinen Männchen kam zum Vorschein. Die Leute applaudierten. Vielleicht applaudierten sie einem Ferravilla, den es schon gar nicht mehr gab.

Ungefähr zu jener Zeit sah ich auch Emilio Zago.[16] Er war alt, fett und angezogen wie Charleys Tante.

Als ich Virgilio Talli[17] zum letzten Mal auf der Bühne sah, spielte er den Komtur in einer Komödie von Sabatino Lopez[18] und mußte eine Treppe hinaufsteigen. Er stieg sie seitwärts hinauf, im Laufschritt, mit abgewinkelten Füßen und angezogenen Ärmchen wie ein Läufer. Ein Meisterwerk.

Die Ältesten erinnern sich noch an die Perfektion der Talli-Truppe. Die Talli-Truppe war auf dieselbe Weise perfekt wie alles

---

15 Edoardo Ferravilla (1846-1916), Schauspieler und Komödiendichter. Erlangte besonderen Ruf mit seinen Dialektstücken wie *La class di asen* und Komödien, in denen er das Leben der kleinen Mailänder Leute mit gutmütiger Ironie beobachtete. (Anm. d. Ü.)

16 Emilio Zago (1852-1929), Schauspieler, sprach venezianisch. Besonders bekannt geworden als Interpret von Goldoni.
Charleys Tante, eine Verkleidungskomödie, die in Deutschland durch die Verfilmung mit Heinz Rühmann und Herta Feiler sehr bekannt wurde. (Anm. d. Ü.)

17 Virgilio Talli (1857-1928), Schauspieler und Theaterregisseur. (Anm. d. Ü.)

18 Sabatino Lopez (1867-1951), aus Livorno, schrieb zahlreiche Komödien. Unterrichtete an der Accademia di Brera (s. u.), von 1911-1919 Vorsitzender der Schriftstellervereinigung. (Anm. d. Ü.)

zu jener Zeit, selbst der »Corriere della sera«, in dem alle Redakteure auf dieselbe präzise und unverfängliche Weise schrieben.

Auch die Kultur ist im Grunde eine Frage der Mittelmäßigkeit.

Die Frau von Ermete Novelli (ich glaube, sie hieß Olga Giannini, bin mir aber nicht sicher) spielte in der Truppe ihres Mannes und trug alle ihre Wertgegenstände an einer Schnur in der feuchten und schattigen Rille zwischen den beiden Brüsten. Es ist mir nicht bekannt, ob die Signora Giannini Novelli dieses Versteck ausgewählt hatte, weil sie sich vor Dieben fürchtete oder weil sie ihre Juwelen bei guter Gesundheit halten wollte. Die spanischen Tänzerinnen schlafen mit den *castañuelas*, auch Kastagnetten genannt, an der Brust, die aus *granadillo*, beziehungsweise dem Holz des Granatapfelbaumes gemacht sind, *se constipan* (erkälten sich) am Klang und sterben. Außerdem habe ich von einer hochstehenden Persönlichkeit gehört, die eine erdnußgroße Perle, ein Geschenk, in der Hörmuschel trug, an einer Kapsel aus echtem Bienenwachs befestigt, weil sie fürchtete, die Perle könne, der menschlichen Wärme beraubt, matt werden und ihr morgenklares Licht verlieren.

Als die Novelli-Truppe eines Abends im Bukarester Theater *Louis XI* von Casimir Delavigne[19] aufführte, brach auf der Bühne ein kleines Feuer aus, und der diensthabende Feuerwehrmann nahm die Signora Giannini auf den Arm, um sie in Sicherheit zu bringen; diese meinte jedoch, der Feuerwehrmann wolle sie um die Reichtümer bringen, die an ihrem Busen klimperten, und schrie: »Haltet den Dieb, haltet den Dieb!« Ohne es zu wissen, verkörperte Olga Giannini den Typ des ursprünglichen Schauspielers, der wie der antike Weise alle seine Besitztümer bei sich trug und den man in Spanien *Bululù* nannte.

19 Casimir Delavigne (1793-1843), Vertreter der französischen Romantik. *Louis XI* (1832) gehört zu den von ihm verfaßten pseudo-klassischen Tragödien, deren literarischer Wert sehr zweifelhaft ist.

Garibaldoff

Die Architektur spiegelt sich in der Zeit. Das Antlitz einer Epoche spiegelt sich in ihrer Architektur. Zwischen Zeit und Architektur besteht ein ähnliches Verhältnis wie zwischen Himmel und Meer. Warum heißt es noch immer, die Architektur sei eine Kunst? Die Kunst blickt über die Schwelle ihres Hauses hinaus. Die Kunst kommt aus weiter Ferne und verschwindet in weite Ferne. Darin liegt die Faszination der Kunst und der Grund, warum sich die Menschen um sie scharen und sie betrachten wie einen Reisenden, der aus fernen Ländern zurückkehrt und von dem man wunderbare Erzählungen erwartet.

Auf der Fassade der Gebäude steht nicht nur ihr Geburtsdatum geschrieben, sondern auch die Stimmung, die Sitten, die geheimsten Gedanken ihrer Zeit.

Heute habe ich mich an der Kreuzung Via Principe Umberto[1] und Via Moscova einquartiert. Hier mündet die Via Principe Amedeo, ein kurzes Flüßchen. In dieser Straße wohnt mein Freund Arturo Tosi. Ein Zimmer ist verschlossen und dem Gedenken einer Jungfrau geweiht. Vielleicht dürfte man es nicht sagen, aber wie soll man dem lockenden Ruf eines Geheimnisses gegenüber taub bleiben? Die Geheimnisse rufen, und es wäre grausam, ihren betrübten und nach Echo verlangenden Stimmen kein Gehör zu schenken. Die Geheimnisse rufen mich. Dies ist die tiefste, die »christlichste« Form der Liebe. Ich liebe die Menschen wegen ihrer Geheimnisse und nicht wegen ihrer Tugenden oder Taten. Aufgrund dieser brennenden Begierde, dieser Hoffnung, es würde sich für alles eine Lösung finden, wenn ich mich in den Geheimnissen der anderen erkennen könnte. Christus erkennt sich in der Schwester »Psychologie«, und neue Verbindungen wie jene zwischen Franziskus und der Armut müßten eingegangen werden. »Wenn ich in dir wie du in mir...« Erst dann, wenn sich die Menschen nicht mehr wegen ihrer gemeinsamen Interessen vereinigen oder um sich in gemeinsamen Leidenschaften zu verzehren, sondern um sich in

1 Heute: Via Turati. (Anm. d. Ü.)

heißen Geständnissen ihre geheimsten Gedanken, ihre sorgsamst gehüteten Geheimnisse anvertrauen, wird man das Wunder der Liebe erleben.

Das Vorzimmer von Tosi...

Tosi leitet sich wahrscheinlich von »tonsi« ab, wie »tosa« von »tonsa«.[2] Hier eine geistreiche Bemerkung über Tosi, die von einem seiner Malerkollegen stammt: »Tosi malt Landschaften, so wie ein Jäger jagen geht.« In Tosis Malerei verbirgt sich die Freude an einem zynegetischen und gesunden Sonntag. Auf jede Landschaft Tosis müßte Polenta mit Vögeln in einer Landgastwirtschaft folgen, mit reichlich Wein und Jägerlatein. Borgo di Porta Tosa, wie früher der Corso Vittoria hieß, erhielt seinen Namen nach einer steinernen Frauenfigur mit gespreizten Schenkeln, die sich gerade die Schamhaare abrasiert. Das Abscheren der Schamhaare wurde Ehebrecherinnen und Dirnen als Strafe auferlegt. Diese »Sitten«-Skulptur, die sich über der Schlupfpforte der Porta Tosa befand und die heute im Archäologiemuseum des Castello aufbewahrt wird, stellt die Frau Barbarossas dar, abwechselnd Beatrice, Isabella und Leobissa genannt. Aber »tosa« hat auch noch einen anderen, vornehmeren Ursprung. Wenn sich die jungen Langobardenfrauen verheirateten, wurden ihnen die Haare abgeschnitten, und in den Gesetzen Liutprands (46, I, 2. Kap.) werden die unverheirateten Frauen als »Töchter in Haaren« bezeichnet: »Wenn der Langobarde zu seinen Lebzeiten seine Töchter zur Hochzeit übergab und andere Töchter ›in Haaren‹ im Hause blieben...«. Ludovico Antonio Muratori wiederum (*Rerum italicarum scriptores*) sagt, die unverheirateten Frauen seien von den Langobarden *intonse* genannt worden, und daher stammt der Ausdruck »tosa« für »Mädchen«, der in manchen lombardischen Dialekten noch weiterlebt. In Akt I, Szene 3, des *Adelgis* ruft Ermengarde aus:[3]

---

2 »Tosa«, ein lombardischer Ausdruck für »Mädchen«, stammt vom lateinischen »tonsa«: die »Geschorene«. In ähnlicher Weise leitet Savinio den Namen Tosi von »tonsi«: die »Geschorenen« ab.
Arturo Tosi (1871-1956), Maler, beeinflußt von der lombardischen Romantik und dem Impressionismus. (Anm. d. Ü.)

3 Alessandro Manzoni: *Adelgis*, Berlin 1827, S. 34 (Anm. d. Ü.)

              Oh süße Mutter
Hier trenn ich mich von dir. Dein letztes Wort
Ich hört' es nicht; du starbest hier – und ich –
O, von dort oben schaust du jetzt auf uns.
Sieh deine Tochter, die du jenes Tags
Mit eigner Hand geschmückt, ja freudenvoll,
So fromm und mild, der du an jenem Tag
Die Locken selbst abschnitt'st – sieh wie sie kehrt.

Man vergleiche die Tonsur der langobardischen Braut mit der
Tonsur der Novizin. Beide sind eine Vorbereitung auf die Vermählung. Das Haar der Novizin, die mit Christus vermählt wird,
wird in gleicher Weise abgeschnitten wie das des langobardischen Mädchens, das einem Mann angetraut wurde. Das Volk
hingegen meint, die Novizin opfere ihr Haar als eine mondäne
und nutzlose Pracht. Das Volk glaubt prinzipiell das Gegenteil
der Wahrheit: Vielleicht wird deshalb die Weisheit des Volkes so
hochgeschätzt. Unverständlich ist jedoch, warum man den
Frauen die Haare abschnitt, die vermählt werden sollten und
somit all ihre Attribute der Schönheit brauchten, und die Haare
gehörten nach Ansicht der Barbaren ja zu den wirkungsvollsten
Attributen der Schönheit. Die Annahme liegt nahe, kurzhaarige
Frauen hätten bei den Langobarden größeren Wert besessen, wie
bei Züchtern von Cockerspanieln die Cockerspaniels mit ver-
stümmeltem Schwanz wertvoller sind. Die jungen Frauen von
Delos wiederum opferten ihre erste Haarfülle Apoll und Arte-
mis, den göttlichen Geschwistern, die Latona auf der »schwimmenden« Insel zu Füßen einer Palme[4] geboren hatte. Warum

4 »Haar und Bart, überall Träger magischer Potenz, haben bei den Gelübden
  des Mittelalters noch besondere Bedeutung. Benedikt XIII., der Papst zu
  Avignon, und dort tatsächlich eingeschlossen, schwört, seinen Bart zum
  Zeichen seiner Trauer nicht scheren zu lassen, ehe er nicht die Freiheit
  wiedererlangt habe. Wenn der Geusenführer Lumey dasselbe tut, so in
  Hinblick auf die Rache für den Grafen von Egmond, so haben wir es da mit
  einem letzten Ausläufer einer Sitte zu tun, die in ferner Vorzeit heilige
  Bedeutung gehabt hatte.« (Johan Huizinga, *Herbst des Mittelalters*,
  S. 126)
  »Es ist nämlich bey den Troizeniern ein Gesetz, vermöge dessen kein
  Jüngling und keine Jungfrau eher heirathen können, bis sie dem Hippoly-

sollen nur die Haare die Eigenschaft einer Opfergabe haben?
Warum sollen nicht auch andere beschneidbare Körperteile sie
haben? Die Nägel der Hände und Füße etwa? Das, was bei uns
die kleine und große Chirurgie wegschnipselt? Die siebenhun-
dert Gramm Fett, die P. mir entfernte? Das Fibrom, Maria, das
R. dir entfernte? Wenn sich Venus die Nägel schneidet, fallen die
winzigen halbmondförmigen Schnipsel auf die Erde und bilden
Onyx. Nach diesem Vorbild schnitt Cosima ihrem Mann
Richard eigenhändig die Haare und füllte damit die Kissen.
Das »griechischste« Gemälde Piccios[5] schmückt das Vorzimmer
Tosis.
Die häufige Wiederkehr der griechischen Note in Mailand wird
nur jene verwundern, die nicht wissen, daß Mailand die »griechischste« Stadt Italiens ist. Stendhal vermerkt mehrmals den
»Hellenismus« von Mailand. In *Rom, Neapel und Florenz*
schreibt er am 6. November: »Die Seite der Kirche San Fedele,
die man erblickt, wenn man von der Scala aus die Straße San
Giovanni alle Case Rotte entlanggeht, ist prächtig, aber im Sinne
dessen, was man unter griechischer Schönheit versteht: alles ist
heiter und edel, nichts flößt Schrecken ein...« Dieser »Hellenismus« ist jedoch nicht nur ein Werk des Menschen und in der
Stadt anzutreffen, sondern auch als Werk der Natur rund um die
Stadt vorhanden. »Der Resegnone di Lecco und der Monte Rosa
wurden mir gezeigt. Diese über einer fruchtbaren Ebene aufra-

thus ihre Haare geopfert haben. Etwas Ähnliches ist auch zu Hieropolis eingeführt. Man läßt allen Kindern von Kindheit an die Haare wachsen und betrachtet sie als etwas Heiliges, das keine Schere berühren darf: wenn sie aber
das mannbare Alter erreicht haben, schneidet man ihnen eine Locke in dem
Tempel ab, und diese wird dann, nebst dem ersten Barte, von den meisten in
silbernen, von vielen auch in goldenen kleinen Vasen, worauf der Nahme des
Gebers eingegraben ist, aufgehängt. Auch ich habe diese Zeremonie in
meiner Jugend mitgemacht, und meine Locke mit meinem Nahmen muß
noch auf diesen Tag im Tempel der syrischen Göttin zu sehen sein.«
(Lukian: »Von der syrischen Göttin.«)
Zitiert nach: C. M. Wielands sämmtliche Werke. Fünfzigster Band. Über-
setzungen, Fünfter Band. Lucians Werke, Fünfter Theil. Wien 1813.
S. 323 f.
5 Giovanni Carnovali Piccio, auch il Piccio genannt (1804-1873), Maler der
Romantik. (Anm. d. Ü.)

genden Berge sind von packender, aber zugleich beruhigender Schönheit wie die griechische Architektur.«[6]

Ein stumpfwinkliges Dreieck trennt die Via Principe Umberto von der Via Principe Amedeo, an deren Ende sich eines der vielen Beispiele des »Venetismus« befindet, derer Mailand sich zu Recht rühmt. In dem kleinen Gärtchen, das von dem gleichseitigen Dreieck gebildet wird, erhebt sich das Denkmal von Agostino Bertani, dem Führer des Sanitätskorps der Alpenjäger. Auf dem Basrelief des Sockels wird der beherzte Sanitäter dargestellt, wie er dem Löwen von Caprera[7] den Puls fühlt. Im Gegensatz zur Beredsamkeit heutiger Denkmäler haben diese sanften Denkmälerchen des späten 19. Jahrhunderts das Ernste und Liebevolle alter Möbel an sich. Unter dem Bertani-Denkmal soll sich ein unterirdischer Abort befinden, aber ich kann es nicht mit Gewißheit sagen. Ich glaube vielmehr, daß es den Abort nicht gibt. Weshalb hat diese Idee von mir Besitz ergriffen? Vielleicht weil es eine ähnliche Vorstellung wie jene des brasilianischen Wurmes ist, der unter der Haut des Menschen nistet und lebt, jedoch nie ans Tageslicht tritt.[8]

Piccio war so hochaufgeschossen und mager wie Don Quichotte. Sein Auge war herbstlich. Sein Blick legte sich liebevoll auf die Natur, ehe sie vom Winter entdeckt und vom Frost ausgelöscht wurde. Wie Chopin war auch er monumental in seiner Kunst und gleichzeitig von größter Freundlichkeit. Er liebte die Gitarre und spielte sie mit der konzentrierten Aufmerksamkeit eines

6 Stendhal: *Rom, Neapel und Florenz*. Gesammelte Werke in Einzelbänden. Berlin 1985, S. 45 und S. 49/50. (Anm. d. Ü.)

7 Garibaldi. Auf der Insel Caprera vor Sardinien befindet sich das Haus und das Grab Garibaldis, ein Nationaldenkmal. (Anm. d. Ü.)

8 Ich habe mich genauer informiert: Es gibt den Abort unter dem Denkmal Bertanis; und Bertani fühlt auf dem Basrelief nicht den Puls Garibaldis, sondern eines alten Herrn, von dem ich nicht weiß, wer er ist. Auf demselben Basrelief befindet sich auch ein wunderschöner und großartig modellierter Armstuhl. Diese Berichtigung ist nicht für mich gedacht: Sie ist für *die anderen*. Für mich ist die Wahrheit nicht die Wahrheit, wie sie ist, sondern wie sie sich in meine Erinnerung eingeprägt hat. Und wenn die Wahrheit in meiner Erinnerung Veränderungen und Korrekturen erfahren hat, dann bedeutet dies, daß die Wahrheit danach verlangte, korrigiert und verändert zu werden.

Dompteurs. Piccios Auge und Ohr waren stets auf die Antike gerichtet, und die Gitarre ist die letzte Inkarnation von Orpheus' Leier. Da es in der Lombardei auf dem Land keine wilden Tiere zu dressieren gab, dressierte Piccio die Toten. Um die Toten zu dressieren, muß man sie mit großer Geduld aus dem Grab locken und sie mit hohlen, tiefen Tönen dazu bringen, in die Welt der Lebenden zurückzukehren. Nur die Kunst Piccios konnte dies zuwege bringen. Nachts kletterte er über das Friedhofsmäuerchen in seinem Dorf und spielte für den »treuen Gaetano«, die »angebetete Teresa«, den »unvergeßlichen Alfredo«. Die Gräber gingen der Reihe nach auf wie Mausefallen, die sich daran erinnern, daß die Maus schon gefangen ist, und Gaetano, Teresa, Alfredo kamen heraus – rund, pausbäckig und schön fett vor Würmern. Sie stützten den Ellbogen auf die Brüstung jener seltsamen Badezimmer und lauschten der Stimme des verliebten Sängers mit offenem Mund, verträumtem und schläfrigem Blick. Es ist die Schuld Piccios, daß viele Tote ihren mühsam verdienten Platz im Jenseits verloren haben und zurückgekehrt sind, um unglücklich unter den Unglücklichen zu wandeln.

Piccio war ein unermüdlicher Wanderer. Er öffnete den Zirkel seiner ellenlangen Beine über der lombardischen Ebene und durchmaß sie der Länge und Breite nach. Er ging und zeichnete. Er stenographierte die Natur. Er porträtierte in seinem Notizbuch das heitere, liebliche, danaehafte Antlitz dieser Landschaft, ihre weichen und fetten Züge einer schönen blonden Frau; er hielt auf dem Blatt das sanfte Wogen der Hügel fest, das Zittern des Laubes, das Funkeln des Wassers, mit einem geschmeidigen Strich voller Grazie.

Er war auch ein hervorragender Schwimmer. Schwimmend unternahm er lange Reisen. Er ließ sich nackt in den Fluß gleiten, setzte einen offenen und auf den Kopf gestellten Schirm vor sich hin, in den er seine Kleider gelegt hatte, und ließ sich von der Strömung treiben. Das ging so bis spät in die Nacht. Bis ihm eines Tages die Kräfte versagten und ihn der Fluß wie einen alten Tannenstamm mit sich fortriß, zwischen der Gischt und dem sich überschlagenden Wasser. Der Schirm setzte seine Reise allein fort.

In Mailand blieb das Haus der Liebe zurück. Verschlossen und geheimnisvoll. Seit Jahren hatte es niemand mehr betreten, und dennoch stand es noch immer bereit, zwei Neuvermählte aufzunehmen. Piccio hatte sich dieses Haus eingerichtet, um die geliebte Frau über die Schwelle zu führen. Aber sie starb noch vor der Hochzeit. Es blieb das Haus zurück, für nichts zu gebrauchen, außer um das Phantasma eines glücklichen Traumes zu beherbergen. Und Piccio bezahlte jeden Monat pünktlich die Miete. Bis zum letzten.

Die Stelle, an der ich mich einquartiert habe, ist ein Schnittpunkt verschiedener Architekturen. Fünf Fassaden betrachten mich. Jede spricht eine andere Sprache: die Sprache »ihrer« Gegenwart. Vom Ende der Via Principe Umberto her betrachtet mich die Fassade des Bahnhofs. Sie spricht die Sprache Gabriele D'Annunzios. Es ist uns nicht daran gelegen, festzustellen, ob der *Alcyone* poetisch gelungener ist als Stacchinis Bauwerk: Nur der Grundgedanke ist entscheidend. Der Mensch hatte noch nicht begriffen, daß man dieselben Dinge auch mit einfacheren Worten sagen kann oder daß man sie vielleicht überhaupt nicht sagen muß.

Ich kenne kein schöneres architektonisches Detail als die Statuen, die sich vom Giebel eines Gebäudes in den Himmel recken. Das auf diese Weise bevölkerte Dach bekommt etwas Lebendiges und gleichzeitig etwas Feierliches. Es ist nicht gesagt, daß diese erhabenen Gestalten allein den Tempel der Nike Aptera schmücken dürfen. Die Statue paßt auf die bescheidensten Dächer, belebt die Grazie einer kleinen Villa, verleiht den sogenannten Bürgerhäusern einen gewissen Stolz, wie man es in den vornehmen Vierteln Roms beobachten kann. Diese Statuen von Schutzhelden und -göttern, die an den vier Ecken des Daches in vornehmer Haltung aufgestellt sind, schaffen eine subtile Beziehung, eine poetische Gemeinschaft zwischen den »Dingen« des Himmels und dem Haus des Menschen, ein Geben und Nehmen, auch wenn seine Bewohner Wurstfabrikanten sind. Was schließlich die physischen oder metaphysischen Sicherheitsvorkehrungen an einem Gebäude anbelangt, so glaube ich, daß die Statuen, die es von oben bewachen, von größerem Nutzen sind als die Blitzableiter, deren geringe Wirksamkeit gegen Jupiters Waffen sich schon mehrfach gezeigt hat.

Der ästhetische Grund der Statuen auf den Dächern, ihr »Warum«, ist so simpel, daß es unnütz erschiene, ihn zu erläutern. Und dennoch gibt es Menschen, viele Menschen und selbst mit der Materie befaßte Menschen, die dieses »Warum« nicht verstehen. Wie die Architekten jener Architektur, die »monumental« genannt wird und von der Italien bis gestern heimgesucht wurde und zum Teil noch immer heimgesucht wird. Während ich dies sage, richte ich den Blick auf das Ende der Straße und betrachte wieder den Mailänder Bahnhof. Hier stehen die Statuen, beziehungsweise die Statuengruppen nicht oberhalb, sondern unterhalb des Gesimses; manchmal blickt nur der Kopf der Statue über das Gesims, und in diesem Fall würde man sagen, die Statue nimmt ein Lichtbad. Noch häufiger wird die Statue völlig von der Mauer dahinter »gelöscht«. Was für einen Zweck hat eine Statue, die man nicht sieht? Genausogut könnte man eine Marke ins Innere des Kuverts kleben. Was die Statuen auf den Dächern anbelangt, haben nicht einmal die rationalistischen Architekten Intelligenz bewiesen. In ihrem Ungestüm, Ornamente und Dekorationen wegzufegen, haben sie auch die Statuen abgeschafft. Irrtum. Die Statue auf dem Dach ist kein Ornament: Sie ist ein »funktionales« Ornament, ein – um es in ihrer eigenen Sprache zu sagen – Super-Blitzableiter.[9]

An der Ecke Via Moscova und Via Principe Umberto, gegenüber

9 »C'est aux prêtres (de l'Egypte) qu'il incombait de protéger magiquement les édifices contre les êtres malfaisants. On s'assurait de la pureté du sol, de l'influence du fondateur, de l'opportunité du jour et de l'heure, de l'orientation. C'est pourquoi l'on commençait toujours la construction d'un temple le sixième jour du mois, très tôt le matin, après que l'emplacement eût été purifié par le pharaon, ou, à son défaut, par le grand prêtre. L'on commençait par offrir des sacrifices aux dieux. Quand la construction était achevée, l'on se hâtait de pendre des amulettes, de graver des formules magiques, *d'installer des statues.*« (L. de Gérin-Ricard, *Histoire de l'Occultisme*, S. 23).

»Den Priestern (Ägyptens) oblag es, die Gebäude durch Zauber vor unheilbringenden Wesen zu schützen. Man prüfte die Reinheit der Erde, den Einfluß des Stifters, den günstigsten Tag und die günstigste Stunde, die Himmelsrichtung. Deshalb begann man mit dem Bau eines Tempels immer am sechsten Tag eines Monats, sehr früh am Morgen, nachdem der Platz von dem Pharao oder, an seiner Stelle, von einem der hohen Priester gereinigt worden war. Zunächst brachte man den Göttern Opfer dar. Wenn der Bau vollendet war, hängte man eiligst Amulette auf, ritzte Zaubersprüche ein, stellte Statuen auf.« (d. Ü.)

dem Montecatini-Gebäude, steht ein äußerst anmutiger kleiner Palazzo, der mit Wandsäulen und kannelierten Säulen geschmückt ist. Die Säule hat Stützfunktion. Aber diese Wandsäulen, diese Säulenquerschnitte, diese gezeichneten Säulen, diese Säulenfossile, diese Säulengespenster stützen kein Gebälk: Sie haben ausschließlich ornamentale Funktion.

Diese unnützen Säulen sind Ausdruck einer Epoche, in der das Unnütze über das Nützliche triumphierte. Das Geburtsdatum dieses Palazzo ist mir nicht bekannt, aber selbst wenn er aus dem 19. Jahrhundert stammt, setzt er den Geist des 18. Jahrhunderts und dessen große Kultur fort, sowie Rossini auch mitten im überladenen und pathetischen 19. Jahrhundert die goldene und göttlich leere, die sublim gleichgültige Musik des 18. Jahrhunderts fortführte.

Der Kultur des 18. Jahrhunderts gelang es, das Überflüssige über das Notwendige triumphieren zu lassen. Dies ist der höchste Punkt, den die Kultur je erreicht hat. Wer in der Kultur des 18. Jahrhunderts lebt, weiß nicht, woraus sie gemacht ist, wie sie funktioniert, was ihr Betrieb kostet, aus welchen Kräften sie sich nährt, welche und wie viele Leiden notwendig sind, um sie am Leben zu halten. Das ist nicht Egoismus, sondern goldene Unwissenheit. Im Film *Metropolis* leben die seltsamerweise wie Fechter gekleideten Auserwählten auf den Terrassen der Wolkenkratzer, zwischen Pfauen und Leierschwänzen, ohne auch nur im geringsten etwas von dem Inferno zu ahnen, das unter ihren in leichte weiße Schuhe gekleideten Füßen brodelt, im Kellergeschoß derselben Wolkenkratzer, die ihren starren und gleichgültigen Wohlstand beherbergen; im Kellergeschoß, wo ein schwarzes Sklavenvolk an den Maschinen schwitzt, an den Zahnrädern stirbt, bäuchlings in den Kohlestaub stürzt. Im Grunde war es Dante, der dieses Modell der Zivilisation à la Metropolis geliefert hat. Abgesehen von den Wolkenkratzern und der Aufteilung der Menschen auf Terrassen und Untergeschosse hat das 18. Jahrhundert die utopistische Form der Zivilisation aus Metropolis verwirklicht. Eine sehr hochentwickelte Zivilisation, der auch das letzte »Fettauge« an Mühe und Anstrengung abgeschöpft worden ist, eine sehr reine und sehr leichte Zivilisation, aber genau aus diesem Grund äußerst fragil und anfällig für Korruption. Die Gesundheit des Menschen, seine Kraft, seine Widerstandsfähigkeit sind nur eine Reaktion auf die massive, die einmütige Aktivität aller Todeselemente.

Gegenüber der Ecke Via Principe Umberto und Via Moscova erhebt sich ein Haus, das 1919 von Giovanni Muzio errichtet wurde. Hier ließ sich der Architekt nicht vom *Unnützen inspirieren*, sondern von der Notwendigkeit leiten. Ein finsteres, störrisches, unliebenswürdiges Haus. Die Ecke ist abgestumpft, um den wenigen, denen es gelingt, aus dem Gefängnis der Not zu entweichen, die Flucht zu erleichtern. Die Mailänder bezeichnen es als *ca' brütta*, häßliches Haus. Ananke, die grausame Göttin, die Opfergaben und Trankopfer abweist, hat kein schönes Antlitz.

Um das Antlitz ihrer Zeit treu widerzuspiegeln, haben die Außenwände des Montecatini-Gebäudes die dazu notwendigen spekulativen Eigenschaften. Das Montecatini ist wie ein Spiegel, in dem sich eine kollektivierte und glattgeschliffene Menschheit reflektiert.

Das Klima Mailands ist nicht katholisch. Trotz seiner notwendig bedingten Charakteristika wie Kälte, Unmenschlichkeit und reiner Funktionalismus (die weicheren, zivilisierteren, ausgeruhten Epochen versuchen auch, die menschliche Behausung zu »humanisieren«, und so entsteht die Damen-Villa – die Villa Madama, wollte ich sagen – die Fräulein-Villa, die Kind-Villa, und nicht zufällig sind diese Baugeschöpfe dem Andenken an einen lieben Menschen, an ein bestimmtes Gefühl, eine bestimmte Liebe gewidmet: Villa Maria, Villa Teresa, Villa Berberina) ist das Montecatini-Gebäude gotisch, und es ragt nur deshalb so hoch in den Himmel empor, um Gott zu suchen. In gotisch steckt Got, der Name Gottes in der Sprache jener Völker, die als einzige eine profunde Vorstellung von Ihm haben.

Als er sein eigenes Gebäude so kalt dastehen sah, fürchtete Gio Ponti,[10] man könne es mit einem toten Gebäude verwechseln, und verfügte, daß die Eingeweide des Montecatini sichtbar blieben wie das Uhrwerk unter einem transparenten Gehäuse: die Rohre der Rohrpost, das Netzwerk der Telefonzentrale, die

---

10 Gino Ponti, Gio genannt (geboren 1891), Mailänder Architekt, baute auch das Pirelli-Hochhaus in Mailand. (Anm. d. Ü.)

Motoren der Klimaanlage. Und der Architekt, ein gutmütiger Mabuse und ganz klein neben der gewaltigen Größe seiner Schöpfung, kann mit berechtigtem Stolz auf die funktionierenden Organe seines Gebäudes hinweisen, mit dem feinen Finger eines präzisen Zeichners: »Seht, wie das Herz schlägt, wie das Blut zirkuliert, die Lunge atmet!«
Prometheus' Traum ersteht aufs neue.

Aber mir passierte vor dem Montecatini-Gebäude etwas ganz anderes.
Es ist ein kurzer, aber starker Roman von Simenon, dessen Titel, soweit ich mich erinnere, *Die Verlobung des Monsieur Hire* ist oder *Die Verlobte des Monsieur Hire*. Ist auch nebensächlich. Diese kurzen Romane von Simenon (ich erinnere mich an den Titel eines anderen: *Der rote Esel*) sind ein Intermezzo zwischen dem Simenon der Detektivgeschichten und dem »ernsthaften« Autor der *Pitard*.
Untersetzt und gedrungen wie eine Bulldogge, klein und vierschrötig wie Patronen von geringem Volumen, jedoch hoher Explosionskraft. So sind die Schriftsteller mit großem Talent, aber ohne moralische Prinzipien: Es macht ihnen nichts aus, wenn sie explodieren und den Leser verletzen, denn für sie zählt nur die Wirkung. Wie sehr unterscheiden sie sich doch von jenem anderen »starken« Schriftsteller: Dostojewskij, der jedoch Christ war und von den allerchristlichsten Krankheiten zersetzt: Epilepsie, von verzweifelt verdrängten, kriminellen Trieben; jener zerrt den Leser über die schreckliche Straße seines Deliriums und läßt ihn zum Skelett verkommen, packt ihn jedoch am Schluß und zieht ihn in die Höhe, um ihm mit seiner Würgerhand das Wunder des Sonnenaufgangs zu zeigen. Die Geschichte des Monsieur Hire ist eine trostlose Geschichte, wie alle Geschichten, die die französische Literatur nach 1918 geschrieben hat. Es stimmt durchaus, daß jeder für sein Unglück selbst verantwortlich ist. Wie soll man Sieger bleiben, wenn man nicht genug Lebensfreude besitzt, den Sieg willkommen zu heißen, wenn man kein genügend heiteres Gemüt besitzt, den Sieg würdig zu bewahren? Enttäuschungen, Niederlagen, Kränkungen häufen sich auf den Schultern des Monsieur Hire, der ohnehin seit den ersten Seiten so »reich an

Unglück« ist. Schließlich faßt dieser Kommerzienrat des Unglücks den Entschluß, sich zu ergeben, und er stürzt sich aus dem Fenster seines Zimmers im fünften Stock, um das Spiel auf dem Gehsteig darunter zu beenden; aber im allerletzten Augenblick, als er schon mehr im Jenseits als im Diesseits ist, packt ihn plötzlich der Lebenswille, der ihm dabei hilft, sich außen am Fensterbrett festzuklammern; und für eine Zeitspanne, die keine Uhr je wird messen können, so sehr spielt die Ewigkeit in diesen Momenten mit den Zehntelsekunden, mit einer Anstrengung, die sich nicht einmal Athleten und Wettkämpfer vorstellen können, und einer Verzweiflung, an die wir nur zu denken brauchen, damit uns das Herz gefriert, bleibt er mit seinem enormen, gewaltig schweren Körper hängen (wir werden »dann« nicht nur zu Fremden, sondern zu Feinden des eigenen Körpers, wir möchten ihn töten und von uns werfen: von uns, die wir *anders leben*), hängt er über dem harten, dem steinernen Tod, der ihn von unten zieht, zieht, zieht...

In jener weichen Novembernacht ging ich an der Seite meines Freundes Fabrizio über die Via Manzoni, und wir unterhielten uns ganz leicht, wir, die wir die geheimen Mitglieder einer Kultur sind, die so zart ist, daß sie zwischen den Beinen der Dinge durchschlüpft und sich unter den Geheimnissen der Luft ausbreitet.

Der Name meines Freundes ist nicht erfunden, um unsere Situation zu »stendhalisieren«, sondern entspricht der Wirklichkeit. Ein um so glücklicherer Zufall. Fabrizio ist übrigens in Gemüt, Charakter und in seinen Sitten auf so natürliche Weise Stendhalianer, daß ich ausnahmsweise glauben darf, die Natur hätte die Dinge so geschaffen, wie es sich gehört.

Im übrigen bringt Mailand natürlich Stendhalianer und Anti-Stendhalianer par excellence hervor; in Mailand »stendhalisiert« man sich genauso leicht, wie man sich am Meer bräunt.

Die Straßen Mailands eignen sich besonders gut zur Konversation. Diese Eigenschaft verdanken sie vor allem ihrer vorzüglichen Pflasterung. Das erste Straßenpflaster Mailands stammt aus dem Jahr 1265 und war das Werk des großen Bürgermeisters Napo Torriani; von da an stand Mailand stets in dem Ruf, »gut gepflastert« zu sein. Stendhal lobt mehrmals die Straßen Mailands. »Milan est la ville d'Europe qui a les rues les plus commodes«[11], schreibt er in *Rom, Neapel und Florenz* und fügt – wer weiß, warum? – als Fußnote hinzu: »The most comfortable streets«. Weiter hinten kehrt er zum Thema der Mailänder Straßen zurück und illustriert ihre Struktur nicht nur mit Worten, sondern anhand einer Zeichnung. Außerdem liest man im *Novissima Guida Artaria* von 1841: »Die Straßen Mailands, die ursprünglich so eng und gewunden waren, haben sich in beiderlei Hinsicht zu ihrem Vorteil verändert, und in einigen Jahren wird Mailand, dank des unermüdlichen Eifers der Stadtobrigkeit, anderen schönen Kapitalen in keiner Weise mehr nachstehen. Auch wenn die Straßen nicht immer gerade sind, machen sie dies an Sauberkeit wett, dank der Art und Weise der Pflasterung und des Systems der unterirdischen Kanäle, die für das Abfließen des Regenwassers sorgen. Das Pflaster, das man als eleganten Fußboden bezeichnen könnte, besteht aus ebenen und eng aneinander gelegten Steinen; in der Mitte verlaufen über die ganze Länge zwei Granitstreifen oder -spuren, auf denen die Kutschen rollen.« Die Urbanistik verändert sich jedoch mit der Zeit, und was dem Verfasser des *Guida Artaria* 1841 als höchste Bequemlichkeit erschien, wurde für die Artarier von 1941 höchst unbequem. Heute verjagen die Mailänder Bauunternehmen das »elegante Pflaster« aus Steinen und Granitspuren auch aus seinem letzten Versteck und ersetzen es durch eine glänzende Asphaltkruste; aber sind sie sich sicher, damit nicht das Gemüt der Mailänder zu verweichlichen? Als die Pflastersteine des Corso Umberto in Rom den Asphaltwürfeln sozusagen den Vortritt ließen, beklagte eine Zeitung der Hauptstadt lebhaft, daß »das Gemüt der Quiriten nun keine Möglichkeit mehr habe, sich auf den antiken und ruhmreichen römischen Pflastersteinen zu stählen«. Ohne daß wir das Geheimnis dieses Gehsports des Gemütes durchdringen wollten: Diesem Journalisten jedenfalls ist das Naturell eines Erziehers nicht abzusprechen. Auch Friedrich Wilhelm von Preußen, der Vater Friedrichs des Großen und der Prinzessin Wilhelmine, vertraute auf die Wirkung des rauhen Lebens. Wenn der Haushofmeister die Kohlsuppe auf den Tisch gebracht hatte, das, sofern es kein Fest- oder Galadiner gab,

11 »In ganz Europa ist Mailand die Stadt mit den bequemsten Straßen...« op. cit. S. 23.

alltägliche Gericht der königlichen Tafel, nahm sich der Solda-
tenkönig zweimal; um jedoch seine Kinder vor der Versuchung
zu bewahren, es ihm gleichzutun, und um sie zur Mäßigkeit
anzuhalten, spuckte er in die Suppenterrine. Das schreibt Wilhelmine, Gräfin von Bayreuth, in ihren Memoiren, die Voltaire
als eines der schönsten Bücher seiner Zeit lobt.

Erst 1785 begann man, den Straßen Mailands Straßenschilder
und den Häusern Nummern zu geben. Trotzdem gibt es noch
immer Menschen, für die diese Verbesserungsmaßnahmen keinen Sinn haben. In Neapel lebte bis vor einigen Jahren eine Alte,
die weder den Namen ihrer Straße noch die Nummer ihres
Hauses kannte. In ihrem ganzen Leben hatte sie keinen Brief
erhalten, nie eine Karte. Wir denken dabei an jene Familien, bei
denen die Ankunft eines Telegramms eine wochenlange Aufregung hervorruft. Die »postalische« Einsamkeit dieser neapolitanischen Alten zeigt uns eine sichere Methode, nationale und
internationale Konflikte zu vermeiden. Um dasselbe Jahr (1785)
wurde auch der Sitte ein Ende bereitet, Abfälle aus dem Fenster
zu werfen. In *rationalisierter* Form lebt dieser Brauch in Quito,
der Hauptstadt Ecuadors, noch weiter. Das Dach der Straßenbahnen von Quito ist gebaut wie eine Obstschale, und wenn eine
vorbeifährt, werfen die Bewohner die Abfälle aus dem Fenster.
Am Ende ihrer Fahrt lädt die Straßenbahn Fahrgäste und Abfälle
in buntem Durcheinander ab.

Von all den Straßen dieser so überaus peripatetischen und dialo-
gischen Stadt eignet sich die Via Manzoni am wenigsten zur
Konversation. Vor allem am Anfang, zwischen der Scala und
dem Monte Napoleone, ist die Via Manzoni eine Riesenprome-
nade aus Stein, über die ohne Unterlaß Artilleriekolonnen don-
nern, die einen hinauf, die anderen hinab. Das dumpfe Dröhnen
dieser niedrigen, hermetischen Straßenbahnen, die eher dazu da
sind, am Meeresboden zu fahren als auf der Erdoberfläche,
dringt nicht durch die Ohren in uns ein, sondern durch den
Magen. Will man die Via Manzoni tagsüber und zu Fuß überqueren, beschleunigt man die Schritte und hält den Mund geschlossen wie zum Schutz vor Kälte. Möchte man dem Gefährten etwas
sehr Dringendes und Wichtiges mitteilen, bedeutet man ihm, er
möge stehenbleiben; man dreht sich zu ihm um, legt die Hände
trichterförmig an den Mund und ruft ihm wie ein Matrose

im Sturm zu: »Hast du daran gedacht, Quasimodo zu schreiben, daß die Farbe der griechischen Olivenbäume, die Anakreon als *chloròs* bezeichnet, fälschlich mit dem Adjektiv *glauco*[12] übersetzt ist, denn der Meerescharakter dieses Adjektivs, seine Feuchtigkeit, das Undurchsichtige, an das es erinnert, sein dunkler, runder, zahnloser, weicher Klang, der wie ein Sprung ins Wasser ist, paßt zu allen Dingen des Meeres, vor allem unter Wasser, jedoch nicht zum Laub des griechischen Olivenbaumes, das doch so irden, so trocken, so palladianisch ist?« Worauf man dem Gefährten bedeutet, man sei fertig, und weitergeht, wobei man auch schneller wird wie der Zug, der durch einen Zwischenfall zum Anhalten gezwungen war und nun beschleunigt, um rechtzeitig anzukommen. Was den Lärm anbelangt, der unseren Kopf durchdringt, so macht er uns glauben, auch dem unseren könne, wie dem Jupiters, etwas entspringen: eine Idee in Ermangelung einer Göttin.

An der Kreuzung Via Principe Umberto und Via Moscova tritt Fabrizio von mir weg und dreht sich dann so um, daß er mir gegenübersteht; dann weist er auf das Gebäude an der Ecke zwischen den beiden Straßen und stellt mir das »Montecatini« vor. Wenn bei den Buchillustrationen dieselbe Veränderung stattfinden sollte, wie sie bei der Szenographie bereits stattgefunden hat, und man von der gemalten zur »volumetrischen« Illustration übergeht (in manchen Buch-Paraphrasen der Walt-Disney-Märchen hat man uns bereits eine Kostprobe plastischer Illustrationen gegeben), könnte man mit dem Montecatini-Gebäude die verzauberten Schlösser der Ritterepen illustrieren, die man betritt und wo man niemanden vorfindet, wo man aber dennoch mit Essen, Bett und Liebesdiensten versorgt wird; oder die man betritt, jedoch nicht wieder verlassen kann; oder die sich, wenn man sich auf Magie versteht und die Kunst beherrscht, einen Zauber zu entkräften, mit einem Schlag in Luft auflösen und bis auf einen schwachen, verbrannten Geruch keine Spur hinterlassen.

Es ist der Palast des Schweigens. Ein Palast, der mit geronnenem Wasser gebaut wurde, in dem sich die runden Lichter der Schein-

---

12 *glauco*, das italienische Wort, bedeutet »blaugrün«; *chloròs*, das griechische Wort, hingegen ein fahles gelbliches Grün. (Anm. d.Ü.)

werfer wie erloschene Monde spiegeln. Es ist ein Palast mit Zuckerglasur und etwas grün vom Frost, der in der Nacht aufsteigt. Es ist ein Palast...

»Aber Ihr, wer seid Ihr, der Ihr Euch als Dritter zwischen uns drängt? Aus welchem Nichts seid Ihr emporgetaucht? War es eine Unvorsichtigkeit von uns, die Euch hervorgebracht, doch welche?«

Die unerwartete und dickleibige Person, die wie durch einen Zauber plötzlich zwischen mir und Fabrizio steht und mit schreckensweit geöffneten Augen die arktische Oberfläche des Montecatini betrachtet, setzt an: »Hi..Hi..«, schafft es jedoch nicht, die zweite Silbe ihres Namens auszusprechen, denn, wie ich sofort begreife, gestattet ihr das falsche, durch den schrecklichen Sturz zersplitterte Gebiß nicht, das »r« auszusprechen.

Mehr mit Gesten als mit Worten erklärt uns Monsieur Hire, daß er nicht den winzigsten Vorsprung vorgefunden hätte, wenn er sich an seinem Todestag aus einem Fenster des »Montecatini« gestürzt hätte anstatt aus seiner *habitation bourgeoise* in Paris; nicht den allerwinzigsten Vorsprung, an den er sich zuerst mit den Fingern, dann mit den Fingernägeln hätte festkrallen können, um seinen enormen und gewaltig schweren Körper in jenen schrecklichen Sekunden der Agonie zu halten.

Monsieur Hire, der auch jenseits des Todes noch vor Angst zittert, schweigt und betrachtet die Fassade des »Montecatini«, die so glatt ist wie ein Gesicht, über das eine Feuerzunge geleckt und Wimpern und Augenbrauen versengt hat; dann erlischt der zu Tode Gestürzte allmählich zwischen uns, ohne Geste, ohne Gruß, ohne ein Wort der Entschuldigung.

Hier, wo sich jetzt in der Nacht das gläserne Montecatini erhebt, spazierte ich eines Tages mit Arrigo Boito, zu seiner Linken, wie es sich für einen jungen Mann gehört; er sah aus wie die Katze aus *Pinocchio*: hochgewachsen und hochgelahrt, die Pfötchen in Lackstiefelchen versteckt, die so glänzend und spitz waren wie Bügeleisen. Boito hatte die Fesseln eines Vollbluts, die er in feinste schwarze Seidensocken kleidete, und aus der Öffnung der Stiefel ragte wie ein Blumenstiel ein Streifen von greller Farbe, der die Seidensocken zierte, und seine Koketterie suchte jede Gelegenheit, das Beinkleid hochzuziehen und diesen kostbaren Teil von sich zur Schau zu stellen. Die Mutter Boitos war Polin, und vielleicht läßt sich damit die Fessel-Koketterie des Sohnes ausreichend erklären.

Boito trug eine Tüte Pralinen, auf denen der Name der Firma Cova stand. Wohin brachte Boito diese Pralinen und wem? Mein Liebesleben damals nährte sich allein von Hoffnungen. Ich stellte mir vor, Boito hätte reifere, jedoch zarte und wunderschöne Geliebte. Große, blonde, in Seide und Straußenfedern gehüllte Katzen. Und nicht nur eine, sondern unzählige. Süß wie Sonnenuntergänge im Sommer. Duftende, sanfte Wesen, die jedoch nicht fähig waren zu gehen. Ich stellte mir vor, daß ihn diese Übermütter in winzigen Behausungen empfingen, die jedoch so gepolstert waren wie eine Bonbonniere. Und nur darum beneidete ich Boito, nicht um seine Opern, die in mir weder Interesse noch Sympathie weckten. Nicht einmal den Respekt konnte ich aufbringen, den ich als junger Mann für jenen hochbetagten und hochgeehrten Mann hätte empfinden sollen; aber da ich mir auch der Legitimität meines Nicht-Respekts nicht sicher war, hatte ich Schuldgefühle. Vor wenigen Jahren erzählte mir mein Freund Mandiargue, der junge Rimbaud sei als hoffnungsvoller Jüngling dem Patriarchen der Poesie, Victor Hugo, vorgestellt worden. Und Victor Hugo legte seine alte Hand auf das Haupt des Jünglings, strich ihm über das Haar, gab ein paar Ratschläge und Glückwünsche von sich; worauf der Jüngling seine blaugrünen Augen auf jenen Löwen (beziehungsweise jenen Schwätzer) der Poesie richtete und zwischen den Zähnen hervorstieß: »Vieux c...!«[13] Wie ist es zu erklären, daß manche Völker das weibliche Geschlecht zum Symbol der Dummheit ernennen und andere das männliche? Boito ging davon, nachdem auch er mir einige Ratschläge und Glückwünsche auf den Weg mitgegeben hatte, die ich mir dem Anschein nach demütig anhörte, denen ich jedoch weder Beachtung

13 Sesostris hat jedes Volk, das ihm vor Füßen kam, unterworfen. Und wenn er auf ein wehrhaftes traf, das zäh an seiner Freiheit festhielt, bei denen errichtete er Säulen in ihrem Lande, die berichteten in Schriftzeichen den Namen von ihm und seinem Vaterland, und daß er sie mit seiner Macht unterworfen; deren Städte er aber ohne Kampf und Mühe einnahm, bei denen zeichnete er es auch auf Säulen auf, ebenso wie bei den mannhaften Völkern, setzte aber noch eine weibliche Scham hinzu. (Herodot, *Euterpe*, Par. 102)

schenkte noch Bedeutung beimaß. Im übrigen war es offensichtlich, daß auch Boito keinen anderen Wunsch hatte, als mich davongehen zu sehen, und daß ihm meine Anwesenheit eher peinlich als angenehm war. Wie sensibel die Alten doch sind und wie irritiert vom mangelnden Respekt eines Jünglings, der dieselben Dinge tun möchte wie sie, und die gerne glauben würden, sie hätten sich bei diesen Dingen eine uneinnehmbare Stellung erobert und jeglicher zukünftiger Rivalität einen Riegel vorgeschoben. Es glitzerte der Sommernachmittag. Der Himmel betrachtete offenbar ein vom Südwestwind gekräuseltes Meer unter sich, nicht eine Stadt von steinerner Starrheit. Ein Straßenkehrer bespritzte mit einem Wasserschlauch das Pflaster der Via Principe Umberto, wobei er das Wasser abwechselnd als scharfen Strahl und in Fächerform, einmal ganz nah und einmal weit weg, einmal als gerade Linie und einmal leicht gewölbt niederregnen ließ, und die Sonne funkelte in dem weggeschleuderten Wasser, entzündete Flammen und Silberbögen. Innen am Rande des Gehsteiges waren die Gitterstäbe eines Tores aufgereiht. Die Ecke, an der sich heute die eisige Kante des Montecatini erhebt, wurde damals von einem niedrigen, roten und freundlichen Haus eingenommen, das eindeutig als Portierswohnung benutzt wurde. Sein Gegenstück war ein ebenso niedriges und rotes Haus auf der anderen Seite des Tores, hinter dem sich ein grüner und sauber geharkter Rasen erstreckte, der sich muldenförmig an das Ufer eines kleinen Sees schmiegte, auf den majestätische Bäume mit üppigen Kronen ihren Schatten warfen. Kinder und große Bernhardiner spielten auf der Wiese, Damen und vornehme Herren saßen bei einem erlesenen Imbiß im Schatten der Bäume.

»Was du an diesem lange zurückliegenden Sommernachmittag gesehen hast«, sagt mir Fabrizio, »war der Park der Villa Melzi d'Eril.«

Ich kann das Montecatini nicht betrachten, ohne an den Garten zu denken, der zum Ufer des kleinen Sees hin abfiel, an die blühenden Damen unter den Bäumen, an die mit den Bernhardinern spielenden Kinder. Ich kann nicht vergessen, daß Monsieur Hire, wäre er von diesen wimpernlosen Fenstern aus zu seiner letzten Reise aufgebrochen, kein Recht auf Reue gehabt hätte. Aber warum auch bereuen?

Die vor Eisen vibrierende Luft, durch die man gehen muß, um die Via Manzoni zu überqueren, rechtfertigt das, was die alten Mailänder über den Tod Giuseppe Verdis erzählen.

Verdi starb bekanntlich im Hotel Milano an der Kreuzung Via Manzoni und Via Croce Rossa. Er bewohnte die Eckzimmer, und es heißt, die Stadtverwaltung hätte während seiner Krankheit Stroh auf die beiden Straßen streuen lassen, damit der illustre Kranke nicht durch den Fahrzeuglärm gestört werde. Es heißt ebenfalls, Verdi hätte sich in seinen letzten Tagen in den Salon tragen lassen, weil er im Schlafzimmer zu wenig Luft bekam, und er hätte in den letzten Momenten um »Luft! Luft!« gefleht, so wie Goethe gefleht hatte: »Mehr Licht!«

Dies erfuhr ich vom meinem Freund Ettore, und nachdem ich es sorgfältig in meinem Notizbuch vermerkt hatte, nahm ich den Zug und kehrte nach Rom zurück. Wieso den Auskünften meines Freundes Ettore über das Hotel Milano mißtrauen, der ja der langjährige Besitzer des Hotels Milano gewesen ist? Am nächsten Tag erhalte ich jedoch in Rom einen Brief meines Freundes Ettore, der mich davon in Kenntnis setzt, daß die Auskunft falsch gewesen ist. Verdi starb nicht im Salon, sondern im Schlafzimmer, und Stroh wurde nicht für Verdi gestreut, sondern zehn Jahre früher für Dom Pedro II. von Brasilien. Es ist komisch, die Entstehung von Legenden zu beobachten, und vor allem ist es komisch, daß die bedeutendere Persönlichkeit (Verdi) die unbedeutendere (Dom Pedro II.) in ihrer Legende absorbiert hat. Als Künstler bin ich froh, daß der Künstler den Kaiser aufgesogen hat. Was den Ruf Goethes *in extremis* anbelangt, so ist er nichts anderes als der von dem Sterbenden geäußerte Wunsch, ein wenig die Fensterläden zu öffnen.[14]

Ich habe Verdis Sterbezimmer besichtigt. Es trägt die Nummer 11, so als ob es von zwei Carabinieri bewacht würde. Von Ihm und seinen Sachen keine Spur. Ich trete an die Schwelle des Zimmers, in dem nun ein Turiner Schneider seine Modelle vorstellt, weiche, fließende, auf die Sofas hingegossene Kleider. Die Möbel aus Verdis Zimmer wurden nach Sant'Agata gebracht und in ihrer alten, gewohnten Anordnung wieder aufgestellt. Sie sind

---

14 Vgl. Docteur Cabanès, *Le Cabinet Secret de l'Histoire*.

pathetisch und »verdianisch«. Wie all die sanften Dinge des 19. Jahrhunderts ist auch Verdis Zimmer eine Negativfotografie.

Als Verdi um 16 Uhr des 21. Januar 1901 starb, starb er nicht nur in Mailand, sondern auf der ganzen Welt. Der Vers D'Annunzios »Er weinte und liebte für alle« klingt rhetorisch und unsinnig, ist aber praktisch wahr. Ein einziges Mal stimmt die Rhetorik mit der Wahrheit überein.

Ich war ein kleines Kind und wohnte in Athen. Als die Nachricht von Verdis Tod eintraf, wurden die Lichter der Stadionstraße (Stadiu) mit Krepp verhüllt, und diese Gasschmetterlinge flimmerten im Sonnenlicht. Verhangenes Licht ist ein Zeichen des Todes, um so mehr das Licht im Licht. Mein Vater schloß sich in seinem Arbeitszimmer ein, und durch das Schlüsselloch sah ich, daß er weinte.

Dem Schmerz folgten die Anekdoten. Man erfuhr, Verdi hätte sieben Millionen Lire hinterlassen, eine für damalige Verhältnisse enorme Summe.

Eines Tages erschienen vor dem italienischen Konsul in Piräus zwei nach Ziegenkäse duftende Bauern mit offener Weste über dem Hemd, offenem Hemd über der wolligen Brust, einem Gesicht voller Schnurrbart, Augen voller Augenbrauen, der zu den Fesseln hin enger werdenden Wollhose und den in *Zarùc* steckenden Füßen.

Als Abgesandte einer großen Verwandtschaft waren sie aus Macrinizza, ihrem Heimatdorf, gekommen, hatten die bewaldeten Hänge des Pelion-Gebirges überquert, waren an Deck eines jener Dampfschiffe, die Poseidon geweiht und voller Kakerlaken sind, über den Golf von Euböa gefahren, waren vor den »Herrn Konsul von Italien« hingetreten, damit er ihnen alles Nötige verschaffe, um nach Italien zu fahren.

»Warum wollt ihr nach Italien?« fragte der Konsul.

»Weil wir von Verdi erben.«

»Wieso erbt ihr von Verdi?«

»Weil auch wir Verdi heißen«, antworteten die vier Schnurrbärte wie ein Schnurrbart.

Es stimmte. Nur wird das »d« der Griechen, beziehungsweise das Delta, weicher und mit der Zunge zwischen den Zähnen ausgesprochen: »Verdhi«.

Wir müssen den Vers D'Annunzios ergänzen: »Er weinte und liebte und scheffelte das Geld für alle.« Universalität eines Rufes! Ein Ruf, der kein Ruf mehr ist, sondern Mythos. Auch darin sind sich Verdi und Garibaldi ähnlich. Die Ähnlichkeit zwischen diesen beiden »Violoncellos der Geschichte« ist so groß, daß man Verdi als Garibaldi der Musik und Garibaldi als Verdi der Schlachtfelder bezeichnen kann. Garibaldi gelangte nie an das Ufer des Asowschen Meeres, aber sein Ruf, ein »Befreier« zu sein, war so groß, daß die Bewohner dieser Ufer, roh, ungebildet und arm, Garibaldi, den sie nur vom Hörensagen kannten, zu ihrem Nationalhelden machten, ihn Garibaldòff nannten und darauf warteten, daß er eines Tages käme, um sie vom Zaren zu befreien – auf einem weißen Pferd, in seinen Umhang gehüllt und die blonden, blinzelnden Augen nach vorn gerichtet. Es kam jedoch ein Volkskommissar, und vielleicht warten sie heute noch.

Die fünf Schaubühnen
der Grausamkeit

Meinem Empfinden nach eng mit dem Namen Mailands verbunden sind die Begriffe: Aufgeklärte Gerechtigkeit, Fehlen von Haß, Unkenntnis der Grausamkeit.

Kaum habe ich das Wort Grausamkeit fertiggeschrieben, bricht auf dem noch weißen Teil des Blattes ein derart schneidendes Gelächter aus, daß die Seite in der Mitte durchgerissen wird. Ich nehme ein neues Blatt, aber es wird in meinen Händen schwarz, jedoch nur so viel, daß ich auf dem Blatt noch die Umrisse von fünf kleinen Theatern erkenne. Ich denke: »Hier gibt es sicher was zu sehen«, und wie zur Bestätigung meiner Vermutung wird das Blatt zu einem langen schwarzen Band und wickelt mich von oben bis unten ein.

Der Vorhang des ersten Theaters links geht hoch, und es erscheint der Mailänder Park, wie man ihn heute noch vom hinteren Tor des Castello aus sieht. Rechts der Torre Littoria, links der Palazzo dell'Arte, seitlich die gepflegten Wälder und im Hintergrund des großen Parkes der Arco della Pace. Dann beginnt sich der Park allmählich zu verwandeln, durchläuft rasch das Stadium vor seiner Umgestaltung zum Stadtpark durch den Grafen Alemagna, stellt mit Posaunenstößen und Trommelwirbeln für einen Augenblick lang wieder seine Karussells und Puppentheater auf, und schließlich, nachdem eine verzauberte Stille eingetreten ist, die nur überdeckt wird vom Rascheln des ruhigen Laubes, vom Rauschen der Fontänen und vom Gluckern der Brunnen, wird der Park wieder zu jenem Paradies auf Erden, das er zur Zeit der Visconti war, als Lorbeer- und Myrtensträucher seine von verschlungenen Ästen überdachten Wege säumten. Als der Vorhang sich hebt, zielt gerade ein Soldat mit einer Hakenbüchse auf einen Hasen, der im Zickzack über den Weg läuft, feuert ab und tötet ihn. In diesem Augenblick tritt von rechts Bernabò Visconti auf, von mehreren Trabanten gefolgt, und wie er sieht, daß der Soldat den Hasen getötet hat, fragt er ihn: »Warum schließt du ein Auge, wenn du schießt?«

Der Soldat: »Um besser zielen zu können, Hochwohlgeboren.«

Bernabò: (zu seinen Gefolgsleuten): »Man reiße diesem wackeren Soldaten das Auge heraus, das er schließt, um besser zielen zu können. Ich liebe das Überflüssige nicht.«

Der Vorhang des ersten Theaters fällt und der des zweiten geht hoch. Der Thronsaal im Mailänder Castello. Ein Jüngling tritt mit unbeschwerter Miene auf, durchquert, sich wie ein Schmetterlingsfänger um die eigene Achse drehend, den Saal, rutscht ein Stück über den Boden und bleibt zu Füßen des Thrones stehen.

Der Jüngling (zu Bernabò): »Majestät, ich träumte, ein Wildschwein getötet zu haben.«

Bernabò: (zu seinen Gefolgsleuten): »Man reiße diesem jungen Träumer das linke Auge heraus und hacke ihm die rechte Hand ab. In mehr als vierhundert Jahren wird Stendhal in Form eines Kommentars hinzufügen: eine Lektion in Verschwiegenheit.«

Der Jüngling (während er von den Wachen weggezerrt wird): »Danke für die Verschwiegenheit, Hochwohlgeboren.«

Der Vorhang des zweiten Theaters fällt und der des dritten geht hoch. Galeazzo Visconti unterzieht im Foltersaal den Patienten seiner berühmten *Satanica Quaresima*, die von ihm selbst erfunden wurde. In den ersten neun Tagen, die nur von einem Ruhetag unterbrochen werden, wird der Schuldige gepeitscht; am zehnten und an den beiden folgenden Tagen gibt man ihm mit Kalk vermischten Essig zu trinken; am vierzehnten reißt man ihm zwei Streifen Haut vom Rücken; am fünfzehnten werden ihm die Füße gehäutet, und man zwingt ihn, über getrocknete Kichererbsen zu laufen; vom neunzehnten bis zum einundzwanzigsten Tag wird ihm, an Händen und Füßen gefesselt, die Pein der Folterbank zuteil; am dreiundzwanzigsten Tag wird er zuerst des einen, dann des anderen Auges beraubt, worauf ihm die Nase abgeschnitten wird, und nachdem man ihm auch Hände und Füße abgehackt hat, foltert man ihn schließlich auf einem öffentlichen Platz mit glühenden Eisen. Es ist ungewiß, ob jemand diese Behandlung überlebte.

Stimme Klios (im Dunkeln): »Galeazzo II., den du hier siehst, verhalf der Universität Pavia zu großem Ruhm, förderte das Studium des Zivil- und Kirchenrechts, der Medizin, Physik und Logik. Die Liebe zur Wissenschaft ist nicht unvereinbar mit der Grausamkeit. Derselbe Galeazzo Visconti gab 1376 den Auftrag zur Errichtung der Kartause von Pavia, um ein Gelübde zu erfüllen, das seine verstorbene Gemahlin abgelegt hatte. Auch die Pietät ist nicht unvereinbar mit der Grausamkeit.«

Der Vorhang des dritten Theaters fällt und der des vierten geht hoch. Eine Straße in Mailand, auf der sich das Volk händeklatschend und schreiend drängt. Ein Karren, auf dem ein nackter Mann festgebunden ist, fährt vorbei, und hin und wieder reißt der Henker mit einer riesigen, glühenden Zange ein Stück aus seinem Fleisch und wirft es der Menge hin. Offenbar handelt es sich um eine Karnevalsszene und um das Gefährt einer pharmazeutischen Firma, die zu Werbezwecken ihr Produkt gegen Leberschmerzen austeilt, und es ist ein Rätsel, warum sich um diesen »Hepatina«-Wagen weder Bänder mit Sternschnuppen winden, noch buntflimmernde Konfettiwolken niedergehen. Erst bei genauerem Hinsehen stellt man fest, daß dieser Karnevalszug ernst gemeint ist und der mit glühenden Eisen gefolterte Mann der Barbier Gian Giacomo Mora ist, der als Giftsalber die Pest von 1630 verschuldet hat.

Der Vorhang des vierten Theaters senkt sich und der des fünften geht hoch. Auf der Bühne herrscht ein großes Durcheinander, und der Zuschauer würde nichts verstehen, wenn ihm nicht rechtzeitig die Stimme Klios zu Hilfe käme:

Stimme Klios: »Hier siehst du die Glaubenskämpfe zwischen Nikolaiten und Paterini. Die Paterini, die ihren Namen von den Paternostern bezogen, mit denen sie in christlicher Demut auf die Beleidigungen antworteten, standen Pate für die Via Pattari, die noch heute zur Rechten des Corso Vittorio Emanuele abzweigt, gleich am Anfang, als auch für die Trödler, die bis vor kurzem noch auf dieser Straße mit den verschiedensten Dingen handelten, die von den Mailändern eben *pattées* genannt wurden. Siehe den Mönch Luitprand, der 1103 auf der heutigen Piazza Sant'Ambrogio die Feuerprobe ablegen mußte und sie seltsamerweise auch bestand und dem Nase und Ohren abgeschnitten wurden, während er in der Kirche San Paolo die Messe las. Siehe außerdem die Paterini selbst, die zwei Jahrhunderte später ihrem Glauben abschwörten und sich Wilhelmine der Böhmin anschlossen, die Ankunft eines neuen Messias prophezeiten, die Gleichheit von Mann und Frau vorhersagten und sich in den Räumen der Canonica dei Decumani, die auf dem Boden der heutigen Piazza Cavour stand, mit den Priestern vereinigten, die des Zölibats überdrüssig waren und heiraten wollten. Siehe schließlich den Priester Mirano, der Wilhelmine die Böhmin beim Inquisitionstribunal anzeigte, obwohl sie schon seit einigen Jahren tot und im Kloster von Chiaravalle beerdigt war, worauf die Inquisition die sterblichen Überreste Wilhelmines exhumieren und auf der Piazza della Vetra verbrennen ließ, gemeinsam mit Maifreda, der Humiliaten-Nonne, und dem Priester Andrea Saramita, letztere jedoch bei lebendigem Leib.«

Der Vorhang des fünften Theaters fällt und auf meinem Blatt geht das Licht wieder an.

Kaum ist das Licht angegangen, erblicke ich Klio, wie ich sie in *Dico a te, Clio* dargestellt habe: die linke Hand, die gerade die Tür schließen will, die sie stets bei sich trägt, den rechten, auf der Höhe des Ellbogens abgetrennten Arm, den Chiton, der in der Mitte von einem Gürtel zusammengehalten wird, die nackten Füße in den Sandalen, den Matronenschleier auf dem sanften und nachdenklichen Hundekopf. Klio sagt:

»Was sind diese wenigen Beispiele der Grausamkeit im Vergleich zu den Grausamkeiten, die die Geschichte anderer Städte, anderer Länder verunzieren? Glaube mir: Mailand ist eine der wenigen Stätten auf dieser Erde, wo das Wort *humanitas* seine Bedeutung unversehrt erhalten hat. Man hat Schießplätze errichtet, um schwere Geschütze zu erproben, Tennisplätze, um Tennis zu spielen: Auch ihr, die ihr das Leben in seiner ganzen Tiefe ausschöpft, jedoch nicht hofft, in eine andere Welt flüchten zu können, auch ihr sollt eure Stätten irdischer Unsterblichkeit haben.«

Klio geht mit ihrer tragbaren Tür davon, die sie allmählich hinter den Ereignissen und den Menschen abschließt, aus denen die Geschichte besteht (ich muß jedoch sagen, daß Klio ihre Speisen unterschiedslos und in der Art einer ganz gewöhnlichen Suppe kocht), aber die Worte, die sie beim Abschied ausgesprochen hat, beschäftigen mich auch weiterhin.

Die Nacht bricht an, und ihre Worte beginnen sich allmählich in meinem Kopf aufzublähen. Morgen ist ein neuer Tag, dann senkt sich die Nacht aufs neue herab, dann bricht wiederum ein neuer Tag an. Aber was bedeutet mir dieses Kommen und Gehen der Tage und Nächte? Ich sehe, wie die Dunkelheit herabsinkt und das Licht aufersteht, ein entlegenes Schauspiel, das mich nichts angeht. Mein Tag ist ewig und das Licht, in dem ich lebe, unveränderlich: nicht blendend, sondern mild und ruhig.

Unsterblichkeit auf Erden.

Worin genau besteht der Unterschied zwischen uns und den »anderen«, und woher kommt der Neid, den die »anderen« uns gegenüber hegen und den sie vergeblich unter einer ostentativen Verachtung und der scheinbaren Verurteilung unserer Nutzlosigkeit verbergen?

Der Unterschied besteht darin, daß wir das heimliche Spiel des Glücks kennen und jene nicht: das Spiel, dessen einfache Technik und dessen bescheidene Resultate alle, denen man es erklärt oder die man es lehrt, staunen läßt, das jedoch ein sicheres, auf den Grundlagen des gesunden Glücks basierendes Spiel ist, das darin besteht, das unerreichbare Glück zu mißachten und sich mit dem Glück zufriedenzugeben, das man auf dieser Erde findet und mit der Hand berühren kann.

Die anderen leben in der Hoffnung auf ein viel teureres und spektakuläreres Glück. Sie haben das Jenseits. Sie haben das Paradies, wenn sie Christen sind, Engelschöre und die Anbetung Gottes; sie haben die Pilafberge, wenn sie Moslems sind, und die Liebkosungen der Huris, sie haben das Nirwana, wenn sie Buddhisten sind, und die höchste Wollust des Nichts. Wir hingegen haben die Unsterblichkeit auf Erden.

Was sollen wir mit den himmlischen Freuden, wir, die wir weder liturgische Gesänge noch Knabenchöre lieben und die wir uns in Gesellschaft der Gäste von Dantes Paradies, bei ihren Gesichtern, ihren Reden, ihrem Auf- und Abspazieren in weißen Leinenhemden tödlich langweilen würden, sofern es nicht absurd wäre, im Paradies zu sterben.

Die Kunst selbst erfordert die »permanente Anwesenheit auf Erden«. Ein ernsthafter Künstler, ein Künstler, der dieses Namens würdig ist, verläßt die Erde nicht, flüchtet nicht, geht nicht ins Exil, sondern findet auf der Erde, in den irdischen und greifbaren Dingen Mysterium und Poesie, Staunen und Tiefe. Nur die Ästheten fliehen von der Erde oder die falschen Künstler, die der Meinung sind, die Kunst sei etwas Jenseitiges, sei etwas »nicht für alle Tage«, ein unfaßbarer Zustand, ein Ideal.

Wir, die wir nicht auf zukünftiges Glück vertrauen, wir, die wir zur Vorstellung des Paradieses auf Erden[1] zurückgekehrt sind, wir suchen einen Ort, der mit seiner Natur, dem Gewand, das ihn bedeckt, der Luft, die ihn umgibt, diese Vorstellung vom Paradies rechtfertigt.

Wir suchen die Inseln der Seligen.

Die Inseln der Seligen wurden auf den Kanarischen Inseln gesichtet. Aber die Kanarischen Inseln sind unerreichbar für uns, vielleicht auch unbewohnbar. Außerdem muß man sich auch über das Wesen dieses irdischen Paradieses einig sein. Wir wünschen uns nicht die »glanzvolle Schöpfung«, keine hervorstechende Schönheit und möglichst wenige dramatische Aspekte der Natur, sondern einen Ort, der so natürlich zivilisiert ist, so freundlich und höflich und so wenig störend, daß der Mensch-Künstler, den Geboten des wahren Glücks folgend, sich in Freiheit ganz und gar selbst genießen kann.

Die Phantasie der Alten hat die Inseln der Seligen außerhalb der Welt angesiedelt, an schwer oder überhaupt nicht zugänglichen Orten, inmitten der mysteriösen Ozeane, aus denen auch die utopischen Länder auftauchen. Bleiben nur noch einige Schamgefühle zu überwinden...

In den *Wahren Geschichten*, dem schönsten Werk von Lukian,[2] gehen er und seine Gefährten jenseits eines nebeligen Meeres auf einer Insel an Land, auf der die toten Helden leben, die hier in sanfter Langeweile versammelt sind, Dichter und Philosophen, von denen nur Empedokles fehlt, denn da er sich in einem

---

1 Ursprünglich befindet sich das Paradies auf der Erde. Pindar beschreibt den Aufenthalt der Seligen in einem wunderschönen Garten, durch den eine frische Seebrise weht, und dieselbe Vorstellung finden wir auch in Persien, wo das Wort *pairidaêza*, beziehungsweise »geschlossen«, die großartigen Gärten bezeichnet, die sich rund um die Schlösser der Satrapen und des Großen Königs befinden. Die Geschichte des Wortes »Paradies« in den drei monotheistischen Religionen ist bekannt: Ursprünglich war das Paradies ein jenseitiges Land, das auf der Erde selbst, vielleicht in irgendeiner Oase, lag. Erst relativ spät und unter der Einwirkung der chaldäischen Astronomie stellte man sich das Paradies nicht mehr auf der Erde, sondern im Himmel vor.

2 Von diesem Abenteuerroman gibt es nur zwei Bücher. Seltsam sind die Ähnlichkeiten zwischen diesem kleinen Roman und der *Reise* von Cyrano de Bergerac und vor allem *Pinocchios Abenteuern*.

Zustand fortgeschrittener Verkohlung vorgestellt hatte, war ihm die Gastfreundschaft an einem so sauberen und ordentlichen Ort verwehrt worden.

Für uns ist die Insel der Seligen, der Ort der Unsterblichkeit auf Erden, Mailand im Winter und die Versilia im Sommer.

Der Grund, warum sich seit so vielen Jahren Künstler und Literaten von diesem Strand und diesen Pinienwäldern angezogen fühlen, mag geheimnisvoll erscheinen. Aber er liegt ganz einfach in der Milde dieser Natur, in ihrer »Menschlichkeit«.

Hier lenken weder eine besonders großartige Natur noch ein besonderes Elend den Menschen von sich selbst ab. Hohe, aber nicht allzu hohe Berge, die so weise angeordnet sind, daß sie den Menschen nicht überwältigen und ihn zu einem Segantini,[3] einem Victor Hugo machen; eine stattliche Anzahl von klaren Flüssen, die jedoch leicht zu überschreiten sind und ungehindert dahinfließen. Ausreichend Vegetation, um die Natur angenehm zu »möblieren« und uns das Gefühl zu geben, wir könnten uns niederlegen, wo auch immer wir uns befinden, worin die wahre Bequemlichkeit besteht, aber eine zurückhaltende und nur menschengroße Natur. Selbst das Meer – dieser große Zauberer, dieser große Plagegeist – hält sich in den Grenzen der freundlichsten Zurückhaltung und kann hier weder ozeanische Begeisterung hervorrufen noch unschickliche und herzerweichende Gondellieder.

Ähnliches gilt in Hinsicht auf den Menschen und seine Arbeit. Nichts trübt oder betrübt den Geist dessen, der ganz auf das Irdische vertraut und der vom Leben selbst Unsterblichkeit erwartet, diesseits und jenseits des Todes... Keine Antike, kein Mittelalter,[4] keine bedeutungsschweren Stimmen der Vergangenheit, keine schicksalsschweren Blicke.

3 Giovanni Segantini (1859-1899), Maler, Haupt der Divisionistenschule. (Anm. d. Ü.)

4 Abgesehen von der Villa des Senators Rolandi Ricci am Lido von Camaiore, die, wie es in den Fremdenführern heißt, »ein perfektes mittelalterliches Architekturbeispiel ist«. In dieser Villa schrieb Gabriele D'Annunzio *Francesca da Rimini*. Aufgrund eines einzigartigen Zufalls erinnert der mit Zinnen versehene Turm hinter der Villa Rolandi Ricci in seltsamer Weise an die Inszenierung der *Francesca da Rimini*, die wir vor drei Jahren im Teatro Argentina in Rom sahen. In der Tragödie wird die Stadt der Malatesta vermännlicht und Rimino genannt. Auch der Pinienwald im

Auch die Städte selbst, Viareggio, Forte dei Marmi, Marina di Massa, entbehren jeglichen städtischen Hochmuts und jeglicher Anmaßung illustrer historischer Städte; sie sind Städte, die mit uns geboren und mit uns aufgewachsen sind, in denen man bei jedem Schritt Pinocchio in die Arme laufen kann, der zwischen Maestro Ciliegia und dem Hund Medoro ausschreitet; und die Häuser sind der Länge des Beines angepaßt, so daß man ruhig den Schlüssel zu Hause vergessen kann, so einfach ist es, durch das Fenster einzusteigen.

Die Menschen des Geistes, die in die Versilia fahren, wandeln auf den Spuren Montaignes, der die Gewohnheit hatte, nach Bagni di Lucca zu fahren.

Shelley raste mit gehißten Segeln über das Meer zwischen Viareggio und San Terenzio, und kaum war er dem Meer entstiegen, zeigte er sich nackt und vor Wasser triefend der ernsthaften Gattin seines Konsuls; er war jedoch noch zu »rein«, zu arielsgleich, zu halkyonisch, zu delphinisch, um Anspruch auf diese irdische Unsterblichkeit erheben zu können, die nur jenen zusteht, die sich über das poetische Zierwerk, über Prometheus' naiven Traum und den Ehrgeiz des Gott-Menschen hinweggesetzt haben.

Auch George Byron ist dieser Unsterblichkeit nicht sehr würdig, der mit einem maßlosen Mangel an Schamgefühl am Strand von Viareggio den Scheiterhaufen entzündete, die sterbliche Hülle seines ertrunkenen Freundes darauflegte und sich dann, während der Freund verbrannte, ins Wasser stürzte und Verse brüllend davonschwamm. Aus der perfektionierten Versilia von heute hätte man Byron verstoßen wie Empedokles von der Insel der Seligen.

Dann kamen die deutschen Romantiker, Böcklin, Hans von

Pioggia nel... wird »pineto« genannt. (Auch dieses berühmte Gedicht wurde vom versilischen Pinienwald inspiriert.) Der Ästhetizismus, der darin besteht, die Wahrheit der Dinge unter dem Vorwand, sie zu verschönern und zu veredeln, zu verstecken, führt auch zur Veränderung des üblichen Klanges der Wörter. An vielen Stellen sagt das Werk D'Annunzios das, was alle sagen, aber mit anderen Worten. Wir sahen einmal die Tragödie eines Freundes mit dem Titel *Samson*, in der der Name von Samsons Verführerin nicht Dàlila war, sondern Dèlila. Man braucht wohl nicht zu erwähnen, daß die Tragödie durchfiel.

Marées, die weniger »glühten vor Leere« und dieses Strandes würdiger waren; der letzte war Hildebrand, der sich ein Haus in sarazenischem Stil baute, in dem heute hin und wieder mein Freund Malaparte wohnt.

Dann kam D'Annunzio, zuerst in die »Versiliana«,[5] in der es wie in einem Taubenschlag vor Gedenksteinen wimmelte, dann in das »Schloß« Rolando Riccis, in dem er die *Francesca da Rimini* schrieb; und er und Eleonora Duse ritten auf dem Strand auf und ab, gefolgt von einer Meute Windspielen, die in der Nähe des Hauses Hildebrand von den Schlangen angegriffen wurden, die Hildebrand im Keller seines Hauses züchtete.

Dann kam Sargent,[6] der unter freiem Himmel auf einem Feldbett schlief und dem Enrico Pea[7] einen Hund namens Troubadour verkaufte.

Der letzte »Fremde« in der Versilia war Aldous Huxley. Wäre doch auch Nietzsche gekommen, wäre doch auch er mit dem Rad vom Poveromo[8] ins Café Roma und zurück gefahren, mit dem Schnurrbart im Mund und seinem glühenden Blick unter den herabhängenden Augenbrauen, dann wäre er nicht als Verrückter gestorben, und anstelle jener schrecklichen zehn Jahre, die er mit Wolken und Steinen im Kopf auf dem Hügel von Weimar zubrachte, wären ihm noch fünfzig Jahre voll klarer und ruhiger Gedanken beschieden gewesen.

5 Der Name »Versiliana« stammt von Renato Fucini.

6 John Singer Sargent (1856-1925), Maler aus den USA. Lebte lange Zeit in Italien. Malte Porträts der feinen Gesellschaft. (Anm. d. Ü.)

7 Enrico Pea verdanken wir die genialsten Überlegungen zum Ursprung der Kahlköpfigkeit. Er stellte fest, daß selbst der kahlste Glatzkopf an jenem Teil des Kopfes einen Haarkranz behält, auf dem der Hut wie ein Ring sitzt und der in der Nacht auf dem Kissen ruht. Ein Zeichen, daß nur die Haare ausfallen, denen es an Reibung und Bewegung mangelt. Für diese Bewegung sorgt Pea, indem er sich die Haare auf der Schädeldecke reibt, an jener Stelle, wo die Haare nie berührt werden und deshalb dem Tod geweiht sind. Gibt es einen besseren Beweis, daß auch das Leben der Haare Bewegung ist? Wie man weiß, besitzt Pea eine absalomische Haarfülle. (Enrico Pea, 1881-1958, italienischer Schriftsteller proletarischer Herkunft, der in seinen Werken die provinzielle Welt seiner Heimat, der Versilia, schildert. d. Ü.)

8 »Poveromo«, »armer Mensch«, hieß der Landsitz Savinios in der Versilia. (Anm. d. Ü.)

Bleiben die Unsrigen: die vollzählig versammelten italienischen Künstler und Literaten, die von Juni bis Oktober mit dem Fahrrad an diesem Strand unterwegs sind, wie frühreife oder auf wundersame Weise alt geborene Kinder. Die einen sichtbar und lebendig, in Unterhosen und einem Käppchen auf dem Kopf, die anderen unsichtbar, aber deshalb nicht weniger präsent: Dante, Petrarca, Leopardi, die restlichen, auch sie auf dem Fahrrad. Nur Manzoni fährt ein Dreirad: rot gepolstert wie ein Betstuhl.

Heute morgen ist Klio zu mir zurückgekehrt, den Arm durch ihre Tür gesteckt wie in einen Totenkranz, und ich frage sie:
»Was die Geschichte anbelangt, so hat es mir stets zu denken gegeben, daß alle Geschichtswerke immer von politischen und kriegerischen Ereignissen sprechen und nur zu einem winzigen Teil von den sonstigen Unternehmungen des Menschen. Sind also nur die politischen Kämpfe, die diplomatischen Schlachten, die Auseinandersetzungen auf den Schlachtfeldern erinnerungswürdig?«
Klio antwortet mir:
»Deine Frage wird sich von selbst beantworten, sobald du die katharische Funktion der Geschichte verstanden hast. Die Geschichte nimmt nicht *alle* erinnerungswürdigen Taten der Menschen auf, sondern nur die, die man zusammenfassen muß, weil sie sonst im Weg stünden. Der Krieg selbst ist ein kathartischer Vorgang. Vielmehr, welcher Vorgang ist katharischer als der Krieg?
So ausgedrückt, bleibt die Funktion der Geschichte nach wie vor beschränkt, und richtiger wäre es zu sagen, daß die Geschichte allmählich alle Handlungen aufnimmt, die die Fortentwicklung der Welt betreffen, beziehungsweise jene, die immer wieder aufs neue begangen werden müssen. Die anderen – Gedanken, Künste, wissenschaftliche Entdeckungen – dürfen nicht in die Geschichte eingeschlossen werden, denn sie überfüllen die Welt nicht, beschmutzen sie nicht, verderben sie nicht, sondern ganz im Gegenteil, schmücken sie.
Es gibt jedoch zwei Beispiele für Geschichtswerke, die alle menschlichen Aktivitäten umfassen: *Grundzüge einer neuen Wissenschaft* von Giambattista Vico und der *Untergang des Abendlandes* von Oswald Spengler. Bei Spengler ist ja auch die

Parallelität der politischen und kulturellen Fakten der tragende
Gedanke seines Werkes.

Aber beide Geschichtswerke sind ihren Qualitäten zum Trotz
(besonders was das Werk Vicos anbelangt) historisch gesehen
falsch. Jedenfalls stellen sie eine intellektualistische Form dar, die
Geschichte zu betrachten.

Man gebe Cäsar . . .«

Der verletzte Riese

Un temps à ne pas mettre un poète à la porte ...[1]
In Mailand hätte dieser Vers von Musset keinen Sinn. Die Atmosphäre dieser Stadt ist so heimelig, daß uns Straßen und Plätze
wie Wohnungen erscheinen, als wären sie Häuser ohne Dach.
Die Piazza Belgioioso ist das gemeinsame Vestibül des gleichnamigen Palazzo und des Palazzo Besana auf der anderen Seite. Der
eine trägt den »Geschmack«, beziehungsweise die ruhige Würde
des klassizistischen Piermarini[2] auf dem Antlitz, der andere ist
eine riesige, belebte Drehorgel, und wenn sie plötzlich zu spielen
begänne, würden wir sehen, wie drei Marionettenpaare zwischen
den Säulen auftauchen und zum silberhellen *tschin tschin* der
Becken ruckweise eine Runde drehen, mit steifen Beinen und
starrem Blick. Die beiden Straßen, die in dieses »Vestibül« ein-
münden, sind nicht wirklich Straßen, sondern Korridore: die Via
Girolamo Morone, an der sich das kostbare Museum Poldi Pezzoli befindet, und die Via degli Omenoni, über die sich die
Karyatiden Leone Leonis beugen. Große Angst ergreift mich
immer wieder aufs neue, wenn ich die *omenoni*, die Riesen des
Edlen Aretino, sehe, die zu einer unterwürfigen Haltung
gezwungen sind, die ihrem stolzen Äußeren, ihrem Muskelum-
fang, gänzlich widerspricht. Der männliche Artikel (»i«, die,
mask. plural) vor Karyatiden darf uns nicht verwundern. Vitruv
lehrt, daß die Karyatiden manchmal männlich sind. Die, die das
Dach des Erechteion tragen, beugen nicht den Hals, sie blicken
gelassen und verfügen noch über eine gewisse Bewegungsfreiheit, als trügen sie nicht den Architrav des Philokletes auf dem
Kopf, sondern eine Schüssel mit Wasser, das sie gerade aus dem
Ilissos geschöpft haben. Die Griechen hielten jegliche Äußerung
von Schmerz und Mühsal für unanständig, und auch darin fühle
ich mich als Grieche. Leone Leoni, der seine männlichen Karyatiden zu einer so deutlich sichtbaren Pein gezwungen hat, offen-

---

1 »Bei diesem Wetter setzt man nicht einmal einen Dichter vor die Tür ...«
  (d. Ü.)
2 Giuseppe Piermarini (1734-1808). Neubau des Palazzo Reale, des Palazzo
  Belgioioso und der Scala. (Anm. d. Ü.)

bart unbewußt und dank einer indirekten Auswirkung seines Michelangelismus die ursprüngliche Funktion der Karyatiden, denn die eingeborenen Mädchen von Karien und mit ihnen die unzähligen, nach ihnen kommenden Schwestern, die dazu verdammt waren, Architrave oder Altane zu tragen, Tischplatten oder Armlehnen, büßen noch heute für einen lange zurückliegenden Verrat, den sie sich haben zuschulden kommen lassen. Es widerspräche dem Geist der antiken Griechen, einer Figur Form zu geben, die nicht einer moralischen Überlegung entsprungen ist. Die Karyatide ist eine der christlichsten Figuren aus der Zeit vor dem Christentum. Eine im übrigen sehr orientalische Idee: Die Frau trägt das Gewicht, um den Mann zu entlasten. Je weiter man nach Nordwesten fährt, desto mehr kehren sich die Positionen um, und der Mann wird, beziehungsweise wurde zum galanten Diener der Frau. Wenn wir noch weiter fahren, bis wir den äußersten Rand unseres Nordwestens erreichen, finden wir in Island die absolute Nora, beziehungsweise die Frau, die auf ihre Selbständigkeit stolz ist. Vor nicht allzu langer Zeit gelangte ein Franzose auf einer Kreuzfahrt dorthin, und als er Anstalten machte, einem Mädchen zu helfen, das sich mit einem schweren Gegenstand abmühte, bekam er von der Entrüsteten eine kräftige Ohrfeige. Die Riesen auf der Via degli Omenoni sollte man lieber nicht Karyatiden nennen, sondern Telamonier, nach den kolossalen Menschenstatuen auf der Außenseite der Gebäude, die als Säulen oder Pfeiler dienen und ihren Namen zwei stolzen Kriegern verdanken, dem Telamonier Aiax und dem Telamonier Oileus,[3] den »Stützen« des Trojanischen Krieges.

Als ich im April 1930 nach Mailand kam, fand ich einen der Riesen mit verbundenem Haupt vor. Der Anblick des verletzten Riesen verschaffte mir eine berechtigte Befriedigung. Er bestätigte eine Vermutung, die ich schon seit einiger Zeit hegte, nämlich daß die Riesen unter ihrer harten Haut aus geräuchertem Stein leben und leiden wie wir. Es handelt sich jedoch um ein derart langsames und »versteinertes« Leben, daß nur wenig davon an die Oberfläche dringt. Die Riesen empfinden dieselben Schmerzen wie wir, aber die wenigen Freuden, die uns vergönnt

3 Hier meint Savinio wohl den Lokrer Oileus. (Anm. d. Ü.)

sind und die uns hin und wieder über die wahre Natur des Lebens hinwegtäuschen, sind ihnen verwehrt. Ihre Situation ist jedoch viel ergreifender als unsere. Ich habe schon viele tragische Schauspiele menschlichen Leids erlebt, aber bei keinem empfand ich solchen Schmerz wie beim Anblick des sich unter dem Balkon krümmenden Riesen, dessen Kopf aus einer großen Kugel schmutziger Lappen bestand. Ich stellte Nachforschungen an und erfuhr, daß die unglückliche Karyatide von einem Lastwagen angefahren worden war.

Unsere Qualen erleiden, jedoch nicht unsere Freuden erleben. Wir dürfen uns jedoch von dem großen Schmerz beim Anblick der Riesen nicht täuschen lassen. Die Freude nicht zu kennen ist ein Privileg. Maria Teresa Paradies, die von Geburt an blind war, lernte das Unglück erst dann kennen, als ihr Mesmer das Augenlicht zurückgab und sie Menschen und Dinge allmählich so zu sehen begann, wie sie wirklich sind. Ganz besonders mißfiel ihr die Nase des Menschen, sie machte ihr geradezu Angst. Maria Teresa Paradies sah in dieser Geruchspumpe, die bisweilen so stolz mitten aus der Maske des Menschen hervorragt, einen bedrohlichen Schnabel, der nur darauf wartete, das Licht in ihren armen Augen wieder zu löschen, das Friedrich Anton Mesmer so leichtsinnig angezündet hatte.[4] Im übrigen ist die glückliche Veränderung, die den Dingen in unserer Erinnerung widerfährt, ein indirekter Beweis für das nicht geschätzte Glück der Blinden. Die Toten, die die Griechen aus gutem Grund *makares*, beziehungsweise »Selige« nannten (nicht zufällig verteilt Macario[5] Glück), sind bestimmt deshalb glücklich, weil sie die Augen vor dem Schauspiel der Welt verschlossen haben.

In der Via degli Omenoni befand sich einmal, zu Beginn dieses Jahrhunderts, der Sitz des Verlages Ricordi. Man ging durch die Tür der Pförtnerloge, die den Besucher mit einem silberhellen *din* ankündigte, und stieg in den ersten Stock hinauf. Im Mezzanin befanden sich die Zimmer der »Arrangeure«, die die Opern-

---

4 Aber vielleicht hatte Maria Teresa Paradies nur deshalb Angst vor der Nase, weil das Geschlecht des Mannes und seine symbolische Darstellung den Mädchen Angst machen.

5 Italienischer Komiker, s. auch Anm. 5, Kap. Derelefant. (Anm. d. Ü.)

partituren für Gesang und Klavier oder auch nur Klavier einrichteten. Einer dieser beiden Arrangeure hieß Sollazzi (*sollazzo*, Vergnügen), aber seinem Namen zum Trotz war er der melancholischste Mensch auf dieser Welt, sanft und resigniert, der sich mit seinem mittelmäßigen Leben abgefunden hatte und sich hinter den blauen Brillengläsern versteckte, die seine Augen schützten, die müde geworden waren vom Entziffern des »Gekrakels« auf dem Notenpapier all jener »Großen«, vor denen er sich so klein fühlte. Giulio und Tito Ricordi, Vater und Sohn, leiteten einmütig den berühmten Musikverlag. Giulio Ricordi komponierte nebenbei leichte Musik, die er mit dem Namen Burgmein signierte. Wäre Giulio Ricordi Literat und nicht Musiker gewesen, hätte er ein französisch klingendes Pseudonym gewählt: Rastignac. Die literarische Hegemonie Frankreichs und die musikalische Hegemonie Deutschlands waren zu jener Zeit unumstritten. Zu einer Statue geschrumpft, die im Hof des neuen Verlagsgebäudes in der Via Berchet Nr. 2 aufgestellt ist, empfängt der wie mit einem Bleistiftspitzer zugespitzte Alte noch immer unbeweglich Sänger, Theaterimpresarios und Dirigenten; aber sie gehen inzwischen an ihm vorbei, ohne ihm Beachtung zu schenken.

Rund um den großen, rechteckigen Tisch im Wartezimmer, auf dem in malerischer Unordnung die Hefte des Hausorgans »Ars et Labor« verstreut lagen, saßen fiebernd, ungeduldig, resigniert oder gelangweilt Sänger beiderlei Geschlechts, Komponisten, Impresarios, Konzertmeister. Die ganz jungen Sängerinnen, die Debütantinnen, die den Blick gesenkt und die Hände im Schoß hielten, wurden von einer reiferen Dame, der Mutter vielleicht oder einer Tante, begleitet oder von einer nicht mit ihnen verwandten Frau, die die Türsteher unter sich *il madro* (der Mutter) nannten. Der oberste Türsteher hieß Palumbo (*palombo*, Taube) und war ein lebendes Beispiel für die unvermeidliche Ähnlichkeit zwischen dem Menschen und seinem Namen.

Der Gesang fördert die Entwicklung der Brust, und die lyrischen und dramatischen Soprane, die Altistinnen, die sich im Wartezimmer des Verlages Ricordi in Erwartung eines Engagements versammelt hatten, waren eine großartige Kollektion von Säugetieren. Die Schulterstücke aus Spitze wogten rhythmisch wie ein Floß auf dem Meer über diesen üppigen Säugeinstrumenten, zwischen den beiden Vorderteilen des Boleros, der sich nicht schließen ließ. In den rabenschwarzen Augen spiegelten sich die Dramen der Violetta und Amneris, der Floria Tosca und Mimi. Obendrauf saß, gleichsam als Deckel auf den überkochenden Leidenschaften, ein kolossaler Hut, der überquoll von fetten Trauben, kanaanäischen Früchten, von Auerhähnen mit ausgebreiteten Flügeln, Reiherfedern und Federbuschen. Palumbo war ein Mann von enormer Erfahrung, der über die Sympathien oder, wie es im psychoanalytischen Jargon heißt, über die affektive Besetzung seiner Chefs bestens Bescheid wußte, und je nachdem, ob die, die es auf ein Engagement abgesehen hatte, herb oder vollreif war, knochig oder gut gepolstert, blond oder brünett, geleitete er sie ins Büro des Kommerzienrats Giulio oder in das des Kommerzienrats Tito. Manchmal durchquerte eine raschelnde und duftende Frau gebieterischen Schritts das Vestibül, die Frisur mit einem dreideckigen Schiff beladen, den Sirenenkörper in die Windungen einer Boa eingewickelt, den Blick geradeaus gerichtet, und betrat herrisch und ohne die Begleitung Palumbos, allenfalls mit dem Ehrengeleit Palumbos, die Abteilung der Direktoren. Im Wartesaal reckten sich die Hälse, die Augen traten aus den Höhlen, ein großer Name entschlüpfte den vom tiefen *Do* gerundeten Mündern: »Hast du gesehen... Lina Cavalieri!«

Die Piazza Belgioioso oder besser gesagt: das »Vestibül« Belgioioso besitzt einen dritten Ausgang unter einem häßlichen Torbogen aus schwarzem Stein, der erst vor kurzem eröffnet wurde und die Piazza Belgioioso mit der Piazza Francesco Crispi verbindet. Hier beginnt der strenge militärische, von grauen Kasematten gesäumte Corso del Littorio, der zu den Wolkenkratzern von San Babila führt. Auf halber Höhe des Corso, der ganz im Zeichen des Stahls steht, befinden sich – vor dem Eingang des Direktionsgebäudes der Falck-Stahlwerke – vier Stahlsäulen. Der Name bezeichnet den Menschen, seinen Charakter, seine Beschäftigung: Falck und Krupp sind Namen aus Stahl. Noch ein paar Schritte, und da sind auch die Auswirkungen des Stahls: sieben Löcher in einer Mauer, rechts, auf der Höhe eines Kopfes, eines Herzens, eines Bauches »hingespritzt«. Sieben Stahlprojektile haben diese sieben Löcher gegraben, eine Frau hat sie abgefeuert, und bevor sie sich in die Wand bohrten, haben sie den

Körper eines alten Mailänder Fürsten durchlöchert. Obwohl der Tod schon Besitz von ihm ergriffen hatte, ging der alte Fürst noch ein paar Schritte weiter. Und vielleicht dachte er: »Da bin ich ja noch einmal gut davongekommen.« Der geistvollste Tod ist jener, der überraschend zuschlägt und sich nicht zu erkennen gibt. Als Elisabeth vom Dolch Luchenis getroffen wurde, ärgerte sie sich, daß dieser liederliche Mensch sie gestoßen hatte. Sie hob Tasche und Schirm vom Boden auf und bestieg den Dampfer, der an der Genfer Mole lag, um den See zu überqueren und bei ihrer Freundin zu Mittag zu essen. Je grausamer der Tod ist, desto mehr Rücksicht nimmt er auf den Patienten. Pietät, Neugier, Spiel? Ein mit blauer Tinte gezogener Kreis umgibt jedes dieser sieben Löcher.

Wir kehren auf die Piazza Belgioioso zurück. Auf der anderen Seite des Vestibüls, dem schwarzen Torbogen gegenüber, der auf die Piazza Crispi führt, steht in eine Ecke gezwängt ein kleines, rotes Haus: eines jener absurden Möbelstücke, wie sie sich in den Vestibüls selbst der sittsamsten Häuser befinden, weil sie ein weitgereister Onkel aus einem fernen Land mitgebracht hat. In diesem Haus starb 1873 Alessandro Manzoni, der hier mehr als sechzig Jahre gelebt hatte. Die Fassade ist aus Backstein wie auch die Seitenmauer, die auf die Via Morone blickt. Mailand rühmte sich, noch ein zweites mit Backstein verkleidetes Haus zu besitzen, das um einiges prunkvoller war als das Haus Manzonis: die Casa Rossa auf dem Corso Venezia, die mit Episoden aus dem Risorgimento verziert war. Immer wenn ich an der Casa Rossa vorbeiging, blieb ich stehen und betrachtete das Basrelief, das die Begegnung Cavours mit Napoleon III. in Plombières-les-Bains darstellte: die kleine, rundliche Gestalt des piemontesischen Staatsmannes, sein bebrilltes, bärtiges Gesicht, der Gehrock eines Provinznotars, und ich dachte über das Rätsel nach, wie man Italien gründen konnte, ohne jemals in Rom gewesen zu sein. Viele Jahre lang beherbergte die Casa Rossa den Kern der futuristischen Bewegung, aber eines Tages brach dieses seltsame Gebäude, das die Ehren eines Nationaldenkmals verdient hätte, zusammen – hinter einem Lattenzaun, den man rund um die Baustelle errichtet hatte. Ebenfalls auf dem Corso Venezia, nur wenige Schritte von der verschwundenen Casa Rossa entfernt, steht ein großes Gebäude mit assyro-babylonischem Anstrich, das die Mailänder als Aquarium bezeichnen, weil es kurz nach dem ersten Weltkrieg von »Haifischen« bewohnt wurde. Um mich über den Verlust der Casa Rossa hinwegzutrösten, besuche ich das Naturgeschichtliche Museum, das sich nicht weit von hier am Rande der Giardini Pubblici befindet. Auch dieses Gebäude besteht aus nackten Ziegeln und entspricht dem mimetischen Stil, der Ende des letzten Jahrhunderts so sehr in Mode war, und so wie es ans »Ufer« des Corso Venezia paßt, würde es auch an das Ufer des Ganges passen. Das Innere dieses Gebäudes ist bezaubernd und poetisch, und ich sehe, wie zwischen den Fossilen des *Glyptodon Cuvieri* und des *Toxodon Platensis*, die von Nadeln an der Wand gehalten werden, der zerstreute, verstörte und mit einem Fernrohr ausgerüstete Professor Livenbrock herumirrt, der gerade von seiner Reise zum Mittelpunkt der Erde zurückgekehrt ist.

Die Zeit, in der der Verlag Ricordi seinen Sitz in der Via degli Omenoni hatte, war das goldene Zeitalter des veristischen Melodramas. Die Scala, das Dal Verme, das Carcano, das Lirico machten sich die neuesten Opern streitig. Die Melodramen erblühten für ein kurzes Leben: der *Manuele Menendez*, das *Nave Rossa*, eine »zweite« *Cavalleria Rusticana*, die ein gewisser Maestro Monleone geschrieben hatte. Jeden Abend eine Uraufführung. Im Zimmer meiner Pension auf der Via Oriani hinter der Scala fand ich in der Schublade des Nachttischs ein Telegramm, das mein Vorgänger vergessen hatte. Darin hieß es: »Uraufführung Tromben«, und unterzeichnet war es mit »Delilier«.

Eine musikalische Aura umgab die Stadt, brachte ihren weichen Nebelschleier zum Klingen. In der Galerie herrschten die Kulissenreißer. Mantel mit Rückenspange, Kragen aus Biberpelz, in den Nacken geschobene Melone. In einer Ecke unweit des Einganges des Ristorante Economico probten drei von ihnen Brusttöne, wobei sie sich die Ohren zuhielten und die Köpfe zusammenstießen wie bei einer perfekten Karambolage. In meiner Pension sang der Tenor Borgatti:[6] »Gesprengt sind die Ketten...« Bei Tisch ließ sich der Bariton Pacini ein ganzes Ochsenauge auf dem Teller bringen und speiste zyklopisch. Im

6 Giuseppe Borgatti (1871-1950), vor allem Wagnersänger. (Anm. d.Ü.)

Salon improvisierte eines Abends Borella, ein Kavallerieoffizier, der das Heer verlassen hatte, um sich Opernlibretti zu widmen, einer jungen Skandinavierin zuliebe, die nach Mailand gekommen war, um Gesang zu studieren, ein paar sechsfüßige Verse:

> O bionda figurina
> Che tutta in te raüni
> La bellezza divina
> Del volto e del sentir,
> Non mi guardar ché affanno
> A volta a volta e gioia
> Gli occhioni tuo mi danno
> E non li so fuggir...[7]

Eines Abends wurde das Zimmer neben mir von einer amerikanischen Sängerin bezogen, und sofort verbreitete sich das Gerücht, diese Amazone aus Übersee, diese Marfisa[8] der Rocky Mountains hätte sich die Artigkeiten der bedeutendsten Verleger verbeten, die Schmeicheleien der mächtigsten Impresarios zurückgewiesen.
Jeden Morgen kam ein alter Musiklehrer zu ihr, der halb buckelig und halb blind war, und sie probten stundenlang die *Traviata*, denn die junge Amerikanerin sollte in Kürze damit im Dal Verme debütieren. Um diesen herzzerreißenden Tönen zu entfliehen, öffnete ich den Hahn des Waschbeckens und studierte beim Rauschen des fließenden Wassers.
In der Nacht beobachtete ich durch das Schlüsselloch heimlich die verzückte Einsamkeit meiner Nachbarin, ich beobachtete sie,

7   O, du blonde Gestalt
     die du die göttliche Schönheit
     des Antlitzes und der Seele
     in dir vereinst
     Sieh mich nicht an
     denn einmal Atemnot und einmal Glück
     verschafft mir dein Blick
     und ich kann mich ihm nicht entziehn. (d. Ü.)

8 »Marfisa« ist eine Figur aus Ariosts *Orlando furioso*: eine Amazone.
   (Anm. d. Ü.)

wie sie, in ein Laken gewickelt, tragisch gestikulierte, wie sie sang, ohne einen Laut von sich zu geben. Warum setzte sie nicht auch bei Tage ihren schweigenden Gesang fort? Auch die Pianisten tun gut daran, auf der stummen Tastatur zu üben...

Sie hieß Edith de Lys und stammte aus Minnesota.

In jener Zeit zogen Mandolinenspieler, Sänger und Putipù-Spieler[9] nachts im Marschschritt durch die Städte und spielten Serenaden. An Kreuzungen von drei oder vier Straßen blieben sie stehen, um eine besonders anspruchsvolle Sonate zum besten zu geben. Und es war eine Freude für mich, zu der sich auch ein wenig Melancholie gesellte – denn auch ich wollte eine in der Nacht aufsteigende Stimme sein –, es war eine Freude für mich, von meinem Bett aus zu hören, wie sich die Mandolinenmusik von ferne näherte, wie das Crescendo unter meinem Fenster anstieg, wie sie sich wieder entfernte und am Ende der Straße verstummte. Eines Abends blieben die Mandolinenspieler an der Kreuzung vor meiner Pension stehen und sangen:

> Mammà vorrei sposare
> Quel caro morettino...[10]

Ich trat auf den Balkon hinaus. Auf dem Balkon daneben stand Edith, in ihr tragisches Laken gewickelt. Die Mandolinenspieler gingen davon, und Edith richtete in einem barbarischen Italienisch das Wort an mich. Derart ermutigt, wagte ich, ihr zu sagen, daß sie wahrscheinlich von Jeanne d'Arc abstamme, denn im Zuge des Rehabilitationsprozesses, der einige Jahre nach derem Tode auf dem Scheiterhaufen stattfand, wurde den Nachfahren Jeannes vom französischen König der Adelstitel verliehen, und sie erhielten den Namen »de Lys«, beziehungsweise »von Lilie«.[11]

---

9 Putipù: eine Art Tamburin. (Anm. d. Ü.)

10   Mama, ich möchte
               diesen kleinen Mohren heiraten. (d. Ü.)

11 Ich lese in einer Zeitung (4. September 1942), Herr Guillaume de Benouville, ein französischer Historiker (?), hätte entdeckt, daß Jeanne d'Arc von königlicher Abstammung war. Diese Entdeckung würde die Erhebung in den Adelsstand *in memoriam* überflüssig machen. Aber vor allem müßte man wissen, wer Herr de Benouville ist.

Die Amerikanerin hörte mir zu. Sie war von einer kindlichen Naivität. Die Vorstellung, diesem illustren Geschlecht anzugehören, entzündete eine schwärmerische Freude in ihr. Auf die Wirkung meiner Worte vertrauend, fügte ich hinzu: »Ihr ernsthafter Charakter, Ihr amazonenhaftes Wesen sind der Beweis für Ihre kriegerische und heilige Abstammung.« Um gewissen Frauen zu gefallen, muß man sie behandeln, als wären sie die Feindinnen der Liebe.

Im übrigen besteht die Stärke der Frau in ihrer Unabhängigkeit vom Mann und der Liebe: Darin bestand auch die Stärke von Jeanne d'Arc. Tugend der Jungfräulichkeit. Jeder Mann, der dieses Namens gerade eben würdig ist – ich sage nicht: jeder überlegene Mann – weiß um den »metaphysischen« Wert der Keuschheit, um dieses »physische« Mittel, den Tod zu besiegen. Solange Jeanne selbst frei vom Gedanken an den Mann und mit ihrer Jungfräulichkeit gewappnet war, schlug sie sich hervorragend und siegte hervorragend. Aber eines Tages wurde sie auf dem Glacis von Orleans von Hauptmann La Hire in einem Wutanfall beim Namen jener Stadt gerufen, die nach zehnjähriger Belagerung von den Achäern erobert worden war. Es war eine Offenbarung für Jeanne: eine tödliche Offenbarung. Dieser Name durchdrang die Mauer ihrer Jungfräulichkeit, entkräftete ihren Zauber, schwächte ihre Kraft.[12] War somit auch sie eine Frau? »Überwand« ihr Körper eine derartige Beleidigung? Die kriegerischen Tugenden Jeannes versiegten, fielen ab wie welke Blätter. Und von diesem Tag an siegte Jeanne nicht mehr.

Edith hörte mir zu. Ihre Augen glänzten in der Nacht. Wer weiß? Mir, der ich damals so jung war und unfähig zu bitten, hätte Edith von Lilie vielleicht gewährt, was sie den Mächtigen dieser Erde so stolz verwehrte. Mein Leben ist durchwoben mit verpaßten Gelegenheiten. Aber ist das ein Nachteil? Wenn nicht auch Edith eine verpaßte Gelegenheit wäre, würde ich mich heute nicht mehr mit soviel Zärtlichkeit, Wehmut und »Begierde« an sie erinnern. Das nicht Vollzogene ist ein Kühlschrank, der unsere Begierden frisch hält. Und mit den verpaßten

---

12 Der Name der Stadt ist Troja. Im Italienischen bedeutet *troia* auch Sau, Dirne. (Anm. d. Ü.)

Gelegenheiten begründen wir langsam einen Reichtum an Glück. Wenn die Begierde befriedigt ist, bleibt uns nichts anderes übrig, als zu sterben.

Derelefant

Die Faszination, die Mailand auf Stendhal ausübte, ist bekannt, weniger bekannt ist jedoch, welche Faszination Mailand auf Petrarca ausübte. Beim Namen Francesco Petrarca denkt man natürlich an seine Heimatstadt Arezzo; man denkt an Vaucluse, wo er über *De vita solitaria* (*Über das einsame Leben*) nachdachte; man denkt an die *Sala dei Baroni* im Maschio Angioino in Neapel, wo er von König Roberto drei Tage und drei Nächte lang über das Wissen ausgefragt wurde, bevor dieser auf dem Kapitol gekrönt wurde; man denkt an die sanften Wogen der Euganeen, in die er sich an seinem Lebensabend zurückgezogen hatte, an das kleine Arquà, wo er eines Nachts die Stirn auf ein Buch Vergils sinken ließ und sich nicht mehr rührte. Aber niemand denkt an den *Mailänder* Petrarca. Niemand denkt an Petrarca, der zuerst des längeren in dem kleinen Kloster San Sigismondo weilte, dann in der Landvilla vor der Porta Magenta, die er als festen Wohnsitz erworben hatte, an Petrarca, der testamentarisch bestimmte, daß er in der Basilika Sant'Ambrogio begraben werden wollte, und das bedeutete, daß der griechischste Dichter Italiens nach seinem Tode in der griechischsten Stadt Italiens zur Ruhe gebettet zu werden wünschte.

Die Landvilla, die Petrarca vor der Porta Magenta erworben hatte und die heute die Nummer 29 der Via Fratelli trägt, gibt Anlaß zu einem seltsamen Wortspiel, zu einem Kalauer mit langer Geschichte. Diese Villa ist heute unter dem Namen *L'Interno* bekannt, der wie eine gewollte Bedeutung erscheinen mag, in Wirklichkeit jedoch reiner Zufall ist, denn *L'Interno* ist die verballhornte Form von *Linterno* – in ähnlicher Weise, wie für meinen vierjährigen Sohn Ruggero *Derelefant* der richtige Name für *Der Elefant* war. *Linterno* wiederum kommt von *Liternum*, dem Namen, den Petrarca selbst dieser Villa gegeben hatte, zu Ehren der *Literna Palus* in den Phlegräischen Feldern, wo Scipio seinen Wohnsitz aufgeschlagen hatte.

Das Buch der Lieder war nur das *violon d'Ingres* Petrarcas, der hingegen *Afrika* für sein Hauptwerk hielt, das Heldenepos in neun Bänden, das er auf lateinisch verfaßte, und mit dem er Scipio Africanus verherrlichen und Vergil nacheifern wollte.

Es gibt heute das hartnäckige Gerücht über Schriftsteller, die von ihrer eigenen Zeit »überholt« werden. Im Nachhall dieses Gerüchts ist es lehrreich, sich Petrarca vorzustellen, der mit großem Einsatz sein Heldenepos in neun Bänden verfaßt und nicht bemerkt, daß er tote Dinge in einer toten Sprache schreibt.

Immer wenn neben mir ein Kalauer »explodiert«, bleibe ich stehen, als hätte sich vor meinen Augen ein Loch aufgetan. Schauer. Offenbarung. In den kleinen See meiner Ruhe ist ein Stein gefallen. Auf der Straße kommt uns ein Herr entgegen, aber wir wissen nicht, wer er ist. Wenn er vor uns stehenbleibt und seine Jacke aufzuknöpfen beginnt, dann die Weste, dann das Hemd, wissen wir noch immer nicht, wer er ist. Aber wenn er auch die Brust aufknöpft und uns sein nacktes Herz zeigt, sind wir gezwungen zu wissen, wer er ist: der Mensch gewordene Kalauer.

Auch kurz zuvor habe ich stehenbleiben müssen: beim Widerhall von *L'Interno – Linterno.*

Der Kalauer hat einen schlechten Ruf. Unter einem Kalauer versteht man im allgemeinen einen Witz, der auf einem Wortspiel oder einer Zweideutigkeit beruht, und die Menschen, die Kalauer reißen, sind offengestanden nicht zu empfehlen. Der Hang zum Kalauern ist meistens angeboren, denn zum Witzereißer wird man geboren wie zum Karambolespieler oder Bauchredner. Bezeichnend sind auch die Reaktionen auf den Kalauer, die alle beweisen wollen, daß der Kalauer – wie im übrigen das italienische Wort *freddura* (»grimmige Kälte« und »Kalauer«) zeigt – frösteln läßt.[1]

---

1 Zur »Kälte« des Kalauers vgl. Cicero (*De Oratore*, Buch II, Kap. 63): »*Quae genera (genera,* bzw.: die *ambigua verba,* von denen er im vorangehenden Kapitel spricht) *percurram equidem. Sed scitis esse notissimum ridiculi genus, cum aliud exspectamus, aliud dicitur: hic nobismet ipsis noster error risum movet: quod si admixtum est etiam ambiguum, fit salsius: ut apud Novium videtur esse misericors ille, qui iudicatum duci videt: percontatur ita: »quanti addictus?« »Mille nummum.« Si addidisset tantummodo »ducas licet«, esset illud genus ridiculi praeter exspectationem; sed, quia addidit: »nihil addo, ducas licet«; addito ambiguo, altero genere ridiculi, fuit, ut mihi quidem videtur, salsissimus. Hoc tum est venustum, cum in altercatione arripitur ab adversario verbum et ex eo, ut a Catulo in Philippum, in eum ipsum aliquid, qui lacessivit, infligitur. Sed cum plura*

215

Und dennoch dürfen wir den Kalauer nicht auf die leichte Schulter nehmen: Dahinter verbirgt sich eines der außerordentlichsten Geheimnisse der Psyche.

Vor allem muß gesagt werden, daß Kalauer nicht nur leidenschaftlich von professionellen Witzereißern produziert werden, sondern oft auch von hervorragenden Männern: von Dichtern, Philosophen, Künstlern. Viele große Männer liebten es zu kalauern. Wir alle kennen die unzähligen Kalauer von Shakespeare. Denselben Hang zum Kalauern hatten auch Goethe und Victor Hugo. Eines Tages bat man Victor Hugo, einen Trinkspruch auszubringen; er hob das Glas und sagte: »Jupiter aima Latone, moi j'aime le tonneau.« (»Jupiter liebte Latona, ich liebe die Tonne.«)

sint ambigui genera, de quibus est doctrina quaedam subtilior, attendere et aucupari verba oportebit; in quo, ut ea, quae sint frigidiora, vitemus, – est enim cavendum, ne arcessitum dictum putetur – permulta tamen acute dicemus. Alterum genus est, quod habet parvam verbi immutationem, quod in littera positum Graeci vocant παρονομασίαν, ut »Nobiliorem mobiliorem« Cato; aut, ut idem, cum cuidam dixisset »eamus deambulatum« et ille »quid opus fuit de?« »Immo vero« inquit »quid opus fuit te?« Aut eiusdem responsio illa »si tu et adversus et aversus impudicus es.« Etiam interpretatio nominis habet acumen, cum ad ridiculum convertas, quam ob rem ita quis vocetur; ut ego nuper Nummium divisorem, ut Neoptolemum ad Troiam, sic illum in campo Martio nomen invenisse.«

» ... Diese Bereiche (die »Zweideutigkeiten«, von denen er im vorangegangenen Kapitel spricht) will ich nun durchgehen. Ihr wißt freilich, daß die bekannteste Form der Komik dann gegeben ist, wenn etwas anderes gesagt ist, als wir erwarten. Hier müssen wir selbst über unseren Irrtum lachen. Ist dabei noch eine Zweideutigkeit im Spiel, wirkt es noch witziger. So erweckt bei Novius der Mann, der mitansieht, wie der Verurteilte abgeführt wird, den Eindruck, als frage er aus Mitleid: ›Um welchen Preis hat man dich zugeschlagen?‹ ›Für tausend Sesterzien.‹ Hätte er darauf nur gesagt: ›Du kannst ihn mitnehmen‹, so wäre der genannte Fall eines komischen Effektes, das Unerwartete, gegeben; weil er aber darauf sagte: ›Nichts weiter, du kannst ihn mitnehmen‹, kam eine zweite Art der Komik, die Zweideutigkeit, hinzu, und das klang, wie ich finde, überaus witzig. Das wirkt dann besonders ansprechend, wenn der Partner in einem Wortwechsel ein Stichwort aufnimmt und mit ihm den Herausforderer selbst angreift, wie Catulus den Philippus. Da es aber noch mehr Arten der Zweideutigkeit gibt, zu denen eine anspruchsvolle Theorie gehört, muß

Dante ist noch besser; er birgt sogar in seinem Namen einen Kalauer, wie uns Boccaccio in seinem Vorwort zum Kommentar der *Göttlichen Komödie* zeigt: »Aber über seinen Namen bleibt noch einiges zu erzählen und vor allem über seine Bedeutung, die sich von selbst offenbart; deshalb kann jede Person, die großzügigen Gemüts jene Dinge verschenkt, mit denen sie Gott so reichlich gesegnet hat, verdienterweise Dante (der Gebende) genannt werden.«[2] Noch seltsamer ist der Kalauer, der sich im Namen Merkurs verbirgt. Dieser Gott, der bei den Römern für den griechischen Hermes stand, hatte ursprünglich nicht das geringste mit dem Handel zu tun; aber sein etruskischer Name *Mirqurios* erinnerte die Römer an das Wort *merce* (Ware), und aufgrund dieses Wortspiels erhielt Merkur seine Funktion als Schutzgott der Kaufleute.

Unzählig sind auch die Kalauer Nietzsches, von denen manche wirklich sehr an den Haaren herbeigezogen sind, wie *Senta* (die

man aufmerksam auf die Stichworte achten. Wenn wir dabei auch alles meiden müssen, was zu unergiebig ist – man hat sich nämlich davor zu hüten, daß der Witz gesucht erscheint –, so können wir trotzdem manche treffende Bemerkung machen. Eine zweite Art komischer Wirkung beruht auf einer kleinen Änderung eines Worts; die Griechen nennen sie, wenn sie sich auf einen Buchstaben beziehen, παρονομασίαν. So machte Cato den Herrn von Geblüt zum Herrn von Gemüt. Er war es auch, der zu jemand sagte: ›Auf, laßt uns einhergehen!‹ und auf dessen Frage: ›Wozu bedurfte es des ›einher‹?‹ erwiderte: ›Nein, wozu bedurfte es deiner?‹ Ebenso stammt von ihm die Formel: ›Wenn du von vorwärts und von rückwärts schamlos bist.‹ Auch die Erklärung eines Namens kann ihre Pointe haben, wenn man die Begründung, warum jemand so oder so heißt, ins Lächerliche wendet. So sagte ich neulich beispielsweise, wie Neoptolemos vor Troja, so habe der Geldverteiler Nummius seinen Namen auf dem Marsfeld gefunden.« (Aus: Cicero: *De oratore/Über den Redner*. Stuttgart 1976, S. 373).

2 Gemeint ist wohl die Einleitung zu den von Boccaccio angefertigten Abschriften der Werke Dantes, genannt »Trattarello in Laude di Dante« oder »Vita di Dante«. Auf Deutsch erschienen: »Das Leben Dantes«, Leipzig 1965. Allerdings ist der Wortlaut dieser Stelle ein anderer: »... und sie gebar einen Sohn, den man auf Wunsch des Vaters Dante hieß, und das mit Recht, weil auf das vorzüglichste, wie man im Weiteren sehen wird, dem Namen die Wirkung folgte. Dieses war jener Dante ... welch alles, gehörig betrachtet, daß er nur den Namen Dante (das heißt der Gebende) zu tragen wert war, dartun wird.« S. 12 (Anm. d.Ü.)

weibliche Gestalt aus dem *Fliegenden Holländer*) und *Sentimen-talität* oder *Liszt* und *listig*.

Auch eines unserer Akademiemitglieder ist ein unverbesserlicher Anhänger des Kalauers, und von ihm stammt angeblich der berühmte Kalauer: »A Salamanca non si può ballare, perché *manca la sala*«. (»In Salamanca kann man nicht tanzen, es ist kein Saal da.«) Aber wie man sieht, sind die Kalauer unseres Akademiemitglieds von geringer Qualität; denn man unterteilt die Kalauer in gewöhnliche und intellektuelle Kalauer, beziehungs-weise in edle und unedle Kalauer.[3] Und während wir die Kalauer des typischen Witzereißers für unedle Kalauer erklären, bezeich-nen wir jene Kalauer als edel, die sich in Dantes *Göttlicher*

---

3 Zu den edlen oder vielmehr berühmten Kalauern gehört auch die *Parechese*, beziehungsweise die Verwendung von Wörtern mit analogen Lauten oder ähnlichen Buchstaben, die sich sowohl am Anfang des Wortes als auch im Wortinneren befinden können. Isokrates, Thukydides, Xeno-phon, Demosthenes, Herodot, Platon legten größten Wert auf diese »Schönheit« des Satzes. Im übrigen standen sie damit in der Tradition Homers und folgten seinem großen Beispiel. Eustathios weist lobend auf einige besonders kostbare Parechesen in der Odyssee hin: αἰγαιων-γαίων, ὑπέδεισαν-ἔδησαν, ἀμείνων-γαίων (Victor Bérard, *Einführung in die Odyssee*). Aulus Gellius wiederum lobt Homer, »weil kein Dichter so großzügig mit Kalauern umgeht wie er«: *sed praeter ceteros omnes apud Homerum plurimos*. Man kennt die Kalauer über den Namen Achilles: *Achilleus*, ἀπό τοῦ ἄχος ἰάλλειν, »der, der den Schmerz wirft«, und *Achileus* (mit nur einem l) ἀπό, τοῦ ἄχος τοῖς, Ἰλιεῦόιν, »der, den die göttliche Vorsehung als Unglück für Illion vorbestimmte«; den Kalauer über den Namen Odysseus: Ὀδυσσεύς-ωδύσαο, den Kalauer über den Hocker von Eurymachos: σέλας-σφέλας. Wir zitieren auch den Kalauer, den Ovid in den *Fasten* über den Namen von Anna Perenna macht.

Placidi sum nympha Numici:
Amne perenne latens Anna Perenna vocor.

Stendhal sagt durch den Grafen Mosca (*Chartreuse de Parme*): »*Le calem-bour est incompatible avec l'assasinat*.« Auch über den Kalauer wie über vieles andere hat der *Mailänder* die subtilste Wahrheit gesagt. Der Mensch, der mit den Worten spielt, befindet sich allzu hoch oben in der Sphäre des Geistes, ist allzu weit entfernt von den dunklen Regionen, wo das Leben ernst genommen wird und Morde begangen werden. Montaigne lobt die Italiener, weil sie »tristezza« (Traurigkeit) zum Synonym von »malignità« (Bösartigkeit) gemacht haben.

Komödie, in Petrarcas *Buch der Lieder* und in den Evangelien finden, und auch jene, die Apoll durch den Mund der Pythia von sich gab, deren Orakelsprüche nicht minder doppeldeutig, beziehungsweise kalauerhaft waren. (Wer hätte sich einen kalauernden Gott träumen lassen? Die Feinde des Kalauers mögen darüber nachdenken, und die Freunde des Kalauers sollten Apoll zu ihrem Schutzpatron ernennen.)

Aber das eindrucksvollste Beispiel eines edlen Kalauers ist der *Kratylos* von Platon – eines seiner Hauptwerke; er, der den Beinamen »Göttlicher« trug. Dieser Dialog nimmt in der Laterza-Ausgabe – schöne Bände in Zeitungsformat – 77 Seiten ein, und man kann sagen, es sind siebenundsiebzig Seiten voller Kalauer. Und da es fast nur unübersetzbare Kalauer sind, mußte der Übersetzer die Kalauer auf griechisch stehenlassen und das entsprechende italienische Wort als Fußnote setzen.

Auch der ernsthafte Aristoteles kalauert, und im Buch II, Kapitel 24, Absatz 1 der *Rhetorik* findet sich das Wortspiel von μῦς (Maus) und μυστήρια (Geheimnisse).

Das Thema des *Kratylos* ist, wie man die Natur der Dinge durch den Namen der Dinge erkennt, beziehungsweise durch einen Teil des Namens oder durch ein Wort, das der Bedeutung oder dem Klang des Namens ähnelt. Ein zwangloses »freies« etymologisches Spiel, *in libertà*.[4] Und diese Freiheit ist so groß, daß der Versuch, etwas durch seinen Namen zu erkennen, seltsamerweise an die Scharade mit dem Namen Leoncavallo (Löwe und Pferd) erinnert: »Das erste ein Tier, das zweite ein Tier, das Ganze ein Tier.« So läßt sich nicht nur die Natur der Götter durch Kalauer, die sich spielerisch auf ihren Namen beziehen, erklären, sondern auch die menschlichen Eigenschaften und Gedanken lassen sich durch diese Zweideutigkeiten erklären, und schließlich läßt sich die ganze Welt umfassend *durch Kalauer* erklären.

Der Kalauer ist die Philologie der Armen. Außerdem zerlegt der Kalauer das Wort nicht nach einem logischen, wissenschaftlichen System, das *zu keinen Überraschungen führt*, sondern auf völlig beliebige Weise, die *zu neuen und unvorhergesehenen Bedeutungen führt*. Ist die These vielleicht zu gewagt, im Kalauer offen-

4 »In libertà« erinnert an Marinettis »parole in Libertà«. (Anm. d. Ü.)

bare sich der Schimmer des Göttlichen? Wir dürfen nicht vergessen, daß die Griechen in der zufälligen Begegnung von Wörtern die Stimme der Götter sahen. Im Witzereißer verbirgt sich zu einem, wenn auch winzigen Teil die Freude des Demiurgen, die Freude dessen, der Gott Konkurrenz macht. Aus zwei verschiedenen Bedeutungen eine »dritte«, unerwartete und überraschende Bedeutung zu schaffen, erhebt den Witzereißer in die Region der Metaphysik und der Mysterien. Und wer weiß, ob die *Kälte*, die die Zuhörer angeblich beim Widerhall des Kalauers verspüren, nicht eine Erinnerung an jenes heilige Staunen ist, das uns eine transzendente Tatsache verursacht. Der Kalauer bewirkt eine geheimnisvolle Luftverschiebung. Lassen wir uns nicht von der Kleinheit des Kalauers und vor allem nicht von seinem schlechten Ruf täuschen und akzeptieren wir vorurteilslos die Idee, daß dem Kalauer zumindest der Mechanismus vieler religiöser Phänomene zugrunde liegt.

Dem wäre noch hinzuzufügen, daß der Hang zum Kalauern ausschließlich männlich ist: womit eventuell sein demiurgischer Charakter bestätigt wird. Eine Frau, die einen Hang zum Kalauern hat, halte ich für unmöglich, zumindest für sehr selten.

Den Hang zur Kalauerei kann man als Indiz von Männlichkeit betrachten, denn unmännliche Männer haben keine Lust zur Kalauerei, und die Abneigung gegenüber dem Kalauer geht Hand in Hand mit der sexuellen Inversion.

Ich habe den Film *Imputato alzatevi*[5] zusammen mit einem Freund gesehen, der äußerst geistreich, jedoch etwas feminin ist, und während Macarios Kalauer beim Publikum (beim männlichen Publikum) Lachstürme auslösten (im animalischen Schrei, den ein Kalauer, beziehungsweise eine zerstörte Bedeutung bei der Menge auslöst, liegt vielleicht auch die tierische Freude zu sehen, wie eine Tatsache, eine Idee oder ein Ding, die vom Gebrauch geheiligt und somit ehrenswert und heilig sind, auf den Kopf gestellt und zerstört werden) und ich mir vor Lachen

---

5 Der Film *Imputato alzatevi*! (Angeklagter, erhebt Euch) wurde 1938 von Mattoli gedreht. In diesem Film spielte zum ersten Mal Erminio Macario mit, neben Totò einer der großen Komiker Italiens. Dieser Film brachte eine Fülle verblüffender und unkonventioneller Witze, Macario zog in seiner Sprache alle Register des Absurden und Surrealen. (Anm. d. Ü.)

die Seiten hielt, stieg meinem Freund neben mir vor Entrüstung die Röte ins Gesicht, und bald darauf stand er auf und ging, denn *diese Blödheiten beleidigten ihn.*

Bei der Frau ist die Abneigung gegen den Kalauer offenkundig. Die Frau ist eine vorsätzliche Feindin des Kalauers. Wer den Wunsch hat, von einer Frau verachtet oder sogar gehaßt zu werden, erzähle ihr einen Kalauer: Die Solidarität zwischen Mann und Frau, die ohnehin schon sehr zerbrechlich ist und an einem seidenen Faden hängt, bricht augenblicklich entzwei.

Was ist der Grund für die Abneigung der Frau gegen den Kalauer? Vielleicht jene tierische Freude, von der ich vorher sprach, die der Kalauer beim Mann auslöst, weil er die Eigenschaft hat, geheiligte Bedeutungen zu zerstören: der *ikonoklastische* Charakter des Kalauers. Bei der Frau ist der Wille, zu respektieren, was respektiert werden muß, viel ausgeprägter als beim Mann.

Ich besuche die 7. Triennale von Mailand. Im Saal, der den Handwerksschulen gewidmet ist, finde ich einige mit homerischen Episoden geschmückte Vasen. Diese Wahl ist eine glückliche Überraschung für mich. Der Einbruch einer anderen, fernen, »höheren« Welt in die für gewöhnlich so abgeschlossene, bescheidene, »dialektale« Welt des Handwerkers.

Ist die Welt Homers nur deshalb eine »höhere« Welt, weil sie der Antike angehört? Die Antike stellt nicht immer, wie es die Archäomanen gerne hätten, einen Wert dar, aber häufig. Sie ist eine Form der Unsterblichkeit. Dinge, die ihre Zeit überleben und auf immer weiterbestehen, manchmal sogar in Ewigkeit, während andere sogar oft noch vor dem Ende ihrer eigenen Zeit verderben und sterben. Auch eine Statue, eine Säule, ein Tempel überleben aus *inneren Gründen.*

Der Wille zur Verkleinerung. Die andauernde, zähe, unermüdliche Arbeit, all das in seine Grenzen zu verweisen, was das Durchschnittsmaß übertrifft. Der wahre Grund für die Größe Gottes liegt vielleicht in diesem Bestreben, den Menschen klein zu halten. »Christentum« (ich sage nicht Christus), »Volk«, »Natürlichkeit«, »Wahrheit« sind allesamt Methoden, die dazu beitragen, den Menschen klein zu halten.

Um den Menschen davon abzuhalten, die Grenzen zu überschreiten, schaffen wir groteske und erschreckende Bouvard-

und Pécuchet-Bilder, beziehungsweise das Bild eines Menschen, »der die Grenzen überschritten hat«.

Hinter der gutmütigen Absicht, zwei arme Idioten voller idiotischer Träume zu karikieren, verbirgt sich die böswillige, eigennützige, allmenschliche Absicht, mit Hilfe des Exempels, mit Hilfe des Helotismus jegliches Streben nach Größe zu unterbinden. (Eine ganz natürliche Absicht bei einem Pessimisten aufgrund seines bürgerlichen Denkens, wie Flaubert.) Wohnen wir im übrigen nicht dem Versuch bei, jene Werte des vergangenen Jahrhunderts zu entwerten, die vor allem vom Streben nach menschlicher Größe gekennzeichnet waren, und sie als Aspirationen à la Bouvard und Pécuchet auszugeben? *Strapaese*[6] macht das bescheidene Leben und vor allem das bescheidene Denken, das bescheidene »Wollen« zu einer Hygieneregel.

Auch Homer wurde vom Podest gestürzt. Die Größe Homers ist zwar nicht irritierend wie die eines Nietzsche oder auch die eines Pythagoras (besonders irritierend ist die Einzigartigkeit der Größe und ihr natürlicher Verbündeter: der Hermetismus; Victor Hugo, Manzoni werden eher akzeptiert, weil sie – nur größer – das denken, was alle denken), aber sie ist trotzdem irritierend, weil jede Größe irritiert, und deshalb wurde die Größe des »größten« antiken Dichters nivelliert, auf allgemeines Niveau gebracht, aus dem Bereich des namentlich Genannten in den des Anonymen verlegt, unters Volk verstreut; und Homer selbst wurde verkleinert, in Stücke geschnitten und vervielfacht, wie es auch den ersten Menschen widerfuhr, die von Jupiter in der Mitte gezweiteilt wurden, um ihre gefährliche Kraft zu halbieren; und unter dem Vorwand der Philologie machte man aus einem einzigen Homer viele Homers.

Täuscht mich etwa mein Instinkt? Homer sagt Dinge, die das Volk nicht sagt, denkt Dinge, die das Volk nicht denkt, die das Volk nicht denken will: aus Bequemlichkeit, Angst, Religiosität, gedanklicher Armut, Starrheit und Eintönigkeit, und alles das macht seinen Abwehrmechanismus aus.

Außerdem hat Homer eine fruchtbare, beunruhigende und für

---

6 Mit *strapaese* wird in Italien eine provinzielle Heimatliteratur der Zeit zwischen den beiden Weltkriegen bezeichnet, zu der u. a. auch Papini und Malaparte zu zählen sind. (Anm. d. Ü.)

viele gefährliche oder zumindest unkluge Vorstellung von der Frau, wie sie das Volk nicht hat und auch nicht haben will. Ist schon jemand auf die Idee gekommen, Homer als »Feministen« zu bezeichnen? Odysseus' Rückkehr wirft das Problem des Mann-Frau-Verhältnisses auf eine Art und Weise auf, wie es sich das elementare, das patriarchalische Leben des Volkes nicht einmal träumen läßt.[7] Odysseus' Enttäuschung und Verbitterung über Penelopes mangelnden freien Willen und über ihr Verhalten, das bedingungslos und überaus *ehelich*[8] ist, beweisen, daß Odysseus, wie der überzeugteste Ibsenianer, in der Frau vor allem die *Seele* suchte: jene Seele, die in *Strapaese* homerisches Gelächter entfacht.

Die von Victor Bérard verfaßte Odyssee interessiert mich nicht, weil sie das »Drama« des Odysseus seines künstlichen rhapsodischen Charakters entkleidet; sie interessiert mich nicht, weil sie den wahren Wohnort der »Göttin des Schlupfwinkels« auf einer kleinen Insel vor der marokkanischen Küste ausmacht; sie interessiert mich nicht, weil sie den Text der Odyssee von den Interpolationen reinigt, die unter den Peisistraten gemacht wurden; aber sie interessiert mich, weil sie das Epos Homers und auch die Gestalt Homers von viel schwerwiegenderen Interpolationen reinigt, von den »geistigen« Interpolationen, die zu allen Zeiten und unter allen Regierungen im »Streben nach Verkleinerung« gemacht wurden. Damit stirbt der analphabetische Homer, sterben sogar die Homers als Volksdichter und gefühlsgeleitete Dichter, und Homer als hochgebildeter Literat und Schreib-

---

7 Ich ließ mich durch das von Homer aufgeworfene Problem inspirieren, und machte daraus, indem ich es noch zusätzlich betonte, meinen *Capitano Ulisse*.
8 Der weit zurückreichende Grund, warum auch heute noch in Griechenland der Ausdruck Penelope gebraucht wird für

> dieses zerbrechliche Ding
> unter dem Bett,
> im weißen Gewand,
> die Hand in die Seite gestemmt

liegt also darin, den häuslichen, allzu häuslichen Charakter Penelopes zu definieren.

tischdichter wird wiedergeboren.[9] Es stirbt das »homerische« und somit primitive und »rohe« Griechenland, das »archaische«[10] Griechenland, und die wahre Zivilisation wird wiedergeboren, die Homers Dichtung inspirierte und ihre Wiege und Herd war: die ionische Zivilisation, die später vom dorischen *Mittelalter* besiegt und ausgelöscht wurde: diese hochstehende Zivilisation, die zwar nicht unsere Zivilisation an Reife übertrifft, aber die des 18. Jahrhunderts, die den goldenen Spitzen der Zivilisation (Cimarosa...) schon viel näher war als die unsere.

Der Geist dieser hochstehenden Kultur ist es, der mir im Gemüt und in der Arbeit unserer Handwerker so sehr gefiel und der mir so großen Trost spendete.

Heilsame Inspiration. Die manuelle Arbeit, die mechanische Kunst ist nicht nur manuelle Arbeit, mechanische Kunst, sondern in der manuellen Arbeit, in der mechanischen Kunst, ist auch ein Zauber, eine Faszination, eine Poesie verborgen. Und diese Poesie zieht den Menschen auf ihre Seite, zieht ihn nach unten – im Gegensatz zur »anderen« Poesie, die ihn emporhebt und von dieser Erde hinwegführt.

Der Mensch läßt sich von dieser »niedrigen« Poesie um so lieber verzaubern, als sich mit ihr die Vorstellung von der »Pflicht« verbindet, die süße Vorstellung vom »Gehorchen« und »Dienen«, die dem Menschen so willkommen ist, weil sie ihn von der leeren und erschreckenden Freiheit befreit, ihn von der mühevollen und gefährlichen Notwendigkeit der Jagd entbindet, ihm das schreckliche Bedürfnis nimmt, sich ein eigenes Urteil zu bilden, und ihm das tröstliche Gefühl gibt, ein Haus, ein Bett und einen Tisch zu besitzen, der dank der Fürsorge der zentralen Verwaltung dreimal am Tag gedeckt wird.

Mich persönlich erschrecken das weiße Blatt, die weiße, zu bemalende Leinwand, sie stoßen mich ab: kahle und schauerliche leere Flächen, die uns zwingen, aus dem Nichts zu schaffen (diese uns so ferne, der Natur des Menschen so widerstrebende

9 Bérards korrigiertes Bild von Homer kommt auch Vergil zugute: Somit nimmt der widerwärtige Vergleich zwischen Vergil, dem Schreibtisch-Dichter, und Homer, dem direkt von der Muse inspirierten Analphabeten ein Ende.

10 Viele Jahre lang glaubte einer unserer bekanntesten Bildhauer, »archaisch« bezeichne ein Volk.

Notwendigkeit); während mich die manuelle Arbeit, die mechanische Kunst durch ihren Zauber vergolden. Denn auch wir haben unser Handwerk, jenen Teil unserer Arbeit, der uns besser gefällt, weil er ruhiger und menschlicher ist: wenn wir mit der Hingabe des Handwerks, frei von den Kümmernissen des Geistes, zur ersten Fassung der literarischen, malerischen oder musikalischen Arbeit zurückkehren und *mechanisch* arbeiten; diese heitere Arbeit, bei der wir singen, während die Arbeit auf dem weißen Blatt – kann man sie wirklich Arbeit nennen? – dunkel und quälend ist wie die Sünde. Als ich eines Tages in Pescara aus D'Annunzios Geburtshaus trat und mich natürlich im Geiste mit der Poesie beschäftigte, fiel mein Blick auf einen Tischler, der in seiner Werkstatt die Zähne einer Harke der Reihe nach in die Löcher des Holzbrettes steckte, und mit einem Schlag war die Poesie besiegt und aus meinen Gedanken verbannt: durch den Zauber, den diese manuelle Tätigkeit auf mich ausübte.

Im Handwerk verbirgt sich auch ein Wunder: das genaue, verlockende Bild des Wunders, das mir eines Tages in Tarquinia erschien, bei einem alten Töpfer, der vor sich die Drehscheibe kreisen ließ und aus diesem Tonkreisel mit kundigen Handflächen seiner uralten Hände langsam das Gefäß formte und mit der Spitze des Zeigefingers die Öffnung und Ausbuchtung anbrachte.

Und diesen Zauber, diese Faszination, diese Poesie, dieses Wunder will man uns als »wahre Kunst mit der wahren Moral« verkaufen.

Brüder, geben wir acht, nicht in die Falle zu gehen. Was für kleine, billige Vorspiegelungen, um uns von unserem einzig wahren Schicksal abzulenken, das darin besteht, fern der Götter und der Menschen *aus dem Nichts zu schaffen.*

Bleiben wir noch bei dem natürlichen, elementaren Werk der Handwerker. Es war Sommer, und ich weilte in Genêts, in der Bucht von Mont-Saint-Michel in der Normandie, zu Gast bei einem damals sehr beliebten Kunstkritiker, einem Theoretiker des »Neohumanismus«.

Wenn man sagt, ein Kunstkritiker sei vor zehn Jahren sehr beliebt gewesen, heißt das, daß dieser Kunstkritiker heute nicht mehr beliebt ist. Die politischen Ereignisse und das Kriegsgeschehen haben in der Zwischenzeit vieles ausgelöscht, darunter auch viele Formen der Kunst. Manche beklagen dies, viele freuen sich darüber. Beides sind persönliche Gefühle, allzu persönliche, und besonders bei jenen, die sich darüber freuen, bei denen sie von Neid und Unvermögen bestimmt werden. Der poetische Wert jedoch überlebt immer und beginnt gewiß aufs neue zu leuchten wie eine Koralle am Meeresgrund, wenn das Meer nach dem Sturm wieder still ist.

Eines Tages begleitete ich den Theoretiker des *Neohumanismus* zur Post, wo er ein Paket mit Büchern aufgeben wollte. Aber das Postamt nahm das Paket nicht an. Man müßte es mit einem Bindfaden verschnüren. Wir kauften in einem nahen Papiergeschäft ein Knäuel Schnur, und der damals sehr beliebte Kritiker machte sich daran, das Paket zuzuschnüren. Vergebens! Die Enden der Schnur entglitten ihm, es gelang ihm nicht, einen Knoten zu machen. Seine weißen, gepflegten, weichen Hände waren zur Arbeit unfähig.

Der Händedruck wird allein dadurch gerechtfertigt, daß er die Eigenschaften des Menschen offenbart. Dank dieser banalen, flüchtigen Berührung auf der Straße kann man den fähigen Menschen vom unfähigen unterscheiden, den aktiven Menschen vom passiven, den tätigen Menschen vom untätigen, und von den physischen Eigenschaften kann man die psychischen ableiten, den ehrlichen Menschen vom Heuchler unterscheiden, den treuen vom untreuen, den guten vom böswilligen.

Früher hängten die Handschuhmacher eine riesige, meist rote Eisenhand als Ladenschild vor ihre Werkstätten. Diese Hand beeindruckte mich. Sie war das Symbol der Zivilisation: das Bild des Werkzeugs, das das Unförmige formt, das Unnütze nützlich macht.[11] Auch die Sonne, die am Morgen aufgeht und rund um sich ihre Strahlen verbreitet, ist eine ausgestreckte Hand, ist die notwendige, von der Vorsehung bestimmte Hand, die diese Erde bewohnbar macht. Ein Slogan hatte in diesen Jahren berechtigten Erfolg: »Mit den Händen denken.«

Der Mensch besitzt eine einzige Möglichkeit, nutzbringend tätig zu sein: manuell tätig zu sein, und sie versetzt den Menschen in

---

11 Für Anaxagoras besteht die intellektuelle Überlegenheit des Menschen gegenüber den Tieren *im Besitz der Hand*.

die Lage, es mit dem Demiurgen aufzunehmen, macht den Menschen selbst zum Demiurgen. Eine expansive, zentrifugale, glänzende Möglichkeit. Darin – in einer Radnabe – liegt das Geheimnis der Dinge, das Geheimnis der Welt, das Geheimnis des Universums, und nicht außerhalb der Welt, wie die weichen Köpfe, die Menschen »ohne Hände« meinen. Auch die Gedanken, die poetischen Phantasien »entstehen aus den Händen« und müssen ihren manuellen Charakter behalten. Sonst sind sie wertlos. Sonst besitzen sie weder Konsistenz noch Leben. Und von Platon, diesem »Idealisten« *par excellence*, verlangt man nur deshalb nicht, den Stahl zu schmieden, das Tongefäß auf der Scheibe zu drehen, weil seine »Schriftstellerhand« seinen Ideen die Härte des vom Waffenschmied geschmiedeten Stahls, die Form der von der Hand des Töpfers geformten Amphore gegeben hat.

Nur Menschen »ohne Hände«, nur Menschen, die »keine Pakete machen können«, laufen zum »Spiritualismus« über: diesem Heiligenschein, diesem Tod inmitten des Lebens. Manchmal haben ganze Völker »keine Hände«. Die Indianer, die keine Geschichte haben, weil sie keine Hände haben. Die Orientalen. Die Frauen. Maurice Maeterlinck. Die Ästheten. Jene, die das große Heil im reinen Geist suchen. Als gäbe es eine Flamme ohne Brennstoff. Die Türken. Die Völker, die nicht bauen können. Die keine Zivilisation errichten können, denn das Wesen der Zivilisation besteht im Bauen. Die Völker, *die kein Handwerk besitzen.* (In der Türkei lag das Handwerk sozusagen ganz in den Händen der Ausländer: der Griechen, Armenier, Levantiner.)

Man sagt, die Hand müsse vom Kopf geführt werden, aber in Wirklichkeit bedarf die Hand weniger des Kopfes als der Kopf der Hand. In einer perfekten Zivilisation, in einer Zivilisation, die ihr höchstes Gleichgewicht erreicht hat, in einer bereits geschlossenen Zivilisation, die von außen nichts mehr erwartet, werden die Hände, noch warm vom ursprünglichen Impuls, ohne die Hilfe des Kopfes arbeiten; und das goldene Summen dieser köstlichen manuellen Arbeit wird im Kreise aufsteigen, während ringsherum die riesigen und unnützen Köpfe auf ihren Sockeln mit geschlossenen Augen schlafen.

Die perfektesten Sonette Petrarcas faszinieren mich nicht so sehr wie der Anblick eines Schusters, der einen Stiefel formt, eines

Tischlers, der ein Tischbein drechselt, eines Malers, der mit Pinsel und Farben die Äderung des Marmors nachahmt.

Unser Leben liegt in den Händen der Handwerker: Sie sind die Herren unseres Glücks.

Die Handwerker ergreifen von unserem Leben von Anfang an Besitz, sie begleiten es durch die Jahre der Kindheit, durch den Isthmus der Pubertät, durch den Garten der Jugend, durch die Wälder des reifen Alters. Im Gemüt, in den Augen, in den Händen bewahre ich Form und Farbe des Spielzeugs, das meine Kindheit möblierte und schmückte. Ich weiß, daß manche meiner Standpunkte, meine Geisteshaltung, manche meiner Vorlieben, manche meiner Neigungen von Form, Farbe und *Geruch* mancher meiner Spielsachen bestimmt wurden. Dann begleiteten die Möbel meines Elternhauses langsam meinen Eintritt in die Welt. Glaubt man wirklich, »nichts« hätte sich am Schicksal eines Menschen geändert, wenn da anstelle eines runden Möbels ein eckiges gewesen wäre? Unser Verhältnis zum Universum, zur Natur, zu den Bäumen, den Flüssen, dem Himmel, dem Meer, den Sternen ist indirekt und ungreifbar: Unser wahres Universum, das Universum, in dem wir leben, das uns umgibt, uns berührt, das uns von allen Seiten umschließt, ist das von den *Handwerkern hergestellte Universum.* Und die Handwerker, die das Innere unserer Häuser erzeugen, den Wänden unserer Zimmer Form und Farbe geben, den Möbeln, in deren Mitte wir leben und die unsere treuesten Gefährten sind, die Handwerker, die unsere Nacktheit bekleiden, die uns die Dinge für den persönlichen Gebrauch, die Werkzeuge für unsere Arbeit schenken, bestimmen unsere Laune, *inspirieren unsere Gedanken.* Wie oft hat doch schon die Form und Qualität eines Möbelstückes, die Glätte eines Tisches, eine schwer zu öffnende Schublade unsere Gedanken abgelenkt, verändert, zunichte gemacht; und wie oft hat die Qualität der Dinge um uns, die wir handhaben, unser Leben erleichtert, unsere Laune verbessert, unsere Gedanken unterstützt.

Ich kehre zur Erinnerung an den Töpfer in Tarquinia zurück.

Es war 1920. Wir saßen eines Abends im Café. Vincenzo Cardarelli[12] stimmte ein Loblied auf Tarquinia an, er ließ in uns den

---

12 Vincenzo Cardarelli (1887-1959), Pseudonym von Nazareno Caldarelli.

Wunsch reifen, diese uralte Stadt und ihre Etruskergräber zu sehen. Wir beschlossen, nicht nach Hause zu gehen, sondern bis zum Morgengrauen durch Rom zu streifen und dann mit dem ersten Zug zu fahren. Außer Cardarelli waren es Emilio Cecchi, Armando Spadini, Aurelio Saffi.[13] Beim Namen Aurelio Saffi wird der Leser vielleicht nicht umhin können, an das Triumvirat der Römischen Republik zu denken, aber hier handelt es sich um den Enkel des Patrioten aus Forlì, einen sehr guten Freund von mir. Tarquinia trug damals noch den Namen Corneto, der eher von der Kornelkirsche herrührt als von »corno« (Horn) und der nicht nur an die uralte Dynastie der Etruskerkönige erinnert, sondern auch an Don Pasquale. Wir stiegen in die unterirdischen Gräber hinab, mitten in das so zwanglose, gesellige Leben der etruskischen Toten; wir gingen über diese antike Erde zwischen dem öden Meer und dem Hügel, auf dessen Gipfel sich einst das ursprüngliche Tarquinia befunden hatte; wir begegneten auf der Straße einem Karren, auf dem rücklings im Heu ein Mädchen lag und leise delirierte, da sie, wie man uns sagte, im Feld von einer Tarantel gestochen worden war; wir betrachteten im Museum Vitelleschi die Sammlung der plumpen, gedrungenen Figuren, die auf den Sarkophagen liegenden Eheleute, die Gefäße und Münzen; wir liefen durch die engen Straßen der Stadt, durch die Hauptstraße, die zu dieser Stunde des Spaziergangs sehr belebt war; und während die Sonne hinter dem Garten der Hesperiden unterging und die Elstern laut schreiend in ihre alten, viereckigen Türme zurückkehrten, standen wir plötzlich im Hof eines Töpfers.

Dichter, Mitbegründer der *Ronda*. Diese literarische Zeitschrift wurde 1919 in Rom von R. Bacchelli, V. Cardarelli, E. Cecchi (s. u.), A. Baldini, B. Barilli (s. u.), L. Montano und Savarese gegründet. Sie bestand bis Ende 1923. Sie setzte sich für eine klare, transparente Sprache in der Literatur ein im Gegensatz zur überladenen Sprache von Carducci und D'Annunzio. Savinio arbeitete an dieser Zeitschrift mit. (Anm. d. Ü.)

13 Emilio Cecchi (1884-1966), Schriftsteller und Kritiker. Gehörte zu den Mitbegründern der *Ronda* (s. o.).
Armando Spadini (1883-1925), Maler zarter Familienszenen.
Der Großvater Aurelio Saffi gehörte zu dem Kreis um Mazzini, wurde 1849 Innenminister, mußte ins Exil gehen und kehrte nach der Einigung Italiens 1860 wieder zurück. (Anm. d. Ü.)

Es war ein kleiner Hof, der auf einer Seite von einem niedrigen Häuschen und auf den anderen drei Seiten von einer Mauer begrenzt wurde, die kaum höher war als ein Mann von mittlerer Statur. Hinter der Mauer ragten die Zweige eines dürftigen grauen Bäumchens hervor, das würdig gewesen wäre, Leopardis einsamen Spatz zu beherbergen. Der Töpfer saß in einem Winkel des Hofes, die kleine Töpferscheibe zwischen den Beinen. Er war alt, eigentlich aber ohne Alter. Er war antik. Er war wie die Mauer, die ihn und das Viereck umschloß. Er war wie die grauen, dürftigen Zweige des Baumes, die in den Hof ragten. Er war wie die antike Erde, über die wir da draußen gegangen waren. Er war wie die mit dem Lebenslauf der Toten verzierten Gräber, in die wir zuvor hinuntergestiegen waren. Sein Antlitz war eine Erdscholle, ausgetrocknet von der sich immer wieder erneuernden und gleichbleibenden Sonne. In seinen rindigen Händen hätten Ameisen nisten können. Sein Hals war ein Bündel vom Rost geröteter Rohre, die im Ausschnitt des Hemdes verschwanden. Die regelmäßigen und langsamen Gesten, die er seit Jahrhunderten unverändert vollführte, konnten seine Unbeweglichkeit nicht bewegen oder gar zerstören. Nichts Unerwartetes war an ihm, nichts, »was nicht bereits gemacht worden wäre«. Kein Blick, keine Stimme, kein Lächeln, die die monotone Kontinuität der Zeit zerschlagen oder durchbrochen hätten. Er betrachtete uns, und es war, als würde er uns seit jeher kennen; er sprach mit uns, und es war, als hätte er schon oft mit uns gesprochen, sowohl in diesem Leben als auch in vielen Leben zuvor. Unser Erscheinen, unsere Anwesenheit, unsere Fragen konnten ihn nicht dazu bewegen, auch nur im geringsten vom Rhythmus seiner jahrhundertelangen, baumartigen Existenz abzuweichen. Sein Leben war eine unaufhörliche Bewegung, von der niemand sagen konnte, wann sie begonnen hatte und wann und ob sie zum Stillstand kommen würde. Sein Fuß trat im Rhythmus des Herzschlags das Pedal der Drehscheibe. Seine Hände umfaßten mit uralter Zärtlichkeit die kreisende Tonmasse, drückten sie abwechselnd mit den Handflächen und der Spitze des Daumens; und allmählich begann der Ton zu leben und unter diesen zärtlichen Händen Form anzunehmen, wurde dick an den Hüften, verengte sich am Hals und an den Füßen, rundete den Mund wie ein kleiner Mörser. Und das Werk dieses Töpfers, die Arbeit dieses Handwerkers waren für uns der lebende Beweis, wie jene uralte und geheimnisvolle Zivilisation der Etrusker entstanden war, wie jene Gefäße Form angenommen hatten, die wir im Museum Vitelleschi gesehen hatten, wie jene Gräber gebaut worden waren, die das Leben jenseits des Todes weiterführten, wie auch diese Zivilisation weiterlebt und weiterleben wird.

Wir sahen der Arbeit des Töpfers zu, wie man dem Fließen eines Stromes zusieht, wie man den Wogen des Meeres zusieht, die sich jagen und auf den Küstensand ergießen, wie man dem Aufblühen der Rauchrosen über dem Krater des Vesuv zusieht, die sich im Himmel verlieren. Und als ich der Arbeit des alten, antiken, ewigen Töpfers zusah, stand mir das Wesen des Handwerks klar vor Augen: die Tugend der handgemachten Dinge, die etwas von der Vergänglichkeit, Unvollständigkeit und *Fehlerhaftigkeit* der menschlichen Natur bewahren; der Dinge, die den Sinn unserer Sterblichkeit bergen, *der unsere Unsterblichkeit ist.*

Diese Tugend läßt im Künstler den Handwerker weiterleben, macht aus dem Handwerker einen Künstler: der Umstand, daß das Warme und der Herzschlag des menschlichen Lebens in das Werk eingebracht wird, daß durch die Hand dem Objekt das Menschliche eingegeben wird, daß den Dingen ein geheimes Bild des Menschen verliehen und auf diese Weise dafür gesorgt wird, daß der Mensch in den Werken der Handwerker eine große und schweigende Familie findet.

Wehe, wenn sich das Werk des Handwerkers jener mechanischen Perfektion nähert, die Gefrieren, Erstarrung und den Tod des Objekts bedeutet. Steigt zur Decke der Sixtinischen Kapelle hinauf, wie ich es tun durfte, als das Gerüst für die Restaurierung bis nach oben reichte, und seht euch an, wie frei und alles andere als mechanisch, wie lebendig und *handwerklich* die von Michelangelo gemalten Zierleisten rund um die Sibyllen und die Propheten sind.

Wehe, wenn die Hände der Handwerker erstarren, ihre Tugenden verlieren und sich darauf beschränken, eine Maschine zu bedienen; wehe, wenn diese sorgfältige, persönliche, individuelle Arbeit, die gleichsam im Verborgenen, in der Familie, oft an demselben Ort, wo man auch ißt und schläft, verrichtet wird – wehe, wenn diese *menschliche* Arbeit aufhören und von den großen schwarzen und kaltblütigen Maschinen aufgesaugt werden sollte.

Die Maschinen sind stark, jedoch auch kalt und unbarmherzig, und die Materialien, die sie auf der einen Seite schlucken, spukken sie auf der anderen als glänzende, jedoch seelenlose Dinge aus, die nie zu unseren Freunden werden können, die uns in Wirklichkeit hassen und uns nach dem Leben trachten.

Die geduldige und menschliche Arbeit des Handwerkers – diese Arbeit, die nicht ermüdet, weil sie zu einer natürlichen Aktivität wird wie der Atem oder der Herzschlag –, diese Arbeit rettet uns vor dem bedrohlichen Vorrücken der Maschinen, der schwarzen, stolzen und grausamen Maschinen, die aus dem geheimnisvollen Land Jerewan herabsteigen und den Menschen zerstören möchten, seine Arbeit in alle Winde zerstreuen und auf der verlassenen und verwilderten Erde herumlungern möchten, plump und träge wie Dinosaurier aus Stahl.

Von den Sälen der Triennale, die den Handwerkern gewidmet sind, gehe ich in die Abteilung der Stickereien und Stoffe weiter, die von meinem Freund Fabrizio Clerici eingerichtet worden ist. Diese Abteilung ist eine Aufforderung, das Leben zu lieben. In den Vitrinen breiten die Spitzen ihre Spinnwebengebilde aus. Aber wozu dieses weiße Bett da unten, zwischen vier erdfarbenen Kristallsäulen? Dieses Bett, das an ein totes Kind zwischen Karamellen erinnert? Am Fußende des Bettes befinden sich zwei Frauen: zwei Schaufensterpuppen. Eine steht aufrecht, trägt einen Morgenrock, hat den Kopf mit Lockenwicklern garniert und heißt Zenaide. Die andere heißt Olympia, sitzt in einem Sessel, zwei Löckchen umschließen zwischen zwei goldenen Stäbchen ihre rosigen Wangen, ihre Sternenaugen verharren in unendlicher Liebe, und das Fleisch des Ausschnitts aus gepolsterter Seide ist rosa wie ein Nordlicht. Jetzt verstehe ich die Seele Hoffmanns, die Tänze im Mondenschein und die Liebe Pygmalions, und daß es möglich ist, das Herz, die Seele, die Ehre und das Leben einer Puppe zu schenken, einer Statue, einem Ebenbild... Paris tat gut daran, sie dem Ebenbild Helenas zu schenken... Es ist eine mondhelle Nacht. Heute nacht werde ich mich auf der Triennale zwischen Spitzen und Stoffen verstecken; und wenn es Mitternacht schlägt und der Blick Hekates durch das Fenster dringt, werde ich ganz langsam und zitternd aus meinem weichen Versteck hervorkommen, auf dem Bettvorleger vor Olympia hinknien und ihr, der Stummen, der Geheimnisvollen, der von ihrem leblosen Leben Belebten, der Wunderschönen, die schöner ist als jedes Lebewesen, gestehen, die Rechte auf dem Herzen und mit schluchzender Stimme ...

Ala-Reiks

Die Plätze Mailands haben nichts Gewolltes an sich: Sie sind zufällige Begegnungen von Straßen, wo der Wind der Phantasie sich sammelt und spielt, denn in dieser ruhigen und glücklichen Stadt weht kein anderer Wind als der einer zarten und ruhigen Phantasie.

Fünf Straßen laufen zusammen und bilden die Piazza San Sepolcro. Ich komme von der Via Moneta, die nicht im irenischen Gedenken an Ernesto Teodoro Moneta[1] so heißt, sondern ihren Namen von der alten Münzprägestelle erhalten hat, die sich dahinter befindet. Die Kirche schreitet zur Mitte des Platzes vor und macht eine tiefe Verbeugung. Vor ihrer roten Fassade befindet sich ein kleiner Portikus mit Gewölbe und Säulchen, und dahinter stehen zwei wuchtige Türme. Diese ragen in den Himmel, um entweder zu beten oder zu drohen: vielleicht um zu beten und gleichzeitig zu drohen. Dem Gebet liegt auch eine Drohung zugrunde, für den Fall, daß der Heilige entweder störrisch ist oder zögert, das Gebet zu erhören. Um nicht in die Versuchung zu kommen zu drohen, nehme ich Abstand vom Beten.

Auch Ernesto Teodoro Moneta besitzt eine Straße in Mailand. Während eines pazifistischen Kongresses in Paris mußte Moneta in einem Ministerium antichambrieren. Schließlich rief der Türsteher seine vielen Namen aus, die er auf französische Weise auf der letzten Silbe betonte: Ernestò Teodorò Monetà. Schwerhörig, des Französischen kaum mächtig und vor allem scheu wie alle Idealisten, erhob sich Moneta zuvorkommend und fragte: *Je?*

Anselmo IV., Erzbischof von Mailand, erbaute diese Kirche nach dem Vorbild des Heiligen Grabes in Jerusalem, damit die Mailänder das Bild der heiligen Stätte stets vor Augen hätten. Das Dach ist ein Satteldach, wie auch das des Domes unter seinen Zierkerzen. Das Satteldach ist die älteste bekannte Dachform,

---

1 Ernesto Teodoro Moneta (1833-1918), Journalist und Politiker, in Mailand geboren. Kämpfte zunächst für die Freiheit Italiens, war später Pazifist, worauf Savinio hier anspielt.

aber sie gilt als einfach und ärmlich, und deshalb hat man das Dach des Domes mit Fialen verkleidet. Die Ästheten lieben die Fialen des Domes nicht und bezeichnen sie als »Spargelsträuße«. Ich habe nichts gegen Ambitionen, auch nicht bei der Architektur. Ein Fremdenführer berichtet, daß Leonardo da Vinci in diese Kirche kam, um zu beten, und der Heilige Karl, um zu meditieren, aber das ist offensichtlich falsch, und man müßte es korrigieren und sagen, daß der Heilige Karl zum Beten und Leonardo zum Meditieren kam.

Die Piazza San Sepolcro ist der »Kreuzweg« von Mailand. Mussolini gründete auf dieser Piazza seinen ersten Kampfverband, und von derselben Piazza brachen 1907 die Mailänder ins Heilige Land auf, angeführt von ihrem Bischof Anselmo da Bovisio, der als Standarte einen Arm des Heiligen Ambrosius trug. Der Anführer der Kreuzfahrer war Ottone Visconti,[2] der bei der Einnahme von Jerusalem mit den Händen einen riesigen Sarazenenfürsten tötete und ihm den Helm wegnahm, auf dem ein Drache mit einem Kind im Rachen dargestellt war, der später das Wappen der Visconti werden sollte.

> *Il forte Otton che conquistò lo scudo*
> *In cui dall'angue esce il fanciullo ignudo.*[3]

Die Kirche San Sepolcro bildet mit dem großen Palazzo der Ambrosiana eine Einheit, und die beiden Gebäude werden zu einem einzigen Gebäude des Studiums und des Gebets. Das militärische, mit Türmen bewehrte Äußere ist leicht zu erklären: Die Wissenschaft ist kriegerisch, Minerva ist bewaffnet. Diese starken Mauern wurden errichtet, um dreitausend Wiegendrucke zu verteidigen, den hochberühmten *Homer*, den *Vergil* mit den Anmerkungen von Petrarcas Hand, den *Codex Atlanticus*, der von rechts nach links gelesen werden muß, als wäre er in türkischer Sprache abgefaßt.

---

2 Anselmo da Bovisio? Ottone Visconti lebte 1207–1295; deshalb ist die Jahreszahl 1907 unklar. (Anm. d. Ü.)

3   Der starke Ottone, der den Schild eroberte,
                  auf dem das nackte Knäblein aus dem
                      Maul der Schlange tritt. (d. Ü.)

Die hermetische Literatur ist eine Art Schamgefühl. Für meine erste Gemäldeausstellung, die 1927 in Paris stattfand, schrieb Jean Cocteau eine Vorrede, die zur Hälfte im Spiegel gelesen werden muß. Die untereinander gereihten Buchstaben meines Namens bilden Worte, die wiederum folgenden Satz bilden: *Sans Artifices Votre Instrument Nouveau Intrigue Orpheé*.[4] Die Absicht des Hermetismus ist es unter anderem, das mit Geheimnis auszustatten, was von sich aus nicht geheimnisvoll ist: dem es an Tiefe mangelt. Welche Bedeutung hat andererseits mein ständiges Bestreben, die Literatur zu einer immer größeren, einer immer höheren Klarheit zu führen?

Links neben der Kirche und etwas weiter hinten ragt der Seitenteil der Ambrosiana auf die Piazza, ein Bogenfenster krümmt sich in der Mauer, und in seinen Fensterscheiben glitzern die Lichter der Piazza. Die Ecke ist mit einem Eisengitter gewappnet. Dieses wird von Marmorsäulchen (*colonnette marmorine*) unterbrochen. Auf jedem Säulchen sitzt ein Pinienzapfen.

Ein Mensch ohne Stil hätte statt *colonnette marmorine colonnette marmoree* geschrieben. Er hätte die Bescheidenheit der »colonnette« mit der dannunzianischen Eloquenz von »marmoree« verbunden: Er hätte ein kleines Monster geschaffen.[5] Der Stil beseitigt nicht nur Monster, sondern auch jeglichen Kontrast, jeglichen Effekt. Er verbindet die einzelnen Teile der Sprache so sorgfältig, daß eine spiegelglatte Intarsienarbeit entsteht, über die das Auge hinweggleitet und auf der das Gemüt keine Hindernisse vorfindet. Der Stil löscht das Wort aus, macht es stumm und unsichtbar. Der Leser empfängt vom Blatt den Gedanken, die Gedanken, aber er weiß nicht, welches literarische Gefüge sie zum Ausdruck gebracht hat, er bemerkt es nicht, kommt nicht in Versuchung, danach zu fragen. Eine mit Stil geschriebene Seite liest man, ohne zu bemerken, wie sie geschrieben ist, so wie man ein mit Stil gemaltes Gemälde betrachtet, ohne zu bemerken, wie es gemalt ist. Auf den Seiten von Verga sind die Worte entweder

---

4 Etwa: Ohne Kunstgriffe beunruhigt Euer neues Werkzeug Orpheus. (Anm. d. Ü.)

5 Savinios Stilvergleich, ob *marmoree* oder *marmorine* besser zu *colonnette* paßt, entspricht im Deutschen der Vergleich zwischen Marmor- und marmornen Säulchen. (Anm. d. Ü.)

wie ein Loch oder wie ein Stein. Und das Auge hält bewundernd inne. Die Genialität der Literatur ist oft nichts anderes als mangelnder Stil. Und dieses Mißverständnis wird sich fortsetzen, bis wir eine sublime literarische Kultur erreicht haben, die frei ist von jeglicher überflüssigen Schönheit, von jeglichem widersprüchlichen Wert, von jeder falschen Qualität. Wird sie je kommen?

Zapfen, Akanthusblätter, Flügel. Die Heraldik der Architektur spricht sehr deutlich zu meinem Gemüt; sehr verführerisch klingt ihre Poesie. Auch die rationale Architektur sucht ihre Heraldik, aber die Symbole ihrer Sprache sind undeutlich und unförmig. Was bedeuten diese hohlen Schalen rund um die Pforten mancher Hochhäuser, diese vorspringenden Zylinder, die Baumstümpfe sein wollen und bestenfalls abgeschnittene Rohre sind?

Es ist Abend. Auf der Piazza ruht ein großes Schweigen, und darin versammeln sich golden summend das Leben, die Schritte, die Stimmen der Passanten wie eine Korallenlandschaft unter ihrer kristallenen Muschel. Ist es etwa eine Illusion? Das Sprechen hier ist kaum mehr als ein Murmeln, der Lärm der Schritte ist gedämpft, alle sind rücksichtsvoll.

Hinter dem Gitter schimmert weiß eine hohe Statue von priesterlicher Würde. Sie ist gerade dabei, vor das Volk zu treten und die behandschuhte Hand segnend über den Köpfen auszustrekken. Der Marschwind bläht ihr das weite Priestergewand. Ich richte den Blick ins Halbdunkel, ich entdecke den Spitzbart, der das Kinn verlängert, und mit der Hilfe von Manzoni erkenne ich Federico Borromeo.[6]

Er ist der Gründer der Biblioteca Ambrosiana. Er schickte Agenten in alle Teile der Welt, um Bücher und Manuskripte zu kaufen. Nach der Bibliothek gründete er die Akademie der schönen Künste, die die erste in Mailand war und aus der im Laufe der Zeit die heute berühmte Pinakothek wurde.

Links neben Federico liegt ein kleines Haus mit tympanonförmi-

6 Federico Borromeo (1564-1631), aus der vornehmen Mailänder Familie der Borromeo, war Kardinal von Mailand und setzte sich während der Hungersnot von 1627-29 und der Pest von 1630 aufopfernd ein. Manzoni setzte ihm in seinem Buch *Die Verlobten* ein Denkmal. (Anm. d.Ü.)

gem Dach, und ich sage »liegt«, weil es den Eindruck erweckt, es sei nur auf die Erde hingelegt worden und nicht mit Grundmauern in der Erde verwurzelt. Hinten wird es vom Seitenflügel der Ambrosiana überragt, und im Vergleich dazu erscheint es noch kleiner.

Dieses Häuschen ist ein Modell architektonischer Perfektion. Die einwandfreie Anordnung der Teile, die Proportionen der einzelnen Teile, die allgemeine Harmonie geben uns das Gefühl von Ausgewogenheit und Ruhe, von erfüllten und mit den Prinzipien des wahren Glücks im Einklang stehenden Wünschen. Wie glücklich kann man doch sein, indem man einfach ein Haus betrachtet! Die Architekten und Urbanisten haben ja keine Ahnung, mit welcher Leichtfertigkeit sie unser Glück aufs Spiel setzen, wie heilbringend, beziehungsweise unheilbringend ihr Werk für das Gemüt, die Sitten, das Schicksal eines Volkes sein kann. Die Regeln der Hygiene sind auf sehr grobe Kriterien beschränkt. Die Fassade dieses Häuschens ist ein Modell der Rationalität, denn die Rationalität ist nicht nur eine praktische, sondern vor allem eine geistige Gegebenheit.

Um 1800, als Piermarini dem Mailänder Bauwesen vorstand, wurde die klassische Ordnung ganz allgemein »der Geschmack« genannt, und die von ihm entworfenen Gebäude, vor allem die Innenräume dienten als Modell.[7] Die Mailänder Kultur hatte eine derartige Vollkommenheit erreicht, daß man in der Brera die Modelle nach dem Kanon der klassischen Schönheit auswählte, und selbst von den Pedellen wurde verlangt, ein wenig vom Zeichnen zu verstehen. Ist es die Vollkommenheit dieses Häuschens, sein Modellcharakter, der uns den Eindruck von Beweglichkeit vermittelt? Als müsse man es, um seinen Modellcharakter zu bestätigen, immer wieder aufs neue an Orte bringen, wo etwas abgerissen und neu aufgebaut wird, was in dieser Zeit in Mailand so häufig der Fall ist.

Auf dem Architrav steht in zarten und deutlichen Lettern

7 An anderer Stelle dieses Buches spreche ich von der »geschlossenen« Kultur Mailands. Was für eine umfassende Bedeutung gewinnt doch dieses Eigenschaftswort, wenn man an den Aufbau der Mailänder Häuser denkt, deren unscheinbare Fassade zur Straße hin gewandt ist und deren auffallende Fassade, deren *wahre* Fassade, in den »Innen«-Garten blickt. Höchste Perfektion des Mégaron. Und auch das ist sehr »griechisch«.

geschrieben: *Bibliotheca Ambrosiana*, mit nur einem »h« zwischen uns und dem Lateinischen; aber wie viele wissen schon, daß der Unterschied zwischen uns und dem Lateinischen nur ein »h« ist? Das Äußere ist das eines Tempels, und hinter der verschlossenen Tür wacht das Abbild einer Gottheit. Die Wissenschaft ist eine Göttin.

Ich lege das Notizbuch auf das Mäuerchen und beginne, ein paar Notizen zu machen. Eine weiße Katze klettert auf das Mäuerchen, kommt näher, macht einen Buckel, stellt den Schwanz auf wie eine Kerze, beschnuppert mein Notizbuch. Diese Kühnheit bei einem ansonsten so scheuen Tier läßt sich nur aus einem besonderen Interesse an meinem Notizbuch erklären. Und nach der weißen Katze ist eine schwarzweiße Katze an der Reihe, dann eine aschgraue und schließlich eine fuchsrote. Meine Anwesenheit stört sie nicht. Sie sind entschlossen und furchtlos. Ich spüre, wie sie in ihrem trauten und pelzigen Schnurren ein weiches Leben leben. Das Interesse für das Notizbuch ist in ihnen stärker als jedes andere Gefühl.

Das Getrippel der Schritte spannt ein Klangnetz über die Piazza. Radfahrer fahren blitzschnell und lautlos vorbei. Verliebte Paare gehen händchenhaltend vorüber. Die abendliche Illusion der Liebe entschädigt für die Realität der Tagesmühe. *Du vin et de l'amour.*

Ich werde den Verdacht nicht los, mein Notizbuch sei zum Verzehr bestimmt. Wer weiß? Vielleicht verbergen diese Blätter, dieser Einband aus Wachstuch aufgrund des inzwischen verbreiteten proteischen Charakters, den wir der Chemie verdanken, eine heimliche Käsenatur. Ich muß auf meine Notizen verzichten.

Man scheint das Häuschen zufällig hierher gestellt und das Gitter nur deshalb gebaut zu haben, damit die diebischen Architekten nachts nicht das »Modell« davontragen.

Den Wörtern mißtrauen. *Ladroni* (Diebe) waren ursprünglich Helden, die man für Geld dingen konnte; und da sie an der Seite jener gingen, die sie gedungen hatten, hießen sie *laterones* (*latero...* = seitlich) und elliptisch *latrones*. Aber auch diese Truppen fielen rasch der Verderbtheit anheim, und die *latrones* begannen zu plündern und zu rauben; und *latro* wurde der Straßenräuber genannt, der die Passanten bewaffnet überfiel, während der Straßenräuber, der sich nur seiner Fäuste bediente, *grassatore* hieß.

Dieser kleine Tempel hinter dem Gitter erinnert an die Bilder von Giorgio de Chirico, auf denen mitten im Raum stehende Tempel dargestellt werden. Die Idee des Hauses im Haus wurde von deutschen Archäologen zur Rekonstruktion des Pergamonaltars in Berlin wiederaufgenommen. Auch die Rekonstruktion der Ara Pacis in Rom geht teilweise auf dieselbe Idee zurück, aber hier wurde die Idee ohne Nachdenken realisiert, denn das Gefühl, sich in einem geschlossenen Raum zu befinden, worin die poetische Grundlage dieser Idee besteht, wird von der Transparenz des Glashauses zunichte gemacht. Die Kunst hat den gewöhnlichen Dingen gegenüber Vorrang. Aber die Kunst wird nicht ernstgenommen. Was für eine triste Dummheit!

Der Kirche San Sepolcro steht der Palazzo degli Esercenti gegenüber, dessen Fassade, die einen stumpfen Winkel bildet, ein Stück auf die Piazza vorspringt. Neben dem Palazzo erhebt sich unvermutet, wie ein Campanile neben der Kirche, ein riesiger viereckiger weißer Turm neueren Datums. Es ist der Turm, der im Gedenken an den Aufruf von 1919[8] errichtet wurde. Seine Stirnseite ist in regelmäßigen Abständen von rechteckigen Fenstern durchlöchert, und auf der Höhe des zweiten Stocks springt ein Bronzebalkon mit massiver Balustrade vor. In den Gemeinden der Lombardei hieß der Balkon, von dem aus das Oberhaupt zum Volk sprach, schlicht *parlera* (Sprechplatz). *Arengo* oder *arringo* (Bürgerversammlung) ist ein ungebräuchliches Wort, das von D'Annunzio wieder eingeführt wurde. Hinter dem Turm beginnt eine Straße, die Valpetrosa (steinernes Tal) heißt, ein wunderschöner Name für eine Straße in der Stadt, ein Symbol für eine Straße in der Stadt: *ein steinernes Tal zwischen Häuserbergen.*

Gegenüber der Via Valpetrosa beginnt die Via del Cardinale Federico, die an der Mauer der Biblioteca Ambrosiana entlangführt. An dieser alten und volkstümlichen Straße funkeln die Schaufenster des Sala-Weinkellers. Illustre, von ehrwürdigem

---

8 Am 23. März 1919 gründete Mussolini auf der Piazza San Sepolcro in Mailand die Kampftruppen *Fasci di combattimento* (s. o. S. 235 im Text). (Anm. d. Ü.)

Staub bedeckte Flaschen bilden kleine Denkmäler, vor denen ich mich respektvoll verneige. Auf die Wölbung der kolossalen Fässer sind betrunkene Silene gemalt, auf einer Weinkarte wird ein von einem kobaltblauen Meer umschlossenes Italien mit Bildern seiner Weine dargestellt, Frauen stehen aufrecht und behüten den Wein der jeweiligen Region: den Barolo im Norden, den Marsala im Süden. Der Sala-Weinkeller übt eine seltsame Wirkung auf mich aus: Ich halte mich für Renzo Tramaglino, und um zu vergessen, daß man meine Lucia im Kloster eingesperrt hat, hänge ich mich am besten an den Zapfen eines dieser Fässer und werde ebenfalls zu einem betrunkenen Silen.

Die Via del Cardinale Federico mündet auf die Piazza della Rosa. Es war richtig, Achille Rattis an jenem Ort zu gedenken, wo er als Präfekt der Ambrosiana tätig war; nicht richtig war es jedoch, den Namen der Piazza von Piazza della Rosa in Piazza Achille Ratti zu ändern. Manche Namen kann man nicht ersetzen. Der Rose, dieser mythischen Blume, wird im Inneren der Ambrosiana gedacht, in der *Sala della Rosa*, in der sich die Bilder von Appiani, Molteni und Landi[9] befinden.

Ich sorge dafür, daß mich die erste Minute des Ersten jedes Jahres am Schreibtisch überrascht, den Federhalter in der Rechten und die Phantasie im Begriff zu gebären. Andrea Appiani traf es noch besser: Er starb beim Malen.

Die Piazza della Rosa gedachte der alten Kirche Santa Maria alla Rosa, die abgerissen wurde, um der Ambrosiana Platz zu machen. Es ist eine freundliche Mailänder Tradition, daß die abgerissenen Kirchen ihren Namen dem nachfolgenden Gebäude vererben. Das Teatro della Scala wurde so genannt, um an die abgerissene Kirche Santa Maria della Scala zu erinnern. Für den Namen der Piazza della Rosa gibt es noch eine zweite

---

9 Andrea Appiani (1754-1817), von diesem neoklassizistischen Mailänder Maler stammt das Fresko *Il Parnaso* in der Galleria d'Arte Moderna in Mailand.

Giuseppe Molteni (1800-1867) aus Mailand. Von ihm stammt das Porträt der Frau Poldi Pezzoli und ihres Kindes. Im Museo Poldi Pezzoli hängt noch sein Bild *La Pietà*.

Gaspare Landi (1756-1830). Von seinen Gemälden wurden am meisten die Porträts geschätzt.

Etwas weiter oben im Text: Achille Ratti: Genueser Historiker. (Anm. d. Ü.)

Erklärung. Als Bramante hier vorbeiging, um die Pläne der Kirche Santa Maria del Giardino abzuliefern, die er errichten sollte, blieb er stehen und betrachtete die Kirche Santa Maria alla Rosa, und, indem er auf die Verwandtschaft der beiden Namen anspielte, sagte er: »Das ist die Rose jenes Gartens (giardino)«.

An diesem Abend stand vor dem Tor der Ambrosiana ein Turm aus Pfählen und Balken, in dessen Innerem sich wie in den Maschinen Piranesis Flaschenzüge und Ketten bewegten. Genau hier war vor zweiunddreißig Jahren mit Reden und Festbeleuchtung das Denkmal für Felice Cavallotti[10] enthüllt worden, das in der Figur des Leonidas gleichzeitig die Gefallenen der Thermophylen und die Gefallenen von Mentana ehren sollte. Gegenüber der strengen und finsteren Stirnseite der Ambrosiana stand die Marmorstatue von Ernesto Bazzaro[11] da wie ein kleiner Berg aus Schlagsahne, und auch die Zeit konnte den Kontrast nicht mildern.

Um dieser tonalen Disharmonie ein Ende zu bereiten, wurde das Denkmal für Felice Cavallotti vor zwei Jahren von seinem ursprünglichen Standort entfernt und bei Nacht und Nebel in einer Lagerhalle auf der Via Pompeo Leoni abgestellt. So sagt man jedenfalls. Man sagt auch, daß der Leonidas von Cavallotti eines Tages von der Lagerhalle auf der Via Pompeo Leoni in die Gärten der Guastalla gebracht werden soll, um mehr Licht und Luft zu haben.

An jenem Abend warf uns der auf seinem Schild liegende Gefangene aus Schlagsahne, die Sturmhaube auf dem Kopf und die Lanze zwischen den Beinen, zwischen Flaschenzug und Ketten, einen zutiefst traurigen Blick zu. Und wir – ganz leise, damit uns niemand hörte: »Auf Wiedersehen, Leonidas.«

Mailand wird beherrscht vom Widerschein und Widerhall des

---

10 Felice Cavallotti (1842-1898), dieser italienische Politiker und Literat (*Marcia di Leonida*) der äußersten Linken war von 1873 an Parlamentsabgeordneter. Wegen seiner politischen Haltung mußte wohl auch sein Denkmal weichen, s. u. im Text. In der Schlacht von Mentana wurde Garibaldi 1867 von französischen und päpstlichen Truppen geschlagen. (Anm. d. Ü.)

11 Ernesto Bazzaro schuf dieses Denkmal für Cavallotti. s. S. 26. (Anm. d. Ü.)

Ruhmes seiner Heiligen. Alles in dieser Stadt ist »ambrosianisch«: ambrosianisch ist die antike Basilika mit ihrem Satteldach und den beiden ungleichen Glockentürmen; ambrosianisch ist die Liturgie, ambrosianisch ist die Bibliothek, in der Federico Borromeo aus Solidarität unter Heiligen die illustresten Dokumente des menschlichen Geistes angesammelt hat; ambrosianisch ist die Zeitung, ambrosianisch sind die Einwohner; und als Malaparte und ich eines Tages eine Konditorei auf dem Corso Littorio betraten und zerstreut ein Motta-Panettone verlangten, rettete uns nur unsere offenkundige Unwissenheit vor dem Zorn des Konditors, des Schöpfers des berühmten *Sant'Ambroeus*-Panettone. Aber so wie sich ein Licht in allzu hellem Licht verliert, so verwischt sich bei diesem großen Ruhm die deutliche Figur des Heiligen.

Heute erfüllen auch die zum »Lesen« gedachten Bücher immer mehr die Erfordernisse des »Schauens«. In dieser Rückkehr zum Figürlichen verbirgt sich die Rückkehr zum elementaren Leben, und wie früher die Ägypter, die Maya, die Einwohner Polynesiens werden auch wir bald wieder unsere Gedanken mittels subtiler Ideogramme darstellen. Aber seien wir ehrlich: Hätte ich je das Buch *Sant'Ambrogio e la sua età* (*Sant'Ambrosius und seine Zeit*) von Angelo Paredi zur Hand genommen, wenn mir auf dem schwarzen Einband nicht die Gestalt des Heiligen entgegengekommen wäre, so wie sie Adolfo Wildt[12] für das Denkmal der Mailänder Gefallenen geschaffen hatte? Diese Darstellung des »Ambrosius«, beziehungsweise des »unsterblichen« Heiligen ist geistreich und »auf wundersame Weise schön«: eher geistreich als geistlich. Wildts ernster Schatten sollte sich nicht beleidigt fühlen: aber geistreich und geistlich sind zwei Enden ein und derselben Linie: markanter und überzeugender das geistreiche Ende, zweideutiger und weicher das geistliche Ende. In der Armhaltung, im weichen Fließen der Kleider um den Körper, in der Auswärtsstellung der Hüfte, im Ausdruck des Fußes, der besitzergreifend auf den Widdern des Kapitells steht, im triumphierenden Schwung der ganzen Figur liegt eine augusteische Erhabenheit, die dem sehr entspricht, dem der Ruhm des römischen Kaiserreiches

12 Adolfo Wildt (1868-1931), Bildhauer aus Mailand. (Anm. d. Ü.)

zur Ehre gereichte, bevor er in die ruhmvolle christliche Kirche eintrat. Ich verstehe bloß nicht, warum Wildt dem Mailänder Schutzheiligen den Schnurrbart abrasiert hat und ihm somit zwischen den sich schneckenförmig windenden Haaren und dem wurmförmigen Bart die Physiognomie eines Uncle Sam verliehen hat. Ein weiteres Verdienst der Statue Wildts ist es, die Körpergröße des Heiligen »monumentalisiert« zu haben, denn wie die Berichte der Sachverständigen anhand der anatomischen Studien bewiesen, die an den Leichnamen von Ambrosius, Gervasius und Protasius nach deren Auffindung durchgeführt wurden, war der Heilige knapp 163 Zentimeter groß. Auch die Stimme des Ambrosius war leise, und der Heilige Augustinus schreibt, die Schwäche seiner Stimme hätte den Mailänder Bischof dazu gezwungen, »schweigend zu lesen«. Wie lasen dann die anderen? Was für eine eigenartige Enthüllung, wie im IV. Jahrhundert gelesen wurde: einem dunklen Jahrhundert und einem Jahrhundert der Neubildung, das sah, wie Rom starb und die Kirche Fuß faßte, das den Übergang vom Heidentum zum Christentum sah und den Kampf zwischen Arianern und Katholiken. Wir erfahren also, daß die Menschen des IV. Jahrhunderts mit lauter Stimme lasen, so wie auch die Alten, die Bauern, die Kinder lesen. Ein Zeichen anagnostischer Unreife. Die Entwicklung von der Un-Kultur zur Kultur wiederholt die Bewegung von Außen nach Innen, vom Lärm zum Schweigen. Mißtraut dem Lärm: Ihr seid von ungebildeten Menschen umgeben; ehrt das Schweigen: Ihr seid von Wissenschaft umgeben.

Ambrosius wurde zu Beginn des Jahres 339 in Trier am rechten Moselufer geboren, als Sohn von Aurelius Ambrosius, einem Präfekten und reichen Patrizier. Im vorgeschriebenen Alter trat er in den Richterstand ein, denn die »römischen Adeligen vererbten die höchsten Ämter der kaiserlichen Bürokratie, als wären es erbliche Titel«. Als eines Tages die Wiege des Kindes im Palasthof stand, sah die Sklavin, die ihn beaufsichtigte, wie ein Schwarm von Bienen plötzlich auf die rosigen Lippen, auf die unschuldig im Schlaf geschlossenen Augen herniederschoß, und rief erschrocken ihre Gebieter herbei, die in der Nähe spazierengingen. So konnten der Vater und die Mutter die Bienen beobachten, die aus dem kleinen Mund ein- und auskrochen, ohne ihm auch nur den geringsten Schaden zuzufügen, und dann zum Himmel aufflogen. Da rief der Vater aus: »Dieses Kind muß etwas Besonderes sein!«[13]

Und die Mutter? In dem doch so umfangreichen Werk des Ambrosius fehlt jeder Hinweis auf die Mutter. Diese Mutterlosigkeit ist um so verwunderlicher, wenn man sie mit der glühenden Mutterverehrung des Heiligen Augustinus vergleicht. Die Liebe des Sohnes zur Mutter ist die erste und natürlichste Form der Liebe, aber eine übertriebene Liebe zur Mutter, eine absolute Liebe, die die anderen Formen der Liebe aufsaugt und sie zunichte macht, ist das Zeichen einer emotionalen Inversion. Wie läßt sich andererseits das »Schweigen« des Heiligen Ambrosius über seine Mutter erklären: diese *Hypernomalie*? Angelo Paredi sieht eine »allzu römische Zurückhaltung, in Werken öffentlichen Charakters, was ja alle seine Werke sind, über Familienangelegenheiten zu sprechen«. Der Heilige Ambrosius übertrug also auch das Heilige seiner römischen Natur auf die christliche Heiligkeit. Und aus der römischen »Heiligkeit« kann man erbauende Lehren ziehen: angefangen mit den erhabenen und »harten« Tugenden der großen Republikaner bis zu Mark Aurels Philosophie der Hoffnungslosigkeit, Julians großem Mystizismus und seinem »christlichen« Heidentum, dem würdevollen Ernst seiner Sitten, seiner heroischen Keuschheit. Wie wohltuend, wie nützlich, wie menschlich ist doch diese aktive Form der Heiligkeit im Gegensatz zur kontemplativen Heiligkeit, zur konservativen Heiligkeit, zur egoistischen Heiligkeit, die von den Einsiedlern der Thebais praktiziert wurde und deren Echo genau zu der Zeit, in der Ambrosius als Heiliger wirkte und als Krieger im Okzident kämpfte, aus dem barbarischen und beunruhigenden Orient herüberdrang!

Nach einem fünfjährigen Aufenthalt im illyrischen Sirmium, wo er als Advokat in der Präfektur des Prätors tätig gewesen war, wurde Ambrosius 370 zum *consularis* (Statthalter) von Liguria

---

13 Die »Bienenszene« ist zusammen mit anderen Szenen aus dem Leben des Heiligen auf dem vom Goldschmied Volvinio bearbeiteten Antependium dargestellt, das in den Altar der Basilika des Heiligen Ambrosius eingefügt ist und unter dem zu lesen ist: »*Ubi examen apum pueri os complevit ambrosi(a).*« (»Wo der Bienenschwarm dem Mund des Knaben Ambrosia einflößt.«)

und Aemilia gewählt und drei Jahre später zum Bischof von Mailand.[14] Sieben Tage davor hatte er die Taufe empfangen.

In jener Zeit des Kirchenaufbaus war die Taufe nicht das »selbstverständliche« Sakrament, wie wir es kennen, sondern eine letzte Weihe, die der Katechumene nur mit vorbereitetem Geist und heiligem Widerwillen empfing. Dies ist der Grund für jene »verspäteten« Taufen. Von Constantin ganz zu schweigen, der erst im Augenblick des Todes getauft wird, empfangen auch die Kirchenväter selbst die Taufe sehr spät: Der Heilige Hieronymus mit 20, Rufinus mit 26, Satyrus mit 40, Augustinus mit 33, Ambrosius mit 34. Damit begann das heroische, äußerst tätige Leben des großen Bischofs, sein Werk als Organisator der Mailänder Kirche, sein Kampf gegen den Arianismus, sein Widerstand gegen Theodosius, der mit einem vorweggenommenen Canossa endete.

Als Ambrosius eines Tages Paulinus den Kommentar zum XLIV. Psalm diktierte, senkte sich ein Feuerball auf sein Haupt, drang in seinen Mund ein und ließ sein Gesicht leuchten wie Schnee. »Bei der Nachricht, daß der Bischof im Sterben läge, entsandte Stilicho, der davon überzeugt war, daß der Tod von Ambrosius den Ruin Italiens bedeute (in jener Zeit legte man das Wohl der Nationen mit mehr Vertrauen den Bischöfen in die Hände als den Generälen),[15] die Edelsten der Stadt, die den Bischof veranlassen sollten, Gott um seine Genesung anzuflehen. Ambrosius antwortete: ›Ich habe nicht so unter euch gelebt, daß ich mich schämen müßte, weiterzuleben, aber ich habe auch keine Angst vor dem Tod, denn wir haben einen guten Herrn.‹« Er verschied am 4. April 397, am Morgen des Karsamstages, und seine Seele befreite sich im selben Augenblick wie die Glocken.

Auch den Heiligen kann ich mich nur aus Zuneigung zu ihnen als Menschen nähern. An den mönchischen Antonius denke ich nie, an Ambrosius jedoch schon und auch oft und jedesmal mit einer fruchtbaren Erleichterung des Gemüts. Ich denke an unseren

14 Zu diesen Jahreszahlen gibt es unterschiedliche Angaben. Andere Quellen (Ploetz) geben als Jahr der Einsetzung zum Bischof 374 an und als Jahr der Ernennung zum Statthalter 369. (Anm. d. Ü.)

15 Ein geistreicher Franzose sagte: »*La guerre est une chose trop sérieuse pour être confiée à des généraux.*« (»Der Krieg ist eine zu ernste Sache, als daß man sie den Generälen anvertrauen sollte.«)

Schriftstellerkollegen, an unseren Musikerkollegen, an unseren Gelehrtenkollegen, der Homer und Vergil, Cicero und Sallust las; ich denke an den Schriftsteller, der von Hieronymus vernichtend beurteilt wurde, so wie wir von anderen Hieronymussen vernichtend beurteilt werden, die nicht einmal das Verdienst haben, über einen Totenschädel und in der Gesellschaft des Löwen meditiert zu haben; ich denke an den Dichter, der uns eine außergewöhnliche Seite über das Meer hinterlassen hat, auf der vierzehn Jahrhunderte im voraus die schwindelerregende Beschwörung des Ozeans durch den geheimnisvollen Lautréamont widerhallt.

Um mich unserem Heiligenkollegen noch mehr zu nähern, betrat ich an jenem Abend die Basilika Sant'Ambrogio, eine berühmte, jedoch unter ihrem Gewicht leidende Kirche. Eine ehrwürdige, aber ungeschliffene und widerspenstige Basilika, die sich wie das Pantheon und das Kolosseum unter der Erde verstecken möchte: wie das geheimnisvolle und schamhafte Tier, wenn es stirbt. Orientalische Sünden lasten auf ihr. Ein schwarzes Gehirn. Zwei mit Felsen vollgeräumte Augen. Das Licht des Goldes, das unheimlichste von allen Lichtern, schimmerte in dieser Stunde unter den Bögen, die so flach waren wie Fangeisen, zwischen den Säulen, die so plump waren wie etruskische Müller. Ich stand in der Nähe der auf Säulchen und Bogen ruhenden Kanzel, die von Pietro da Poma wiederaufgebaut worden war, unter dem byzantinischen Adler, der die Walt-Disney-Stilisierungen auf das Kühnste vorwegnimmt; da erhob sich vom Grund des Kirchenschiffes eine gutturale Stimme, eine schwere Stimme auf fünfzehn Jahrhunderte alten Flügeln, und rief zweimal: »Stiticho, Stiticho«, und fügte hinzu: »Komm heraus, wenn du den Mut dazu hast!« Aber ich hatte falsch gehört: die altersschwache Stimme forderte Stilicho[16] und nicht Stiticho dazu auf, aus dem Sarkophag zu steigen, auf dem die Kanzel des heiligen Bischofs von Mailand ruht. Aber wie sollte der General von Theodosius, der Hauslehrer von Honorius aus seinem Sarkophag steigen, wenn dieser doch nur ein Zenotaph ist? Aber

16 Stilicho (ca. 365-408). Zunächst *magister militum* unter Kaiser Theodosius, regierte dann von 395 an für Onorius. Besiegte 401 Alarich. Wurde während eines Aufstandes in Mailand getötet. (Anm. d. Ü.)

Vorsicht: Von einer berühmten italienischen Schauspielerin, die überaus dünn ist, erzählt man, eines Tages sei ein leerer Wagen vor dem Theater Argentina stehengeblieben, und die Signora Sowieso sei ausgestiegen. Der alte Zwist zwischen Stilicho und Alarich dem Baltung[17] ist noch immer nicht begraben, und in der alten, auf ihren plumpen Beinen kauernden Basilika leuchteten die Gespenster der beiden verfeindeten Barbaren auf, die durch ihre leidenschaftliche Liebe zu Rom zu Rivalen geworden waren.

Auch zu Maria sage ich immer wieder: Kein Unglück ist bitterer als das, sein zu wollen, was man nicht ist, sich ein Ideal (wie die Dummköpfe sagen) außerhalb seines Selbsts zu suchen, ihm ähnlich sein, ihm gleichen wollen; sich in das bewunderte Modell einschleichen zu wollen (so wie man sagt: »ich in dir« und »du in mir«); als diese profane Eucharistie. Hierin liegt auch der Ursprung des Ästhetizismus – im Streben, anders zu scheinen, als man ist: schöner, vornehmer, vortrefflicher –, der Ursprung des Dannunzianismus, der mit der Unzufriedenheit mit sich selbst einhergeht, mit der Kenntnis der »Last« der eigenen Fehler und Mängel und dem quälenden Wunsch, sie zu verbergen, sie wenn möglich zu verdrängen. Es gibt kein deutlicheres Eingeständnis, daß man unter den Kleidern einen Makel verbirgt, als dieses Streben, sich mit einer künstlichen Schönheit auszustatten, sich mit einem Schein der Kostbarkeit zu umgeben – sich in »höhere Sphären« versetzen zu wollen.

Alarich ist der erste einer Reihe von wagnerianischen Gestalten, die mit Stierhörnern gekrönt und von Harmonien umhüllt sind, und er gibt das Startzeichen zum *Drang nach Osten*. Ist es von Bedeutung, daß die *Sehnsucht* Alarich in den Süden geführt hat und nicht in den Osten? Im Vorstellungsbild von der Anziehungskraft der Himmelsrichtungen vermischen sich Osten und Süden. Aber der Fall Alarichs übertrifft alle einfachen Fälle, die der Anziehungskraft des Südens zum Opfer fielen. Bei ihm wirkt vor allem die Anziehungskraft Roms als Pol aufgeklärter Macht: der Wunsch des trüben Menschen, sich mit römischem Licht zu umhüllen. Goethe formuliert diesen Wunsch dichterisch, beziehungsweise plastisch; er sagt, daß »er in Rom ein zweites Mal

17 Handelte es sich hier um einen Irrtum oder eine Verballhornung von Savinio? Eigentlich: Alarich der Balte. (Anm. d. Ü.)

geboren wurde«. Natürlich ist die zweite Geburt auch die bessere Geburt. Alarich verbringt sein ganzes üppiges, fruchtbares Leben damit, diese »bessere« Geburt zu finden, die ihm jedoch unendlich große Enttäuschungen einbrachte, ein damit verbundenes *fin de non recevoir* und schließlich den Malariatod zu Füßen des grünen Silagebirges. Jules Verne stellt in einer seiner faszinierendsten und gelungensten Erzählungen, *Die Sphinx der Gletscher,* gleichzeitig *Othello* und *Parsifal* dieses Homers des Zeitalters der Ingenieure und Entdecker, in der er den unvollständig gebliebenen *Bericht des Arthur Gordon Pym* weiterspinnt, fortführt und zu Ende bringt, den Magnetpol als kolossale Sphinx dar, die eine riesige Anziehungskraft besitzt und mit Hilfe eines großen Strahls alles an sich zieht, was aus Eisen ist, dem auch der abenteuerlustige und unglückliche Pym mit seinem Gewehrlauf zum Opfer fiel. Zur Sphinx der Gletscher fühlten sich der südländische und der orientalische Mann hingezogen (auch der Südländer, auch der Orientale gehorchten dem unphilosophischen, dem unwürdigen – nicht würdigen – Drang, sich zu verbessern, sich zu erheben, indem sie sich von ihrer wahren Natur entfernen; wenn auch in geringerem Ausmaß, denn die Energie und die Ambitionen des Orientalen und des Südländers sind bisher weniger ausgeprägt), so wie der Nordländer sich nach der Sphinx des Südens sehnt, ihrem Zauber, ihrer Anziehungskraft erliegt.

Alarich hieß ursprünglich Ala-Reiks, was auf gotisch »Herrscher über alle« bedeutet und den jungen Baltung dazu bestimmte, ein gewaltiges Reich zu beherrschen. Aber Ala-Reiks latinisierte seinen Namen und nannte sich Alaricus, womit er die humanistischen Latinisierungen vorwegnahm, die einige Jahrhunderte später Hohenheim zu Paracelsus werden ließen, Hausschein zu Oecolampadius. Baltung, das auf gotisch *kühn* bedeutet, ist eine der üblichen lobenden Adjektivierungen mit Beschwörungscharakter wie Karl »der Kühne« oder Joffre »der Zauberer«. Ala-Reiks wollte nicht nur den Namen, sondern auch seine Person, sein Gemüt latinisieren. Sein Latein war nicht nur korrekt, sondern äußerst elegant. Er las die Dichter und vor allem die Historiker, wie es sich für einen Mann gehört, der zum Regieren bestimmt ist. Und er war nur deshalb dem Arianismus so verbunden, weil der Arianismus ein Staats-Christentum war und

Christus dem Kaiser unterstellte. Zwischen Alarich und Stilicho, deren schattenhaftem und rustikalem Duell ich heute in der Basilika Sant'Ambrogio beiwohnte, bestand eine graduelle Rivalität: Stilicho war Römer zweiten Grades, Alarich ersten Grades. Der Vandale Stilicho begnügte sich damit, dem Kaiserreich zu »dienen«, der Hunne Alarich[18] wollte es retten, es regenerieren, zum antiken Glanz zurückführen.

Nach einem triumphalen Ritt durch Illyrien schlug Alarich in Thessalien sein Zelt auf, einem äußerst nordischen Land, einem Land der Hexen und Weissagungen, wo die Bäume sprechen wie Menschen. Und als der junge Baltung eines Tages durch einen dichten Eichenwald ritt, riefen ihn die Bäume beim Namen und sagten in ihrer Laubsprache zu ihm: *Penetrabis ad Urbem*. Unverständlich ist jedoch, wie es der Stimme des Laubes gelang, die erste Silbe – »pe« – dieser Prophezeiung auszusprechen und warum Wagner die Episode, in der der junge Baltung der Sprache des Laubes lauscht, nicht verarbeitet hat. Für welche Stadt hatte das Schicksal Alarich auserkoren, wenn nicht für die Stadt *par excellence*?

So versuchte Alarich, als Freund nach Rom zu gehen, und als ihm dies nicht gelang, ging er als Feind hin. Am Abend des 24. August 410 ballte sich eine schwarze Wolke über dem Monte Mario zusammen, die eines jener straussianisch orchestrierten Unwetter ankündigte, auf die die Natur Roms ein größeres Anrecht besitzt als das *Teatro Reale dell'Opera*. Als Wagnerianer sah Baltung in diesem Unwetter ein Zeichen des Schicksals, und er ließ seine Hunnen los, während Blitze zuckten und Donner grollten. Die Stadtmauern zwischen der Porta Pinciana und der Porta Salaria wurden abgerissen, dem heute elegantesten Viertel der Stadt, auf das die Fenster des Hotels Flora blicken (so benannt nach dem zweiten Namen Roms, das vier Namen besaß, darunter auch den Namen *Amor*, und einen heiligen und geheimnisvollen, der so sorgsam geheimgehalten wurde, daß sich niemand mehr an ihn erinnert) und auch die Fenster des Hotels Vittoria, des Hotels Eliseo, und darunter, unter den *necessaria* (Abtritte), die wie kleine Balkons vorspringen, gehen an sonni-

---

18 Es sei dahingestellt, ob Savinio Hunnen und Goten absichtlich verwechselt. (Anm. d. Ü.)

gen Tagen jene spazieren, die mit einem häßlichen Neologismus als *gagà* (Stutzer) bezeichnet werden.

Vor allem ist *gagà* eine fälschliche Bezeichnung. *Gagà* war in der Gaunersprache der impotente und lüsterne Alte. Welcher Redakteur eines humoristischen Blättchens ist verantwortlich für eine derart bestialische Bereicherung unseres Wortschatzes?

Ein Bote brach spornstreichs nach Ravenna auf, um Honorius davon in Kenntnis zu setzen, daß Rom geplündert worden war. Honorius kümmerte sich nur um seinen Musterhühnerhof und gab den Hühnern, die er züchtete, den Namen von Städten. Sein Lieblingshuhn hieß Rom. »Was heißt zerstört«, stammelte der Kaiser, der vor allem lispelte, stammelte und stotterte. »Wie soll Rom zerstört sein, wenn ich ihm gerade mit eigenen Händen zu fressen gegeben habe?« Man erklärte ihm, daß es sich nicht um das Huhn handele, sondern um die Urbs. »Das hättet ihr mir früher sagen können«, rief Honorius aus und besiegte vor Erleichterung beinahe seine Sprachfehler.

Alarich war über seine Eroberung bestürzt. Sein ganzes Leben lang hatte er Rom begehrt, und jetzt, da die Stadt endlich sein war, hielt er sie tot in den Armen. Entsetzt wich er vor diesem zerfleischten Leichnam zurück. In seiner großen Traurigkeit hatte er eine politische Idee, die ihm von der Verzweiflung eingegeben wurde: Um Rom wahrhaft zu besitzen, müsse er auch die Länder besitzen, die es nährten. Und er brach auf, Afrika zu erobern. Aber sein Feldzug war nur mehr ein vergebliches Bemühen. Er gelangte nach Kalabrien, baute eine riesige Flotte, die ihm das Meer in einer einzigen Nacht zerstörte, wie vierzehn Jahrhunderte später die Flotte zerstört werden sollte, die Napoleon in Boulogne-sur-mer gesammelt hatte. Er atmete die Malaria ein und spürte den Tod nahen. Seine Gefährten wollten ihn zurück in die Heimat bringen, damit die heimatliche Luft ihn heile. Er lehnte es ab und wollte zumindest im Tod Italiener sein. Die Flüsse waren immer seine Freunde gewesen, hatten sein Glück begründet. Er wollte in der Nähe eines Flusses sterben. Seine Krieger lenkten den Lauf des Busento um, beerdigten ihren Führer wagnerianisch im Flußbett, dann rissen sie den Deich nieder, und der Fluß strömte mit Gewalt in sein Bett zurück. Seit damals schläft der Baltung unter dem tosenden Wasser. Mitten in der Nacht, wenn ringsherum Friede herrscht, bemächtigt sich das Wasser wieder seiner sprachlichen Fähigkeiten, formuliert Wörter, sagt: »Hier ruht Ala-Reiks, der Hunne, der kein Hunne bleiben und sich nicht an die Spitze eines Bundes der Barbaren setzen, sondern Römer werden wollte und daran scheiterte. Das ist das Schicksal der Ästheten, derer, die sein wollen, was sie nicht sind. Er kannte die lateinischen Klassiker, jedoch nicht die italienischen Sprichwörter, und vor allem das eine nicht, das lautet: ›Frauen und Ochsen...‹.«

Als ich das Haus meines Heiligenkollegen verlassen habe, mache ich mich auf die Suche nach bekannten Stätten: Straßen, Kreuzungen. Obwohl mir die Erinnerung an sie glasklar vor Augen steht, ist es, als wäre sie in einen Tagtraum übergegangen.

Die größte Angst flößt uns jener Traum ein, in dem wir uns auf die qualvolle Suche nach teuren Menschen oder Orten begeben und sie entweder gar nicht oder nur verzerrt und unkenntlich geworden wiederfinden. Und in diesem Fall ist der Schmerz noch größer.

Von November 1918 bis Februar 1919 sah ich auf diesen Teil Mailands vom rechten Flügel des Palazzo Reale herab. Ich betrachtete die hohen Spitzbogenfenster an der Seitenwand des Domes, die Piazza mit dem Denkmal darauf, das stets drauf und dran war, umzustürzen, die Via Mercanti, die am Ende der Piazza einmündet, und den Torre dell'Orologio, der sie überragt.

In der Zeit, als ich von einem der obersten Fenster des Palazzo Reale auf die Piazza del Duomo herabsah, kreisten kleine gelbe Straßenbahnen um den kriegerischen König, aber meistens legten Streiks die kleinen gelben Straßenbahnen lahm und hinterließen die Piazza menschenleer. Von hier oben habe ich der Entstehung der neuen Zeiten beigewohnt, und öfter als einmal bin ich auf die Piazza hinabgestiegen und habe ebenfalls an den Bewegungen dieser dramatischen Entstehung teilgenommen.

Die Bewegungen der Menge auf der klaren Piazza gehorchen einer geheimnisvollen Ordnung wie die bunten Kristalle im hellen Rund des Kaleidoskops, die beim Kreisen zerfallen und sich wieder zusammensetzen. Im Zentrum der Piazza bildete sich ein schwarzer Kern, öffnete sich wie eine Rose, die vor unseren Augen erblüht, zerfloß wie ein Tintenfleck zu einem Stern, zog sich wieder zusammen, um aufs neue zu zerlaufen; und so weiter bis zum Abend, der sich manchmal pechschwarz herabsenkte, ohne ein Licht, das sich der Dunkelheit hätte widersetzen können.

Eines Tages sah ich Ferruccio Vecchi mit blutigem Kopf über die Piazza gehen, von zwei Gefährten gestützt, die ihn zur Sanitätswache auf der Via Cappellari führten.

Von der Via Cappellari bog man links in die Via Visconti ein, und am Ende traf man auf die Via Paolo da Cannobio.

Früher befanden sich auf der Via Visconti die Häuser von Azzone, Bernabò und Luchino, die durch einen gemeinsamen Balkon untereinander und mit dem herzoglichen Palast verbunden waren.

Gemeinsame Balkons sind gefährlich. Vor zehn Jahren hatte ich die Gewohnheit, jeden Morgen zehn Minuten Gymnastik im Zimmer zu betreiben, nach der Müller-Methode, die den Titel trägt: *Mein System*. Bevor ich damit begann, schloß ich die Zimmertür ab. Aber eines Morgens mißbrauchte die Mutter meiner Kinder den Balkon, der mein Zimmer mit dem benachbarten verband, spähte durchs Fenster und überraschte mich, wie ich bäuchlings auf dem Bettvorleger lag, die Füße unter der Kommode, und mich abmühte, den Oberkörper ohne Zuhilfenahme der Arme in die Höhe zu ziehen, allein mit der Kraft des Rückens. Von da an mußte ich auf diese Übungen verzichten.

Müller starb zweimal. Die Nachricht von seinem zweiten Tod, der ihn entweder in einem Städtchen in Schweden oder in Norwegen ereilte – ich erinnere mich nicht genau –, wurde 1937 von den Zeitungen verbreitet. Ein geheimnisvoller Tod. In den Zeitungen stand: *ein gewisser Müller*. Aber zu Beginn des Jahrhunderts hatte Müller sowohl als Begründer der Gymnastik, die seinen Namen trug, als auch als Apostel des vegetarischen Gedankens weltweiten Ruhm genossen. Bei einem Bankett, das ihm zu Ehren 1907 im Saal des Ristorante Cooperativo in Mailand gegeben wurde, diskutierte man darüber, ob das Ei zu einem vegetarischen Mahl gehört oder nicht; obwohl der Disput mit der Heftigkeit der Konzile der ersten Jahrhunderte geführt wurde, konnte die Frage nicht gelöst werden.

Die große Originalität des »Müller-Systems« bestand darin, daß man die Kinder nackt im Schnee spielen lassen sollte – in einer

Epoche, in der das Gemüt der Eltern von der Angst vor Erkältungen beherrscht wurde.

Müllers erster Tod war viele Jahre zuvor von den Zeitungen verkündet worden und durch eine »Lungenhypertrophie« eingetreten, beziehungsweise einem Zuviel an Gesundheit aufgrund der wohltuenden Wirkung von *Mein System*. Welcher Tod ist der wahre? Wie man sieht, starb Müller einmal auf neronische, spektakuläre, müllerhafte Art und lebte dann heimlich weiter bis zu seinem gewöhnlichen und »allgemein üblichen« Tod. Dadurch vermied er, sich selbst zu überleben. Ein Beispiel, das befolgt werden sollte, vor allem von Schauspielern. Der Ruhm überholt manchmal das Leben des Menschen, aber oft gelingt es ihm nicht, es auszufüllen.

Auf der Via Visconti befand sich eine Carabinieri-Kaserne, in die man mich in einer Nacht des Jahres 1919 brachte und wo man mich *festhielt*, weil man mich »mit dem Entlassungsschein, jedoch *in Uniform*« in der Galerie überrascht hatte. Mein Fall hätte von einem Kasuisten untersucht werden sollen, aber das war der Unterführer nicht, der die Streife befehligte, die mich festgenommen hatte. Am nächsten Tag verurteilte der »Popolo d'Italia« die Ungerechtigkeit meiner »Festnahme«, und das war mein einziger Trost.

Es ist Abend, und ich folge dem Faden meiner Erinnerung, aber die Spur wird immer blasser und verliert sich. Wo befinde ich mich?

Der linke Flügel des Palazzo Reale ist von einem Zaun umgeben wie von einer enormen Binde, und dahinter befindet sich eine riesige Fläche, auf der sich nichts als Finsternis ausbreitet und meine Erinnerungen ein wenig um sich schlagen, bevor sie ertrinken wie in einem See, den die Nacht vor mir verborgen hielt.

In dieser Zeit der Umwandlung ist Mailand eine Stadt, wo an vielen Stellen etwas niedergerissen wird, aber sich dazwischen bereits wuchtige Gruppen neuer Bauten wie Wölkchen über der Krateröffnung erheben.

Ich schreite mühevoll voran, suche mir in der Dunkelheit der Nacht und des unbekannten Geländes einen Weg wie das Pferd des Eroberers auf dem allzu bekannten Bild *Der Krieg* von Franz von Stuck. Um Arnold Böcklin zu kränken, werfen die Unwissenden und Böswilligen die Werke dieses außergewöhnlichen Künstlers in einen Topf mit dem Jugendstil-Heroismus des berüchtigten Stuck. Der Leuchtturm, der meinen mühevollen Schritten die Richtung weist, ist das hohe Gebäude des Plaza-Hotels, ein vor Licht und Leuchtreklame funkelnder Turm, der sich über diesem finsteren Niemandsland erhebt.

Kaum habe ich den dunklen »See« durchquert, erreiche ich die »neue Stadt«.

Eine harte Stadt. Eine Stadt aus Eisen. Riesige Gebäude schließen sich zu Gruppen zusammen, reihen streng die Fenster ohne Fensterläden – ihre wimpernlosen Augen – aneinander, reichen sich in Form riesiger Torbögen die Hand, lasten mit dem Gewicht ihrer zwölf Stockwerke auf den Säulengängen, die sie von unten stützen und die wie bleierne und eckige Pfoten Pfoten Pfoten Pfoten in der Haltung von riesigen gefrorenen Tausendfüßlern verharren.

Riesige Laternen hängen zwischen den einzelnen Pfeilern und werfen ein metallisches und kaltes Licht auf die glänzenden Marmorplatten, auf die weißen Geschäfte, die noch keine Lebenswärme besitzen, noch keine Handelsaktivitäten entfalten, auf die leeren Auslagen. Die Haustüren erinnern – wer weiß, warum? – an den Triumph des Radames.

Architektonische Panzerwagen. Ist es nur ein persönlicher Eindruck? Die Passanten stehen noch ganz im Bann ihrer Erinnerungen, und es fällt ihnen schwer, mit diesen neuen Gebäuden Kontakt aufzunehmen. Aber das geht vorüber. Alles geht vorüber.

Ich kenne diese Gebäude mit ihren Panzerglasscheiben, diese Kasematten: Ich »erkenne sie wieder«. Wo habe ich ihresgleichen gesehen? In Rom, in Turin, sogar in Neapel. Wer weiß? Eines Tages, in nicht allzu ferner Zukunft, werden wir unsere Städte auf dieselbe Weise erkennen wie Zwillinge: an einem Kennzeichen, das sie voneinander unterscheidet: Dank Sankt Peter wird sich dann Rom von Mailand, dank des Vesuvs Neapel von Turin unterscheiden.

Aber der Traum löst sich in den wiedergefundenen Erinnerungen auf. Die Menschenmenge wird allmählich immer dichter, und an der Absperrung um die Abbruchstelle herrscht großes Gedränge. Ich befinde mich wieder im alten Mailand. Von den abgerissenen Häusern überleben nur ein paar Trümmer, ein abgetrennter Flügel, der noch seine alten, rosa Tapeten zeigt, die offengelegte Intimität eines Schlafzimmers, die zwei stehenge-bliebenen Wände eines Raumes, der einmal *on tinèl* (Rumpel-kammer) gewesen war: Segelfetzen an der Rahe eines im Sturm gekenterten Schiffes. Ringsherum drängen sich die kleinen Läden, die kleinen Betriebe: das alte bunte und lärmende Leben mit seinem Wirken im Kleinen.

Die Via Paolo da Cannobio ist noch unversehrt. Eingeklemmt zwischen den beiden flachen Gehsteigen und von winzigen Läden strotzend.

Ich gehe ganz langsam. Winzige Barbier-»Salons«. Teigwarenge-schäfte. Spaghetti, die in der Auslage wie Ähren gebündelt sind und in der Mitte von einem Band in den Farben der Trikolore zusammengehalten werden. Ein kleiner, erhellter Laden, doch nicht so hell wie die »Salons« und die Lebensmittelläden, bietet hinter seinen schmutzigen Fensterscheiben ein paar kleine Brief-markensammlungen an. Hin und wieder zeigt ein Haus, dessen Schicksal schon besiegelt ist, die leeren Augenhöhlen der Fen-ster, und an der Haustür befindet sich ein seltsames Zeichen, als wäre der Bote des Pharaos hier vorbeigegangen und hätte die Häuser mit Erstgeborenen darin markiert.

Ich gehe noch langsamer. Ich bin unschlüssig, was ich machen soll. Vor diesen Läden, vor diesen Firmenschildern stehenblei-ben? Mich zu erkennen geben? Sagen, wer ich bin?

Die Via Paolo da Cannobio verliert hier, nicht weit von ihrer Einmündung in den Corso Roma entfernt, ihre funkelnden Läden und versinkt in Dunkelheit. Rechts steht wie damals das dunkle, hermetische Gebäude, das keine Spur von Leben auf-weist. Ich lasse den Blick nach links schweifen und erkenne das Portal. Es ist geschlossen. Mit Kreide ist darauf geschrieben: »Zutritt verboten«.

Im Licht der Erinnerung öffnen sich die Flügel des Portals auf wunderbare Weise, lassen das Gewölbe des Hausflurs sehen, unter dem ich in den Hof gehe, der mit spanischen Reitern und Stacheldraht gespickt ist, und um sie herum schieben ein paar junge Männer Wache, halb in Zivilkleidung, halb in Uniform. Ich gehe die Treppe hinauf, betrete die Redaktion.

Giuseppe Ungaretti mußte als Korrespondent des »Popolo

d'Italia« nach Paris abreisen. Wir verließen gemeinsam die Redaktion. Wie ich war auch Ungaretti noch in Uniform. Man hatte ihm ein wenig Geld gegeben, damit er sich Zivilkleidung kaufte. Wir betraten ein Konfektionsgeschäft auf der Via Torino und dann ein Hemdengeschäft. Ich machte Ungaretti darauf aufmerksam, daß ein Hemd allein nicht ausreiche. Ungaretti sah mich verblüfft an.

Inzwischen ist Ungaretti in Brasilien. Er lehrt italienische Literatur an der Universität São Paulo.[19] Ich habe gehört, daß sein Söhnchen gestorben ist. Ich besitze noch den Brief, den er mir vor zehn Jahren geschrieben hatte und in dem er mir verkündete, daß ihm der »Herr Antonio« geboren worden war.

Was vermag meine brüderliche Umarmung jenseits des großen Meeres?

19 Heute lehrt Giuseppe Ungaretti nicht mehr italienische Literatur an der Universität São Paulo. Dies und andere Fakten wird der Leser selbst auf den neuesten Stand bringen.

In meinem Leben geschah damals etwas, aufgrund dessen ich Mailand sofort verlassen mußte. Es war im Sommer 1919. Ich erreichte Bellagio spät in der Nacht, nach einer langen und anstrengenden Reise. Nachdem mich der Zug an einem kleinen Bahnhof abgesetzt hatte, der eigenartigerweise Fiumelatte (Milchfluß) hieß, wagten wir uns im Boot auf den dunklen See.

Auch der Milchfluß löste sich vom Ufer und kam mir entgegen. Ich dachte an die Insel Tsalal, die von Arthur Gordon Pym erforscht worden war, an ihre dicken, sahnigen Flüsse: an ihre *Milchflüsse*. Das Wort, das Pym in der Sprache der Tsalalier am meisten beeindruckte, war *tekeli-li*. Aber *tekeli-li* ist kein menschliches Wort: Es ist der Ruf eines geheimnisvollen Vogels, eines Pterodaktylus, der die Sintflut überlebt hat und sich nachts über dem See in die Luft erhebt. Instinktiv zog ich mir die Mütze über die Ohren. Das Wasser ringsherum war wie aus Blei. Zweimal zerriß der Sprung eines Fisches das Schweigen. Unter seiner öligen Haut, unter seiner Seehundhaut, hielt der See einen wütenden Sturm gefangen: bereit, ihn jeden Augenblick hinauszuschleudern. Der alte Bootsführer, der am Bug saß und mit einer jahrhundertealten Langeweile und Gleichgültigkeit ruderte, hob den einsamen Blick, um den tiefhängenden und gefährlich schweigenden Himmel zu betrachten. Würden wir noch vor dem Gewitter das Land erreichen? Ich sah auf den Koffer zu meinen Füßen, am Boden des Bootes, und dachte an Moilòff, den Hund des Herzogs von Enghien, der am Grabe seines Herrn verhungert war.

Der Freund, den ich im Hotel Elvezia anzutreffen gehofft hatte, war bereits abgereist. Ich hatte keine Möglichkeit, den Ort kennenzulernen, zu sehen, wo ich an Land gegangen war. Ich sah dichte Schatten von Pflanzenmassen – ein gepflegter Garten vielleicht oder ein wilder Wald –, einen ausgestorbenen und beinahe dunklen Portikus, jedoch kein Stück des Sees, über den die Wolken ihre schwarzen und prallen Brüste hängen ließen, um ihn zu säugen. Man weiß, wie es ist, nachts an einem unbekannten Ort anzukommen: Man muß sich der Dunkelheit anvertrauen und auf den Tag warten. In der Schublade des Nachttisches, die ich mehr aus Ängstlichkeit als aus Neugier öffnete (ich blickte auch in den Schrank und unter das Bett), fand ich eine italienische Ausgabe des *Unsichtbaren* von Wells. Auf dem Umschlag war ein *gehender Anzug* abgebildet. Zwischen dem Kragen und dem Hut verlief die Ewigkeit, wie zwischen dem Zeigefinger Gottvaters und dem des jungen Adam auf dem Fresko der Sixtinischen Kapelle.

Ich lag bereits im Bett, als das Gewitter losbrach. Das Gebrüll und das Tosen des Weltunterganges. Ich hielt den Rand des furchterregenden Buches mit zwei Fingern wie mit einer Zange, die ich unter dem Bettuch hervorstreckte. Den Tod an einem vertrauten Ort erwarten – zu wissen, im Zimmer nebenan schläft die Mutter, im anderen der Bruder, und das Gewitter tobt zwischen den Bäumen »unseres Gartens« : Aber hier, wer schlief hier im Zimmer nebenan? Wer würde meine Rufe hören? Bei jedem Blitz, der über das Fenster zuckte und auf der Scheibe blendende Schauer entfachte, bei jedem Donnerhall, der kopfüber den Berg herabrollte, riß die schreckliche Lektüre vor mir das Unbekannte auf. Und ich dachte nicht einmal an den unheimlichen Portikus, den ich bei meiner Ankunft erblickt hatte, ich dachte nicht an den leeren und düsteren Vorplatz, nicht an die dunkle Masse der Bäume : Das Unbekannte begann schon hinter meiner Zimmertür, auf dem Korridor mit seinem rot eingefaßten Läufer, von dem ich nicht wußte, wohin er führte ; und es war mir eine Qual, an meine Schuhe zu denken, die da draußen geblieben waren, an ihre kleinen Ängste . . .

Plötzlich bemerkte ich, daß der *gehende Anzug* sich in meinem Zimmer befand. Er bewegte sich jedoch nicht : Er stand still. Er baumelte wie ein Erhängter vom Kleiderständer, die Arme des Kleiderbügels bildeten zwei dünne und magere Schultern unter dem Stoff. Mein Hemd, das ohnmächtig über einem Sessel hing, schien gerade einen Kohlenschuppen verlassen zu haben.

In Mailand hatte ich von der Eleganz geträumt, und um meine Träume in die Wirklichkeit umzusetzen, hatte ich meinen einzigen Anzug schwarz färben lassen. Ich weiß nicht, ob die Färberin ein Trocken- oder Naßverfahren angewendet hatte ; auf jeden Fall hinterließ der Anzug einen Teil seiner Schwärze auf meiner Wäsche und den unbedeckten Stellen meiner Haut. Die geliebte

Frau hatte mich zum Bahnhof begleitet. Ich hatte sie in die Arme genommen, mit gebrochenem Herzen waren wir auseinandergegangen; und als ich in den Eisenbahnwagen stieg und aus dem Fenster blickte, um mich ein letztes Mal von ihr zu verabschieden, sah ich auf ihrem weißen Sommerkleid die Spuren unserer Umarmung.

Als ich das Buch zu Ende gelesen hatte, war das Gewitter verstummt. Blitze und Donner waren gleichermaßen von einem Schweigen ohne Grund und Boden verschluckt worden. An der Oberfläche dieses Schweigens, auf der Membran dieser Leere, trieb ein eigenartiges Gebimmel – leicht, silberhell und flüssig: Eine Herde von Wasserschafen weidete auf dem See. Das Buch ruhte zu Füßen des Bettes. Ich sah auf dem Umschlag den Anzug des Unsichtbaren, seinen im Leeren hängenden Hut und zwischen Rockkragen und Hutkrempe die schreckliche Schwärze der Ewigkeit.

Aber inzwischen ging der Anzug über die ruhige Oberfläche des Sees, mit leichten Schritten, und jeder Schritt brachte süße, wohlklingende, verführerische Glöckchen zum Klingen. Obwohl der Rhythmus wirr war, erklang in diesem Gebimmel immer wieder eine Arie aus dem *Troubadour*: »In unsere Heimat kehren wir wieder / schmeichelnd ertönen fröhliche Lieder …«

Ich erinnere mich nicht, ob ich ein wenig schlief oder ob ich die ganze Nacht wach war. Vielleicht durchquerte ich eine dünne Schicht Schlaf, so wie man im Sommer mit den Schuhen in der Hand durch ein dünnes Rinnsal im Flußbett watet. Jenseits der Furt blitzten durch die Ritzen des Fensterladens goldene Streifen vor meinen Augen auf.

Bellagio funkelte inmitten seiner Gärten. Ich frühstückte auf der Terrasse. Die Fensterscheiben der Dörfchen, die auf den Bergen gegenüber verstreut lagen, glänzten. Weiße, dreieckige Segel lagen auf dem See wie die Flügel von Eisvögeln. Ich fragte den Kellner, ob auch er in der Nacht das geheimnisvolle Gebimmel auf dem See gehört hatte; er antwortete mir, das Gebimmel sei jede Nacht zu hören und rühre von den Kuhglocken an den Schwimmbojen her, die die Lage der Netze kennzeichneten. Allmählich lösten sich die dunklen Knoten der Nacht. O Licht, du meine einzige Freundin, Augenlicht und Licht des Geistes! O Licht! … Aber langsam senkte sich ein Schleier auf den Himmel, auf die sonnigen Berge, den See, die Dinge rund um mich. War ein neues Gewitter im Anzug? Nur wer daran gewöhnt ist, eine Brille zu tragen, wird meine Worte verstehen: Ich fühlte mich nackt im Gesicht, ich strich mir mit der Hand über das Gesicht... Tastend stieg ich in mein Zimmer hinauf, ich befingerte meinen Nachttisch: Da lag die Brille.

Voriges Jahr schloß ich Freundschaft mit einem Arzt und General, einem Spezialisten für Augenheilkunde: Ich war zu Gast in seinem Landhaus in Ari, das am Rande eines Tals liegt, dessen Hänge mit Weingärten bedeckt sind; und als wir eines Tages auf der Terrasse saßen, erzählte ich ihm von jener lange zurückliegenden Nacht und wie ich, der ich seit dem fünfzehnten Lebensjahr gezwungen bin, meinen Sehfehler mit fünf Dioptrien starken Brillengläsern auszugleichen, an jenem Morgen eine Stunde lang ausgezeichnet gesehen hatte, und daß mir erst in dem Augenblick, als mein Sehvermögen wieder nachließ, eingefallen war, daß ich beim Verlassen des Zimmers meine Brille auf dem Nachttisch vergessen hatte. Der Freund erklärte mir, daß Kurzsichtigkeit von einem allzu großen Konvergenzvermögen des Augenwassers herrührt und daß sich die Pupille infolge einer außergewöhnlichen Nervenanspannung zusammenziehen und uns für einen Augenblick die normale Sehkraft zurückgeben kann.

Daraus geht hervor, daß die Kurzsichtigen in einem Zustand ständiger Spannung ohne Brille sehen und normale Augen Wände durchbohren könnten. Wozu jedoch und warum sollte das, was sich jenseits der Wand befindet, interessanter sein als das, was sich diesseits befindet? Das Problem des Jenseits interessiert mich nicht, und es ist töricht, in den Tod soviel Phantasie zu investieren.

Bontempelli und Cardarelli[1] kamen am Nachmittag in Bellagio an, und wir unternahmen zu dritt einen Bootsausflug. Wir umsegelten die Spartivento-Landzunge, ruderten ein wenig über das

---

1 Massimo Bontempelli (1878-1960), Schriftsteller. Seine erste Erzählsammlung *Socrate moderno* (1908) ist noch der Erzähltradition des 19. Jahrhunderts verhaftet, doch zeigt sie schon die surrealistischen Züge, die für den späteren Bontempelli typisch sind.
Cardarelli s. Fußnote 12, Kap. Derelefant (Anm. d. Ü.)

Spiegelbild des bewaldeten Berges, auf dessem Gipfel die Villa Serbelloni steht, und plötzlich bot sich uns im blaugrünen Schatten einer kleinen Bucht ein lebendes Bild von Anders Zorn: Zwei Mädchen mit goldener Haut und goldenen Haaren vergnügten sich im Wasser, sich allein wähnend; sie schaukelten an den überhängenden Zweigen der Bäume, führten Krieg mit smaragdgrünen Wasserspritzern. Das Klatschen der Wellen an unser Boot verstörte sie; sie stießen silberhelle Schreie aus und versuchten zu fliehen; aber schließlich gelang es uns, die wassertriefenden Sirenen halb mit Drohungen und halb mit Lockungen aus dem See zu fischen, und bei Pescallo erfrischten wir uns mit eiskalter Milch, in einem Bauernhaus, das aus miteinander verbundenen Tannenstämmen bestand. Es war Arkadien, und ein einziges Mal hatte Jean-Jacques nicht gelogen. Der Tag hatte die Schatten der Nacht jedoch noch nicht vollständig zerstreut, und ich richtete den Blick zwischen die dichtstehenden Bäume, ich durchforschte den Waldesgrund, um einen Blick auf die Erscheinung des gehenden Anzugs zu erhaschen. Die beiden Seesirenen waren in Wirklichkeit Berufsfotografinnen, die in Bellagio ein Labor besaßen, wo sie ihre Kunden vor Kulissen fotografierten, die mit grauen, schematischen Landschaften bemalt waren, und unsere mythologische Begegnung hatte ein Bild von uns dreien zur Folge, dem 1929 die Ehre zuteil wurde, in der Brüsseler Zeitschrift »Variété« abgebildet zu werden.

Das Scala-Museum habe ich zum ersten Mal im November 1939 besichtigt. Ich durchquere im Laufschritt die Säle, die mich weniger interessieren, bis ich den Verdi-Saal erreicht habe. Ich finde das Spinett mit der roten Tastatur, auf dem Verdi als Kind übte;[2] ich finde das Cembalo Marke *Mathias Sommer in Wien*, das Verdi in Mailand benutzte, ich finde den Erard, auf dem Verdi den *Falstaff* komponierte; und ich stelle mir die achtzigjährigen Hände vor, die wie Schildkrötenpfoten von Runzeln überzogen sind und die unablässig die Tasten auf und ab gleiten; ich sehe Verdis letzte Stunden, wie sie Hohenstein darstellte: *Verdis letzte Stunden, Mailand Januar – 1901*; ich lese neben den einzelnen Zeichnungen die kalten Zeitangaben, die das Drama

2 Dieses Spinett »mit blutiger Tastatur« ist in einen Glaskasten eingeschlossen, wie das Stück eines Schiffes in einem Etruskermuseum.

dieses illustren Todeskampfes illustrieren: 20 Uhr, 25. 1. 1901; 9 Uhr 30, 26. 1. 1901; 16 Uhr, 26. 1. 1901; 20 Uhr, 26. 1. 1901...; ich finde die Totenmaske und die Hand aus Gips; ich finde die von Gemito modellierte Büste Verdis und einen schönen Kopf Giuseppina Strepponis aus Terracotta, der ebenfalls von Gemito stammt; ich finde Verdis Orden, seine Medaillen, seine Kränze; ich finde ein hübsches kleines Gemälde der Rocca di Busseto, das noch aus der Zeit vor 1857 stammt; und plötzlich, in einer Vitrine, wo man ihn mit ich weiß nicht welchen weidmännischen Listen, mit welchen Vogelfängerlisten, eingesperrt hat, finde ich den *gehenden Anzug*: die schwarze Jacke Verdis mit dem Kragen und der flatternden Krawatte, den breitkrempigen Hut, der in der Luft hängt, und dazwischen die schreckliche Leere, die entsetzliche Ewigkeit wie zwischen dem Finger Gottvaters und dem Finger Adams. Und da fiel es mir ein. Es fiel mir ein, warum in jener Nacht in Bellagio, nachdem sich der Sturm gelegt hatte, im geheimnisvollen Gebimmel der Glocken auf dem See immer wieder zu hören gewesen war: »In unsere Heimat kehren wir wieder...«

Hinter den Pforten der neuen Welt erwartet uns die Alchimie. Um unser Übel zu diagnostizieren, erhebt der Arzt nicht nur die Anamnese unserer eigenen früheren Krankheiten, sondern auch die der Krankheiten unserer Eltern, unserer Verwandten. Wir sind jedoch nicht nur Kinder unserer Eltern, Verwandte unserer Verwandten, sondern auch Kinder und Verwandte der Natur, des Universums. Werden wir auf die »andere« Diagnose verzichten, nur weil die Untersuchung dieser weiteren Verwandtschaft...? Uns zieht die Schwierigkeit an.

Ich schließe die Augen und sehe das Klavier im Scala-Museum, auf dem die achtzigjährigen Hände, die alt und wie Schildkrötenpfoten von Runzeln überzogen sind, den *Falstaff* komponieren. Es ist ein Erard: das zarteste, »pianistischste« Klavier des Klavieruniversums. Aber Max Reger sagte zu mir, nur Stümper komponierten am Klavier. Armer Ingenieur des Kontrapunkts! Warum hatte sich Verdi von der trockenen Grazie des Klaviers nicht öfter verführen lassen? Ich stelle mir die Partitur des *Falstaff* ohne die fetten Klänge des Quartetts vor, gereinigt von allen Instrumenten mit fettem Klang, auf ein halbes Dutzend Klaviere reduziert, die *ohne Pedal* spielen, auf Blasinstrumente, Xylophon, Celesta, Schlagzeug, so daß jede Note ihre Klarheit behält, ihren Perlenschimmer, so, wie beim Pilaw jedes Reiskorn seine Individualität bewahrt.

Alle Instrumente sind mehr oder weniger herabgekommene Adelige. Nur das Klavier rettet sich aus dieser jämmerlichen und verzweifelten Situation. Das Klavier ist das moderne Instrument *par excellence*: *Unser* Instrument. Seine Stimme ist genau und streng. Selbst sein schwarzes und einsames Äußeres (aber das Erard des *Falstaff* ist blond, blond wie ein Marder, blond wie mein kleiner Augapfel), selbst sein Äußeres erinnert an die Nacktheit, die Armseligkeit der tragischen Moderne. Zum Wachehalten und zum freundschaftlichen Spiel hat der Mensch den Hund erfunden, für die Verherrlichung der irdischen Musik hat er das Klavier erfunden. Die anderen Instrumente von der Gambe bis zur Posaune haben sich auf dem Olymp, dem Parnaß und im Paradies der Katholiken engagieren lassen. Allein das Klavier hat seine Reinheit und Makellosigkeit bewahrt: Seine Tastatur ist weiß und der neuen Prophezeiungen würdig. Ihm gebührt die Ehre, die einzigartige Musik der Städte zu spielen, die Wunder des Jahrhunderts zu besingen.

Die Stimme des Klaviers ist klar und metaphysisch.

Als Instrument der reinsten, trockensten und spektralsten Musik war es dem Klavier als einzigem Instrument möglich, die Musik – diese alte, kränkliche und störrische Dame – gemeinsam mit der Malerei und der Dichtung in die große Strömung der Romantik einzufügen, die über Europa und Amerika hinwegzog. Und auch wenn dieses Lob vor fünfzehn Jahren geschrieben worden ist, als sich das Klavier noch besser als heute in ein höchst »pianistisches« Universum einfügte, verliert es vielleicht deshalb an Wert, verliert es an Wahrheit?

Gold erkennt man im Feuer, die Freunde im Unglück. Gute Bücher erkennt man, wenn man sie ein zweites Mal liest, gute Gemälde auf der fotografischen Reproduktion, gute Musik in der Klavierbearbeitung. Während alle anderen Opern Verdis und selbst der *Othello* der Singstimmen und der Bühne bedürfen und meiner Meinung nach auch der Claque, kommt der *Falstaff* allein mit dem Klavier aus, ist nicht auf fremde Hilfe angewiesen. Es ist nicht allein das Verdienst des tüchtigen Garignani, daß die Klavierbearbeitung des *Falstaff* pianistischer ist als selbst *Gradus ad*

Parnassum. Aufgrund einer nicht immer ausgeprägten Orchester-Handschrift muß man, selbst bei dem ausgewogensten, perfekten Vortrag eines Orchesters, die Partitur des *Falstaff* auswendig kennen, will man sich die Hälfte seiner Schönheiten nicht entgehen lassen. Zu Beginn des ersten Aktes ist der Hörer beeindruckt von den beiden Tonika- und Dominantakkorden, die vom ganzen Orchester *fortissimo* gespielt werden, es entgeht ihm jedoch die den Streichern anvertraute Mittellinie, und das wunderbare Klanggewebe des *Falstaff* erscheint ihm als eine wunderschöne, jedoch mottenzerfressene Spitze, als ein mächtiges Mosaik, in dem hin und wieder ein Loch klafft. Kann ein ungeübtes Ohr der chromatischen Triolenzeichnung folgen, die den zweiten Teil des ersten Aktes eröffnet und die »zeichnet«, wie die lustigen Frauen von Windsor »ohne Beine« gehen, wie sie auf Rädchen gehen?

Wie der *Parsifal* ist auch der *Falstaff* eine Vorbereitung auf den Tod.

Dem, der sein Leben würdig gefüllt hat, pflegt sich der Tod höchst feinfühlig von ferne anzukündigen. Zuerst ruft er vom Ende des dunklen Korridors, dann hinter der Tür. Sein Rufen wird immer einschmeichelnder und sanfter. Er will sich den günstig stimmen, den die Hoffnungen noch erleuchten; er will ihn davon überzeugen, daß ihn seine Schritte genau auf diese Hoffnungen zuführen.

Jeder bereitet sich so auf den Tod vor, wie es ihm möglich ist. Wagner dachte, es wäre schön, diese Erde wie Luinis Heilige Katharina zu verlassen: von zwei Engeln gestützt, auf den Flügeln gedämpfter Geigenklänge schwebend, von ihren süßen Moll-Akkorden getragen, vom bewegten Arpeggio der Harfen. In der Fachsprache heißen diese Aufbrüche »Himmelfahrten«.

Verdi hingegen dachte oder ahnte zumindest (von den Gedanken Verdis besitzen wir keine sehr überzeugenden Zeugnisse), daß Sterben bedeutet, in den großen Rhythmus des Universums einzugehen, und deshalb schrieb er, der bis dahin ein eher zurückhaltendes Verhältnis zum Rhythmus gehabt hatte, vor seinem Tod die auf subtile Weise rhythmischste Oper nicht nur seiner eigenen Laufbahn, sondern der ganzen Musikgeschichte. Wenn wir ihn wortwörtlich nehmen und die vielen Konzessionen vergessen, die selbst sehr treue Interpreten *pro bono publici* machen, ist der *Falstaff* von der ersten bis zur letzten Note ein riesiges *perpetuum mobile*.

Aufgrund bühnentechnischer Erfordernisse endet der *Falstaff* mit dem großen Fugato, für das Sir John das Thema vorgibt: *Alles um uns ist Narrheit*, aber in Wirklichkeit ist der *Falstaff* ein *tapis roulant* ohne Ende.

An andere Opern erinnert man sich, dann vergißt man sie, und dann erinnert man sich wieder, entweder als Ganzes oder bruchstückhaft: Allein der *Falstaff* verläßt uns nie und begleitet uns immer, hat teil am Tempo unseres Herzens, schlägt im Rhythmus jenes geheimnisvollen Metronoms, das ohne Unterlaß in unserem Kopf tickt, Tag und Nacht, während wir wachen und während wir schlafen, während wir arbeiten und während wir ruhen, während wir gehen und während wir in der Straßenbahn sitzen.

Wußte Verdi, daß er im *Falstaff*, wenn auch einige Jahrhunderte später, Heraklit von Ephesos und seinem *panta rhei* recht gab?

Das »fröhliche« Finale des *Falstaff* ist in Wahrheit die verzweifeltste Stimme, die je an unser Ohr gedrungen ist, und man braucht ein Herz aus Bronze, ein Gemüt aus Stahl, um sich dem ununterbrochenen Fluß ohne Wiederkehr des *Falstaff* hinzugeben, zuzusehen, wie sich unsere Gefühle, unsere Gedanken, unsere Hoffnungen, unsere stärksten Überzeugungen entfernen und wir selbst immer kleiner werden, zu einem winzigen Punkt schrumpfen und schließlich verschwinden; während es doch soviel einfacher ist, sich Wagner anzuschließen und heimlich an seiner »Erlösung« teilzuhaben, zu profitieren, das heißt an seinem bequemen, heimeligen, bürgerlichen Christentum.

Bezeichnend ist auch der tonale Vergleich zwischen dem *Parsifal* und dem *Falstaff*. Der *Parsifal* beginnt und endet in Des-Dur,[3] einer fetten und süßlichen Tonart, einer Creme-Tonart, einer Schlagsahne-Tonart, während der *Falstaff* in C-Dur, beziehungsweise in der elementaren Tonart *par excellence* beginnt und endet, der trockensten und saubersten Tonart, die sich am ehesten mit einer »Zeichnung« vergleichen läßt.

---

3 Parsifal beginnt allerdings mit as-Dur. (Anm. d. Ü.)

Und während der *Parsifal* tatsächlich noch ein Ölgemälde ist, aus einer dicken, undurchsichtigen Paste besteht, die man über eine fette Grundierung aus Leim und Gips gebreitet hat, ist der *Falstaff* eine Tempera mit Honigfarben, die man wie einen Schleier über eine kompakte und spiegelglatte Grundierung ausgebreitet hat, ein Gemälde auf Marmor; und manchmal, zum Beispiel im zweiten Teil des ersten Aktes, ist er auch ein Aquarell, und nicht zufällig war doch das Aquarell im 19. Jahrhundert die bevorzugte Maltechnik der Engländer; und manchmal, zum Beispiel im ersten Teil des ersten Aktes und im zweiten des dritten (Ballett), ist er eine schlichte Bleistiftzeichnung.

Dieses Feiner-Werden, dieses Heiter-Werden und Verspielt-Werden des Künstlers im Alter ist meiner Meinung nach von großer Bedeutung, denn darin kommt sein Gefühl zum Ausdruck, das verlorene Paradies wiederzufinden. Die letzten Pinselstriche Renoirs sind auch die flüssigsten und zartesten seines langen Malerlebens, und Verdi hat uns im *Falstaff* seine herzlichsten und glücklichsten Töne gegeben, während Wagner, der zwar bis zuletzt sein rothaariges Haupt an die Brust seiner geliebten Cosima legen durfte, in der Dämmerstunde seines Lebens die morgendliche und keusche Stimmung nicht wiederfand, die ihn zum Siegfried-Idyll inspiriert hatte.

Dieser ständige Vergleich zwischen Verdi und Wagner ist unangenehm, aber unvermeidlich. Er liegt in der Luft. Ich spüre ihn, und die anderen spüren ihn auch.

Wer ist es, der den dringenden Wunsch hegt, wie die anderen zu sein? Wer ist so ängstlich besorgt, Verdi könne weniger »groß« und vor allem weniger »tiefgründig« sein als Wagner? Lauter Menschen, die von wahrer Größe, wahrer Tiefgründigkeit keine Ahnung haben. Uns überzeugt der *Falstaff* jedoch davon: Während das Fleisch des »großen Rivalen« zerfällt und Talg ausscheidet, ist es einzig und allein im *Falstaff* einem Menschen gelungen, Musik aus Marmor zu machen.

Der *Falstaff* ist nicht nur die Verfeinerung eines einzelnen Menschen, sondern einer ganzen Epoche. Das ganze Melodrama des 19. Jahrhunderts, das in seiner Jugend so plump, unerzogen und voller Auswüchse gewesen war, das nicht gewußt hatte, wo es die Füße hinstellen und die Hände hinlegen sollte, die rot waren wie Rüben und aus zu kurzen Ärmeln hingen, verfeinert sich und schreibt mit Noten auf Notenpapier dieselben zarten Zeichnungen, wie sie Ingres mit der Bleistiftspitze schuf.

Auf der Via Torino befindet sich in der Nähe des Ladens, den ich 1919 zusammen mit Ungaretti betrat, der sich dort einen Anzug von der Stange kaufte, die Kirche San Giorgio al Palazzo, die unter anderem mit einem Gemälde von Bernardino Luini[4] geschmückt ist. Als dieser sanfte Madonnenmaler eines Tages gerade seine Leinwand bemalte, stieg der Erzbischof auf das Gerüst und machte einige Bemerkungen über den Widerspruch von Luinis Darstellungen und dem Kanon der Hagiographie. Luini zögerte nicht lange und faßte den Erzbischof um den Leib, hob ihn in die Höhe wie Herkules den Antaios und schleuderte ihn vom Gerüst hinunter. Der Erzbischof bildete einen schwarzen Fleck auf dem Kirchenboden, und Luini flüchtete aus Mailand, um von nun an Fresken in der Nähe von Monza zu malen. Diese Episode entkräftet zum Teil unsere Theorie über den Namen als Symbol des Charakters, denn wer hätte von einem Mann mit dem sanften Namen Bernardino Luini eine derartige, wenn auch von der Wut entfesselte Grausamkeit erwartet? – andererseits, können wir noch an der Kraft der Tradition zweifeln? Als 1931 Achille Funi in derselben Kirche sein Fresko des Heiligen Georg fertiggestellt hatte und den Erzbischof aufforderte, das Gerüst zu besteigen, um besser zu sehen, antwortete der Erzbischof, des Unglücks eingedenk, das seinem Kollegen in ferner Zeit zugestoßen war, vorsichtshalber: »Danke, Professor, ich sehe auch von hier unten bestens.«

Vom Zusammenstoß zwischen Bernardino Luini und dem Priester gibt es noch eine zweite Version: »Man erzählt«, schreibt Arduino Anselmi unter dem Stichwort »Luini Bernardino« in *Das historische Mailand im Spiegel seiner Straßen und Denkmäler*, »daß Luini in Anwesenheit des Priors in der Abtei Chiaravalle malte. Dieser, ergriffen vom Ausdruck der Madonna, die der Pinsel des Malers geschaffen hatte, vergaß, daß er sich auf einem Gerüst befand, machte einen Schritt zurück und purzelte

4 Bernardino Luini (ca. 1485, wahrscheinlich in Mailand, bis 1532). In der Kirche San Giorgio al Palazzo malte Luini die vier Altarbilder und Fresken in der Sakramentskapelle. Einer der großen lombardischen Maler. (Anm. d. Ü.)

hinunter an den Fuß der Leiter, wo er mit zertrümmertem Schädel liegenblieb. Der Maler, dem man seinen Tod zur Last legte, zog sich in die Villa Pelucchi (Monza) zurück, deren Wände er mit mythologischen Themen bemalte.« Diese unverschämt optimistische Version hat immerhin den Vorteil, die Filme Ridolinis[5] auf das kühnste vorwegzunehmen.

5 Ridolini = Larry Semon (1889-1928), amerikanischer Komiker. Savinio spielt hier auf seine halsbrecherischen Kunststücke an. (Anm. d. Ü.)

Ich, der ich an Kirchenluft so wenig gewöhnt bin, betrete den Mailänder Dom mit den Gefühlen eines Neophyten. Warum wird mir hier eine herzlichere Aufnahme zuteil, warum geht von dieser Kirche eine größere Faszination aus? Als Kind fühlte ich mich von den kleinen griechischen Kapellen angezogen, von den in der kahlen attischen Landschaft verstreuten *paracclissia*, von ihren dunklen Innenräumen, von der erschreckenden Anwesenheit Gottes, der sich hinter einem Vorhang der Ikonostase versteckte: eines behaarten Gottes, der als *kirios*, als Herr, gekleidet war, eines Gottes mit pfeifendem Atem, da er an einer chronischen Bronchitis litt; eines Gottes, der orientalische Zigaretten rauchte und aus sichelförmigen Nasenlöchern den Rauch in seinen graumelierten Bart blies, eines Gottes, der nicht wußte, daß man mit Kindern zart umgehen muß; eines Gottes, der sich das einzige Auge aus der Stirn gerissen, es in ein goldenes Dreieck eingeschlossen und wie ein Firmenschild an die Wand über der Ikonostase gehängt hatte, von wo es mich mit furchterregendem Blick ansah und mich vor Angst erstarren ließ.

Heute wirkt weniger die Angst auf mich als die Güte, dieses »Bindemittel« alles Menschlichen; und auf der Schwelle des Mailänder Doms vernehme ich eine Stimme, wie sie noch an keinem anderen katholischen Kirchenportal zu mir gesprochen hat, eine sympathische und herzliche Stimme, die »meine« Sprache beherrscht und ihre geheimsten Resonanzen kennt und die sagt: »Tritt ein, tritt ein. Du wirst dich hier deinem Geschmack entsprechend wohlfühlen.«

Das ist der springende Punkt: »deinem Geschmack entsprechend«. Diese Versicherung war es, die das notwendige Vertrauen besiegelte. Auch vom Kirchenfenster her, zwischen den Figuren des Elisäus und des Elias, des Michael und des Jeremias ragte eine Hand aus dem Glas hervor und bedeutete mir mit einer sanften Ruderbewegung, einzutreten, einzutreten . . .

Die Religion ist starr, der Kult versteinert. Ich finde keine »meinem Geschmack entsprechende« Religion, und das hindert mich daran, religiös zu sein. Sollte es jedoch auf dieser Welt irgend etwas geben, das den Bedürfnissen des Menschen entspricht, das bis zu seinem tiefsten Grund vordringt, das ihn auch darin befriedigt, was er weder zu äußern noch zu fordern wagt, das verschwenderisch entsprechend der unendlichen Vielfalt des Menschengeschlechts ist, dann ist es die Religion. Die Reformation kam im richtigen Augenblick und befriedigte den Geschmack der westlichen Welt, die zur Reife gelangt war und der der Geschmack der mediterranen Welt nicht mehr genügen konnte. Welche neuen Bedürfnisse haben sich seit der Reformation bis heute gebildet? Die Religion möge neue Abteilungen eröffnen: Sie möge eine Abteilung auch für uns eröffnen. Wer wird uns davon überzeugen, daß die Religion nicht ein Dialog zwischen Autorität und Infantilismus ist? Wir weigern uns, die Rolle des Kindes zu übernehmen. Für den Glauben, das Empfinden der Seele, die Hingabe an die Aura des Mysteriösen, sind Herzlichkeit und Zuversicht Grundbedingungen und ebenso gleiche Behandlung für alle wie im Krieg oder auf einer langen Reise. Auch bei den Belohnungen, die uns die Religion verheißt, wird auf die Verschiedenheit der Geschmäcke keine Rücksicht genommen, auf den großen Unterschied zwischen Gewohnheit und Gewohnheit, zwischen Bedürfnis und Bedürfnis, zwischen Stil und Stil. Warum sollen wir das Paradies anstreben, wenn uns das Paradies, wie es jetzt ist, nicht gefällt, weder als Schauspiel noch als Musik, und uns auch die Gesellschaft nicht zusagt, die wir dort antreffen? Schon in der *Göttlichen Komödie* vor sechs Jahrhunderten befanden sich alle interessanten Menschen, die wir zu unseren Freunden zählen, in der Hölle. Können wir andererseits, die wir Freunde der Bequemlichkeit sind, die es uns nach freier Meinungsäußerung dürstet, auf die menschliche Würde verzichten, auf die Wohltaten der Zivilisation? Südlich von Mailand ist die Situation des Menschen in der Kirche.unerträglich, die Autorität Gottes erdrückend. Im Mailänder Dom stellt der Mensch sofort fest, daß man ihn mit Rücksicht behandeln wird; er begreift, daß man einiges für seine Bequemlichkeit getan hat; er spürt, daß Gott in diesem warmen Halbschatten liebevoll und freundlich zu ihm sein wird. Also treten wir ein . . .

Sobald ich den Dom betreten habe, entdecke ich am Boden den Messingstreifen, der den Mailänder Meridian markiert und auf den genau zu Mittag der Lichtstrahl fällt, der von der Öffnung oben rechts neben dem Eingang gelenkt wird. Die Tempel, ob sie nun christlichen oder heidnischen Ursprungs sind, hüten die Geheimnisse der Sterne. Das Innere der Großen Pyramide stellt die Lösung einiger astronomischer Probleme dar. Das als mysteriös zu betrachten, was man nicht kennt oder nicht erklären kann, ist eine Form geistiger Dumpfheit, eine Art, sich das Leben zu vergällen. Der weise und intelligente Mensch kennt keine Mysterien. Er kümmert sich nicht um sie. Er weiß, daß nichts ein Mysterium ist. Und er weiß, daß die Gründe für ein eventuelles Mysterium durchaus nichts Mysteriöses an sich haben. Die einzig annehmbare Form des Mysteriums ist das Mysterium als Geschmack oder auch als kunstfertige Zutat: das Mysterium als Schatten, das Mysterium als Licht, das Mysterium als Spiel der Ebenen. Keine andere.

Auch der Mailänder Dom wurde auf der Ruine einer heidnischen Kirche errichtet, auf den Resten eines Tempels, den die Kelten Athene geweiht hatten und der von den Römern zu einem der Minerva geweihten Altar umgewandelt worden war.[1] In Mailand, dieser Stadt, die so vorurteilslos, die so wenig fanatisch ist, erscheinen uns die grausamen Spiele des menschlichen Glaubens als seltsam. Also auch hier? *Hic quoque*? Es beleidigt meine Vernunft und macht mich zutiefst traurig, daß eine Wahrheit sich verändert und ihr Antlitz wechselt, daß eine triumphierende Wahrheit peremptorisch den Platz einer anderen einnimmt, die inzwischen als falsch und besiegelt gilt. Hin und wieder verspüren die Menschen das Bedürfnis, einen Stein auf die Vergangenheit zu legen. Um sie auszulöschen. Um sie zu zerstören. Um sie am Sprechen zu hindern. Als ob uns nicht all das, was war; als ob uns nicht all das, was ist; als ob uns nicht all das, was sein wird, in gleicher Weise gehörte.[2] Nur selten ist es gerechtfertigt und zu

1 Im neunten Jahrhundert wurde die Kathedrale Santa Maria Maggiore errichtet, die später dem Dom weichen mußte. Sechs kleinere Kirchen umgaben die Kathedrale, wie Küken die Glucke. Von den sechs – G. Battista, Gabriele, Michele, Stefano, Uriele und Raffaele – ist einzig und allein die San Raffaele geweihte übriggeblieben.

2 »*Le respect des peuples pour certains endroits consacrés, pour les ruines des temples et pour les débris mêmes des statues, obligea les prêtres chrétiens à bâtir la plupart des églises sur l'emplacement des anciens édifices païens.*

tolerieren, daß etwas ausgewechselt wird, und zwar immer nur dann, wenn die Unterscheidung in Gut und Böse keine Zweifel kennt, keine Diskussionen zuläßt. Wie das Beccaria-Denkmal in Mailand, das genau dort aufgestellt wurde, wo sich früher das Haus des Henkers befunden hatte. In diesem Fall, wie auch im Fall der Kirche Santa Maria del Popolo in Rom, die zu Füßen des Pincio errichtet wurde, um das Gespenst Neros daran zu hindern, sein Unwesen zu treiben, wird etwas aus Desinfizierungs-

Partout où l'on négligea cette précaution, et notamment dans les lieux solitaires, le culte ancien continua – comme au mont Saint-Bernard, où, au siècle dernier, on honorait encore le dieu Jou sur la place de l'ancien temple de Jupiter. Bien que l'ancienne déesse des Parisiens, Isis, eût été remplacée par sainte Geneviève, comme protectrice et patronne, – on vit encore au XI siècle, une image d'Isis conservée par mégarde sous le porche de Saint-Germain-des-Prés, honorée pieusement par des femmes de mariniers; ce qui obligea l'archevêque de Paris à la faire réduire en poudre et jeter dans la Seine. Une statue de la même divinité se voyait encore à Quempilly, en Bretagne, il y a quelques années, et recevait les hommages de la population. Dans une partie de l'Alsace et de la Franche-Comté, on a conservé un culte pour les Mères, dont les figures en bas-reliefs se trouvent sur plusieurs monuments, et qui ne sont autres que les grandes déesses Cybèle, Cérès et Vesta.« (Gérard de Nerval, *Les Illuminés*).

»Die Ehrfurcht des Volkes vor bestimmten geweihten Stätten, vor Tempelruinen und selbst vor den Trümmern von Statuen zwang die christlichen Priester, die meisten Kirchen an der Stelle alter heidnischer Bauwerke zu errichten. Überall wo man diese Vorsichtsmaßnahme unterließ, insbesondere an abgelegenen Orten, lebte der alte Kult weiter – wie am Sankt Bernhard, wo man noch im letzten Jahrhundert am Ort des ehemaligen Jupitertempels den Gott Jou verehrte. Obwohl Isis, die alte Göttin der Pariser, als Beschützerin und Patronin durch die heilige Genoveva ersetzt worden war, sah man noch im 11. Jahrhundert ein Isisbildnis, aus Versehen unter der Vorhalle von Saint-Germain des Prés erhalten geblieben, andächtig verehrt von den Frauen der Flußschiffer, was den Erzbischof von Paris nötigte, es zermalmen und seinen Staub in die Seine werfen zu lassen. Eine Statue der gleichen Göttin im bretonischen Quempilly empfing noch bis vor wenigen Jahren die Huldigungen des Volkes. In einem Teil von Elsaß und der Franche-Comté hat sich ein Mütterkult erhalten – Abbildungen davon finden sich in Flachreliefs auf mehreren Monumenten wieder, und sie stellen niemand anderen dar als die ›großen Göttinnen‹ Kybele, Ceres und Vesta.« (Aus: Gérard de Nerval. Werke. Band II, *Die Illuminaten*. München 1988. S. 274/275) gründen beseitigt und durch etwas anderes ersetzt. Schulter an Schulter standen das Haus des Scharfrichters und die Freudenhäuser. Zuerst ging man ins Freudenhaus, wo die käufliche Liebe die Seele tötete, dann ging man ins Haus des Henkers, wo das Beil Meister Lachners den Körper tötete. Giovanni Lachner, der 1853 mit dem Amt des Henkers betraut wurde, klebte sich immer, wenn er sein Haus verließ, einen falschen roten Bart ans Kinn, um nicht erkannt zu werden. Lenin hingegen hatte sich als Frau verkleidet und sich eine rote Perücke aufgesetzt, als er sich in der Nähe von Petersburg versteckt hielt und darauf wartete, daß Trotzki an der Spitze seines Heeres von Fachleuten die Hauptstadt eroberte. Lenin, der ansonsten so sanft und idealistisch war, fühlte sich in diesem Augenblick womöglich als Henker.

Es ist zumindest seltsam, daß die Fassaden der bedeutendsten italienischen Kirchen – Sankt Peter im Vatikan, Santa Maria del Fiore, der Mailänder Dom – verspätete Fassaden sind, an denen etwas Falsches stört.[3] Am Mailänder Dom halten die Ästheten

3 »*Les chanoines de Milan recevaient tous les ans des sommes considérables pour terminer leur magnifique église toute de marbre blanc taillé en filigranes gothiques. Ils eurent l'esprit de laisser le portail dans un état déplorable de non-achèvement. Quoi de plus ridicule que de voir, en face d'une grande place, un mur fort laid percé par une porte dont la voûte était en briques toutes nues? Et cette misérable porte donnait entrée dans une cathédrale magnifique ornée de quatre mille statues et dont les arcs-boutants sont de marbre blanc artistement ciselé. Pendant deux siècles, cet innocent artifice des chanoines leur valut des millions, et ils avaient le plaisir de se voir dans tous les testaments. Mais Napoléon vint; et, quand il fut roi d'Italie, il leur joua le mauvais tour de faire achever la façade de marbre blanc de leur église: c'est le fameux* Dôme de Milan. *Rien au monde de plus joli.*« (Stendhal, *Mémoires d'un touriste*).

»Die Mailänder Domherren erhielten jedes Jahr beträchtliche Summen, damit ihre wundervolle Kirche ganz aus in weißem Marmor geschnittener gotischer Filigranarbeit vollendet werde. Sie hatten gemeint, das Portal im beklagenswerten unvollendeten Zustand belassen zu können. Was gibt es Lächerlicheres, als von einem großen Platz aus eine häßliche Mauer zu sehen, in die eine Türöffnung gehauen wurde, deren Bogen aus nackten Ziegelsteinen besteht? Und durch diese armselige Tür tritt man in eine wundervolle Kathedrale, die mit viertausend Statuen geschmückt ist und deren Pfeiler aus kunstvoll gemeißeltem weißen Marmor sind. Zwei Jahr-

nicht nur die Fassade für falsch, sondern auch die Fialen. Aber die Ästheten täuschen sich. Die Fialen sind die notwendige Korrektur des Satteldaches, sie sind das Streben nach einer geistigen und guten Gottheit, die Arme, die zu ihr emporgereckt werden; sie sind das Zeichen, daß in Mailand selbst das Verhältnis zu Gott unter dem Einfluß der westlichen Zivilisation steht, d. h. in ihrem Doppelsinn von westlich und nördlich zugleich; sie sind das Indiz, daß der christliche Glaube in Mailand die Grenzen des Katholizismus erreicht hat und drauf und dran ist, sie zu überschreiten; sie sind die Anti-Kuppel *par excellence*, das Zeichen, daß sich der Glaube an Gott da oben mit einem kopernikanischen Gemüt verbindet, mit einem freien Willen.

Die Kuppel hingegen ist ptolemäisch. Sie ist die geschlossene Welt. Wir dürfen nicht vergessen, daß die Kuppel arabischen Ursprungs ist, bevor sie von den Römern übernommen wurde, und daß das Agrippa-Pantheon als »erste Moschee Europas« bezeichnet wurde. Die Kuppel ist das Bild des geschlossenen Himmels, eines Himmels, der wie ein Deckel über die Erde gestülpt ist. Wie sollen wir unter dieser hohlen Halbkugel leben, wie sollen wir darunter denken, atmen – wir, die wir die Nacht dem Tag vorziehen, weil wir am Tag unter der Gesetzgebung der Sonne leben und in der Nacht frei genug sind, um »nach draußen« zu blicken?

Dennoch ist Mailand nicht weniger gottesfürchtig als alle anderen italienischen Städte, allenfalls mehr. Im Lift meines Hotels sind die Zeiten der Sonntagsmessen in den größten Kirchen der Stadt angeschlagen, versehen mit dem Hinweis, ob die Kirche geheizt ist oder nicht, ob die Messe auch das Evangelium und den Segen umfaßt oder nur ein »kurzes Evangelium«.

Eine der Voraussetzungen für die Bequemlichkeiten in der Zivilisation ist es, daß der Boden mit einem Teppich bedeckt ist. Aus technischen Gründen ist es unmöglich, die Kirche mit Bucharateppichen auszulegen, und deshalb wird der Teppich nicht auf

hunderte lang brachten diese unschuldigen Schliche den Domherren Millionen ein, sie wurden in allen Testamenten bedacht. Aber dann kam Napoleon; und als er König von Italien wurde, spielte er ihnen einen bösen Streich und ließ die Fassade ihrer Kirche aus weißem Marmor vollenden: das ist der berühmte *Mailänder Dom*. Auf der Welt gibt es nichts Schöneres.« (d. Ü.)

den Boden des Domes gelegt, sondern »geschrieben«. Anstelle des Fußes ist das Auge zufrieden. Er ist wie eine riesige, sich endlos wiederholende Tätowierung mit Rosen, die von Fächerpalmen und Wedeln umgeben ist, von Rahmen eingefaßt, auf denen sich wiederum kleine Figuren zwischen zwei umlaufenden Streifen Kleeblättern befinden, in deren Mitte vier plumpe, voneinander entfernte, gleichmäßig ausgestreckte Arme kleine Malteser-Kreuze bilden.

Man ist gerade dabei, den Boden zu reparieren. Der bereits reparierte Teil beginnt am Portal und breitet sich wie ein glattpoliertes Meer unter den Kirchenschiffen aus. Aber kaum hat man den dritten Pfeiler passiert, wird das Steinmeer plötzlich unruhig und kräuselt sich. Hier beginnt der noch nicht restaurierte Boden, der sich, etwas tiefer, bis zum Hauptaltar erstreckt, der rund um die Apsis verläuft. In jahre- und jahrhundertelanger Arbeit haben die Schritte der Gläubigen den glatten Boden in einen Relief-Boden verwandelt. Das Rund der Rosen steht hoch, die Kanten der Vierecke stehen hoch, und in der Mitte sinkt der Stein ein. Dem Fuß fällt es schwer, über diese unregelmäßigen Dekorationen zu schreiten. Man senkt den Blick, um glatte Abschnitte zu finden, wie man aus Aberglaube versucht, den Fuß nicht so auf die Linien des Bodens zu setzen, daß ein Kreuz entsteht. Der Mailänder Freund, der mich durch dieses tiefer gelegene Labyrinth begleitet, sagt mir, es gäbe auch einen glatten Weg, aber der sei nur den Domwächtern bekannt, die aus Gründen der öffentlichen Sicherheit im Dom ihren Dienst tun. Es gibt zwei Wächter: einen Luft-Wächter und einen Boden-Wächter. Der in der Luft durchsucht vom Morgen bis zum Abend das Dach der Kirche, treibt sich zwischen den Fialen herum, schwebt unter den Strebebögen hindurch, ruft die vorbeiziehenden Vögel beim Namen, plaudert mit den Statuen, die aufrecht auf den Fialen stehen, und wenn das Unbehagen, die Erinnerung an das Leben zu ebener Erde seine dunkle Seele bedrücken, hebt er den Blick zur goldenen Madonnina, zu ihren ausgebreiteten Armen, die in der Geste des Segnens und der Umarmung verharren, und fühlt sich getröstet. Der Boden-Wächter hingegen überwacht das Innere der Kirche, und sein Dienst wird weniger vom Licht und den Schauspielen des Himmels aufgehellt. Er geht immer wieder zwischen den Bündelpfeilern hindurch, vorbei an den

Altären, ohne für den wunderschönen Altar des San Giovanni
Bono Interesse zu empfinden noch für den der Heiligen Thekla,
die in süßer Andacht zwischen Löwen und zahmen Bären verharrt; er läuft durch das Querschiff, ohne einen Blick für die
beiden verzierten Kanzeln zu haben, die auf gebeugten Heiligen
ruhen, deren Büsten aus dem Stein hervorragen und deren Beine
in einem Reliquiar stecken wie Sirenen, die anstelle der Füße
einen Fischschwanz haben; er durchquert die Schiffe, und die
Statuen in den Arkaden der Vierungskuppel üben keinen Reiz
mehr auf ihn aus, genausowenig wie die Orgel auf ihrer majestätischen Empore, an deren Seite sich große Männerköpfe und
kleine, von ihren Flügelchen eingeschlossene Engelsköpfchen
befinden; und um seinen Fuß auf dem gepeinigten Fußboden
nicht zu ermüden, kommt er nie von dem geheimnisvollen »glatten Weg« ab. Wenn sein Dienst vorbei ist und der Kollege
kommt, ihn abzulösen, teilt ihm der Wächter den geheimen Weg
mit wie ein Losungswort und verschwindet, um sich den Gaumenfreuden der Busecca zu widmen.
Für die Esoteriker sind die gotischen Kathedralen die »Monumente des Okkulten«. Renan bezeichnet sie als übermenschliche
Werke, »die nur dank eines Paktes mit dem Teufel von der Welt
des Traumes in die Welt der Realität überwechseln konnten«.
Die »Techniker« versuchen vergebens, das architektonische
Geheimnis dieser Konstruktionen zu enthüllen. Die großen Fensterscheiben über der Apsis bleiben auch nur dank eines Wunders an Gleichgewicht an ihrem Platz. Jedes Kapitell, jede Figur,
jeder Wasserspeier ist gleichfalls ein hermetisches Symbol, das
man nur entziffern kann, wenn man das *Mystische Wörterbuch*
von Hrabanus Maurus in der Hand hält. Das »Kleeblatt«, das wir
zusammen mit anderen Figuren auf dem Fußboden gesehen
haben, stellt einen auf einem Felsen sitzenden Mann dar, der
zwei ineinander verschlungene Räder vor sich hat. Ruskin
zufolge (Amiens-Bibel) ist dieser Mann Ezechiel, der zuerst vier
geflügelte Tiere sah und dann ineinander verschlungene Räder;
Fulcanelli zufolge bewacht der Kleeblatt-Mann jedoch das *Feuer
des Rades*, und die beiden Räder »symbolisieren die beiden
Rotationen, denen das Gemisch ausgesetzt wurde, um es in den
ersten Grad der Perfektion zu überführen«. Wer garantiert uns
auch, daß in den beiden Wächtern, von denen zuerst die Rede

war, dem Boden-Wächter und dem Luft-Wächter, nicht die *beiden Naturen* zu sehen sind, die *dieselbe Kraft, jedoch einen verschiedenen Körperbau* besitzen und die von den Weisen – Filalete zufolge – als *Adler* und *Löwe* dargestellt wurden: letzterer als Verkörperung der irdischen und festen Kraft, ersterer Ausdruck der luftartigen und flüchtigen Kraft? Für Spirito Gobineau di Montelucente wird sogar der Name »gotisch« anstelle von »goetisch« verwendet, was »magisch« bedeutet, und Fulcanelli wiederum stellt fest, daß »gotisch« aufgrund des ähnlichen Klanges an die Stelle von »argotisch«, beziehungsweise Rotwelsch tritt, das einen »geschlossenen« Jargon bezeichnet, der von einem Nichteingeweihten nicht verstanden wird.

Noch ein paar Schritte, und wir bleiben am Rand eines kreisförmigen Lochs stehen. Über dem Loch befindet sich ein eisernes Gestell mit Ketten und Flaschenzügen, mit dessen Hilfe ein Eimer auf und ab befördert wird. Wir lassen unseren Blick durch das Loch fallen, als wäre auch unser Auge ein Eimer, und entdecken in dem kleinen Raum, den wir im Keller der Kathedrale erspähen, ein paar Statuen, die vor einer Badewanne aufgereiht sind. Es ist eine Wanne aus Zement, wie man sie auch heute noch in alten Mailänder Wohnungen findet, und auch in der Wohnung, die wir vor einigen Jahren in der Nähe des Corso Buenos Aires bewohnten, befand sich ein derartiger Bottich. In dieser Wohnung trachteten uns Küchenschaben nach dem Leben, so wie das Leben Paphnutios' in seiner Hütte in der Thebais von einem Rudel winziger Schakale bedroht wurde, die alle eine Versuchung des Fleisches darstellten. Dreimal kamen die Maurer, die Löcher zu verstopfen, dreimal die Maler, um alles weiß zu streichen. Vergebens. Auf den weißen Wänden hoben diese kleinen Dämonen des Ekels sich nur noch deutlicher ab, die von der Naturgeschichte fälschlicherweise nächtliche oder lichtscheue Geradflügler genannt werden, denn ihr Leben am Tag ist nicht weniger aktiv und keck als in der Nacht. Wir waren so unvorsichtig, in jener Wohnung Kafkas *Verwandlung* zu lesen, die Geschichte Gregor Samsas, der eines Morgens aufwacht und sich als monströses Insekt wiederfindet. Wir mußten ausziehen.

In jenen Tagen las ich wieder einmal das Buch von Lucius Apuleius, dessen Originaltitel die *Verwandlungen* ist und das für gewöhnlich *Der goldene Esel* genannt wird. Ich las es zum fünften oder sechsten Mal. Und jedes Mal hatte ich es mit größerem Vergnügen gelesen. Hin und wieder machte ich meinen Geist an einem Wort fest, das entweder besonders bedeutsam oder suggestiv war, und erging mich in Abschweifungen, Überlegungen, Phantasien. Wir, die wir schreiben, messen die Qualität eines Buches an seinem Nährwert.

Gleichzeitig las ich, vielleicht von der Ähnlichkeit des Titels verlockt, die *Verwandlung* von Kafka. Ein untrüglicher Beweis: Dieses Buch las ich »schlecht«. Was für ein Unterschied! Dies ist die Bestätigung, wie einzigartig doch der lateinische Geist ist und wie sehr er sich von den anderen unterscheidet, dies ist – sofern man seiner bedarf – wieder einmal der Beweis, daß zwar nicht nur im lateinischen Geist das heilige Licht der Vernunft leuchtet, daß aber nur in ihm ein heiteres und volles Licht leuchtet.

Die Vernunft geht den Taten voraus und bestimmt ihre Existenz. Das ist eines der schönsten Axiome des »lateinischen Geistes«. Ich weiß nicht, ob es wahr oder falsch ist. Vielleicht ist es falsch. Es mag sein, daß die Taten nicht der Vernunft entspringen, sondern auf irrationale Weise entstehen. Alles ist: Alles kann somit philosophisch bewiesen werden. Das ist letztendlich der Grund für das Unglück des Menschen. Aber um nicht unglücklich zu sein, um das »Pflichtthema« des Unglücks zu umgehen, klammern wir uns verzweifelt an das künstliche (mit Kunst gemachte) System und von allen »künstlichen« Systemen an das, was mit der größten Kunst gemacht worden ist: an den lateinischen Geist. Und wir glauben an die Vernunft: an die absolute Existenz der Vernunft, an ihren perfekten Organismus, an ihre unumstößlichen Gesetze, an ihre schützende und heilende Kraft.

In der vernünftigen Phantasie der Antiken ist die Metamorphose, das »Wechseln des Antlitzes« kein irrationaler Akt, keine ungerechtfertigte Monstrosität, kein Wunder, sondern eine Belohnung oder Bestrafung; und manchmal ist sie der poetische Ausdruck einer psychologischen Erkenntnis: wie im Fall der Verwandlung der drei Schwestern in Schwalben. Die Verwandlung Gregor Samsas in »ein riesiges unsauberes Insekt« ist jedoch keine Bestrafung und noch weniger eine Belohnung: Sie ist eine jener schrecklichen, unvorhergesehenen, unerklärlichen, unheilbaren Krankheiten, wie sie in jenen Ländern ausbrechen, die nicht unter der hygienischen Gesetzgebung des »lateinischen Geistes« stehen.

Die Vernunft ist für unsere moralische Gesundheit das, was die Hygiene für unsere körperliche Gesundheit ist. Kafka, der Ärmste, gehörte einer irrationalen, einer empirischen Welt an! Die Vernunft schafft die Vorbedingung für die Gesundheit, und diese Gesundheit, die für die anderen ein wunderschönes, aber fernes Licht ist, ist für uns die natürlichste aller Möglichkeiten. Diese »Pathologie« des faustischen Menschen ist wahrscheinlich der Ursprung seiner ständigen Angst.

Immer wieder überquerte der faustische Mensch im Lauf der Jahrhunderte die Alpen, strebte er nach der Schönheit unseres Landes, nach der Sanftheit unseres Klimas. Aber ziehen ihn nur Land und Klima an und nicht vielmehr die »moralische Gesundheit«, deren man sich diesseits der Alpen erfreut?

Ich sage nicht, daß die Vernunft, diese moralische Hygiene, die Krankheit ausschließen oder auf immer beseitigen würde (was für ein unmenschlicher und »krankhafter« Zustand wäre übrigens eine ewige und perfekte Gesundheit!), aber sie macht selbst die Krankheit zu etwas Vernünftigem und hält für jede einzelne Krankheit eine entsprechende Therapie bereit! Aber mit welcher Therapie soll man der Krankheit Gregor Samsas begegnen?

Lucius Apuleius wurde ungefähr 125 in Madaura in der Nähe von Cirta, dem heutigen Constantine, geboren. Ein Land der Mysterien und der Magie.

Vor einigen Jahren brach ich eines Morgens von Philippeville auf, dem Hafen von Constantine, und drei Stunden später war das Automobil in Sichtweite der hauchzarten Brücke, die in schwindelerregender Höhe über die Schlucht des Rummel führt.

Constantine befindet sich zur Gänze auf dieser enormen hochgelegenen Scheibe und ist rundherum von Felsen und Schluchten umgeben. Eine Stadt, die ganz aus Unebenheiten und Felsenschluchten besteht. Das Haus, das mich beherbergte, hatte zwei Fassaden und zwei Eingänge: einen auf Höhe des Erdgeschosses, einen zweiten auf der Höhe des dritten Stockwerkes. In diesem Haus hatte ich ein eigenartiges Abenteuer, aber davon werde ich etwas später erzählen. Constantine ist wahrhaftig eine Stadt, die

»man entdeckt«. Eine Stadt, wie geschaffen für einen alten Stich oder eine Belagerung. Ein Jerusalem wie das von Buglione, eines Torquato Tasso würdig. Und tatsächlich ist die Einnahme Constantines eine der malerischsten und spektakulärsten Episoden der Eroberung Algeriens. Und auch eine der blutigsten. Eine große Schlacht in echt französischem Stil: rote Hosen inmitten des Rauches und der Angriff der *turcos*. Die *mukere*, die so wild waren, wie sie später sanft werden sollten, gossen siedendes Öl von den Mauern herab. Die endgültige Einnahme gelang erst fünf Jahre nach dem ersten Ansturm, so »geschlossen« ist diese Stadt von Natur aus. Sowohl von dieser Brücke aus, die ein technisches Wunder ist, als auch vom Rand jener schrecklichen Schlucht, auf deren Boden das stinkende schwarze Wasser des Rummel fließt, sieht man, wie auf halber Höhe der Felswand Geier kreisen, langsam und schwer von totem Fleisch. Kaum ragt aus der steilen Felswand ein kleines waagrechtes Fleckchen heraus, liegt dort ein »Sonnenesser«. Er scheint nicht dort zu liegen, sondern eingemauert zu sein. Er ist so unbeweglich wie der Stein, dessen Fortsetzung er bildet. Ob lebendig oder tot, schlafend oder wachend, das weiß man nicht. Die Araber sagen es, die Franzosen haben es übersetzt, und ich wiederhole es aus Anstand in ihrer Sprache: »Partout au monde les oiseaux fientent sur les hommes: aux gorges du Rummel les hommes fientent sur les oiseaux.« (»Überall auf der Welt kacken die Vögel auf die Menschen herab: in der Schlucht des Rummel kacken die Menschen auf die Vögel.«)
Zu vorgerückter Stunde begebe ich mich in die elende Behausung, die mir die höchste politische Instanz des Departements zur Verfügung gestellt hat. Die Zimmer, die finster sind und hallen wie ein leerer Magen, sind mit häßlichen Gemälden und afrikanischen Gespenstern bevölkert. Ich habe die Gewohnheit, vor dem Schlafen ein wenig zu lesen; eine notwendige Ablenkung von meinen eigenen Gedanken. Und da ist eine umfangreiche Bibliothek, die mir ihre strengen Reize anbietet. Auf den Buchrücken glänzt das Gold der Titel. Voltaire, Diderot, eine Erstausgabe von Rabelais, Historiker, Moralisten, Tragiker, Dichter und Prosaisten: der gesammelte Geist Frankreichs, die höchste Blüte des Intellekts bietet sich meiner Lust an. Ich lege die Hand auf den dritten Band der Werke Voltaires, aber nicht

nur der dritte Band kommt mir entgegen, sondern das Gesamt-
werk des »schrecklichen Philosophen von Ferney«, und für den
großen Umfang ist es überraschend leicht. Ich schaue... Es ist
eine Fälschung, eine Täuschung: ein Karton, geformt wie mehrere nebeneinandergestellte Bücher, und darin befindet sich die
vollständige Ausgabe eines freizügigen Journals aus dem vergangenen Jahrhundert, »Le Voleur«, mit üppigen Schenkeln zwischen den Froufrou.

Sobald der Reisende den Bahnhof verlassen hat, müßte er
würdig empfangen« werden vom Philosophen, Rechtsanwalt
und Redner Lucius Apuleius, dem Autor der *Florida*, der *De
Deo Socratis*, *De Dogmate Platonis* und *De Mundo*. Aber nein:
der Reisende – und aus welchem Grund, wenn nicht, um die
magische Natur dieses Landes hervorzuheben – wird von einem
in grünlicher Bronze gegossenen Orpheus empfangen, von
einem kleinen, pausbäckigen und lockigen Orpheus, einem
Orpheus, der in jenem *joli-joli*-Stil gedrechselt ist, in dem die
mittelmäßigen französischen Künstler unvergleichliche Meister
sind. Nicht weit davon entfernt setzt uns ein angemessenes Mar-
mordenkmal davon in Kenntnis, daß die Stadt von Konstantin
dem Großen auf den Ruinen von Maxentius wiederaufgebaut
wurde.

Rund um diese kreisförmige Felsenstadt verläuft sich das Land
tragisch in großen, nach einem schweren Sturm erstarrten Wellen. Für eine sensible Nase wie die meine ist hier sogar der Duft
des Mysteriums spürbar: Er kommt auf den Flügeln des Giblis:
der fette und klebrige Wind, der membranartige Wind, der auf
Fledermausflügeln daherfliegt. Er kommt aus der nahen Wüste,
dem Bett eines verdursteten Meeres, dem offenen Grab der
Menschen aus goldfarbener Bronze. Zwischen diesen Sturzwel-
len aus grauer Erde, die inzwischen unfruchtbar und mit viel
Sand vermengt ist, lief Lucius Apuleius umher und suchte Lemuren und Lamien.

Wenn wir »*làmia*« anders betonen, erhalten wir *Lamìa*. Und sind
in Griechenland. Und das Abenteuer des Lucius – nicht des
Autors Lucius, sondern der Person Lucius, was letzten Endes
dasselbe ist – beginnt genau in Thessalien. »Thessaliam – nam et
illic originis maternae nostrae fundamenta a Plutarcho illo inclito
ac mox Sexto philosopho nepote eius prodito gloriam nobis

faciunt. – eam Thessaliam ex negotio petebam.«[4] Aufgrund glücklicher Lebensumstände kenne ich Thessalien genausogut wie das Land rund um Constantine, und ich kann für die Verwandtschaft, die mehr ist als eine Verwandtschaft, für die völlige Gleichartigkeit der beiden Landstriche bürgen. Beide sind ein Land der Gespenster, der Hexen, der schicksalsträchtigen und höchst bezaubernden Begegnungen. Hier wie dort verläuft der Boden in Form langgestreckter Wellen, besitzt dieselbe karge, harte, ungenießbare Vegetation, dieselbe trockene, salzige Luft infolge des verdunsteten Meeres. Als Gegenstück zu den kreisrunden Felsen, die dort Constantine tragen, haben wir hier einen Wald verzerrter, schmachtender, tragisch menschlicher Felsen, die in der Sprache der Astronomie Meteore und in der Sprache der türkischen Herrscher *Kalabàka* heißen. Auf diesen Hökkern, den Nestern des Christentums, bewahrte sich nicht nur die Sprache, sondern auch das Bekenntnis der Paleologhi und Comneni. Dem stinkenden, eingezwängten, unheimlichen Rummel dort entspricht hier der blonde, offene, wohltönende Peneios. Meine Herrschaften, wir sind in Griechenland.

Wie man weiß, wurde der *Goldene Esel* von Agnolo Firenzuola ins Italienische übertragen und wie auch *Daphnis und Chloe* von Annibale Caro[5] ist diese Version ein Glanzstück italienischer Prosa. Im Finale, das sich ein wenig vom Originaltext unterscheidet, finden wir eines der wenigen Beispiele von Feminismus, die die italienische Literatur aufweist.

Nach so vielen eselhaften Leiden trifft Lucius schließlich jene, die ihn wieder in einen Menschen zurückverwandelt (»Die Rosen töten die Esel«, sagte Aristoteles). Costanza heißt die

---

4 »Nach Thessalien ging ich – denn dort liegt der Ursprung unserer Herkunft mütterlicherseits, nach dem berühmten Plutarch und fortgesetzt von dem Philosophen Sextus Empiricus, dessen Enkel, der Ursprung, der uns zum Ruhm gereicht – nach Thessalien ging ich der Geschäfte wegen.« (d. Ü.)

5 Agnolo Firenzuola (1493-1543), Mönch, lebte unter den Päpsten Leo X. und Clemens VII. in Rom, später in Prato. Neben der erwähnten Übersetzung des *Goldenen Esels* ist seine Übersetzung des *Panciatantra* aus dem Spanischen wegen der stilistischen Eleganz berühmt geworden.
Annibale Caro (1507-1566), Dichter und Verfasser von Theaterstücken, übersetzte auch die *Äneas*. (Anm. d. Ü.)

Rosenträgerin, und sie ist wunderschön. Und Lucius, der sie dankbar zur Frau genommen hat, dankt am Ende ihrem Angedenken (wunderschön und sehr melancholisch ist dieser »Gruß an den Schatten«): »die nach ihrem Tod nicht lange gezögert hat, mich zu trösten, und, indem sie mir ihren schönen Namen fest und konstant in der Erinnerung bewahrt hat, mich nie wieder zum Esel werden ließ«.

In anderen Worten, aber mit derselben Geisteshaltung, sagte Nietzsche vier Jahrhunderte später, daß »die Ehe eine lange Konversation« ist.

Die Legende von Amor und Psyche wurde in den *Goldenen Esel* eingesetzt wie eine funkelnde Gemme. Niemand, nicht einmal Schopenhauer, der doch sonst so erpicht war auf derartige Bissen, hat versucht, das geheimnisvolle »Verbot« dieser Legende zu klären. Psyche muß darauf verzichten, Amor anzublicken, sobald sie mit ihm vereint ist, sonst wird sie strengstens bestraft. Verbirgt sich also hinter dem magischen Schleier und der unaussprechlichen Wollust etwas »nicht zu Betrachtendes«?

»Il y a toujours quelque chose de mal dans l'amour« (Immer steckt irgendein Übel in der Liebe), sagte Marcel Prévost – ausnahmsweise eine intelligente Bemerkung dessen, der sonst so viele Dummheiten von sich gegeben hat.

Die Badewanne im Kellergeschoß des Domes, die Statuen, die gerade ein Bad nehmen, lassen mich hoffen, ich könnte das Geheimnis von Mailands Wasser ergründen. Manche meinen, unter dem Dom würde man beim Schein der Fackeln in einem kleinen Kahn fahren, aber das ist ein *lapsus loci*: Im Kahn, beim Schein der Fackeln und mit der Genehmigung der Feuerwehr fährt man auf dem inzwischen zugedeckten Hafenbecken in der Nähe des *Ospedale Maggiore*, wo früher die Lastkähne anlegten, die den zum Dombau bestimmten Marmor auf dem Wasserwege transportierten und auf deren Bug sich die Abkürzung A.U.F. (*Ad Usum Fabricae*) befand, woraus die Redewendung »a ufo« entstand, was *gratis* bedeutet.

Mailand ruht auf Wasser, und das ist einer der Hauptgründe für seine ständige Frische. Das Wasser kommt von den Voralpen herab, macht sich in Form geheimnisvoller unterirdischer Flüsse auf den Weg, folgt dem Gefälle der Poebene, fließt in sechs Meter Tiefe unter den Mailänder Häusern durch, setzt seinen Weg fort und läßt schließlich den Po anschwellen. Wenn das Haus mit seinen Wurzeln tiefer reicht, dann senkt man ein Eisenbecken ins Grundwasser, wie bei der neuen Sparkasse, die an die Stelle des alten *Ca' de sass* getreten ist, und stellt das Fundament des Hauses wie in einen Schiffsrumpf hinein.

Der Heilige Bartholomäus steht aufrecht auf seinem Podest, vor der Mauer des rechten Kreuzarmes. Der Märtyrer Bartholomäus wurde in Albanopolis in Armenien gehäutet, und Marco d'Agrate hat den Apostel dargestellt, wie er sich mit beispielhaftem Gleichmut die Haut, die ihm der Henker abgezogen hat, um die freigelegten Integumente wickelt. Marco d'Agrate hat eine wunderschöne *tour-de-force* vollbracht, nämlich einen jener »Gehäuteten«, die für die Bildhauer das sind, was der *Teufelstriller* für die Violinisten ist. Im *Touring Guide* steht, daß diese Statue »lange Zeit als Meisterwerk galt, heute jedoch von der Kritik nicht mehr sehr geschätzt wird«.[6] Zeichnen Maler und Bildhauer deshalb heute schlechter als gestern? In manchen Fischerdörfern hat man die Haut des Apostels mit einem Netz verwechselt und Bartholomäus zum Schutzheiligen der Fischer gemacht. Der Irrtum ist der Bruder der Vorsehung.

Wir betreten den Wandelgang rund um den Hauptaltar, und das Bild einer vor Licht und Silberherzen funkelnden Madonna blendet uns. Die Blumen, die unter dem Bild einen Garten bilden, und die außergewöhnliche Dekoration weisen auf die Wundertätigkeit des Bildes hin. Es schlägt Mittag, und allmählich finden sich gesenkten Hauptes und eiligen Schritts die Mädchen ein, die *crestaie* (Modistinnen), und knien vor der funkelnden Madonna nieder. Man sagt mir, dieses Bild hieße *Jungfrau der Entbindung*, und ich verstehe die Inbrunst der Betenden, ich errate den Inhalt der Gebete, die der Liebe und Fortpflanzung

---

6 Vielleicht hat Stendhal daran Schuld. »*A côté de ce passage le cicerone vous fait remarquer une statue de saint Barthélemy, écorché et portant gaillardement sa peau en bandouillère, fort estimée du vulgaire, et qui pourrait figurer avantageusement dans un amphithéâtre d'anatomie*« (Rome, Naples et Florence). (»Bevor man den Gang betritt, macht einer der *cicerone* erst noch auf die Statue des gemarterten heiligen Bartholomäus aufmerksam, der munter seine Haut als Bandelier herumträgt und vom Durchschnittsbesucher sehr geschätzt wird; diese Statue könnte sicher im Vorhof eines Hospitals vorteilhaft zur Geltung kommen...«, op. cit. S. 42).

gelten, den Themen, die das Leben der Frau bestimmen. Aber auch ein Greis und ein junger Seminarist knien vor der *Jungfrau der Entbindung* nieder. Ich gebe mein Bemühen um Verstehen auf.

Durch eine kleine Tür links steige ich in die Krypta hinab; ich gelange zuerst in einen vieleckigen, dunklen Saal, dann in einen viereckigen, lichtdurchfluteten Saal, wo einige Gläubige in gebückter Haltung beten.

Der kniende Mensch bietet ein jämmerliches und lächerliches Bild. (*Miserevole e ridicola è l'immagine dell'uomo inginocchiato*: Mir mißfallen diese drei Proparoxytona hintereinander, zu denen sich leider auch noch ein viertes gesellt, das sie bestimmt, und als fünftes das Verb, aber ich weiß mir nicht zu helfen. Warum bildet das Aufeinandertreffen von mehreren, auf der drittletzten Silbe betonten Wörtern einen Fettfleck auf dem Gewebe einer sauberen Prosa? Warum ist eine Prosa um so sauberer, je weniger mechanische Verse sie aufweist, und warum erwecken die Proparoxytona, die fast automatisch einen Reim- und Assonanz-Effekt erzeugen – ich kenne nichts rhetorisch Leereres, nichts stupide Anatomischeres als die Proparoxytona, die Carducci so oft ans Ende seiner Verse stellt, und dem ich jedesmal am liebsten zurufen möchte: Es reicht! – den unangenehmen Eindruck einer poetisch mechanisierten, beziehungsweise rhythmisierten, dem Herzklopfen nachempfundenen Prosa, die auf die blasse Stupidität des Gebetes abgestimmt ist, auf die Erhöhung der Seele, dem *laborare est orare*.) Genauso jämmerlich und lächerlich lassen jene Haltungen den Menschen erscheinen, die ihn von seinem ursprünglichen kriegerischen Wesen entfernen: der Mensch an der Nähmaschine, der Mensch am Klavier, der Mensch, der Harfe spielt. Machen wir uns nichts vor: Auch wenn die Vorherrschaft der rohen Gewalt schon seit Jahrhunderten gebrochen ist, ist der Krieger nach wie vor das Ideal des Menschen und auch jenes Menschen, den die bürokratischen Mühen plump und buckelig gemacht haben, den das seßhafte Leben völlig fußlahm hat werden lassen. Nun setzte der Krieger aber nur ein Knie auf den Boden, um die jämmerliche Haltung der Kniebeugung zu vermeiden, womit er kokett andeutete, daß seine Demut vor dem König, dem Priester, Gott nur geheuchelt – und nur der Dame gegenüber aufrichtiger ist;

und ebenfalls, daß er bei der erstbesten Gelegenheit aufspringen und selbst dem Säbelhiebe versetzen kann, dem er nach außen hin seine Ehrerbietung erweist.

Vor einigen Jahren wohnte ich in der Kapelle des Instituts Santa Elisabetta auf der Piazza Pitagora in Rom der Erstkommunion meiner Tochter Angelica bei. Unter den anwesenden »Eltern« war auch Lucio d'Ambra,[7] nicht als Elternteil, sondern um bei seiner Enkelin, die die Erstkommunion empfangen sollte, seinen verstorbenen Sohn Diego zu vertreten. Und der alte und sorgfältig gekleidete Romancier, der stets, selbst in dieser Kirche, darauf bedacht war, wie ein *lion* auszusehen, kniete sich hin und wieder auf das Betpult, auch wenn es der Ritus nicht erforderte, und vergrub die Stirn in den Händen, als wolle er den Anschein großer religiöser Inbrunst erwecken. Und je weiter die Zeremonie unter Gesängen und Gebeten und Predigten fortschritt, desto häufiger beugte der italienische Balzac das Knie. Bis ich verstand: Der Ärmste hatte Mühe, sich auf den Beinen zu halten. Besteht die Jämmerlichkeit des knienden Menschen nicht darin, daß er den Eindruck erweckt, keine Beine zu besitzen? Auch heute noch ist der flinke Myrmidone das Ideal des Menschen, und einen knienden Achill kann kein Kopf sich vorstellen, kein Auge sehen.

Ich überquere auf Zehenspitzen den Mittelgang, drehe eine Runde um die Rotunde, die mit spiegelblankem Holz, stoffbespannten Wänden und spiegelnden Metallen ausgestattet ist. Hier wohnt der Heilige Carlo Borromeo.[8] In seinem päpstlichen Gewand, die Mitra auf dem Kopf und funkelnd vor Juwelen, fährt er in der Mitte der Rotunde, in einem gläsernen Boot liegend, über das Meer des Todes – er, der kolossal und dunkel den See vor Arona beherrscht. Es ist die Insel der Edelsteine. Aber inmitten dieses Glanzes ist der mumienartige, ironisch grinsende Kopf mit der Reihe der gelben, freigelegten Zähne schwarz wie ein Loch.

Ein Onkel des Heiligen Karl hieß Gian Giacomo Medici und in

---

7 Lucio d'Ambra (1880-1939). Pseudonym für Renato Manganella, Erzähler und Komödiendichter. (Anm. d. Ü.)

8 Ein Borromeo verwendete in Mailand den ersten Wechsel, den er 1325 auf die Stadt Lucca ausstellte.

der Verkleinerungsform Medeghino, jedoch nicht, weil er ein
Mitglied der florentinischen Familie Medici war, sondern weil
sein Vater die Kranken behandelte. Der Medeghino war nicht
nur der Onkel des Heiligen Karl, sondern auch der Bruder von
Pius IV., und dieser wollte ihm nach seinem Tod im Dom ein
Denkmal errichten lassen. Obwohl er mit so heiligen Männern
verwandt war, war Gian Giacomo ein Krieger und der Herr der
Burg Musso, in der Nähe von Dongo, von wo aus seine Flotte
die beiden Ufer des Comer Sees beherrschte. Pius IV. gab das
Denkmal bei Michelangelo in Auftrag, aber dieser delegierte
den Auftrag an Leone Leoni, der sich damals in Mailand auf-
hielt und eine Art Unter-Michelangelo, wenn auch kaum weniger michelangeloesk, war. Und seine in Bronze gegossene Figur
des als römischer Krieger gekleideten Medeghino steht auch
tatsächlich im Zeichen eines gemäßigten Michelangelismus,
genauso wie die Figuren des Krieges und des Friedens, der
Vorsicht und des Ruhmes, die ihm zur Seite stehen. Im übrigen
beherrscht Michelangelo diesen Figurenkomplex nicht nur geistig, sondern auch physisch; und die dunkle Figur des Medeghino selbst ähnelt der stolzen Gestalt des Buonarrotti, auch
wenn sie zudem in gewisser Weise Garibaldi ein wenig ähnelt,
der sich in noch gemäßigterer Form mit der Person dieses Admirals des Süßwassers vermischt. Unter jenen, die sich für ein freies
Italien einsetzten, werden immer Petrarca, Macchiavelli, Cesare
Borgia erwähnt; warum erwähnt man jedoch nie den Medeghino, der sich nicht nur dafür einsetzte, sondern es im Kleinen
sogar verwirklichte?
Nur wenig ist von der Burg Musso übriggeblieben, die als erste in
Italien Kasematten und Plattformen für die »Artillerie« besaß:
das eine oder andere Mauerfragment, die Grundmauern eines
Wachtturmes, die kleine Kirche Santa Eufemia, in der Theodor
Schlegel, der Abt von Fristenburg, die Messe feierte, der auch
Vikar des Bischofs von Chur und ein überzeugter Kämpfer
gegen die »Babylonische Sklaverei« war. Von den halbmondförmigen Mauern des Hafens ragen noch zwei graue Stummel in die
Höhe. Von diesem Hafen lief im Morgengrauen des 21. August
1531 die mediceische Flotte gegen die herzoglichen Schiffe aus,
die gemäß dem Willen des Grafen Sforza, des Admirals Gonzaga, des spanischen Statthalters von Como, Pedraria, und vor

allem des fernen Karl V., die Macht des Medeghino ein- für allemal brechen und den ganzen See unter spanische Herrschaft bringen sollten. An der Spitze galoppierte das rotschwarz gestreifte Hauptschiff. Sein Motto war *Salve Domine vigilantes*, und an der Spitze des Hauptmastes läutete die heilige »Martinella«. Die *Indomabile* folgte stampfend unter dem Kommando von Gabriello, des jüngeren Bruders von Medeghino; dann kam *Busto di ferro* unter dem Kommando von Borsiero, die *Salvatrice* unter dem Kommando von Falco di Nesso, *Sant'Ambrogio* und der Schwarm der Fregatten, Korvetten und Galeonen, auf denen es von Arkebusieren, Sturmpionieren, Brandgeschoßwerfern wimmelte, denen es in den Fingern juckte. Die feindlichen Flotten begegneten einander zwischen Bellagio und Cadenabbia, sahen sich eine Weile scheel an, und dann eröffnete eine Fregatte Gian Giacomos das Feuer. Die Schlacht entbrannte auf allen Schiffen. Die großen Schiffe spien sich Eisen und Feuer in die Flanken. Das fette Dröhnen der Bombarden wurde durchsetzt vom Prasseln der Hakenbüchsen. Die Schläge der »Martinella« tönten laut, metallisch und beharrlich zum Dröhnen der Artillerie, dem Wirbeln der Trommeln, dem Geheul der Kämpfenden, den Schreien der Verletzten. Eine dichte, unaufhörlich von Blitzen durchfurchte Wolke lag auf der Oberfläche des Sees. Der Tivano, der Nordwind, der für gewöhnlich von Tagesanbruch bis Mittag über den Comer See streicht, wehte an diesem Morgen nicht, und dennoch wallte das Wasser wie in einem Sturm. Schließlich, als die herzoglichen Schiffe nur mehr durchlöcherte Schaumlöffel waren, enterten die Mussianer mit dem Schrei »Beim Schwert des Heiligen Michael« das Flaggschiff der Comer Flotte. Der Gonzaga fiel durch die Hand Gabriellos, und am Mast des feindlichen Hauptschiffes wurde die Flagge des Medeghino aufgezogen, und ihre drei Kugeln leuchteten auf dem goldenen Feld.

Oberhalb der Ruinen der Burg Musso leuchtet ein Marmorsteinbruch, und daneben erstreckt sich der großartige Garten, den die Signora Manzi, eine ortsansässige Edelfrau, von den jungen Burschen aus der Umgebung anlegen ließ, denen sie zu Mittag als Belohnung eine Schüssel Suppe pro Kopf gab.

Arbeit und Wohltätigkeit.

Die Suppe ist verdaut, aber der großartige und wohlriechende

Garten liegt noch immer am Abhang des Bregagno auf der anderen Seite des Sees.

Für Stendhal sind der Hof und die Treppe der Brera zwar klein,
aber schöner als der Hof des Louvre (*Rom, Neapel und Florenz*).
Mir wäre ein derartiger Vergleich nie in den Sinn gekommen,
denn mich erinnert der Hof der Brera vielmehr an etwas höchst
»Akademisches«, beziehungsweise Würdevolles, das dem Denken beim Gehen sehr förderlich ist (die besten Gedanken kommen uns beim Gehen), an etwas »Griechisches«. Zwischen den
Doppelpfeilern dieses Hofes sind Gabrio Piola, Pietro Verri,
Tommaso Grossi[1] und andere würdevoll versammelt, jeder mit
den Attributen seines Amtes versehen, wie Jupiter mit Adler und
Blitzen. Aber anstelle dieser illustren Mailänder könnten hier
auch Aristoteles und seine Schüler stehen und ebenfalls drein-
blicken, als wären sie hier zu Hause. Stendhal selbst führt meinen
Gedanken hundertvierundzwanzig Jahre im voraus zu Ende und
sagt, die im Hof der Brera versammelten Personen seien würdig,
Sokrates' Schüler zu sein. Der einzige Unterschied zwischen mir
und Stendhal: Er bevorzugte Sokrates, ich bevorzuge Stagirit.
Der Hof, jeder beliebige Hof, fördert das Denken, denn er
verbirgt uns den Horizont und läßt nur den »tiefen« Himmel
sehen. Dem »Menschlichen«, der Sehnsucht, die uns der Horizont einflößt, werden keine Zugeständnisse gemacht. Der Hof
setzt die Tradition der antiken Tempelanlagen fort. Gott, der
Bewohner des Tempels, kann nur mit dem hohen Himmel in
Verbindung stehen, beziehungsweise mit jenem Teil des Himmels, *in dem die Luft am reinsten ist*. Dasselbe Prinzip wurde um
1908 auch von einem Deutschen, Herrn Winter, in Gardone
angewandt, in einer Zeit, als die wohlhabenden Deutschen die
Ufer des Gardasees bevölkerten und sich die natürliche Naivität
mit der Sehnsucht nach Tiefe verband. Dieser ließ sich als Wohnung einen fensterlosen Turm bauen, der eine einzige Öffnung

---

1 Gabrio Piola: meint Savinio Domenico Piola, den Maler des 17. Jahrhun-
derts, der von Castiglione, genannt Il Grecchetto, beeinflußt war?
Pietro Verri (1728-1797), Graf aus Mailand, gehört zu den größten italieni-
schen Aufklärern. Schrieb unter anderem eine Geschichte Mailands.
Tommaso Grossi (1790-1853), Romantiker, verfaßte Romane und
Gedichte. Freund Manzonis. (Anm. d. Ü.)

im Dach hatte. Bevor man versuchte, intensiv zu leben, lebte man »tief«.[2]

Der frivole und scharfsichtige Stendhal hatte den »Hellenismus« Mailands erkannt. Man lese in dem bereits erwähnten Buch die Eintragung vom 6. November 1816: »Die Seite der Kirche San Fedele (nach Plänen von Pellegrini erbaut), die man erblickt, wenn man von der Scala aus die Straße San Giovanni alle Case Rotte entlanggeht, ist prächtig, aber im Sinne dessen, was man unter griechischer Schönheit versteht: alles ist heiter und edel, nichts flößt Schrecken ein … Dieser Winkel Mailands ist interessant für den, der die Physiognomie der mit Ordnung angelegten Steine zu sehen versteht: Die Via San Giuseppe, die Scala, San Fedele, der Palazzo Belgoioso, das Haus der Omenoni, das alles steht ganz eng nebeneinander.«

Die ureigensten Eigenschaften des griechischen Gebäudes sind, handlich und handhabbar zu sein, diese verleihen ihm ein so gewinnendes und freundliches Aussehen, während man nicht weiß, von welcher Seite man die Rotonda angreifen soll. Um die Rotonda zu korrigieren und uns näher zu bringen, müßte man sie mit einem Paar Henkeln und Griffen versehen.

Studenten und Studentinnen gehen über den gelehrten Hof, der so sauber und ordentlich ist wie eine Sonnenuhr und der von einem zweistöckigen Säulengang umgeben ist; sie sammeln sich zu Grüppchen, und die Burschen haben jenen Ausdruck edler Unbeschwertheit, jene Bereitschaft zum höchsten Enthusiasmus, zu den unlogischsten Heldentaten, zu denen uns die Frauen anregen, mit denen wir noch nicht das Bett geteilt haben. Es wäre schön, das Wissen mit diesen Marfisen des Buches und der Skripten zu teilen und an ihrer Seite die Abenteuer der Kultur zu erleben. Die italienische Frau wird sehr davon profitieren, sich immer mehr in die Aktivitäten der Männer einzumischen, sich immer mehr von der Untätigkeit, von der Schwere, der orientali-

2 Siehe den Kommentar Friedrich Gillys zu seinem Jupiter gewidmeten *Hypaethros*-Projekt: »Ich kenne keinen schöneren Effekt, als sich in einem geschlossenen Raum zu befinden, in den der Lärm der Welt nicht eindringen kann, und am Abend den freien, den ganz freien Himmel über dem Kopf zu sehen.« Die Architektur stand auch im Dienst der Träumer. (Friedrich Gilly, klassizistischer Baumeister, 1772-1800. d. Ü.)

schen »Sittsamkeit« zu befreien.[3] Und welchen Reiz verleiht doch die Frau diesen Aktivitäten, um wieviel liebenswerter und anziehender werden sie durch sie! Die Studentin, die Sportlerin, die Soldatin...

Ein Schauer läuft mir über den Rücken, wenn ich daran denke, ich könnte mich in der gleichen Situation befinden wie Napoleon im Hof der Brera. Keine physische, sondern eine metaphysische Kälte läßt mich erschauern. Canova hat Napoleon nackt dargestellt. Napoleon hat die Chlamys wie einen Übergangsmantel über den linken Arm geworfen, in der Hand hält er das Zepter, und mit der Rechten hält er eine kleine Kugel, auf der eine geflügelte Viktoria steht.

Nicht so sehr die »Marfisen des Buches und der Skripten« würden mich auf das peinlichste daran erinnern, nackt zu sein, sondern jene ernsthaften Marmorgestalten, die unter den Arkaden aufgestellt sind und die mich mit der ganzen Strenge, der ganzen Härte ihres steinernes Blickes verurteilen würden: Bonaventura Cavalieri, Carlo Ottavio Castiglione, Luigi Cagnola.[4] Napoleon betrachtet die kleine Viktoria, die er in der Hand hält, aber die Viktoria blickt ihrerseits herausfordernd in die andere Richtung. Hat man je einen »Hang zur Ironie« im Werk Antonio Canovas gefunden? Auch die Viktorien praktizieren die Künste, die von allen Frauen beherrscht werden: die kleinen Boshaftigkeiten, die simulierte Gleichgültigkeit, und sie wenden sie bei ihren Liebhabern und den Eroberern an. Bei der kleinen Viktoria von Canovas Napoleon erkennt man bereits die verräterische Absicht. Der linke Fuß des Kaisers ist nach hinten gestellt, das Schwert hängt an einem Baumstumpf hinter dem rechten Fuß. Das Podest ist mit Adlern und Girlanden aus Lorbeerblättern und Eichenlaub verziert.

3 »L'admission des femmes à l'égalité parfaite serait la marque la plus sûre de la civilisation; elle doublerait les forces intellectuelles du genre humain et ses probabilités de bonheur.« (Stendhal, Rome, Naples et Florence). (»Die absolute Gleichberechtigung der Frau wäre das sicherste Zeichen der Zivilisation; sie würde die Geisteskräfte des Menschengeschlechts und seine Glücksmöglichkeiten verdoppeln.« op. cit. S. 314).

4 Bonaventura Cavalieri, Mathematiker aus Mailand (1598?-1647). Luigi Cagnola (1762-1833), Architekt aus Mailand, entwarf den Bogen auf der Piazza d'Armi. (Anm. d. Ü.)

Sich nackt inmitten bekleideter Menschen zu befinden, ist mehr als eine peinliche Situation: eine tragische Situation. Ein befreundeter, in Paris wohnender Maler wurde zu einem Ball ins Haus von Bekannten eingeladen. Die erwünschte Kleidung war *à poil*, beziehungsweise »nackt«. Unser Maler traf zur angegebenen Stunde ein; der Diener führte ihn in eine Garderobe, in der sich bereits die noch körperwarme Kleidung und die Unterwäsche der anderen Gäste befand; und sobald er bereit war, beziehungsweise nackt, führte ihn der Diener durch das Vorzimmer und öffnete ihm die Tür zum Salon: Er war voll von Menschen in Festkleidung.

Die Scham des nackten Menschen wird verstärkt durch die Angst, sich überall am Körper ungeschützt und verwundbar zu fühlen. Ein Revolver würde die Kleidung vielleicht ersetzen, ein Maschinengewehr bestimmt.

Taucht die Situation des nackten Menschen im Schlaf auf, wird sie zu einem schweren Alptraum. Die Traumdeutung schreibt einen solchen Traum den unheilbringenden Träumen zu und interpretiert ihn als ein Krankheitszeichen. Dennoch scheint Napoleon mitten auf dem Hof der Brera nicht unter seiner Nacktheit zu leiden. Bevor er ein Gefangener der Engländer war, war Napoleon ein Gefangener seiner eigenen wenigen Gedanken, die alle der Ordnung der Zwangsvorstellungen angehörten. Die Tatsache, daß er – wenn auch nur symbolisch – die Welt in der Hand hält, läßt ihn seine Nacktheit vergessen.

Kannte Canova die Folgen des »Nackten im Traum«? Wenn ja, dann ist seine *nackte* Napoleon-Statue der heimtückischste, am genauesten erdachte, diabolischste Versuch des Königsmordes: Napoleon möge krank werden und sterben. Der Mensch als Statue befindet sich sogar in einem noch tieferen Traum als der träumende Mensch.

Als die kleine, auf der Weltkugel flügelschlagende Viktoria aufgehört hatte, Napoleon zu verraten, und Canova sich im Namen der Heiligen Allianz die Gemälde und Statuen zurückholte, die vom Usurpator usurpiert worden waren,[5] wurde er von Talley-

---

5 Louis de Bourbon, der angebliche Abkömmling von Louis XVII. (Naundorf), dem ich 1924 im Albergo di Russia in Rom begegnete, erzählte mir mehr als eine Stunde lang vom »Usurpator«, und zwar mit solch frischer

rand, dem sich der Bildhauer als »Botschafter (ambasciatore) der Künste« vorgestellt hatte, korrigiert: »Verpacker (imballatore) wollt Ihr wohl sagen...« Dieser hinkende Teufel, dieser geborene Verräter, dieser von Gott Gezeichnete, der sich sogar seiner Eigenschaft als »Hochwohlgeborener« bediente, um die Kunst, die als einzige auf Erden fähig ist, das Edle, Gute und Göttliche zu vertreten, in ihren Vertretern zu schwächen und zu töten.

Auch der nackte Napoleon der Brera bekam die Wechselfälle des politischen Geschicks zu spüren, dem hier auf Erden nicht nur die Sterblichen, sondern auch die Statuen ausgesetzt sind. Als die Österreicher nach Mailand zurückkehrten, mußte der nackte Napoleon in das schreckliche Kellergeschoß der Brera hinabsteigen und sich zwischen den Skeletten der Humiliaten verstecken, und er durfte erst dann auf seinen Platz in der Hofmitte zurückkehren, als die Fremden endgültig abgezogen waren. Und während sich die Pfeifenbläser auf der Straße in Richtung Verona entfernten, stieg der nackte Napoleon mit der Viktoria in der Hand aus seinem Totenkeller herauf wie ein Theatergespenst. Andere Statuen hatten ein noch abenteuerlicheres Geschick. In der Mitte des Palazzo dei Giureconsulti (Kollegium der Rechtsgelehrten), dem heutigen Sitz der Handelskammer (wie tröstlich ist doch diese ständig wiederkehrende Note von Ernsthaftigkeit, Gerechtigkeit und Arbeit in Mailands »Dingen«), erhebt sich der Torre dell'Orologio (Uhrturm, auch Torre di Napo genannt), der 1272 dem Willen des Bürgermeisters Napo Torriani entspre-

und lebendiger Leidenschaft, Animosität und Bitterkeit, bis ich begriff, daß der »Usurpator« Napoleon I. war. Dieser Hyper-Legitimist, dieser »legitime« Nachfolger war vollkommen blind und wurde wie Ödipus von Antigone von seinem Töchterchen an der Hand geführt, das wunderschön und so dunkelhäutig war wie Carmen; und obwohl ich mich mitten im Gespräch aus meinem Sessel erhob, der für meinen Geschmack zu niedrig war, und mich in einen anderen setzte, wandte er sich weiterhin an den leeren Sessel, und dieser Dialog »mit dem Sessel«, der – der Ärmste! – noch weniger zu verstehen schien, wer der »Usurpator« sein sollte, war komisch und tragisch zugleich. Unter der Herrschaft Napoleons war dieser Ausdruck in Frankreich üblich gewesen, aber wie mir scheint, kam er später außer Gebrauch. Ich war nicht gewöhnt an die Sprache der »Legitimen«, ich, der ich nicht einmal an die der »Legitimisten« gewöhnt bin.

chend errichtet worden war. Was sonst hätte Torriani tun sollen, als Türme zu errichten? An der Spitze des Torre dell'Orologio verkündete eine Glocke die Mittagsstunde, das Avemaria, die Agonie der Hingerichteten, und sie verkündete auch den Tod der Angehörigen der Familie Visconti. Eine Nische im Torre dell' Orologio beherbergt die Statue des Heiligen Ambrosius. Eine Statue mit auswechselbarem Kopf. Ursprünglich trug sie den Kopf Philipps II. auf den Schultern, dem Victor Hugo den komischsten Vers seiner Laufbahn widmete.

Philippe II. war eine schreckliche Sache.

Infolge des Liberalismus, der damals ganz Europa in Brand steckte, wurde 1797 der Kopf der »schrecklichen Sache« entfernt und durch Marcus Brutus' Kopf ersetzt; und als schließlich die Österreicher nach Mailand zurückkehrten, wurde Brutus' Kopf entfernt und durch jenen des Schutzheiligen der Stadt ersetzt. Einzig und allein den Heiligen gelingt es, die gegensätzliche Politik der Regierungen in Einklang zu bringen.

In *Rom, Neapel und Florenz* (diesem Buch, wo mehr von Mailand die Rede ist als von Rom, Neapel oder Florenz) schreibt Stendhal am 30. November 1816: »Dann überquere ich die schon seit dem Mittelalter bestehende Piazza de' Mercanti; ich betrachte die leere Nische, aus der revolutionärer Zorn die Statue des verruchten Philipp II. stürzte.« Woraus zu schließen ist, daß in jener Zeit, als Stendhal seine *flâneries* über die Mailänder Straßen unternahm, der »revolutionäre Zorn«, der die Statue des »verruchten Philipp II.« gestürzt hatte, sie noch nicht durch jene des Marcus Junius Brutus ersetzt hatte. Ich habe »revolutionärer Zorn« und »verrucht« in Anführungszeichen gesetzt, um darauf hinzuweisen, daß diese starken Bezeichnungen nicht von mir, sondern von Stendhal stammen. Ich versuche, mir derartige Naivitäten nicht zuschulden kommen zu lassen. Stendhal nimmt das Leben und die Menschen allzu ernst. Was jedoch Philipps Schändlichkeit, sein Verhaßtsein betrifft, stimme ich mit Stendhal überein. Die Adjektive verhaßt, schändlich usw. kann man ohne großes Risiko und so gut wie blind verteilen, während die Adjektive *ausgezeichnet, hervorragend* oder auch nur *gut* gewagt und gefährlich sind.

Als Napoleon gestürzt und die Österreicher nach Mailand zurückgekehrt waren, stürzte das Volk Brutus nicht aus der Nische, wie es mit dem verhaßten Philipp verfahren war, sondern schlug ihm den Kopf vom Rumpf, zerrte ihn durch die Straßen der Stadt und warf ihn schließlich in den Naviglio, und 1833 setzte es den Kopf des Heiligen Ambrosius auf den Rumpf. Wie man sieht, fehlt es den hybriden Werken des betrunkenen Prometheus nicht an Nachahmern. Welche Gedanken mag wohl eine Statue in ihrem steinernen Kopf hegen, wenn sie den Körper eines Tyrannenmörders und den Kopf eines Kirchenvaters besitzt?

Der Heilige Ambrosius ist ein allzu hohes Tier, aber angenommen, Freimaurertum und Antiklerikalismus wären in jener Zeit, in der sich auf der Piazza della Rosa das Denkmal für Felice Cavallotti befand, stärker gewesen, wer weiß, ob die vielköpfige Statue des Torre dell'Orologio nicht auch hätte erleben müssen, daß der Kopf des Bischofs verschwunden und jener des Mannes von Philippi wieder vom Boden des Naviglio heraufgeholt worden wäre? Im Wandel der Zeiten mußte auch das Denkmal für Felice Cavallotti seinen ursprünglichen Platz verlassen und in die Giardini della Guastalla ziehen. Es hieß, der liegende Leonidas würde in den Giardini della Guastalla einen angemesseneren Platz vorfinden als auf der Piazza della Rosa. In Wahrheit sind die Giardini della Guastalla für Leonidas jedoch das, was der Keller der Brera für Napoleon war, was die Fluten des Naviglio für den Kopf des Marcus Brutus waren.

Nicht alle Statuen jedoch müssen sich aufmachen und ihren Standort aufgrund des veränderten politischen Klimas verlassen. Der Napoleon III. von Barzaghi, der aus politischen Gründen bis 1926 im Hof des Senats gestanden hatte, mußte sich im selben Jahr aus ästhetischen Gründen davonmachen und ritt in den Park auf dem Monte Tordo.

Mailands Bauherren glaubten, eine löbliche Tat zu vollbringen, täuschten sich jedoch. Napoleon III. auf dem Monte Tordo ist eine beliebige Statue, an einem beliebigen Ort aufgestellt, geschrumpft und verloren wie die Aracoeli-Treppe in Rom und die Stufenrampe zum Kapitol nach der Demolierung des Viertels. Als das Reiterstandbild von Napoleon III. jedoch im Hof des Senats auf einem sehr niedrigen Podest stand und durch das offene Tor für die Passanten auf der Straße sichtbar war, führte es die metaphysische Funktion der Statue zur höchsten Vollendung, die darin besteht, zu überraschen und anzuziehen. Es gab keinen Passanten, der sich beim Anblick dieses Reiters, der allein den Hof ausfüllte und mit dem Zweispitz in der Hand das Volk von Mailand nach der Schlacht von Magenta grüßte, nicht jäh umgewandt hätte, wie bei der Erscheinung eines Gottes.[6] Dieselbe Überraschung, dasselbe Staunen widerfuhr mir in Ascoli Piceno, als ich an einem Tor vorbeiging, hinter dem sich eine große Statue Konstantins befand. Nach dem Umzug ist die Erscheinung im Hof des Senats gestorben und auf dem Monte Tordo nicht wieder auferstanden.

Regentröpfchen durchzucken wie kleine Blitze diagonal die Luft, leuchten auf, wenn die Sonne kurz zwischen den dunklen, tiefhängenden Wolken hervortritt, und treffen den nackten Napoleon, der sich im Besitz der Schönheit, des Ruhmes und des Schicksals wähnt.

Wir flüchten in den linken Hausflur, auf dem sich die Türen der Schule für Bühnenbildnerei, die Treppe der *Braidense* und die Glastür der Bibliothek der Akademie befinden. »Sinistro« hat hier eine doppelte Bedeutung: eine wortwörtliche und eine bildliche (links und unheimlich). Es ist ein großes Vergnügen, beim Sprachspiel Licht auf die erloschene Bedeutung der Wörter zu werfen: zu sehen, wie die Kleinen erwachen, ein Antlitz offenbaren, an das sich keiner mehr erinnert; zu sehen, daß die einen lächelnd vortreten wie wiedergefundene Freundinnen und die anderen, von der Scham gehetzt, davonlaufen. Die ursprüngliche Bedeutung von *androne* – »der den Männern vorbehaltene Teil« – erwacht plötzlich und erstaunt um so mehr angesichts der

6 Die von Barzaghis Napoleon III. ausgehende Kraft einer »Erscheinung« wurde noch verstärkt vom Charakter und vom gespenstischen Aussehen dieses Herrschers, der wie sein entfernter Kollege Honorius auf den Schlachtfeldern beim Anblick der Toten und Verletzten in Ohnmacht fiel. Im übrigen legte der Genfer Henri Dunant, der während der Schlacht von Solferino gesehen hatte, daß sich niemand um die Verletzten kümmerte, die Grundlagen für jene Erste-Hilfe-Organisation, die später (1862) von Ferdinando Palasciano, einem neapolitanischen Arzt, verbessert wurde. Das »Rote Kreuz«, wie es nun hieß, wurde nach der Genfer Konvention im Jahr 1864 von allen Staaten der Welt anerkannt.

erfreulichen Gemeinschaft von Studenten und Studentinnen, die wie wir, vom Regen verjagt, in den Hausflur, *androne*, geflüchtet sind. Ich bin ausnahmsweise zufrieden, daß die Wörter ihre ursprüngliche Bedeutung verlieren. »Androne« heißt zum Glück nicht mehr »den Männern vorbehaltener Ort«.

Ich betrete die Bibliothek der Akademie. Mein Eintreten macht mit einem Schlag fünfzig Jahre Fortschritt rückgängig. Durch ihr Alter verschönt stehen die Bücher in Holzregalen hinter einem Drahtgitter wie Büßer im Beichtstuhl. Ich verbinde die Vorstellung von Kultur mit dem Bild von Öfen aus Majolika oder Eisen, von Bücherregalen aus Holz, von Türen, die mit grünem Stoff verkleidet sind. Das ist keine Prahlerei, sondern einfach ein Geständnis.

Die Bibliothek der Akademie der Brera wurde 1777 gegründet. Dieses Datum ist eine Gewähr. Vor hundertvierundsechzig Jahren. Für das Auge schließlich ist diese Ziffer ein Trost: der »Meister« an der Spitze, dem drei Offiziere folgen, jeder mit einem kleinen Schwert an der Seite, auch wenn das Schwert wie hier fehlt.

An den Lesetischen sitzen ein paar Mädchen, das Buch liegt auf einem kleinen hölzernen Lesepult. Es sind Bücher so groß wie Meßbücher, die mit schönen Tafelbildern verziert sind. Man muß sie so lesen, wie der Zelebrant das Evangelium liest. Ein junger Mund gähnt angesichts so großer Schönheit. Diese liebenswerten Mädchen sind dem Schlaf noch näher als dem Schimmer der Kunst. An einem abseits stehenden Tischchen sitzt in einem schwarzen Kleid die weißhaarige Direktorin der Bibliothek, und mit unendlicher Geduld, mit den allerfreundlichsten Gesten liefert sie Informationen, gibt sie den Mädchen, die des Lichts und der Führung bedürfen, ihre Ratschläge. Ihr Name scheint aus dem Katalog eines Blumenzüchters zu stammen: Sie heißt Eva Tea.

Ich kenne ganz andere Bibliotheken. Ich kenne die neue Alessandrina in Rom, die in ihre neue Unterkunft der Studium Urbis übersiedelt ist. Die Regale sind aus Glas und Metall, die Treppen aus perforiertem Eisen. Die Bücher holen sich in dieser eisigen Behausung jedoch schreckliche Erkältungen; und selbst die leidenschaftlichste und glühendste Seite wird steif wie ein Stockfisch.

Das hier hingegen ist noch eine alte Bibliothek, mit ihren Falten, ihrem Staub, ihrer Herzlichkeit. In einem Winkel brennt ein großer Ofen und schnurrt wie eine riesige Miezekatze. Durch diese vom Studieren aufgeheizte Luft zieht ein ganz feiner Gestank, die Buttersäure dieser Mädchen, die Frostbeulen an den Fingern haben und deren Interesse für die Kunstgeschichte zu groß ist, als daß sie auch noch Zeit zum Waschen hätten. Die Liebe zum Studium und die Liebe zum Bad sind unvereinbar. Ein ähnlicher leichter Gestank, wenn auch in männlicher Version, hatte wohl jenes Kämmerchen in Arquà geschmückt, in dem Petrarca die Nächte über die Bücher Vergils gebeugt zubrachte.

Zwei dieser Mädchen, die dicht nebeneinander sitzen, *lesen in ein und demselben Buch*.

Die Erfahrung der Frau ist noch immer unvollständig, besonders im Hinblick auf gewisse Schamgefühle des Geistes. Das Lesen ist ein noch delikateres, ein noch schamhafteres Unterfangen als das Denken. Wenn wir nicht zulassen, daß wir überrascht werden, wenn wir in Gedanken versunken sind, können wir noch weniger zulassen, daß wir überrascht werden, während unser Gedanke mit dem Gedanken eines anderen in Verbindung steht, mit dem Gedanken eines Buches. Was die Folgen betrifft, die sich aus einer Lektüre zu zweit ergeben können, gelte das Beispiel von Paolo und Francesca:

> Wir lasen einst, auf Kurzweil nur bedacht
> Wie Lanzelot sich wand in Liebesbanden:
> Allein war ich mit ihm, ohn Arg und Acht.

Und dennoch kenne ich einen Dichter und seine Frau, die abends im Bett nicht nur in ein und demselben Buch lesen, sondern nach abgeschlossener Lektüre auch ihre Eindrücke austauschen. Wer wird diese »anderen« Formen der Schamlosigkeit untersuchen? Ehe ich meine Lektüre mit einem anderen, und sei es mit dir, Maria, teile, würde ich lieber die – weniger schmachvolle – Situation Napoleons ertragen, der nackt mitten im Hof der Brera steht.

Eine Interpretation der Napoleonischen Kriege, wie es sie meines Wissens nach noch nicht gibt, ist, die Napoleonischen Kriege als großes intellektuelles Abenteuer, als ein mörderisches und teures Abenteuer zu sehen. Die Dinge, die »auf intellektuelle« Art und Weise gemacht werden, sind wie die Ideen, die ein Eigenleben führen und noch nicht Wirklichkeit geworden sind. Besser gesagt: Sie sind die Ideen, die ein Eigenleben führen und nicht dazu bestimmt sind, Wirklichkeit zu werden. Luxusideen. Ideen, die nicht der Notwendigkeit gehorchen.

Die Idee ist das erste Stadium einer zum Leben bestimmten Sache: ein Stadium, das der Ewigkeit, der Körperlosigkeit, der Seele entspricht. Und es ist seltsam, daß »Idee« in seiner wortwörtlichen Bedeutung »etwas Sichtbares« bedeutet. Ein Beispiel von Gräzismus: auch das Unsichtbare sichtbar zu machen.

Lebende Menschen dürften nicht um Ideen streiten. Sehen sie etwa ihr Blut zirkulieren? Sehen sie ihr Herz pochen? Sehen sie ihre Seele? Aber es liegt ein besonderer Reiz darin, mit den Ideen an und für sich umzugehen, sie roh zu essen. Und das ist vielleicht der größere Reiz. Und auch der Reiz, der uns ins Verderben führt, der uns zur berauschendsten Trägheit einlädt. Aus roh genossenen Ideen besteht auch die Lektüre: eine Sirene, die von unserem Leben Besitz ergreifen möchte, die nur den Geist in einem gelähmten Körper leben lassen möchte. Es ist bequem, sich von einem Meer fremder Gedanken überfluten zu lassen, die uns gefallen und uns keine Anstrengung kosten.

Als ich ein Kind war und unser Koch Nicola Süßspeisen zubereitete, bestand meine größte Freude darin, den Finger einzutauchen und das Gemisch aus geschlagenen Eiern und Zucker zu kosten, sozusagen das ursprüngliche Element, die erste Phase, die Idee der im Entstehen begriffenen Süßspeise; und im Vergleich dazu war die Pizza, die in den Ofen geschoben und durch den Backvorgang (Wirklichkeit gewordene Idee) zur Vollendung gebracht wurde, eine leb- und reizlose Speise.

Wie lebendig dieses Urelement doch ist. Wie frisch! Wie zukunftsträchtig. Dieser Geschmack enthielt in seiner Gegenwart auch die Zukunft eines kommenden Geschmackes. Der Geschmack der fertigen Süßspeise hingegen war eingeschlossen in seiner Gegenwart, eingegrenzt von Trockenheit und Dürre.

Je besser man das Leben Napoleons kennt, desto eher bestätigt sich, daß er ein Intellektueller war und als Intellektueller agierte. Ich spiele nicht auf seine ständigen literarischen Ambitionen an: Das wäre zu einfach. Aber »intellektuell« ist sein im eigentlichen Sinn Napoleonisches Werk, beziehungsweise sein Eroberungswerk. Intellektuell, beziehungsweise von Ideen beflügelt, mit Ideen verbunden und ohne praktisches Ziel. (Unter praktisch versteht man tätig und notwendig, aber auch begrenzt und eingeschlossen.)

Napoleon ist im übrigen nicht das einzige Beispiel eines intellektuellen Eroberers. Alexander war sogar noch »intellektueller« als Napoleon: ein Feldherr, der eroberte, um seinen intellektuellen Traum zu verwirklichen; und noch intellektueller waren Dschingis-Khan und Tamerlan, deren schnelle, blitzartige, riesengroße Räume umfassende Eroberungen auch plastisch das Bild des »intellektuellen Phantasmas« vermitteln.

Intellektualität ist durchaus nicht unvereinbar mit Barbarei. Im Gegenteil, je ungeschliffener der Mensch ist, desto mehr verspürt er den Reiz der »subtilen Größe«, desto mehr strebt er nach ihr, desto mehr verehrt er die »ungreifbare« Überlegenheit des Intellekts. Je unwissender der Mensch ist, desto eher ist er geneigt zu glauben.

Wir lassen uns von den Einzelheiten täuschen. Man sagt »Napoleons Realismus« und denkt dabei an die Lösungen, die Napoleon der Reihe nach fand (und die tatsächlich Meisterwerke an Realismus sind), man denkt an seine blitzartigen, abgeschlossenen Schlachten, an die Schnelligkeit und den Zynismus, mit denen er der Reihe nach seine Ziele erreichte: die Verstoßung seiner Frau, die Gefangennahme des Papstes, die Ermordung des Herzogs von Enghien und vor allem seine Siege. Aber diese Lösungen sind weder die allgemeine Lösung noch das höchste Ziel Napoleons.

Worin besteht also diese allgemeine Lösung? Worin besteht dieses höchste Ziel? Unlösbar war die erste und unerreichbar das zweite, denn sie waren die Lösung und das Ziel eines *Intellektuellen*, beziehungsweise sie waren mit eben diesem Geschick der Ideen verbunden, die auf einer sublimen Oberfläche dahintreiben und weder Anfang noch Ende kennen.

Bei Napoleon fehlt jeder Hinweis auf den Begriff der Rasse, die der grundlegende Beweggrund des nichtintellektuellen Eroberers ist. Das Phänomen Rasse läßt ihn völlig gleichgültig. Er hört nicht auf die geheimnisvolle Stimme eines Volkes, einer Erde. Er heiratet eine Kreolin. Er kann sich nicht zwischen Frankreich und Italien entscheiden: Er kann sich nicht entscheiden, ob er sich der Franzosen oder der Italiener »bedienen« soll, um dem Phantasma in sich Leben und Körper zu verleihen. Schließlich entscheidet er sich für Frankreich, das ihm in jener Zeit mehr Gewähr auf Erfolg gibt. Aber selbst als Napoleon bereits in Frankreich ist und seine Laufbahn als Eroberer begonnen hat, liebäugelt er noch mit der Idee, dem Sultan Untertan zu sein, *um sich des Türken zu bedienen.*

Eine der größten Ambitionen Napoleons – die auch am weitgehendsten befriedigt wurde – bestand darin, die Sphinx, beziehungsweise das Mysterium, die Geheimnisse der ältesten und geheimnisvollsten Zivilisation, nach Europa zu bringen. (Ein in Wahrheit ziemlich armseliger und intellektueller Traum.) Und dem Willen Napoleons entsprechend kommen die wohlgeformten und vollbusigen Sphinxe, die Vertreterinnen des Mysteriums, zu uns, um Tische zu tragen, Konsolen zu stützen, Stühle mit Armlehnen zu versehen.

Die Feindschaft, die eine eigentlich körperliche Epoche den Intellektuellen gegenüber hegt, ist keine Folge des mehr oder weniger lebendigen, des mehr oder weniger verheimlichten, des mehr oder weniger bewußten Neides, den der körperliche Mensch für einen als überlegen erachteten Geisteszustand hegt (man lese: für einen der göttlichen Natur näheren Geisteszustand), sondern ist eine Folge der Unfähigkeit der Intellektuellen selbst, ein praktisch existierendes und somit nützliches Werk zu schaffen, das nicht nur für die Intellektuellen zumindest »verwendbar« ist, sondern auch für jene, die es nicht sind: also für alle. Tatsächlich gehen die Napoleonischen Kriege, dieses überaus intellektuelle Werk, vorüber und hinterlassen nicht mehr als einen Hauch von Ruhm, beziehungsweise eine nicht greifbare Belohnung: die einzige Belohnung, die man dem Intellektuellen gewährt.

Ist das ein Glück? Oder ein Unglück? Glück und Unglück ändern sich mit der Zeit und den Umständen. Erinnern wir uns an Christi tiefgründiges Wort: »Mein Reich ist nicht von dieser Welt«, das man entsprechend reduziert auch auf den Intel-

lektuellen anwenden kann. Nicht umsonst findet der Intellektuelle, selbst der bolschewistische, der atheistische Intellektuelle,
im Christentum seinen sichersten Verbündeten.

Der letzte napoleonische Krieg, beziehungsweise der letzte
Krieg, den intellektuelle Konzepte auslösten, war der Krieg
1914-1918; und wie alles rein Intellektuelle führte auch er weder
zu praktischen noch zu dauerhaften Ergebnissen.

Die Kriege, die heutzutage geführt werden, initiieren das Zeitalter der Kriege der *körperlichen Zeit.* Der Kriege, die dazu
bestimmt sind, tiefe und dauerhafte Spuren zu hinterlassen.
Auch physisch unterscheidet sich der Typ des heutigen Soldaten
vom Typ des Soldaten der »intellektuellen« Kriege. Sein Auge ist
»unvoreingenommen«, ziellos, ohne intellektuelle »Träume«.
Diese Unvoreingenommenheit kann man auch mit einem Mangel an moralischen Prinzipien verwechseln.

Der Mangel an praktischem Geist ist der Nachteil des Intellektuellen. In vorwiegend körperlichen Perioden kann man ihn
ungestraft als unbrauchbar und überholt bezeichnen. Zu den
Vorteilen des Intellektuellen gehört, daß die Zeit spurlos an
ihm vorübergeht. Während sich die Jugend des körperlichen
Menschen binnen weniger Jahre erschöpft, verhält sich die
Jugend des Intellektuellen umgekehrt proportional zum Verfall
seines Körpers. Und der Greis wird, ja meine Dame, zum
Jüngling.

Und die Gefahren des Intellektualismus?

Vor einigen Tagen las ich das Buch eines der intellektuellsten
Intellektuellen unserer Zeit. Und ich fühlte mich hingezogen zu
der Beweglichkeit, der Geschmeidigkeit dieses Geistes, ich
fühlte mich – warum nicht? – verführt von ihr, die sich hauptsächlich an den Übergängen von einer Seite zur anderen äußerte.
Was für eine Freiheit, was für ein Leben in dieser Abwesenheit
von Bindungen, in dieser Rede, die vom Hundertsten ins Tau-
sendste kam!

Bis ich bemerkte, daß das Buch falsch gebunden war, daß man
von der Seite 34 auf die Seite 15 sprang, von der Seite 95 auf die
Seite 42.

Das ist mehr als der Greis, der wieder ein Jüngling wird: Das ist
der Greis, der jegliches Alter verliert, der die Logik (die an die
Zeit gebunden ist) übertrifft und Gott wird.

Carlo Dossi[7] brauchte, um von seinem Haus in die Akademie der Brera zu gelangen, nur schräg über die gleichnamige Straße zu gehen. An Carlo Dossi, den bevollmächtigten italienischen Minister in Athen, erinnere ich mich wie an eine Person, die man im Traum gesehen hat. Ich war zwei Jahre alt, und er befand sich bereits an der Schwelle zum Greisenalter. Weininger sagt von derart weit zurückliegenden Erinnerungen, sie seien ein Zeichen von Genialität. Ich hätte auch ohne diesen Beweis der Erinnerung nicht an meiner Genialität gezweifelt; trotzdem akzeptiere ich ihn freudig.

Carlo Dossi ist kein Pseudonym, sondern die Verkürzung seines legitimen Namens. Der, der in der Literatur unter dem Namen Carlo Dossi bekannt ist, hieß im Leben Carlo Alberto Pisani-Dossi. Deutschland wurde in Athen von einem Koloß vertreten: vom Baron Herbert von Ratibor; Frankreich von Monsieur d'Ormesson, dem Vater von Wladimir d'Ormesson, der heute im »Figaro« über Außenpolitik schreibt, einem sehr stattlichen Mann, obwohl er rothaarig und mittelgroß war. Um Italien beim König der Hellenen zu vertreten, hatte der Nationalrat den schmächtigsten Mann der ganzen italienischen Diplomatie ausgesucht. Ein Fehler! Schlauheit, Umsicht, Bedachtsamkeit reichen nicht aus für einen guten Diplomaten: Er muß auch körperlich stattlich sein. Von einem Botschafter verlangt man die »doppelte« Fülle einer Spielkartenfigur, und mit einer Spielkartenfigur müßte er auch die Fähigkeit gemeinsam haben, sich auf den Kopf stellen zu lassen, ohne Schaden zu nehmen, beziehungsweise sich stets auf den Beinen zu halten. Die jugendliche Magerkeit von Carlo Dossi wird auf einem Porträt von Tranquillo Cremona wiedergegeben, aber im Lauf der Jahre wurde es so schlimm, daß Alberto Pisani Dossi, den ich einige Jahre vor seinem Tod in Mailand wiedersah, weniger ein Mann als ein Seufzer von einem Mann war. Dossi lud mich in seine Villa oberhalb von Como ein, in Dosso Pisani (die Namen rund um diesen Seufzer von einem Mann stellen ein Rebus dar), die zwar noch nicht ganz fertiggestellt war, aber mit ihren Säulen und Terrassen zwischen den Bäumen bereits an die *Villen am Meer* von Böcklin erinnerte.

7 Carlo Dossi (1849-1910), Diplomat und Schriftsteller. (Anm. d. Ü.)

Auf dem Gesims des Vestibüls erblickte ich ein Fries mit Artischocken und dem Motto darunter: »Trachte nach dem Herzen«, und als ich den Hausherrn dazu befragte, antwortete er mir, wobei er mit dem Zeigefinger auf seine armselige Brust wies, auch er sei wie eine Artischocke, die unter dem Panzer aus stacheligen Blättern ein gutes Herz verberge. Als ich wagte, ein schüchternes Lob auf den *Altrieri*, auf *Goccie d'inchiostro* und andere Werke Carlo Dossis zu äußern, errötete dieser und geriet in Verlegenheit, so sehr eine Artischocke eben erröten und in Verlegenheit geraten kann; und er flüsterte, nicht er sei der Autor dieser Bücher, sondern sein Bruder, ein Bruder, den Carlo Dossi vielleicht nie gehabt hatte. Im Winter bewohnte Carlo Dossi seine Wohnung an der Via Brera; er stand früh am Morgen auf, denn er war ein Mann des Studiums und der klösterlichen Sitten, verzehrte in der Loge der Portiersfrau eine Schüssel kalter Minestrone, die ihm diese zubereitet hatte, worauf er sich in Wollsachen hüllte und zum Arbeiten in die *Biblioteca Braidense* ging.

Diese Form der Adjektivierung (Braidense) mag an einen lateinischen Ursprung denken lassen, aber der Name Brera ist in Wirklichkeit nichts anderes als der Überrest von *Braida del Guercio*, einer Gemüsepflanzung vor den Mauern Anspertos, wo die Humiliaten nach der Erneuerung ihres Ordens ein eigenes Kloster gründeten, das die Kultur der Seele mit der des Geistes verband und innerhalb seiner würdevollen Mauern Heilige, Dichter und Wissenschaftler versammelte. Wenn Carlo Dossi in die *Biblioteca Braidense* (es ist seltsam, aber manche Namen erzeugen in uns ein Schamgefühl) gelangen wollte, mußte er nur schräg über die Via Brera gehen, und schon atmete er den Geruch des Studiums, der durch den strengen und klösterlichen Palazzo des Mailänder Intellekts weht. Im übrigen atmet man überall in Mailand – heute vielleicht die gelehrteste aller unserer Städte – den Geruch des Studiums ein, und er gesellt sich harmonisch zum Geruch nach verbrannten Holzscheiten, der die Nasenlöcher Stendhals auf das angenehmste reizte und der der sympathische, herzliche, der häusliche Geruch der behaglichen Städte im Norden ist.

Der Orden der Humiliaten wurde 1571 aufgelöst, aber das Studium an der Brera blühte unter den Jesuiten erst richtig auf; und die Jesuiten nahmen auch den jungen Luigi Gonzaga[8] an ihrer Universität auf, der später jener vortreffliche Heilige werden sollte, wie wir ihn alle kennen. Bevor Dossi durch das von Piermarini entworfene Portal huschte, ging er an der kleinen Piazza vorbei, die rechts von einer Einbuchtung jenes Palazzo gebildet wird, der 1686 nach den Plänen des Architekten Richini aus dunklen Ziegeln erbaut worden war. Am Ende der kleinen Piazza, die den Charakter eines *Quartier Latin* hat, befindet sich ein Nebeneingang, den Studenten und Studentinnen lieber benutzen als den monumentalen Eingang. Zur Linken gurgelt Tag und Nacht einer jener Brunnen, die aus einer niedrigen Eisensäule bestehen und die Nietzsche an unseren Städten so lobte und deren er sich häufig bediente; zur Rechten erstreckt sich ein kleines, umzäuntes Rasenstück, auf dem vier bescheidene Pflanzen wachsen. Ebenfalls vier Bäumchen schützen den Rücken von Francesco Hayez,[9] den Barzaghi vor neunundvierzig Jahren modelliert hat. Hayez steht aufrecht auf einem Podest von bescheidener Höhe, trägt seinen Arbeitskittel, der in der Mitte von einer Kordel zusammengehalten wird, und der sanfte, bärtige Kopf des klassizistischen Malers ist von einer Hausmütze bedeckt. Der Maler macht sich gerade an die Arbeit. In der Linken hält er die Palette und den Strauß Pinsel, und in der Rechten hält er zart den Pinsel, mit dem er zum Pinselstrich auf der Leinwand ansetzt. Die Gewohnheit, die Pinsel gemeinsam mit der Palette in der Linken zu halten, gehört zum vollständigen Bild des Malers, sie ist jedoch unbequem und unvernünftig. Außerdem beschmutzen sich die Pinsel gegenseitig, wenn sie auf diese Weise gehalten werden. Arturo Martini malt erst seit ganz wenigen Jahren, aber als erstes hat er sich eine bequemere Methode einfallen lassen, die Pinsel zu halten. Er hat sich eine Halbkugel aus Gips angefertigt, wie ein Nadelkissen, die mit kleinen Löchern versehen ist, in die er die Pinsel mit dem Griff

---

8 Luigi Gonzaga, wohl San Luigi aus der Gonzaga-Linie Castiglione delle Stiviere. (Anm. d. Ü.)

9 Francesco Hayez, 1791 in Venedig geboren, 1882 in Mailand gestorben. Schuf Bilder, Porträts, die einen Einblick in die piemontesische und lombardische Gesellschaft des »Risorgimentos« geben. In der Brera hängen neben *Der Kuß* und *Cavour* auch Porträts von Manzoni und Rossini. Er war von 1850-1880 Lehrer an der Brera. (Anm. d. Ü.)

voran steckt. Wenn ich male, halte ich die Palette nicht in der Hand, sondern lege sie neben mich auf ein Tischchen, gemeinsam mit den Pinseln, den Farben, den Verdünnungsemulsionen. So fühle ich mich weniger als Maler denn als Zahnarzt. Um ein Handwerk gut zu verrichten, muß man es seiner malerischen Eigenschaften entkleiden. Ich stelle mir Generäle vor, die in Hausjacke und in Pantoffeln Schlachten dirigieren, die in einer Hängematte mit Fransen liegen und das Rohr der Wasserpfeife im Mund haben. Ich stelle mir zwei Schwergewichtler vor, die in ordengeschmücktem Frack, den Zylinder auf dem Kopf und mit kreisrunder Brille boxen. Warum hält man den armen Hayez auf der feuchten Piazza fest und gestattet ihm nicht, in sein warmes Atelier zurückzukehren, um den *Kuß* zu malen, die antiken Kämpfer mit dem Feuerwehrhelm auf dem Kopf, das bebrillte Gesicht von Cavour, des großen Notars der italienischen Einigung? Der Anblick von Hayez, der gezwungen ist, vor dem Haustor zu stehen, greift mir genauso ans Herz wie die kleinen Sarkophage in den etruskischen Nekropolen, die vor dem Familiengrab stehen, weil die Kinder, denen irgendeine Initiation oder »Taufe« fehlt, nicht gemeinsam mit ihren Eltern, den Brüdern und Schwestern und den Sklaven im Inneren des Grabes sein dürfen, das im Winter warm und im Sommer kühl ist und sie vor den Unbilden des Wetters schützen würde. Welche Initiation, welche Taufe hat Francesco Hayez nicht empfangen? Ich gehe weiter in dem dunklen Hausflur der Akademie. Eine Schablonenschrift weist auf Hayez' Atelier hin. Ich steige ein paar Stufen hinunter, ich stoße eine eigenartige Tür in Form eines Schiebegitters auf, ich befinde mich im Atelier: Es ist leer. Und es ist nicht nur leer, sondern es ist auch neu. Und es ist nicht nur neu, sondern auch unglaublich klein. Die Wände sind frisch getüncht, eine braune Scheuerleiste verstärkt das untere Ende der Wand. »Hier waren seine Palette, seine Pinsel, seine Staffelei, die Leinwand, an der er arbeitete, als er starb...« Das sagt Cerri, ein Wächter und jetzt mein Führer. Aber wo sind die Palette, die Pinsel, die Staffelei, das unvollendete Bild geblieben? Cerri weist auf die Tür neben dem seltsamen Gitter und auf das mächtige Vorhängeschloß, das sie verschließt. Er sagt, Mariani besäße den Schlüssel für das Vorhängeschloß. Aber wo ist Mariani? »Mariani!... Mariani...!« Die riesigen gewölbten Korridore verschlucken die Rufe des Wächters, lassen sie in ihrer Weitläufigkeit ertrinken. Ein Gedanke nimmt von meinem Gemüt Besitz und macht mich schaudern: Ich könnte in diesem finsteren Gebäude, das den Charakter einer Gruft besitzt, obwohl es sich über der Erdoberfläche befindet, sterben, ohne daß es jemand bemerkte. Cerri versteht nicht, warum ich mich so hartnäckig an seine Fersen hefte. Vom eigentlichen Kellergeschoß der Brera erzählt man mir, daß sich zwischen den Grundmauern des Palazzo ein dunkles Labyrinth voller geöffneter Gruften und verstreuter Skelette der alten Humiliaten befindet. Manchmal veranstalten die Studenten da unten makabre Streifzüge, und als mein Freund Fabrizio noch Student war, hob er eines Tages im Keller der Brera den Totenschädel eines Mönches auf, wickelte ihn in Zeitungspapier und deponierte ihn in einem Taxi. In den Zeitungen wurde damals ausführlich vom »Totenschädel im Automobil« berichtet.

Die Aula der Scuola di Architettura befindet sich in der ehemaligen Sakristei des Konvents, und in einer Ecke steht noch das altarförmige Lavabo, das von einem Sarkophag überragt wird. Vor der Schule befindet sich eine gewölbte Kapelle, in der auch die letzten Reste eines Freskos langsam verlöschen. Cerri sagt mir, daß Frau Eva Tea, die Bibliothekarin der Akademie-Bibliothek, in dieser Kapelle hin und wieder eine Messe lesen läßt. Diese Riten haben beschwörenden Charakter und sollen die Studien der jungen Architekten fördern, aber Erfolge sieht man keine. Liebt Gott die Architektur nicht? In der Aula Magna, auch Sala Napoleonica genannt, entlocken mir die Gipsabgüsse des Herakles Farnese, der Nike von Samothrake und des Apoll vom Belvedere den Schrei: »Wie langweilig ist doch der Klassizismus!« Rechts neben dem Nebeneingang sind zwei Gedenksteine in die Mauer eingelassen. Auf einem steht: »In diesem Haus lebte und starb der Dichter Giuseppe Parini«,[10] auf dem anderen: »In diesem Haus lebte und starb der Astronom Barnaba Oriani.«[11] Wie man sieht, verschwendete der Autor dieser

10 Giuseppe Parini (1729-1799), Hauptvertreter der Aufklärung in Italien. (Anm. d. Ü.)
11 Barnaba Oriani (1752-1832), Mailänder Priester und Astronom. (Anm. d. Ü.)

Gedenksteine nicht allzuviel Phantasie. Giuseppe Parini wurde 1791 zum Schulinspektor des Palazzo di Brera ernannt, und weil der gute Priester so sorgsam darauf bedacht war, die universalen Gesetze der Literatur und der Künste anzuwenden, weil er so großen Eifer darauf verwandte, Künstler, Astronomen, Bibliophile und die »jungen Herren« der Scuole Palatine in den Palazzo zu holen, verdiente er sich den Beinamen »Signore di Brera«. Der Autor von *Il Giorno* unterrichtete freudig die jungen Männer, wollte jedoch keine Frauen zum Studium zulassen. Einer einzigen gelang es, auf welche Weise auch immer, dieses Verbot zu durchbrechen, und sie wurde 1798 an der Brera aufgenommen; aber »in separaten Räumen, nicht in den öffentlichen Schulen unterrichtet«. Ugo Foscolo begegnete Parini 1798, als dieser inmitten seiner treuen Hörer die Akademie verließ, die ihre kraftvollen jungen Schritte ehrfurchtsvoll dem hinkenden Schritt des Meisters anpaßten. Der Bildhauer Secchi, der das Parini-Denkmal auf der Piazza Cordusio geschaffen hat, hat aus einem übermäßigen Zartgefühl heraus den hinkenden Dichter in der Haltung eines wackeren Wanderers dargestellt.

Parini starb 1799 in seinem Zimmer in der Brera, das auf die kleine Piazza blickt, während er den Himmel und die Pflanzen des benachbarten Gartens betrachtete. So beschloß der Autor des *Giorno* (*Tag*) seine Tage.[12] Jetzt versteht man besser, warum diese kleine Piazza so tief berührt, und wie es möglich ist, daß eine Piazza mit vier Pflanzen und vier Bäumen darauf eine so große Menschlichkeit in sich bergen kann. Mein Bruder erzählt mir, wie hart das Leben in New York ist, wo es keine kleinen Plätze wie diesen hier gibt, sondern nur eine riesige Baumstadt,

---

12 »Compose nel 1799 con estro generoso il Sonetto:

> Predaro i Filistei l'Arca di Dio;
> Tacquero gl'inni e l'arpe de' Leviti,

e aveva settant'anni. Dettollo; e dopo un'ora e mezzo spirò.«

(»Im Jahr 1799 verfaßte er in poetischer Stimmung das Sonett

> Es plünderten die Philister die Bundeslade
> Da schwiegen die Hymnen und die Harfen der Leviten

Er sprachs und nach eineinhalb Stunden war er verschieden.« d.Ü.)

(Ugo Foscolo, *Seconda Lettera dall'Inghilterra*).

die in der unermeßlichen Stadt aus Stein eingeschlossen ist. Ich werfe einen letzten Blick auf Francesco Hayez, der mit dem malbereiten Pinsel in der Hand darauf wartet, daß wir ihm sein Atelier in Ordnung bringen, damit er wieder an die Arbeit gehen kann; und niemand versteht die Ungeduld des Malers aus Bronze besser als ich, der ich jeden Morgen im Korridor darauf warte, daß das Zimmermädchen mit dem Aufräumen fertig wird und ich wieder an die Arbeit gehen kann.

In einem Winkel des Korridors, der in die Scuola di Figura des Liceo di Belle Arti führt, liegt ein Gipsabdruck des Kopfes von Papst Rezzonico auf dem Boden, der von Canova modelliert worden ist: das schreckliche Ergebnis einer gigantischen, von einem riesenhaften Henker ausgeführten Enthauptung. Der Papst hat herabhängende Augenlider, und sein Mund steht halb offen, als läge er in den letzten Zügen. Der tiefliegende, schwere, bleierne Blick des Papstes kann nur meine Schuhe sehen, und ich verstecke instinktiv die Füße. Auf dem »nach unten blickenden« Kopf des Papstes haben viele Generationen von Studenten ihre Unterschrift hinterlassen. Manchmal liest man neben dem Namen eines Studenten auch den einer Studentin. Ja, so ist es, Herr Priester Parini.

Barnaba Oriani leitete das Observatorium der Brera, das vor ihm von Carlini und Pater Boskovic und nach ihm von Schiaparelli geleitet wurde. Das Observatorium der Brera wurde sozusagen durch Zufall gegründet, denn in einer Nacht des Jahres 1760 entdeckten die beiden Jesuitenpater Pasquale Bosio und Domenico Gera, die dem Jesuitenkolleg angehörten, das in jener Zeit im Palazzo di Brera untergebracht war, und die zum Privatvergnügen die Gestirne und die Bewegungen der Himmelskörper beobachteten, zu ihrer eigenen großen Überraschung einen Kometen. Diese Entdeckung entfachte die wissenschaftliche Begeisterung der Patres, bei Canivet in Paris wurde ein Sextant bestellt, mit dessen Spiegel eine Drehung von sechs Fuß möglich war, und Pater La Grange übernahm die Leitung des kleinen Observatoriums. Dieses, das sich allmählich weiterentwickelte und mit immer leistungsfähigeren Instrumenten ausgestattet wurde wie zum Beispiel dem kolossalen Altazimut, das von Boskovic angeschafft wurde, dem Sisson-Äquatorialsektor von 1775, mit dem der Planet Hesperos entdeckt wurde, dem Merz-

Refraktor, mit dem Schiaparelli seine ersten Studien am Mars vornahm, wurde schließlich zur bedeutendsten Sternwarte Italiens. Vor kurzem wurde der Merz-Repsold-Refraktor, dessen Rohr aus der Hauptkuppel des Observatoriums der Brera ragte, mit der gebührenden Vorsicht in das Neue Observatorium in Merate transportiert, wo sich ein großes Spektroskop zu ihm gesellte, das von Deutschland im voraus als Wiedergutmachung gespendet worden ist.

Schließlich wurde Mariani gefunden, und wie ein Charon, der auch die Eigenschaften eines Bergführers besitzt, geht er mir auf der riesigen Treppe voran, die ins inzwischen entweihte Observatorium der Brera führt. Am Ende eines endlosen gewölbten Korridors bleibt Mariani vor einer Tür stehen, die gleichsam auf die Mauer hingezeichnet und völlig glatt und eben ist, und wie ein Karbonaro[13] klopft er dreimal schnell an die Tür, worauf in kurzem Abstand drei langsame Schläge folgen. Als sich nach einer langen Wartezeit die Tür schließlich argwöhnisch halb öffnet, übergibt mich Mariani dem, der im Spalt auftaucht – wie Vergil, der, angelangt am Ziel, »wo er nach seinem Sinn nicht weiter weiß zu gehen«, Dante der Beatrice übergab. Und hinter meinem Beatricio steige ich eine paradiesische Treppe hinauf, erreiche die Schwelle eines Saales mit bücherverkleideten Wänden, in dem man eine Luft atmet, ein Leben lebt, die nicht von der Erde stammen, sondern vom Firmament und den Gestirnen, die ihn in unermeßlicher Anzahl bewohnen. Aber der Astronom, der am Ende des Saales an einem Schreibtisch sitzt, ist vom Astralschweigen umgeben und nimmt den Zweck meines Besuches nicht zur Kenntnis. Er sagt mir, das Observatorium der Brera sei nicht mehr in Betrieb und die interessantesten Instrumente seien nach Merate gebracht worden. Na und? Ich weiß sehr gut, daß das Observatorium der Brera demobilisiert worden und in den Ruhestand getreten ist. Ich bin nicht hierhergekommen, um perfektionierte Äquatoriale, die neuesten Refraktormodelle, Reflektoren von außergewöhnlicher Stärke zu bewundern, sondern ich bin hier aus Nostalgie und Sentimentalität. Meine Geduld ist beinahe unerschöpflich, aber bei einer derarti-

13 Geheime politische Gesellschaft zu Anfang des 19. Jahrhunderts mit dem
    Ziel, Italien von der französischen Herrschaft zu befreien. (Anm. d. Ü.)

gen astronomischen Dickköpfigkeit erschöpft sich auch sie, und ich sage mit hörbar gereizter Stimme, in einem etwas lauteren Tonfall als gewöhnlich: »Wenn es mich nach einem modern ausgestatteten Observatorium gelüstete, wäre ich wohl nicht hierhergekommen, sondern auf den Mount Wilson gefahren!« Was geht im Gemüt dieses astrologischen Herrn[14] vor? Welche Wirkung haben meine Worte auf ihn und vor allem die Anspielung auf den Mount Wilson? Es ist, als hätte ich ihm ein Losungswort gegeben: Er, der mich bis jetzt angesehen hat wie ein Marsmensch einen Erdenbewohner, verändert die Miene in dem Augenblick, in dem ich den Namen Mount Wilson ausspreche, als bemerke er erst jetzt, daß auch ich der Spezies Marsmensch angehöre und es keinen Grund gibt, zwischen ihm und mir eine Barriere der Zurückhaltung und des Argwohns zu errichten, daß es keinen Grund für die Distanz gibt, die der Eingeweihte zwischen sich und den Laien schafft. Der Astronom erhebt sich lächelnd vom Schreibtisch (und ich nehme erst jetzt wahr, daß er in gewisser Weise Parini ähnelt, als wäre dieser eines Tages bei seinen himmlischen Entdeckungsreisen unachtsam gewesen und auf die Erde gestürzt und hätte sich dabei am Knöchel verletzt), und er schickt sich freundlich und zuvorkommend an, mir das alte und inzwischen abgetakelte Observatorium zu zeigen. Auf den Tischen des mit Büchern ausgekleideten Saales lese ich die uranischen Titel zweier Publikationen, die hienieden, auf der von uns Irdischen bewohnten Tiefebene höchst unbekannt sind: *Himmel* heißt das eine, *Abenteuer des Himmels* das andere. Und von diesen Worten, deren Bedeutung unendlich ist, schwingt sich mein Geist zu den höchsten Phantasien auf, während ich hinter meinem hinkenden Führer die Treppe in die drehbare Kuppel hinaufsteige, von wo aus Schiaparelli die »Kanäle« des Mars entdeckte und den Glauben begründete, die Marsmenschen seien äußerst sachkundige Wasserbauingenieure. Plötzlich fühlte sich der Mensch im Sonnensystem nicht mehr allein. Der Wissenschaft wurde in jener Zeit des Positivismus ein blinder Glaube entgegengebracht, so wie er in spiritualistischen Zeiten Gott entgegengebracht wird, und in allen Herzen keimte die Hoffnung, es würde uns mit Hilfe außergewöhnlicher optischer

14 Wohl Druckfehler im Original: astronomisch? (Anm. d. Ü.)

Geräte sowie riesiger Telegrafen bald gelingen, mit unseren Cousins vom Mars zu kommunizieren. Aber auch hier wurde uns gesagt, daß die Marsmenschen als höher entwickelte Geschöpfe zuerst eine Methode finden würden, mit der Erde zu kommunizieren: Und der Mensch wartete zuversichtlich.

Wir erreichen die Wendeltreppe, die in die große Kuppel emporführt. Diese Treppe sehe ich heute zum ersten Mal, und dennoch kenne ich sie. Sie ist die Treppe des »Schlages auf den Hintern«, und aus Gründen, die wir bald erfahren werden, zwingt mich diese ihre Besonderheit, meine Bewegungen auf das genaueste zu kontrollieren. Gibt es einen Beweis, der überzeugender ist als die sinnlich wahrnehmbare Welt und der für uns rein geistig ist? Vor Jahren stieg Carlo Carrà gemeinsam mit dem Direktor des Observatoriums der Brera und einem Freund, der schwarzweiß karierte Hosen trug, diese Wendeltreppe hinauf. Als Carrà die rückwärtigen Rundungen des Freundes vor sich sah, juckte es ihm in den Fingern, er konnte der Versuchung nicht widerstehen und versetzte ihm einen gewaltigen Schlag auf den Hintern. Als der Geschlagene sich umdrehte, erkannte Carrà mit Schaudern das verwunderte und äußerst verärgerte Gesicht des Direktors des Observatoriums, der aufgrund eines fatalen Zufalls ebenfalls schwarzweiß karierte Hosen trug.

Unter der großen Kuppel betrachte ich durch das ovale Glasauge einer mit mächtigen Riegeln ausgerüsteten Tür die Präzisionsuhr, die um Punkt ein Uhr jeden Tages den Mailändern die Zeit angibt und garantiert, daß die Zeit keine reine Vorstellung ist. Die Kammer dieses Chronos-Dieners wird konstant auf einer Temperatur von 26 Grad gehalten, und die geringste thermische Abweichung würde sich katastrophal auf seinen stählernen Organismus auswirken. Vor Jahren sah ich in einer Abteilung des Akklimationsgartens in Paris die Tse-Tse-Fliege unter einer Halbkugel aus sehr dickem Glas, das ganz oben ein enges Loch hatte, und zweimal am Tag ließ ein Wächter ein paar Tropfen Blut durch dieses Loch fallen, von denen sich dieses haarige Tier gierig nährte. Welche seltsame Analogie quält meinen Geist? Auch die Uhr der Brera, denke ich, verursacht mit ihrer mörderischen Präzision die Schlafkrankheit, und ihr Biß ist tödlich.

In der Schule für Bühnenbildnerei setzt mich der Direktor mit einem augenzwinkernden Lächeln davon in Kenntnis, daß dieser

Saal früher einmal das Atelier des »guten« Mentessi gewesen war. »Gut« hat in diesem Fall eine halb mitleidige und halb verächtliche Bedeutung. Mentessi war ein unbedeutender Maler, aber – und ich betrachte rings um mich die kleinen Modelle, mit denen die jungen Bühnenbildner eine Probe ihrer bühnenbildnerischen Fähigkeiten geben – steht es allen zu, ihn als solchen zu behandeln? Mentessi war der Gefährte eines anderen, höchst unbedeutenden Malers – Conconi – und auch das Opfer dessen grausamer Scherze. Wie alle sanften Gemüter war Mentessi ein andächtiger und bedingungsloser Verehrer der Natur, der sich in den keuschen Stunden vor Tagesanbruch erhob, um den Triumph der Morgenröte zu bewundern. Im Sommer bewohnten er und Conconi ein Landhaus. Eines Morgens erhob sich Mentessi wie gewohnt zu früher Stunde und trat im Nachthemd auf den Balkon hinaus, um die rotfüßige Aurora zu begrüßen. Gemeinsam mit dem ersten Tageslicht stieg ein klares Glockengeläut zum Himmel empor und zerflatterte, und aus dem Dorf kam unter Gesängen eine Prozession herauf, deren Ziel ein naher Wallfahrtsort war. An der Spitze marschierten die edlen Jungfrauen (vgl. Martial: *grandes virgines*), die Fahnen und Standarten trugen. Als Mentessi die Prozession näherkommen sah, wollte er ins Haus zurück und sich im Bett verstecken, aber der grausame Conconi hatte von innen das Fenster geschlossen und war wieder ins Bett gegangen. Inzwischen hatten die fahnentragenden Jungfrauen den zerzausten Mann mit den nackten Beinen auf dem Balkon erblickt, und in den Reihen der frommen Prozession machte sich eine gewisse Unruhe breit. »Côncôn, Côncôn«, flehte der unglückliche Mentessi, aber der unbarmherzige Conconi stellte sich taub. Plötzlich hob ein närrischer morgendlicher Windstoß das Nachthemd Mentessis in die Höhe und entblößte die armseligen Attribute seiner Männlichkeit. Die Prozession löste sich mit einem Schlag auf, die edlen Jungfrauen brachen in schrille Schreie aus und flüchteten auf die Felder – wie Vögel, auf die sich ein Falke stürzen will.

Ich, der ich die unmenschlichen Qualen des Schriftstellers vor dem weißen Blatt kenne, diesen Abgrund und diese Gruft, die gespenstische Schwierigkeit, es mit kleinen schwarzen, nebeneinanderstehenden Zeichen, bild- und körperlosen Gedankensymbolen zu füllen; ich, der ich darüber hinaus die manuelle und angenehme Arbeit des Malers kenne, das Wunder, mit einigen zusammengefügten Linien ein Bild zu schaffen, mit der richtigen Verteilung von Licht und Schatten einen Kopf »herumzuführen« oder »herumlaufen« zu lassen: Ich denke mit Wehmut an das spielerische Leben des Malers, an seine nicht welkende Kindlichkeit, die die Streiche gestattet, die Buffalmacco dem Calandrino spielte, Conconi dem Mentessi, Bartoli dem Francalancia.[15] Ich denke an das »ruhige« Auge des Malers. Aber was für ein Auge ist meines, in dem sich der ruhige Blick des Malers mit dem nach innen gewandten des Schriftstellers und dem trüben und abwesenden des Musikers vermengt? Nicht umsonst finde ich seit einiger Zeit nicht die richtigen Brillengläser für meine Augen. Entschuldigen Sie, meine Herren, wenn ich Sie manchmal nicht sehe.

Zum Abschluß meines Besuches in der Akademie der Brera läßt mich Francesco Messina die Bildhauerklasse betreten, in der er selbst unterrichtet. Von der Tür aus verkündet er mit lauter und klarer Stimme meinen Namen. Die Schüler, die dabei sind, den Ton zu modellieren, stehen von ihren Bänken auf und heben den Arm zum Gruß; und den Arm zum Gruß hebt auch das nackte Mädchen, das aufrecht auf dem Modellpodest steht. Schamröte trübt mir den Blick, und wie ein Stier, der zum Angriff übergeht, gehe ich hinter meinem Freund gesenkten Hauptes zwischen den Bildhauerböcken durch den Saal, und während ich zum Schein hierhin und dorthin blicke, sehe ich in Wahrheit nichts von den Übungen dieser angehenden Bildhauer; vor allem gebe ich mir Mühe, meinen Blick nicht wieder auf das Mädchen zu lenken, das noch immer in der grüßenden Haltung verharrt und deren magerer und nackter Körper mit dem großen schwarzen Fleck in der Mitte kurz aufgeleuchtet und mir einen Schock wie von einem Stromstoß versetzt hatte. So wie der sich an einem Wrack festklammernde Schiffbrüchige ans Festland denkt, denke ich mit Dankbarkeit an meine Arbeit in der Abgeschiedenheit und

<hr />

15 Buffalmacco, florent. Maler aus dem 14. Jahrhundert. Gilt als ein bedeutender Zeitgenosse Giottos.
    Pietro Santo Bartoli (1635-1700), Maler, vor allem aber bekannt durch seine Stiche.
    Francalancia und Calandrino sind wohl zeitgenössische zweitrangige Maler. Boccaccio berichtet von diesen Streichen. (Anm. d. Ü.)

an mein einsames Leben, die meinem äußerst schüchternen Wesen so angemessen sind; und ich denke an die Mühe, an das Training, die ich hätte in Kauf nehmen müssen, wenn ich mich nicht für die poetische Arbeit und das einsame Leben entschieden hätte, sondern für ein Leben der Tat, wie es meine Eltern gerne gewollt hätten. Sich unbefangen in der Menge bewegen, mit dem Blick unbekannte Menschen beherrschen, sich den heikelsten Situationen aussetzen? Wäre mir das jemals gelungen? Endlich verlassen wir den Saal, und das Gespenst dieses nackten Körpers, die Wunde des schwarzen Fleckes in der Mitte des Körpers verlöschen hinter mir. Die Tür schließt sich. Ich erlange die Freiheit des Blickes wieder, und ich probiere ihn eine Weile auf den nackten Wänden des Flurs aus (auch die Wände sind nackt, aber was für ein Unterschied!), so wie man die offensichtlich absurdesten Bewegungen macht, um sich nach langem Sitzen die Beine zu vertreten.

O dichtverhüllte Wahrheit

Die Vermählung der Jungfrau ist die Perle der Pinakothek der Brera. Dieses berühmte Gemälde wird abseits der anderen zur Schau gestellt, und vor 1915 wies ein am Rahmen angebrachtes Schildchen darauf hin, daß das Werk auf 2 Millionen Lire geschätzt wurde. Nicht umsonst wird dieses an Perugino[1] gemahnende Jugendwerk Raffaels in Mailand aufbewahrt. Die sauberen, architektonischen Linien, der klare Himmel sind wie ein metaphysisches Porträt dieser gelehrten und meditativen Stadt: der romantischsten aller italienischen Städte. An klaren Frühlings- oder Herbstnachmittagen muß man auf dem Corso Venezia auf der Höhe des Naturgeschichtsmuseums stehenbleiben und in Richtung Loreto blicken: Und man wird die glasklaren Linien der *Vermählung* und ihren glasklaren Himmel entdecken. Und wenn man den Blick schärft, sieht man im Hintergrund sogar den gezackten Gipfel des Resegone leuchten. An klaren, an weichen Herbstnachmittagen . . .
In den ersten Stunden eines weichen Herbstnachmittages ging ich mit großer Hingabe, mit unendlicher Vorsicht daran, über die warme Erinnerung an den entflohenen Sommer nachzudenken. Ich hatte einen Freund auf die Piazza Carlo Erba begleitet, und während dieser noch irgend etwas bei Rizzoli erledigte, wartete ich auf ihn, und dabei ging ich auf dem Gehsteig auf und ab. Die Straßen im Umkreis, die von langgestreckten Fabrikgebäuden eingeschlossen waren, lagen menschenleer und ruhig da. Aus den waagerechten Fenstern, vor denen die Rolläden zeltförmig aufgestellt waren, drang das leise Ticken der Schreibmaschinen: der Stadtzikaden. Und inmitten dieser sauberen, dieser zivilen Stille ertönte plötzlich wie eine Klangblüte die silberne Stimme einer Drehorgel.
Die kleine Musikantentruppe hatte auf der anderen Straßenseite angehalten, der Maulesel stand mit gesenktem Kopf und traurigen Ohren da. Zwischen seinen Hufen hüpfte ein Spatz hin und her und pickte freudig in den noch rauchenden Äpfeln, die dieser

---

1 Pietro Vannucci, Il Perugino genannt (1445-ca. 1523), wahrscheinlich Schüler von Piero della Francesca, Lehrer Raffaels. (Anm. d. Ü.)

hatte fallen lassen. Die Besitzerin der Drehorgel stand neben dem Maulesel, ihre kleine Tochter ging mit dem Teller herum, und die unausweichlichen Bewegungen, die sie machte, um sich keinen der spärlichen Passanten entgehen zu lassen, waren der deutliche Beweis, daß niemand seinem Schicksal entkommt.

Ich näherte mich ihnen. Die Drehorgel, die aus der Fabrik Carrera und Söhne in Cremona stammte, war mit zart gemalten Leiern geschmückt. Unter dem Glasdeckel sah man die Stempel, die im Rhythmus die Tamburins anschlugen.

Der Klang der Drehorgel, der sich mit dem zarten *tschin-tschin* der kleinen Zimbeln vermischte, kam wie aus weiter Ferne. Hin und wieder kam er weit hinten aus der Via Giovanni Pascoli...

In Mailand hat man Giovanni Pascoli[2] in einem Industrieviertel an der Peripherie untergebracht, weit entfernt von seinen Kollegen, die alle, auch der fast gleichaltrige Carducci, in der Nähe des Parkes versammelt sind. Warum? Die Urbanisten sollten sich vorsehen, einen Dichter zu kränken. Pascolis Isolierung und Entfernung von den anderen Dichtern wirkt boshaft und fast wie ein Werturteil.

Hin und wieder kam aus der Via Pascoli eine Straßenbahn, überquerte die Piazza Erba, entfernte sich auf der Fortsetzung der Straße; und ihr dunkler, eherner Krach überschwemmte einen Augenblick lang den freundlichen und silberhellen Klang der Drehorgel, der bald darauf wieder auftauchte, wie der Kopf einer Sirene, über dem eine lockige und gischtgekrönte Welle zusammengeschlagen war.

Die Drehorgel spielte: »Hat dein heimatliches Land / keinen Reiz für deinen Sinn?«; dann: »Ah, dieser Liebe gewalt'ge Zaubermacht! / Sie, die allein die weite Welt bewegt.«; dann: »Lebt wohl denn, zarte Träume, die einst mich umfangen«; und die holprige Melodie aus diesem Instrument, das der Fabrik Carrera und Söhne entstammte, offenbarte mir an diesem Herbstnachmittag so deutlich wie noch nie zuvor den peripheren, straßenhaften Charakter der *Traviata*.

Nur ein Dummkopf würde diese beiden Adjektive als respektlos empfinden, aber unter unseren Lesern finden die Dummköpfe keinen Platz, und selbst die weniger Sachverständigen werden

---

2 Giovanni Pascoli (1855-1912), italienischer Symbolist. (Anm. d. Ü.)

leicht verstehen, daß diese Adjektivierung nur eine Reaktion auf die *bürgerlich-veristische Oper* sein will, wie die »Liebeserklärung« Giuseppe Verdis an Giuseppina Strepponi mehrmals definiert worden ist.

Die *Traviata* ist nicht veristisch, auch wenn sie in gewisser Weise als Vorläuferin des veristischen Melodramas betrachtet werden kann, das unserer Musik und unserem Ruf so sehr geschadet hat, hat es doch den Sinn für Rhythmus aufgegeben, die musikalische Wohlerzogenheit mit Füßen getreten und uns bei jenen, die den Begriff der Musikkultur noch nicht verloren hatten, mit Schmach bedeckt. Aber bürgerlich ist die *Traviata* keinesfalls.

Bürgerlich ist der *Tristan*, dessen Liebeswahn so gut zu schönen warmen Salons, zu Plüschsofas, zu weichen Bucharateppichen paßt, die selbst dem Blick den wohligen Eindruck verschaffen, man könne fallen, wie man will, ohne sich zu verletzen, denn auch der Untergrund des *Tristan* ist eine kultivierte und auserlesene Wonne; im Gegensatz zur armen, zur mageren, zur plebejischen *Traviata*, die dazu bestimmt ist, an der Peripherie der großen Industriestädte widerzuhallen und das Leben jener zu kommentieren, die ein hoffnungsloses Dasein fristen, und nicht, sie zu »trösten«.

Um die Arien der *Traviata*, diese mageren Schmetterlinge eines Abends ohne Morgen, besser zu verstehen, um sie besser genießen zu können, darf man die *Traviata* nicht in der Oper hören, sondern man muß sie hören, wenn sie von einer Drehorgel gespielt wird. Denn die *Traviata* wirkt in der Erinnerung viel rührender als in der Gegenwart, und die Drehorgel ist das Vehikel der Erinnerungen; denn die Drehorgel gibt diese Musik der städtischen Melancholie ihrem natürlichen Ambiente zurück; denn die Drehorgel gibt nicht die ganze *Traviata* wieder, sondern nur eine Auswahl der *Traviata*, beziehungsweise eine auf das Wesentliche reduzierte *Traviata*, denn ein Teil der Instrumentalmusik der *Traviata* findet dank des besonderen Klanges der Drehorgel seinen wahren Charakter, seine rührende Absurdität, seine Straßenpoesie, wieder, und das gilt vor allem für die Bässe, die durch die begleitenden Töne der Trommel und der Zimbeln hervorgehoben werden.

In seinem *Traité d'instrumentation* wehrt sich Berlioz mit einer Lautstärke, die ein besonderes Merkmal der behandelten Materie ist, gegen die Verwendung von Zimbeln, die an der Trommel befestigt sind; und zu der Musik, die Berlioz und seinesgleichen schrieben, paßt der Klang der an der Trommel befestigten Zimbeln auch nicht; aber in einer anderen, bescheideneren Musik spielt dieser Klang eine unersetzliche Rolle, und diesen daraus zu entfernen wäre eine sinnlose Pedanterie.

Verdis Theater ist ein großes Marionettentheater (wir haben bereits gesagt, daß sich unter unseren Lesern keine Dummköpfe befinden werden, und deshalb sind wir sicher, nicht mißverstanden zu werden), und dies ist die beste Erklärung für den anfänglichen Mißerfolg der *Traviata*, bei der Verdi, der vor seiner Musik Autor seiner Libretti war, auf die Mittlerfunktion der Marionette verzichtet, die Personen direkt und wie menschliche Wesen behandelt und die marionettenhaften und zugleich heroischen Elemente weggelassen hat, die seinen sonstigen Melodramen künstlerische Größe, Zauber und Wahnsinn verleihen, wie zum Beispiel die Troubadoure, die im Mondschein singen, die Zigeuner, die vor dem Morgengrauen auf den Amboß schlagen, die verschleierten Frauen, die um Mitternacht beim Friedhof wundertätige Kräuter pflücken und die garantieren, daß diese Opern dem Volk und dem hochintelligenten Menschen in gleicher Weise gefallen und ihn begeistern, jedoch vom Menschen mit mittelmäßigem Verstand und mittelmäßiger Bildung, das heißt vom Wagnerianer, *nicht ernst genommen werden*.

In der Biblioteca Braidense, in die Carlo Dossi jeden Morgen zum Studieren ging, konnte man bis vor wenigen Jahren den Manzoni-Saal besichtigen und die vielen Versionen des 5 *Maggio* zählen, die der verbreiteten Version vorangegangen sind. In diesem berühmten Gedicht haben nur die ersten beiden Worte »ei fu« (er war) schon in der ersten Fassung ihren definitiven Platz gefunden. Und tatsächlich bringen dieses Pronomen und dieses Verb eine derart einfache und präzise Tatsache zum Ausdruck, daß jede Variante überflüssig erschiene. Vor wenigen Jahren jedoch wurde der Manzoni-Saal aus der Brera in das Manzoni-Haus auf der Piazza Belgioioso gebracht.

Ist die Hochzeit ein Schauspiel? Alessandro Manzoni heiratete Enrichetta Blondel an eben jenem Ort, wo sich heute das Manzoni-Theater befindet.

Herbst 1938. Das Manzoni-Haus wird gerade renoviert. An dieser Stelle ist es notwendig, daß du, Leser, deinen Geist von jedem anderen Gedanken freimachst und ihn allein darauf konzentrierst: Das Manzoni-Haus wird renoviert, damit der Dichter, der es zu Lebzeiten mehr als sechzig Jahre lang, von 1812 bis 1873, bewohnte, zurückkehren und es im Geiste auf immer und ewig bewohnen kann.

Aber wo ist Manzoni in der Zwischenzeit?

Maurer, Tischler, Tapezierer gehen in dem berühmtem Haus umher, arbeiten unter der Aufsicht von Marino Parenti, dem Direktor des Italienischen Zentrums für Manzoni-Studien, der sich jetzt auf die fromme, auf die äußerst delikate Aufgabe des Haushofmeisters beschränkt.

Aber wo ist Manzoni in der Zwischenzeit?

Den Sinn der Behausung, der im Schutz, im Trost, in der Sicherheit besteht, die das Haus dem Menschen gibt, und den die rationale Architektur auf jeden Fall zunichte machen will, indem sie die würfelförmige und metaphysische Ordnung der Zimmer zerstört und bis ins Herz der Behausung Lichtstrahlen und Luftzüge dringen läßt, überträgt Mailand von den Lebenden auf die Toten.

Gesegnet sei ein- für allemal der tröstliche und behagliche Norden!

Ich habe in Neapel Vergils symbolisches Grab besucht, das rundherum von Türen und Fenstern durchlöchert ist; ich erschauderte bei dem Gedanken an die schmerzvollen, sinnlosen Bemühungen der frommen Vergilschen Seele, in diesem düsteren Taubenschlag ein wenig Sicherheit und Ruhe zu finden – zwischen den Luftwirbeln, dem schneidenden Flug der Fledermäuse, den Schreien der Käuzchen.

Bedürfen die Toten weniger als die Lebenden des Schutzes vor Regen und Kälte, vor physischen wie metaphysischen Gefahren?

Marino Parenti hat Manzoni Leben und Seele gewidmet, und mit ägyptischem Sinn, mit etruskischer Sorgfalt bereitet er ihm das Haus seiner Unsterblichkeit vor, mit Eifer und Hingabe rekonstruiert er den Raum, der von einem mehr als sechzigjährigen Leben geschaffen und gewärmt worden war; und als Ägypter und Etrusker wird er sich vielleicht nicht darauf beschränken, ihm ein Haus zu geben, sondern er wird ihm auch die Speisekammern mit seinen Lieblingsspeisen und den Keller mit seinem Lieblingswein, dem Meßwein, füllen.

Nur eine äußerst zivilisierte Stadt wie Mailand, die aufgrund ihrer Industrie und ihres Handels berühmt ist, der jedoch für Forschung und Poesie noch größerer Ruhm gebührte, konnte den Einfall haben, die häuslichen Bequemlichkeiten auch einem Geist zur Verfügung zu stellen und den Manen ihres Dichters ein Haus zu schaffen, das die Lebenden vor Neid erblassen läßt.

Ist das etwa verwunderlich? Mailand ist eine Lehrmeisterin der Hauswissenschaft, und wer sich dessen vergewissern möchte, der betrachte in der Krypta des Domes die Behausung, die Mailand seinem Heiligen bereitgestellt hat: kostbar wie ein Schrein, warm wie der Kasten einer Stradivari. Marino Parenti sagt: »Wenn das Manzoni-Haus fertig ist, wird es schöner sein als das Goethe-Haus in Weimar und durch die Ordnung und Fülle der gesammelten Dokumente auch bedeutender.«

Ja. Wer uns kennt, der weiß, daß wir für den »Olympier« eine alles andere als heftige Bewunderung hegen, aber im Goethe-Haus empfängt den Besucher am Ende der Eingangshalle ein riesiger Juno-Kopf, und im Manzoni-Haus ist etwas Derartiges nicht zu sehen. Diesen junonischen Kopf hatte Goethe selbst in Rom modelliert, wo ihm ein zweites, würdigeres Leben geschenkt worden war. Wie schade, daß es auch jenseits des Todes keine Möglichkeit gibt, direkt mit den Dichtern zu kommunizieren! In den elysischen Gefilden sitzt Manzoni auf einem Stuhl wie auf dem Porträt von Francesco Hayez, die Rechte auf der Armlehne, und er blickt mit der Gleichgültigkeit des konservativen Ministerpräsidenten drein, der die Interpellation eines Abgeordneten der extremen Linken anhört. Wenn es uns gestattet wäre, würden wir uns ihm auf Zehenspitzen nähern und versuchen, ihn davon zu überzeugen – mit leiser Stimme und der gebotenen Vorsicht, um ja nicht die Schatten zu beschwören, die vielleicht noch immer auf seinem Gemüt lasten –, daß die Romantik viel umfassender ist, als er glaubte. Aber wer weiß? In den elysischen Gefilden wird Manzoni inzwischen selbst gesehen haben, daß die Romantik, diese Art und Weise, das Universum im Geist der Liebe zu betrachten, viel älter ist als das Christentum und daß den heidnischen Göttern mindestens soviel Romantisches innewohnt wie den Heiligen der *Legenda aurea.* Wenn Manzoni sprechen könnte, würde er zu Parenti sagen: »Lieber Marino, wenn du mein Haus fertig renoviert hast, stell' auch mir eine schöne, große Büste der Göttin ans Ende des Korridors. Ich glaubte, sie hätte keine Beständigkeit in der Liebe, aber ich habe meine Meinung geändert.«

Was wissen wir schon von Manzonis bewegtem Leben? Es wurde von Wolken und Blitzen durchzogen. Hin und wieder taten sich dunkle Schattenlöcher auf: das Verschwinden der Gattin in der Menge, das der Flucht des Äneas aus dem brennenden Troja ebenbürtig ist; der Tod von fünf der insgesamt sieben Kinder, der Kalvinismus, beziehungsweise der Individualismus, das Verantwortungsbewußtsein, die religiöse Freiheit, die gemeinsam mit der Liebe zu Enrichetta von seinem Gemüt Besitz ergriffen hatte; und der verneinte, abgelehnte, verleugnete, aber dennoch vorhandene Jansenismus: beziehungsweise der verzweifelte Versuch, die menschliche Logik mit der Metaphysik der Dogmen in Einklang zu bringen... Warum, o Dichter, war dir die Metaphysik der Poesie nicht genug? Es ist gefährlich für den Dichter, und oft ist es auch ein Zeichen von Schwäche, von Unterlegenheit und Feigheit, Religion, Politik, Bürgersinn – diese Zugaben – mit der Poesie, der großen Einsamen, verbinden zu wollen. Und der quälende Zweifel der Geburt. Und die erniedrigende Offenbarung. Und dieser Drang, einen ungeliebten Vater aus der Erinnerung verbannen zu müssen, der jedoch durch die Pietät des Sohnes zu einer poetischen und statuenhaften Gestalt geworden war. Und das religiöse Drama. Und das langsame Aufgehen in sich selbst, bis zum äußersten Schweigen, bis zur endgültigen Klausur im Gefängnis des eigenen Fleisches.

Auch auf Manzoni lastet ein Mißverständnis. Die weiche Süße seiner Prosa, sein ordentlicher Satzbau, der literarische Mantel für dieses natürliche Gefühl für die Dinge, das er als »gesunden Menschenverstand« bezeichnete; die metallene Klarheit, die rhythmische Perfektion seines Verses (ein Freund sagte ganz richtig: Keiner unserer Dichter ist so »vergilianisch« wie Alessandro Manzoni), der Gang seines Gedankens, der so ruhig und regelmäßig ist wie der Gang eines Pilgers, haben eine wenn schon nicht falsche, so doch täuschende Oberfläche über jenes Leben gebreitet, das ganz aus Felsabhängen und Klüften bestand, aus

Hölle und Paradies. Aber wer kennt schon dieses Leben? Wer wagt es zu erzählen?

Wir sind nicht klassizistisch genug – denn im Gegensatz zur freien, beweglichen und von unmittelbaren Begierden vorangetriebenen romantischen Seele ist das klassizistische Dogma zu *seßhaft*, zu starr und auf sich beschränkt – noch *katholisch* genug, um jenes ungesunde Schamgefühl, das die Seelen erstarren läßt und sie entstellt, das sie maskiert, fixiert, sie unter einem undurchsichtigen Glas einsperrt, nicht zu beklagen und uns nicht dagegen aufzulehnen.

Wer sagt, die *schwarzen* Bereiche des Menschen Manzoni würden das Weiß des Dichters Manzoni beflecken? Wir sind davon überzeugt, daß seine Gestalt, wenn volles Licht auf die Tragödie seines Lebens fiele, noch größer auferstehen würde: auf die Gestalt dessen, der – seien wir ehrlich! – nach Ansicht vieler, allzuvieler in gefährlicher Weise zum Kalten, zur Gleichgültigkeit, zum Langweiligen tendiert (vor zwei Jahren konnten wir im Theater Argentina hören, wie bei manchen, für uns antiquierten Ausdrücken der großartigen Dichtung *Adelgis* gelacht wurde) und der nach Ansicht anderer (siehe Giosuè Carducci) zum Gutmütigen, Einfältigen tendiert, wenn nicht gar zum Mürben und Verwelkten.

Was sind die Folgen dieses Schamgefühls? Niemand betrachtet unsere Dichter, die unbekannt sind und weiß wie Gips, mit gerührtem Blick, mit freundschaftlichem Auge.

Ich betrachte Italien von einer Wolke aus. Ich sehe die Italiener, die in den Städten versammelt und über das Land verstreut sind. Die Italiener von heute und die Italiener von gestern. Und ich suche unter ihnen unsere großen Männer, die wir durch den Gedanken, die Poesie, die Schönheit des Verses ehren. Aber ich finde sie nicht bei den anderen Menschen, sondern auf einer Art Hochebene versammelt, in erhabener Einsamkeit. Ich erkenne Dante an der Hakennase und an den Ohrenschützern, wie sie die Skifahrer tragen. Ich erkenne Petrarca an seinem Gesicht, das in Tücher gewickelt ist, als hätte er Mumps. Ich erkenne Ariost dank des Porträts, das Tizian von ihm malte und das ihn mit einer üppigen Haartracht und Vollbart darstellt, als den größeren Bruder jener schönen Männer vom Typ Chinina Migone, den ich als Kind gerade noch rechtzeitig kennen-

lernte.³ Ich erkenne Manzoni an der üblichen Haltung der
Hände, die entweder zum Gebet gefaltet sind oder auf einem
unsichtbaren Kohlenbecken liegen. Und in der Haltung der
Italiener gegenüber ihren großen Männern erkenne ich meine
eigene Haltung, die ich als Kind gegenüber meinen Eltern einnahm: eine Haltung eisigen Respekts.
Ich wurde jesuitisch erzogen.⁴ Damit meine ich jene Form der
indirekten Erziehung ohne Lächeln, die vom Erziehungssystem

---

3 Was genau bedeutet dieser Rückzug des Körperhaares, der gleichzeitig mit
  dem Fortschritt der Zivilisation erfolgte? Ziemlich lange herrschten die
  Sitten der »barbarischen Kultur« in ganz Europa und sogar bei uns,
  beziehungsweise dort, wo die »zivilisierte« Kultur ihren Sitz hat. Auch bei
  uns galt der Bart als ein Kennzeichen von Würde, das haarlose Gesicht war
  ein Vorrecht der Kellner, und der Mann mit Bart repräsentierte den Typ
  des stattlichen Mannes, des starken Mannes. Dann begann die rationale
  lateinische Kultur Schritt für Schritt ihre Rechte zurückzuerobern, und
  bemerkenswerterweise begann der Bart in genau dem Augenblick zu
  verschwinden, als der Rationalismus entstand. Der Übergang vom Bart als
  Element des Schutzes zum Bart als reinen Schmuck und somit zum rasierten Gesicht wiederholt sich in der Entwicklung der Architektur. Auch die
  Architektur war ursprünglich, aufgrund der Notwendigkeit, sich zu verteidigen, bedeckt und bärtig: Wohnhäuser, die gleichzeitig Festungen
  waren. Dann ging diese Notwendigkeit verloren, aber die Architektur
  blieb aus ornamentalen Gründen nach wie vor »bärtig«: vom Barock bis
  zum Rokoko. Schließlich stellte man fest, daß der Bart der Architektur
  überflüssig war, und man gelangte zur »rasierten« Architektur. Dasselbe
  vollzog sich bei den Einrichtungsgegenständen: vom Salon, der vollgestopft war mit Sitzkissen, Vorhängen, Paravents, *brise-bises*, Kanapees mit
  Rüschen und Baldachin, Stofflampenschirmen, Nippes und Chinoiserien,
  ging man zum heutigen Salon über, wo alles den Erfordernissen der
  Bequemlichkeit und der Logik entspricht (oder entsprechen sollte: der
  Rationalismus degeneriert zum Ästhetizismus – aber das ist eine andere
  Sache). Man achte darauf, daß der »bärtige« Salon die Wiederholung des
  Prunkvollen und Überflüssigen im häuslichen Rahmen war, das die barbarischen Kulturen so sehr schätzten, und daß nicht umsonst in einem
  solchen Salon der Orientalismus dominierte. Nun, was sonst ist dieser
  Übergang von der »bärtigen« Architektur zur »rasierten« Architektur,
  wenn nicht der Übergang von der barbarischen zur lateinischen Kultur?
4 Nur ein Idiot kann in diesem Adjektiv einen Funken von Respektlosigkeit
  entdecken. Definition des Jesuiten, abgegeben von einem Freidenker des

der Jesuiten herstammt, die, wie man weiß, vor dem Zeitalter der freien Urteilskraft sehr große Erzieher waren.

Die Vorteile der jesuitischen Erziehung sind zahlreich. Der Zögling wird wie eine Art Torpedo behandelt, den man mit explosiven Stoffen füllt, und sie haben um so mehr Kraft, je stärker sie unter Druck stehen. Die Kenntnisse, die zur vollständigen Entwicklung des menschlichen Hirns unerläßlich sind, werden zur Hälfte in die Zone des Geheimnisses und der unsagbaren Dinge verbannt, und auch das ist eine Möglichkeit, basierend auf den Lehren der Ballistik, die Wirkungskraft der Geheimnisse zu erhöhen.

Der jesuitisch erzogene Mensch ist aufgebläht von ursprünglichen und eingekerkerten Kräften: eine Art menschliches Orchester in Wurstform. Zur Hochzeit mit dem Leben bringt der jesuitisch erzogene Mensch eine unversehrte Blüte und einen unbefleckten Glauben mit.

Nach der Erziehung muß sich der jesuitisch erzogene Mensch jedoch einer Art Gegenerziehung unterziehen, indem er sich daran gewöhnt, den Dingen ins Gesicht zu blicken, von denen er bisher nur das Ohrläppchen zu betrachten gewagt hat, und indem er im Depot der Geheimnisse einige Ventile öffnet, um gewaltigen Deflagrationen oder der Gefahr vorzubeugen, zu einem Idioten und einem Sack voller verbotener Wünsche zu werden.

Das, was ich von mir sage, kann man auf alle meine Brüder von den Alpen bis zum Lilybäum anwenden. Aber welche Vor- und Nachteile ergeben sich aus dieser »katholischen« Form des Lebens für das, was uns in besonderer Weise interessiert, nämlich für die Umsetzung von Leben in Literatur? Der Vorteil besteht in der Schönheit der Form und der Feinheit der Verzierung, der Nachteil besteht in der mangelnden Tiefe oder zumindest jener Wahrheit, die der Literatur Leben verleiht.

Ich erinnere mich an meine Eltern. Ich betrachtete sie wie göttliche Wesen. Ich konnte mir nicht im entferntesten vorstellen, daß auch in ihnen eine Seele mit Licht und Schatten sei, das Weiß und Schwarz, aus denen das Drama der menschlichen Existenz

ausgehenden Jahrhunderts: »Jesuit, so genannt aufgrund der Doppelbödigkeit seiner Gedanken.«

besteht; und wenn es (ganz selten) vorkam, daß sie ihren nicht zu verbergenden Schmerzen Ausdruck verliehen, meinte ich, dies geschähe ausnahmsweise aufgrund einer formalen Repräsentationspflicht, die zwar lästig, aber unumgänglich war.

Kein Austausch von Gefühlen, keine Geständnisse; Küsse und Zärtlichkeiten galten als unanständig, mit Ausnahme des »Nasenstübers«, den ich vor dem Zubettgehen meiner Mutter auf die Wange, meinem Vater auf den kahlen Schädel geben durfte.

Auf diese Weise erreicht man eine würdevolle Lähmung der Gefühle. Auch mit meinem Bruder – von meinen Eltern spreche ich gar nicht – unterhalte ich mich selbst heute, da wir beide um die fünfzig sind, nur in Anwesenheit einer dritten Person: sozusagen durch die Blume.

Diese Reinheit des Gefühlslebens ist erhaben und bewunderungswürdig: dieses Nicht-zum-Ausdruck-Bringen, was unsere Seele wünscht, worunter unser Herz leidet. Aber selbst der liebevollste Sohn hört einmal auf zu glauben, die Eltern hätten nur verborgene Wünsche, nur »wohlbehütete« Leiden, er vergißt es. Sobald unsere Eltern gestorben sind, stellen wir dank unserer Erinnerung fest, daß auch unsere Mutter eine Frau, daß auch unser Vater ein Mann gewesen war, daß sie zugleich rein und unrein waren, und daß es mehr ihre Unreinheit als ihre Reinheit ist, für die sie unsere warme Zuneigung verdienen.

Für wie viele Italiener sind unsere Dichter und Denker erhabenere, »manierierte« Eltern, denen ein disziplinierter Respekt gebührt und mit denen ein Gefühlsaustausch nicht nur ungebührlich, sondern auch verboten ist? Und Dante ist somit der »erhabenste« Dichter, aber zugleich auch weit entfernt von uns und eingeschlossen in einem Kreis heiliger Ignoranz; Leopardi ist ein melancholischer Dichter mit unabänderlich schwermütigem und freundlichem Gemüt, der vom vielen Sitzen über seinen Papieren schon einen krummen Rücken hat.

Die Beziehungen zwischen Menschen und erhabenen Menschen reduzieren sich auf die Beziehungen zwischen Internatszöglingen und Präfekten. Die erhabenen Menschen verlieren jegliche menschliche Beschaffenheit, legen jegliche Affinität zur Welt der Lebenden ab, zum Blut, zum Gestank, zum Leid, erstarren zu einer Art Krippenfiguren, ziehen sich ins Pantheon der höchsten

Ehrerbietung zurück, und von hier ist es nur mehr ein kleiner Schritt zur Langeweile. Wer wagt zu leugnen, daß Dante, Petrarca, selbst Leopardi für viele Italiener, für allzuviele Italiener lauter langweilige Autoren sind, nur daß ihnen der Mut fehlt, es zuzugeben?

Wollen wir die extremen Konsequenzen dieser »katholischen« Strenge für die Literatur in Kauf nehmen, den beklagten Mangel an Erzählliteratur, die aus den tiefen und geheimen Quellen des Lebens schöpft, das Weiterbestehen einer gewissen erhabenen (wenn auch allem Anschein nach schlampigen) Sprache, die eine euphemistische und ornamentale Darstellung der menschlichen Existenz und ihrer Dramen voraussetzt, das Verstecken der Seele oder sogar die Vorspiegelung, es gäbe keine Seele,[5] die größere Anziehungskraft, die auch heute noch die protestantischen Bücher oder die Bücher jener Länder wie Frankreich auf viele ausüben, in denen die Religionskriege der Wahrheit eine Bresche geschlagen haben, einer gewissen Kälte, einer gewissen Rauheit der Haut, und in der es unterlassen wird, Schleier zu lüften, Wunden zu berühren, Geheimnisse zu enthüllen?

Ich versuche, diesen Panzer aus eisiger Kälte, dieses Liebesverbot mit den Mitteln zu bekämpfen, die mir am geeignetsten erscheinen: mit Ironie und Pessimismus.

Ein sehr gefährliches Spiel. Denn viele wissen nicht, daß Ironie keine Frotzelei ist, sondern die Suche nach dem Geheimnis der Dinge, eine subtile Art, in dieses Geheimnis einzudringen; denn die meisten wissen nicht, daß Pessimismus nicht in der Verneinung des Lebens besteht, sondern im Kontakt mit den menschlichsten, weichsten, schwächsten, häßlichsten, am meisten leidenden Teilen des Lebens, die sich aus diesem Grund am ehesten dazu eignen, unsere Liebe zu wecken und sie zu rechtfertigen.

Um unsere großen Dichter nicht zu verlieren, versuchen wir, sie »immer« zu vermenschlichen, sie in ihrer pathetischen Wahrheit in unserer Mitte leben zu lassen.

Gib, o Herr, daß wir unsere erhabene Mutter Italien, ihre vortrefflichen Söhne, ihre wunderbaren Städte, die glücklichen und unglücklichen Erscheinungen mit offenem Herzen und ehrlichen Lippen lieben können.

5 Auch Mommsen ist darauf hereingefallen.

Während Manzoni darauf wartet, daß man ihm sein Haus herrichtet, hat man ihn vorläufig in den Palazzo Sormani transportiert.

Das Manzoni-Archiv ist vorübergehend in zwei Sälen des Palazzo Sormani untergebracht worden, und die Manuskripte, die bis gestern in der Sala Manzoniana der Braidense ausgestellt wurden, liegen einstweilen im kalten Bauch zweier enormer, grauer Tresore, die sich gegen die Arglist der fanatischen Manzoni-Anhänger mit ihrem Stahlpanzer und gegen die des Feuers mit ihrer Auskleidung aus Asbest verteidigen.

In den zweiten der beiden Säle hat man auch die Büromöbel des letzten Bürgermeisters von Mailand gebracht, und sie stehen im vollen Bewußtsein ihrer rotgoldenen Würde rund um den glänzenden Schreibtisch wie die Angehörigen einer herrschaftlichen Familie, die sich versammelt haben, um eine schwerwiegende Erbschaftsfrage zu lösen. Auf einem dieser ehrwürdigen Stühle, zu dem man am liebsten hintreten möchte, um ihm die Hand zu küssen, hat sich Don Lisander mit jener bescheidenen und resignierten Miene niedergelassen, die seine offizielle Haltung war und die er nur ein einziges Mal ablegte, um seinem Besucher Garibaldi entgegenzugehen und ihm zuzurufen: »General, dies ist der schönste Tag meines Lebens!«

Der Palazzo Sormani wurde im 18. Jahrhundert errichtet, hat aber bereits eine aerodynamische Form: Der Bug ist schmäler als das Heck, die Bordseiten werden wie Flügel nach unten hin breiter, und das in einem hübschen Gelb getünchte Ensemble erinnert an die Barockpaläste, die Juvara im königlichen Turin erbaute.

1935 wurde im Palazzo Sormani das Museo di Milano[6] eröffnet, das für diese Stadt von genauso großer Bedeutung ist wie das Carnavalet-Museum für Paris. Zwischen den einzelnen Stufen der Treppe, die zu den Sälen emporführt, befindet sich ein roter Streifen, auch auf dem Boden am unteren Ende der Treppe und zwischen ihren beiden Ästen ist dasselbe intensive, tiefe Rot, das auch das Meer hätte, wenn es rot wäre. Die Analogie mag manchen gewollt erscheinen, aber wenn man die Treppe des Palazzo

6 Im Palazzo Sormani ist heute die Stadtbücherei. Filippo Juvarra (!) (1678 bis 1736), Architekt, lebte eine Zeitlang in Turin. (Anm.d.Ü.)

Sormani emporsteigt, denkt man an etwas höchst Herrschaftliches, an Personen hoher Abstammung, an Grafen in *talons rouges*. Bevor sich der Besucher anschickt, feierlich die Treppe emporzusteigen, wird sein Blick von einem Gemälde mit historischen Dimensionen angezogen: die Ankunft des Marschall Clerici auf der Piazza Montecavallo in Rom. Die Dioskuren stehen an ihrem Platz, aber da der Obelisk zwischen ihnen fehlt und der Brunnen kein Wasser speit, scheinen sie nicht dieselben zu sein.

Am oberen Ende der Treppe gesellt sich die Idee von der Unabhängigkeit der Völker zur Erinnerung an Bouvard und Pécuchet. Auf dem Boden liegt eine Glocke: schwarz, massiv und wie die Backe eines deutschen Korpsstudenten von einem Ende zum anderen von einer tiefen Narbe durchfurcht. Da die Glocke einst zu heftig geläutet hat, wird sie nimmermehr läuten. Wenn man das Schild liest, das man ihr auf die Wunde gelegt hat, entzündet sich das Gemüt: »Gemeindeglocke, die zerbarst, als sie am 22. März 1848 Sturm läutete.«

Rechts neben der großen Versehrten befindet sich ein Hippogryph, der gefleckt ist wie ein Frosch und grinst wie Voltaire und sich zu einem unbeweglichen Flug emporgehoben hat. Aus der Nähe betrachtet offenbart das hybride Monster seine wahre Natur eines Dreirades mit Sattel und sonstigen Bequemlichkeiten, beziehungsweise eines Rollstuhles für einen wahnsinnigen Gelähmten, den die Phantasie antreiben würde, über die Wolken zu galoppieren, inmitten schrecklicher Bestien und schrecklicher Verwünschungen.

Der Eingang des Museums führt in ein finsteres irdisches Paradies, in dem Ibisse und Krokodile, Rohrdommeln und Salamander aus der dichten Vegetation auftauchen und den Klängen von Orpheus' Leier hinterherlaufen. Diese in starkem Hell-Dunkel-Kontrast gehaltene Leinwand, ein Vorspiel zu den Kautschuklandschaften des »Zöllners« Rousseau, ist mit Hilfe der sogenannten »Marouflage«-Methode an der Wand befestigt, mit der die Franzosen die Technik des Freskomalens, die sie nicht beherrschen, nachzuahmen versuchen, und stammt von Benedetto Castiglione, der von 1616 bis 1670 lebte und auch *il Grechetto* genannt wurde. Wenn dieser Beiname darauf hinweisen soll, daß Benedetto Castiglione ein Epigone von El Greco war, so halten wir ihn für zutreffend, denn wie die Malerei von Theotokopulos war auch die Castigliones eine sich windende und leidenschaftliche, und er mischte Blei und Schwefelsäure unter die Farben.

Das Museo di Milano ist nicht nur eines der faszinierendsten Museen Italiens, sondern ganz Europas. Dank der ausbleibenden Besucher kann man die klare Eleganz der Säle sogar noch besser würdigen. Wir gehen über die glänzenden Böden: Wir und unser Spiegelbild, einsame Herren. Die Geschichte der Stadt, vor allem ihres großartigen 19. Jahrhunderts wird von Stichen und Gemälden illustriert, zwischen denen die Stadtlandschaften von Inganni[7] in einem größeren Licht strahlen. Man sieht den Dom, dem man die Fialen abrasiert und von dem nur noch eine Hütte übriggeblieben war, das Castello, dem man den Turm von Filarete amputiert und die von Luca Beltrami[8] angebrachten Verzierungen entfernt hat, den Corsia dei Servi, der später zum Corso Vittorio Emanuele wurde und unserer Meinung nach mit der Regent Street und der Rue de la Paix zu den eindrucksvollsten Stadtlandschaften zählt, vor allem wenn man von der Kurve von San Carlo aus in Richtung auf die Einmündung des Corso und die Apsis des Domes blickt.

Immer, wenn Stendhal nach Mailand zurückkehrte, blieb er genau an diesem Platz stehen und atmete tief den Geruch seiner geliebten Stadt ein, den Geruch von verbranntem Holz, der von den Kaminen ausgeatmet und vom Nebel bewahrt wird.

Eines Tages kehrte auch Silvio Pellico vom Spielberg[9] nach Mailand zurück, blieb voller Freude mitten auf dem Corso Venezia stehen und rief, zu dem österreichischen Schergen gewandt, der ihn begleitete, aus: »Wie froh ich doch bin, die Kuppel des Domes wiederzusehen!« Aber als Malaparte diesen Ausruf vor wenigen Jahren im Feuilleton des »Corriere della sera« zitierte,

---

7 Angelo Inganni (1807-1880), Maler aus Brescia. (Anm. d. Ü.)

8 Luca Beltrami (1854-1933), Mailänder Architekt. (Anm. d. Ü.)

9 Silvio Pellico (1789–1854). Lebte ab 1809 in Mailand. Schriftsteller und Patriot. Freund von U. Foscolo und Monti (Vinzenzo Monti, 1754–1828). Der große Dichter (Tragödien, Gedichte) der italienischen Klassik lebte in der zweiten Hälfte seines Lebens in Mailand.). Als Anhänger der *carboneria* wurde er von den Österreichern festgenommen. Saß u. a. in der Festung Spielberg. (Anm. d. Ü.)

protestierten die »aufmerksamen« Leser entrüstet und sagten, einem Mann von historischer Bedeutung, einem Patrioten, einem Märtyrer, wäre ein derartiger Irrtum nie unterlaufen, und schon gar nicht Pellico, der Mailand wie seine Hosentasche kannte, da er ja Hauslehrer im Hause Porro gewesen war. Malaparte äußerte daraufhin die Vermutung, Silvio Pellico hätte, da es keine Domkuppel gibt, die Kuppel von San Carlo al Corso gemeint, die, grün und aufgebläht, den Eindruck erweckt, sie sei von einem riesenhaften Architekten vorübergehend auf den Boden gelegt worden, solange bis dieser zurückkehre und sie mitnehme, um sie an einem geeigneteren Ort abzusetzen. Aber als man die Daten verglich, stellte sich heraus, daß es die Kirche San Carlo noch gar nicht gegeben hatte, als Silvio Pellico nach Mailand zurückkehrte. Diese Lapsus sind einer psychoanalytischen Untersuchung würdig, und im übrigen hat strenggenommen auch der Dom eine Kuppel, wenn auch im Inneren.[10]

Die Liebhaber der »guten alten Zeit« werden im Museo di Milano das Richtige finden, und wer den Unterschied zwischen einem wenn auch mittelmäßigen Bild und einer wenn auch hervorragenden Fotografie einschätzen will, der besuche dieses Museum, und er wird mehr denn je den heute so selbstbewußt zur Schau getragenen Foto-Gigantismus beklagen, die Rhetorik des Objektivs, das die Gegenstände einmal von oben und einmal von unten aufnimmt, einmal schief und einmal schräg.

Ein Saal der Patrioten zieht unseren Blick auf das angenehmste an, die größten Gestalten des Risorgimento sind in lebhaften Farben auf den Rücken der Stühle gestickt, und die Schlacht von Magenta ziert die Rückenlehne eines Kanapees.

Auf einer Marmorkonsole steht *el rattin*, beziehungsweise das »Mäuschen«. Es ist die kleine Federlokomotive, die vorne einen brennenden Docht besaß und in der Dämmerung am Innenrand

10 Auch Stendhal spricht von der »Kuppel« des Domes. »*J'ai admiré réellement, à Milan, la vue de la coupole du Dome s'élevant au-dessus des arbres du jardin de la villa Belgiojoso...*« (*Rome, Naples et Florence*). (»Wirklich bewundert habe ich in Mailand die über die Bäume im Garten der Villa Belgiojoso emporragende Kuppel des Domes...«, op. cit. S. 47.)

der Kuppel der Galerie entlangfuhr und der Reihe nach die Gasbrenner anzündete. Die Elektrizität wurde vergöttlicht, aber wer hat das Gas zum Gott erhoben? Und dennoch war nichts, wie die alten Mailänder bezeugen, auf so religiöse Weise bezaubernd wie jene vor Staunen schweigende Menge, die sich, die Nase in die Luft gestreckt, Abend für Abend unter der Kuppel der Galerie versammelte, um *el rattin* zu sehen, den winzigen Bruder von Indra und Apoll, der den Schatten besiegte und das Licht brachte.

In einem Winkel entdecken wir ein kleines Bildchen, das die Villa Manzoni in Brusuglio darstellt. Das Bildchen stammt von Massimo d'Azeglio,[11] der selbst das Pflanzenreich zu etwas Herrschaftlichem machte und den Bäumen ein derart edles Aussehen verlieh, daß man jedem von ihnen einen Adelstitel hinzufügen müßte: Herzog Baum, Graf Baum, Marquis Baum.

Zwischen zwei Grafen-Bäumen, die an den beiden Seiten der Leinwand die Kulisse bilden (das Verhältnis zwischen dem Adelsrang der Bäume und jenem des Hausherrn wird respektiert) befindet sich im Hintergrund die rosarote, ruhige, lächelnde Villa wie eine Tante mit guter Verdauung und festem Glauben an Gott.

Im Vordergrund sitzen auf dem Kiesweg zwei Kinder über ihre Spiele gebeugt. Die Söhne von Don Lisander ...

Inzwischen sitzt im Erdgeschoß des Palazzo Sormani unsichtbar, aber deshalb nicht weniger anwesend, Don Lisander auf dem Stuhl des letzten Bürgermeisters von Mailand und wartet darauf, daß man ihm sein Haus fertig einrichtet, damit er endgültig einziehen kann.

Die Tresore aus Stahl und Asbest sind offen. Mit unendlicher Umsicht nimmt Marino Parenti die Probeabzüge der Ausgabe der *Verlobten* aus dem Jahr 1840 heraus, auch »Manzoni-Schatz« genannt, so wie in der Kirche jener Ort »Schatz« genannt wird, an dem die Reliquien und das Kirchengerät aufbewahrt werden.[12]

11 Massimo d'Azeglio (1798-1866), Politiker, Schriftsteller und Maler. (Anm. d.Ü.)

12 Im »Tesoro Manzoniano« werden auch die Schultasche des Schülers »Alessandro Manzoni Beccaria« und seine Schulbücher aufbewahrt: Ver-

Dann zeigt er uns eine seltsame Vers-Bearbeitung der *Verlobten* von Domenico Alberti.

Was für ein verrückter Einfall! Die Prosa eines großen Schriftstellers besitzt einen eigenen Rhythmus, eine prosodische Strenge...

»Jener Zweig des Comer Sees...«

Alessandro Manzoni zog 1811 mit sechsundzwanzig Jahren in sein Haus auf der Piazza Belgioioso ein und bewohnte es bis zu seinem Tod zweiundsechzig Jahre später, womit er ein wunderschönes Beispiel von Treue lieferte. Welchen Schluß sollen wir aus dieser hartnäckigen Anhänglichkeit an ein Haus ziehen? Die lebhaftesten Erinnerungen, die wir aus den finsteren Sedimenten der Kindheit hervorholen, sind Erinnerungen an Umzüge, an Wohnungen, die wir leer zurückließen, und an ebenso leere Wohnungen, die wir mit argwöhnischem und gleichzeitig fasziniertem Gemüt betraten wie ein unbekanntes, noch zu entdeckendes Land. So war unser Schicksal beschaffen oder, besser gesagt: das Familienschicksal, in das wir aufgrund unserer Geburt verstrickt waren. Nun, bis zu einer bestimmten Zeit seines Lebens glaubt der Mensch, daß sich das Schicksal ändern wird, daß sich die »Dinge ändern werden«; und obwohl diese Hoffnung ein jugendliches Gefühl ist, bleibt sie bis ins Alter von dreißig, fünfunddreißig Jahren und darüber hinaus lebendig, denn viele Gefühle der Jugend begleiten uns wie eine Prozession von Jugendgefährten weit über das physische Ende der Jugend hinaus. Dann, sobald wir das Kap der Vierzig umsegelt haben, wird die Hoffnung auf Veränderung immer schwächer, bis sie allmählich erlischt und wir nicht nur den Gedanken akzeptieren, daß sich »die Dinge nicht mehr verändern werden«, sondern daß es auch keinen Grund gibt, warum sie sich verändern sollten, und daß es im Gegenteil gut ist, daß sie bleiben, wie sie sind. So haben wir uns heute nicht resigniert in unser Landstreicherdasein dreingefunden, sondern sind zufrieden und stolz darauf. Die Treue, die Manzoni zweiundsechzig Jahre lang ein und demselben Haus hielt, gehörte vielleicht zu seiner »Lebensmethode«, zu seiner Bürgerdisziplin. An die Natürlichkeit der religiösen

gils *Äneis*, Aristoteles' *Peripatetiker* und das Manuskript der *Sposi promessi (Die Verlobten)*.

Gefühle bei einem Künstler können wir nicht glauben, noch dazu, wenn der Künstler wie Manzoni ein eingefleischter Rationalist war. (Die nicht übermäßig große Gedankentiefe hat keine geringere Fähigkeit zum rationalen Denken zur Folge: im Gegenteil: je tiefer ein Geist ist, desto weniger ist er der Gefahr ausgesetzt, sich zur Deduktion, Demonstration und Dialektik verleiten zu lassen.) Der religiöse Glaube ersetzt andere Eigenschaften des Menschen: Er ist die Kunst, er ist die Philosophie der Nicht-Künstler, der Nicht-Philosophen. Es ist nun aber unmöglich, den »Künstler« Manzoni auszuklammern und den »religiösen« Manzoni zu akzeptieren. »Die stetige Liebe zum Haus« hilft uns vielleicht dabei, das Problem von Manzonis Religiosität zu lösen. Es gibt eine gewisse Analogie zwischen der Treue zu ein und demselben Haus und der Treue, die man *allem zum Trotz* ein und derselben Religion hält; vor allem der katholischen, die die »häuslichste« aller Religionen ist. Das Wenige, was wir vom »zweiten« Leben Manzonis wissen, von seinem dunklen Leben, der Un-Güte seines Gemüts, seinen abseitigen Sehnsüchten, seinen unterdrückten Launen – dieses Wenige reicht aus, uns zu zeigen, daß sich der Künstler zwar der religiösen Strenge unterworfen hatte, aber genauso, wie sich der Kranke einer Diät, einer Kur, einer Behandlung unterwirft.

Als Manzoni dreiundfünfzig Jahre dort gewohnt hatte, kam er 1864 auf den Gedanken, die Fassade seines Hauses zu verzieren. Er war bereits neunundsiebzig Jahre alt, und in diesem Alter ist selbst die hartnäckigste Hoffnung auf Veränderung erloschen; die »Veränderung«, auf die sich der Geist nun richtet, ist ganz anderer Natur. Ein pathetisches und zugleich seltsames Gefühl hatte Manzoni die Idee dieser späten Ausschmückung (man beachte: nur der Fassade) eingegeben; und da die Verzierung, mit der Manzoni liebäugelte, aus Backstein sein sollte, kann man mit gutem Grund annehmen, daß nicht der Versdichter Manzoni diese Verzierung wünschte, sondern der Prosadichter Manzoni. Backstein ist prosaisch und diskursiv. Es ist eine »entspannte« Form der Dekoration und viel wärmer als jegliche Dekoration aus einem anderen Baumaterial. Der Autor der *Inni Sacri* (*Heilige Hymnen*)[13] hätte sich eine Fassade aus Granit, wenn nicht gar

13 1812-1817 schrieb Manzoni die *Inni Sacri* (*Heilige Hymnen*), einen

aus Marmor, gewünscht. Die Poesie ist jugendlich und somit aufrecht, vertikal: Die Prosa hingegen ist horizontal, und wie eine Brücke geht sie vom Alter zur unermeßlichen Horizontalität des Todes über.

Im übrigen findet sich nicht nur bei Manzoni der Ehrgeiz, die Fassade des eigenen Hauses zu erneuern. Stendhal sagt in *Rom, Neapel und Florenz*: »Der heimliche Ehrgeiz eines jeden Mailänder Bürgers ist es, ein Haus zu bauen oder zumindest die Fassade des vom Vater ererbten Hauses zu erneuern.« Ich weiß nicht, ob es wahr oder ob es nur ein bösartiges Gerücht ist, aber ich habe gehört, daß die Mailänder nicht nur den Ehrgeiz haben, die Fassade ihrer Häuser zu renovieren, sondern auch den, hin und wieder ihre Gemäldesammlung zu erneuern. Diese »Erneuerung der Sammlung« gilt als Beispiel für Ungeschliffenheit. Aber ist sie das wirklich? Auch wenn man die Bilder verkauft, die man zu Hause hat, muß man sie zuerst gekauft haben, und Bilder zu kaufen ist keine Sache von Bauernlümmeln. Der Mailänder hegt Liebe zur Kunst. Keine kontemplative Liebe wie in anderen italienischen Städten, wo man sich darauf beschränkt, am Sonntagvormittag ins Museum zu gehen und die altbekannten Raffaels, Tizians und Caravaggios zu betrachten, sondern eine aktive Liebe, die ihre Nahrung in den Galerien sucht, die mit der Kunst lebender Künstler auf Ausstellungen und Versteigerungen Handel treiben. Neben anderen Ehrentiteln besitzt Mailand auch jenen, die einzige Stadt in Italien zu sein, in der der Handel mit moderner Kunst floriert.

Der Kostenvoranschlag des Bauunternehmers betrug dreitausend Lire. Manzoni bot zweitausend: keine Lira mehr. Der Bauunternehmer möge die Verzierungen vereinfachen, auf ein Minimum reduzieren. Schließlich einigten sich Bauunternehmer und Eigentümer auf eine teilweise Verkleidung, und tatsächlich reicht die Backstein-Inkrustierung der Fassade auf der Via Morone nur über einige Meter. Auch die kleine Tür zur Piazza Belgioioso hin ist mit Backstein verziert, die Vierecke der kleinen Fenster sind von einem Rosettenmotiv umgeben. Das ist der zarteste, der anmutigste Teil der Fassade. Die Grafen Arnaboldi,

unvollendeten Gedichtzyklus zu den kirchlichen Hauptfesten. (Anm. d. Ü.)

die nach Manzoni Eigentümer dieses Hauses waren, entfernten die kleine Tür und ersetzten sie durch eine andere; aber jetzt, da das Manzoni-Haus das Eigentum der Nationalen Gesellschaft für Manzoni-Studien geworden ist, hat Marino Parenti, der Direktor der Gesellschaft, das Türchen, das zur Hälfte rot und zur Hälfte rosarot ist, wieder an seinen Platz gesetzt. Gegenüber dem Manzoni-Haus stand einmal eine kleine Kirche, die San Pietro in Cornaredo geweiht war, der von der Stimme des Volkes zu »San Pietro con la rete« (S. P. mit dem Netz) vereinfacht wurde. Die Sprache ist voller Mißverständnisse, Lapsus, abgewandelter Bedeutungen, die ihre Entstehung Assonanzen, der Angst oder der Scham verdanken. Wenn wir »Rom« sagen oder »wir hatten«, »ich bin«, sind wir dann sicher, auch wirklich das zu sagen, was wir glauben zu sagen? Die kleine Kapelle in Sant' Ambrogio, die der Santa Mariae Faventi Aegris geweiht ist, wurde vom Volk zur Kapelle der Fava Greca vereinfacht. Die Franzosen wiederum haben das Laudanum (auf französisch ausgesprochen) zum *l'eau d' ânon* gemacht: zum Wasser des Esels.

Zur Zeit der Grafen Arnaboldi waren Arbeitszimmer und Schlafzimmer die einzigen zu besichtigenden Teile des Manzoni-Hauses. Eine Zeitlang wurde das Schlaf- und »Sterbe«zimmer aus Gründen der Bequemlichkeit sogar von seinem ursprünglichen Platz weg ins Erdgeschoß verlegt. Heute wird das Manzoni-Haus unter dem wachsamen und fürsorglichen Blick Marino Parentis von den Interpolationen gereinigt. Durch vorsichtiges Abkratzen treten die zarten Stuckfriese zutage, auf denen sein Auge ruhte. Die schwierige, sorgfältige Arbeit einer »neuen« Archäologie. Man entdeckte falsche Wände. Man wußte, daß sich in einem Zimmer im Erdgeschoß ein Kamin befand, aber nicht in welchem. Untersuchungen von Fachleuten führten schließlich zur Auffindung des Kamins, und die wiedergefundene Lage dieses »Atriums des Feuers«[14] war ein großer Schritt in der Rekonstruktion der manzonischen Topographie des Hauses.

Man betritt das Haus durch die Nr. 1 auf der Via Morone. Der

14 Erst im dreizehnten Jahrhundert wurde der Kamin üblich und ersetzte die alte *foughera*, die Schüssel aus getrockneter Erde, die aus Furcht vor einem Brand in der Mitte des Zimmers aufgestellt war.

Hof ist mit Mosaiken verziert und von roten Lilien übersät. Zwei Loggien entsprechen einander, und die Malereien unter dem Gewölbe vermischen Adelgis und Carmagnola, Renzo und Lucia, den Ungenannten und Pater Cristopherus.[15] Eine verschwommene Malerei mit starken Helldunkelkontrasten, eine weiche und flotte Malerei, mit der die schlechten Maler des ausgehenden 19. Jahrhunderts beweisen wollten, wie schwungvoll ihre Hand war und wie zufrieden sie waren, endgültig mit der Starrheit der »Primitiven« gebrochen zu haben. Und dennoch betrachten wir diese Malerei mit Sympathie, wir betrachten sie mit Nostalgie, wir betrachten sie wie die untergehende Sonne, denn auch sie gehören zu den »Interpolationen« des Hauses und werden bald verschwinden. Wenn wir sie betrachten, denken wir, daß sie Manzoni gefallen hätten, ihm, dem auch die direkten und platten Illustrationen Gonins gefielen. Auch der Gefallen an der direkten und platten Illustration gehörte zur katholischen Mentalität Manzonis. Die Angst, hinter die Dinge zu sehen, die Angst, anerkennen zu müssen, daß die Dinge *auch* anders sein können, als sie sind.

Die Illustrationen Bartolomeo Pinellis[16] für die »Verlobten« sind paraphrastisch und geistreich. Teile der römischen Campagna vermischen sich unerwarteterweise mit der vertrauten Landschaft Renzos und Lucias und bereichern sie. Eine um einiges subtilere, eine um einiges stärker nach Meer duftende Ironie als jene, die die Worte und die Taten von Don Abbondio begleitet, belebt diese Illustrationen, und eine davon zeigt hinter Don Abbondio, der gerade von den beiden Bravi ermahnt wird, in einem Detail, das wie die Materialisierung der Gedanken des furchtsamen Seelsorgers ist, die Sünder im Höllenfeuer. Als Manzoni diese Illustrationen sah, bekam er einen Wutanfall und zerriß sie.

15 Adelgis und der Graf von Carmagnola sind die Hauptfiguren der gleichnamigen Tragödien, Renzo und Lucia, der Ungenannte und Pater Christopherus sind Gestalten aus *Die Verlobten*. (Anm. d. Ü.)

16 Bartolomeo Pinelli (1781-1835) illustrierte 1830 die *Verlobten*. Francesco Gonin (1808-1889), Maler und Lithograph. Neben den *Verlobten* illustrierte er auch die *Storia della colonna infame* von Manzoni und die Dialektdichtungen von Carlo Porta (s. Anm. 1 zu Kapitel *Baba*). (Anm. d. Ü.)

Um so begeisterter kehrte er also zu den Illustrationen Gonins zurück und wollte die Abzüge eigenhändig mit Anmerkungen versehen. Das Schicksal dieser für Manzoni-Verehrer unschätzbaren Blätter war traurig, sie wurden in alle Winde zerstreut, und einige davon wurden bei einem Gemüsehändler in Turin gefunden, der damit Obst und Gemüse einwickelte.

Der Text einer der faszinierendsten Erzählungen von Conrad hat sich in meiner Erinnerung festgesetzt, aber der Titel ist herausgefallen und verlorengegangen. Conrad, der in seiner Jugend als Kapitän um die Welt reiste, geht in einem malaysischen Hafen an Land, betritt das Haus eines Händlers mit Schiffsausrüstung, entdeckt hinter dem Haus einen üppigen, dichten Garten, der verschlossen ist wie eine Aquariumslandschaft; und in diesem erstickenden Garten Eden ein Mädchen, die Tochter des Mannes, der mit Tauen und Segelleinwand handelt, kindlichen Gemüts, ohne Ahnung von der Welt, träge wie ein faules Tier, das nicht einmal auf Jagd gehen muß, um Beute zu machen, eine üppige Blume aus Fleisch, eine geheimnisvolle Eva des Äquators.

Überall sonst auf der Erde hätte ich erwartet, Conrads Garten wiederzufinden, nur nicht vor dem Fenster von Alessandro Manzonis Arbeitszimmer, wo ein großes Gefängnis-Eisengitter Arbeitszimmer und Garten voneinander trennt. Die kindliche malaysische Nymphe fehlt, aber während ich diesen Garten betrachte, der in seiner üppigen Feuchtigkeit weicht, seine fächerförmigen Palmen – Baum »des Bösen« –, seine Magnolien, seine Blätter, die so fleischig sind wie lebendige Lippen, denke ich, daß dieser Garten Manzoni sicher in Angst und Schrecken versetzt hatte, ihn, der den Geist des Heidentums und die Mythen, die ihn umranken, so heftig ablehnte. Der Zweifel ist unzulässig: Jede dieser Pflanzen ist die Frucht einer Metamorphose.
Es ist einer der geheimnisvollsten Gärten Mailands, einer Stadt, die dem Schein nach ganz aus Stein und hart ist, die jedoch von den vielen »Innen«-Gärten aufgeweicht wird, zu deren Ausrottung sich Bauwesen, Urbanistik und 20. Jahrhundert zusammengeschlossen haben. Unverständlich ist, daß Manzoni in seinem Garten auch Platanen hatte: Die Platane ist ein heidnischer

Baum, ein griechischer Baum, der Baum Platons, an den auch sein Name erinnert.

Das pflanzliche Licht des Gartens setzt sich im Arbeitszimmer fort, färbt die Wände und die gewölbte Kassettendecke mit einem stillstehenden Grün. Der Schreibtisch ist so aufgestellt, daß sich der Schriftsteller beim Schreiben Luft zufächeln kann. Auf dem Schreibtisch liegen noch die Handschuhe, die Brille, eine zweite Brille mit Scharnierbügeln, der Tintenwischer, der kleine Löffel für den Sand, ein marmorner Briefbeschwerer in Form eines Buches, ein Brieföffner, eine Schere. Drei in Sessel verwandelte Tanten drängen sich vor dem kalten Kamin, betrachten den unnützen Ofenschirm, die Feuerböcke, die wie kleine Sphinxe ihre Engelsköpfchen heben. Christus wacht über dem Kamin, aber das Wunder des Feuers ereignet sich dennoch nicht. Nur wer die Geheimnisse des Hauses nicht kennt, fürchtet in diesem Arbeitszimmer die Gefahr der Kälte: Der Wissende öffnet links neben dem Kamin einen Wandschrank, entdeckt einen Pfahlofen, der sich hier drinnen versteckt wie etwas, wofür man sich schämen muß: eine Schandsäule.[17] In den Regalen der Bibliothek stehen einige unberührbare Bücher, vor allem einige Bände der Rechtswissenschaft aus dem 17. Jahrhundert, die zu Staub zerfallen würden, wenn man sie berührte. Tommaso Grossi ist als Marmorbüste anwesend. Zu Lebzeiten schlief Grossi in einem Zimmer neben dem Arbeitszimmer seines Freundes: im Zimmer mit dem verlorengangenen und wiedergefundenen Kamin. Wenn das Haus endgültig hergerichtet ist, wird das Zimmer Tommaso Grossis »der Freundschaft« gewidmet sein. Hinter dem Schreibtisch befindet sich noch der geflochtene Sessel und darauf das von dem illustren Hintern abgewetzte Kissen. In dem Schrank, auf dem Tommaso Grossi steht, sind die Etuis mit den Orden aufgereiht, aber die Orden haben sich die Bewunderer mitgenommen.

Inventar des Schlafzimmers. Zwei gartenseitige Fenster. Hier sind wir über den Bäumen, das Licht ist heller. Gelbe Tapeten an den Wänden. Ein armseliges Eisenbett, weiße Tagesdecke. Auf dem Kopfkissen ein Rosenkranz. Hier lag der illustre Schädel,

17 Anspielung auf Manzonis Buch *Storia della colonna infame* (dtsch.: *Die Schandsäule*). (Anm. d. Ü.)

zuerst lebendig, dann tot. Im Schrank der Strohhut (englische Marke) und der bei Ponzone erstandene Zylinder. Kommode. Ein seltsames kleines Möbel, Typ »selbstgemacht«. Wenn man einen fächerförmigen Ständer wegzieht, kommt ein hölzerner Ring zum Vorschein, der eine Waschschüssel trägt. M's Rasierapparat. Napf. Empiresofa. Schüssel auf einem eisernen Dreifuß.

Plötzlich erinnern wir uns daran, daß M. die Behauptungen Sismondis[18] angefochten hat, die katholische Moral sei der Grund für den Verfall Italiens. Wir würden gerne wissen, ob es in Italien noch immer Parteigänger Sismondis gibt.

Fortsetzung des Inventars. Ein kleiner Stock aus einem Palmenblatt. (Dinge aus ungewöhnlichen Materialien: kleine Stöcke aus Palmblättern, aus Rhinozeroshaut, Bilder aus den Haaren des Verstorbenen, kleine Körbchen aus Brotkrumen. Das Täschchen einer Freundin ist aus »Vampirhaut«.) Brauner Regenschirm. In der Kommode die Hausjacke: Sie scheint die Haut eines riesigen Salamanders zu sein. An der Wand das Dekret, das die römische Bürgerschaft verlieh. Paravent am Fußende des Bettes. Nachttisch, großes, auf den Kopf gestelltes Glas auf einem Kristalltablett. Klingel auf dem Nachttisch. Im *Mattino* nennt Parini die Klingel »metallo« (Metall).

> Già i valletti udir lo squillo
> Del vicino metal...[19]

Und viele fragen sich noch immer, warum es der italienischen Literatur an Wahrhaftigkeit fehlt! Ebenfalls auf dem Nachttisch ein kleiner hölzerner Kerzenleuchter, ein versteinerter Kerzenstummel. Ein Zweifel quält mich: Ich öffne das Nachttischchen... Da ist er. Kommode und Sofa Louis Philippe. Am Fußende des Bettes befindet sich ein hybrides Möbel, halb

---

18 Jean-Charles-Léonard Simonde de Sismondi (1773-1842) trat mit seinen liberalen Ideen Napoleon entgegen. Sein bekanntestes Geschichtswerk – er schrieb außerdem noch wirtschaftliche und literarische Werke – ist die *Storia delle republicche italiane del Medioevo (Geschichte der italienischen Republiken im Mittelalter). (Anm. d. Ü.)*

19   Schon hören die Pagen
        das Klingeln des nahen Metalls. (d. Ü.)

Sitzbank, halb Betstuhl. Ich stelle mir vor, daß ich auf dem Möbel sitze und daß Manzoni im Bett liegt. Auf dem Kissen wird das Oval des Rosenkranzes von seinem Kopf ausgefüllt. Er ist dem Tode nahe und ich erzähle ihm von der Schönheit, der Sanftheit, der »Christlichkeit« der griechischen Mythen.

Vielleicht die einzige Therapie, die einzige Diät, die seine Seele gelabt hätte.

Als Luigi mein Zimmer betrat, um die Rolläden hochzuziehen, und ich ihn fragte, ob es draußen schön sei oder regne, antwortete er mir: »Heute ist ein Nebeltag.«

Der Rolladen wird auch Rollo genannt und mittels eines Zuggurtes aus Stoff, der sich neben dem Fenster befindet, bedient. Durch die Einführung des Rolladens wurde die morgendliche Geste des »Fensterladenöffnens« abgeschafft. Schade! Es war eine Geste von großer Ausdruckskraft, und ihre Bedeutung war in der Bewegung selbst enthalten. Um die Fensterläden zu öffnen und sie an die Mauer zurückzuklappen, vollführten die Arme eine Geste des »Öffnens«, die die Griechen sogar »frühlingshaft« genannt hätten, denn sie bezeichneten den Frühling als »Eröffnung«. Bei dieser Geste öffneten sich die Arme dem neuen Tag, und die Fensterläden selbst öffneten ihre mit Veronese-Grün, der Farbe der Hoffnung, bemalten Arme dem neuen Tag.

Zur Zeit meiner Kindheit hatten die Gesten noch ihre genaue Symbolik bewahrt. Eigentlich müßten die Gesten des Menschen so ausdruckskräftig sein wie ein Prosa-Tanz, aber die Kultur des Rationalismus betont immer mehr die Kluft zwischen Mensch und Natur und hat ein schales und irrationales Leben geschaffen, in dem Geist und Intelligenz, Leidenschaften, Gefühle und Instinkte untergehen wie in einem Meer aus Gelatine.

Während Luigi mit den Gesten eines Glöckners am Gurt zieht und Zug um Zug das Luftpolster freilegt, das auf der Stadt ruht – hier offenbart sich das Unechte an der Kultur des Rationalismus: die Gesten eines Glöckners machen, um ein Fenster zu öffnen! – sehe ich, gerade aus dem Traum erwacht, in der Erinnerung ein Bild von Moritz von Schwind mit dem Titel *Morgenstunde*, das gemeinsam mit einigen anderen Bildern von Malern der deutschen Romantik – Caspar David Friedrich, Arnold Böcklin, Hans von Marées – in meinem Geist eine Art offenes Fenster zurückgelassen hat, das auf eine glückliche, jedoch ein für allemal verlorene Welt blickt.

Da ist ein Zimmer, ein ungemachtes Bett, das noch warm ist vom Schlaf, ein Häufchen jungfräulicher Wäsche, die über der Rückenlehne eines Stuhles hängt, ein Schuh-Zwillingspaar, ein Mädchen, das die Fensterläden auf eine keusche Morgenlandschaft öffnet, die den Landschaften ähnelt, die der junge Dürer mit Aquarellfarben malte.

»Heute ist ein Nebeltag.«
Luigi ist Mailänder, und in seiner Stimme liegt Stolz. Wenn die Mailänder vom Nebel sprechen, setzen sie eine gequälte Miene auf, aber im Grunde sind sie glücklich mit »ihrem« Nebel. Sie machen ihn größer und dichter, als er wirklich ist, sie vergleichen ihn mit dem Pariser *purée de pois*, mit dem Londoner Nebel; sie machen ihn dichter als den berühmten Londoner Nebel, in dem die Verbrechen von Edgar Wallace im unwirklichen Klima aus Morbidität und Schweigen begangen werden. Im Nebel verbirgt sich Rassismus, sowie sich umgekehrt im Sonnenschein ein Hauch von Schande verbirgt, etwas, das sich verstecken möchte.
Aber wo sind die großen Nebelschwaden von Mailand? Der Nebel stattet die Städte aus, sammelt die Gespräche der Menschen ein und konserviert sie; und wenn es Frühling wird und die Sonne wieder in den Schaufenstern der Läden glänzt, die Frauen sich aus den schwarzen Pforten der Häuser stürzen und sich wie goldene Fasane lärmend über die Stadt ergießen, dann lösen sich die Gespräche, die so lange Monate vom Nebel aufbewahrt worden sind, klingend auf und regnen vom funkelnden Himmel herab.
Geht man zu dieser Zeit über eine menschenleere Straße, kann es passieren, daß man neben sich hört: »Sta attent, Luisin, te do un sgiaffòn, che te immadonna in sül mür come ona pell de figh« (»Gib acht, Luigi, oder ich gebe dir eine Ohrfeige, daß du wie die Haut einer Feige an der Wand klebst.«), und man versteht, daß diese »flüssig gewordene« Drohung vor einigen Monaten von einer Mama ihrem Sohn Luigi gegenüber geäußert worden ist. Dann hört man: »Sent, Teresa, incoeu la mangiom sta büsecca o quand?« (»Horch zu, Teresa, wann essen wir die Kuttelsuppe.«), und man versteht, daß die Beziehung zwischen »ihm« und Teresa inzwischen die idyllische Phase hinter sich gelassen hat und sich einzig und allein auf alimentäre Interessen beschränkt. Und außerdem hört man: »Credom, Gisella, mi e ti semm come l'ombrella e el mànegh« (»Glaube mir, Gisella, ich und du, wir

sind wie der Schirm und sein Griff.«), und man befürchtet, daß sich auch dieses Versprechen ewiger Liebe inzwischen gemeinsam mit dem Nebel aufgelöst hat.

Der Nebel ist bequem. Er verwandelt die Stadt in eine riesige Bonbonniere und ihre Bewohner in kandierte Früchte. Der Nebel vereint und lädt zum häuslichen Leben ein. Auch die Liebe wird vom Nebel begünstigt, die ja etwas Geschlossenes und zärtlich Menschliches ist. Glaube uns, Leser, die wir aus Gründen der Geburt und infolge poetischer Ambitionen unter Myrten, unter einem glasklaren Himmel und in Sichtweite des homerischen Meeres von Liebe träumten: Dort oben, in diesem Land ohne Götter, begreift man, daß die Götter, mögen sie auch unsichtbar sein und in Licht aufgelöst, unnütze Gefährten und lästige Zeugen sind.

Frauen und Mädchen gehen mit Kapuzen auf dem Kopf durch den Nebel. Sanfte Dunstschwaden wehen um ihre Nasenlöcher und um den halboffenen Mund. Die Augen unter der Kapuze leuchten. Ist etwa die Zeit der Maskenbälle und der Dominos zurückgekehrt? »Ich weiß, wer du bist, kleine Maske!« Einem dieser Dominos in die warme Wohnung folgen, sich in einem von Spiegeln vergrößerten Salon wiederfinden, sich zwischen weichen Teppichen und schweren Möbeln, die Familie »spielen«, umarmen, während man noch nach Nebel duftet, während sich draußen der Nebel gegen das Fenster preßt und es diskret, schweigend und schützend beschlägt.

Man versteht, warum im Norden der Lebenswille größer ist. Auch der Tod ist in den nebeligen Städten weniger roh, während er in sonnigen Städten äußerst grausam ist. Die Toten lösen sich von uns, ohne uns jedoch völlig zu verlassen. Sie ziehen nur ein wenig weg, in ihre etwas kleinere Stadt, und der Nebel vereint Tote und Lebendige. Wer ein feines Ohr besitzt, hört, wie die Toten unter dem dichten Nebelgürtel in ihren gemütlichen, kleinen Häusern ganz leise atmen. Den Toten darf man keine Sonne geben: Sie würden nur unglücklich werden und hungrig auf Leben.

Hinter mir im Nebel höre ich, wie ein Einsilber mehrmals wiederholt wird: »Ba ba... ba ba... ba ba.« Ich drehe mich um, sehe jedoch niemanden; ich rudere mit den Armen, spüre jedoch nichts; und dennoch erinnert mich dieser Einsilber an ein seltsames Atemgeräusch, an die laterale Atmung eines Fisches.

Aber wo sind die großen Nebelschwaden von Mailand? Wo ist der schreckliche Nebel jener Weihnachtsnacht, als ich von der Wohnung meiner Freunde auf dem Corso di Porta Nuova hinunterstieg und auf dem Weg zu meiner Wohnung auf der Via Ariosto die Stadt durchquerte, in der es kein einziges helles Fenster, kein geöffnetes Auge zu geben schien und ich mich an den Mauern der Häuser entlangtastete wie ein Blinder?

Drei Gründe macht man vor allem für das Verschwinden des Mailänder Nebels verantwortlich: die Ausdehnung der Stadt, die Trockenlegung der Reisfelder in der Umgebung und die Abdeckung des Naviglio.

Ich gehe durch die Via Principe Umberto und nehme mir vor, quer durch die Stadt zu gehen, um auf dieselbe Weise wie an jenem Weihnachtsabend auf die Via Ariosto zu gelangen. Ich möchte eine Seite aus meinem Leben rekonstruieren, wie der Untersuchungsrichter ein Verbrechen rekonstruiert, und am Anfang dieser Seite meinen Freund Caterino wiederfinden, der vor dreizehn Jahren auf metaphysische Weise gestorben ist. Die Via Ariosto befindet sich in der *poetry corner* von Mailand. Hier leisten sich Ariost, Petrarca, Boccaccio, Vincenzo Monti und Leopardi Gesellschaft. Dante schreitet ihnen voraus wie der Hauptmann der Truppe: Er ist zwischen dem Stadtzentrum und der Schar seiner weniger bedeutenden Kollegen angesiedelt worden. Carlo Porta[1] hat man aus dieser Gemeinschaft ausgeschlossen, vielleicht weil er nicht in Hochsprache schrieb, und Pascoli auch. Aber warum Pascoli? Vielleicht weil auch er nicht in Hochsprache schrieb. Besaßen die Mitglieder des Mailänder Gemeindeausschusses ein derart feines Gefühl für die Literatur, daß sie das Dialektale in der Poesie Pascolis hörten? Mäße man die Größe der Dichter an der Länge der ihnen geweihten Straße, wäre der Cavaliere Monti bedeutender als Petrarca.

Von Michaelis des Jahres 1907 bis Michaelis des Jahres 1908 wohnte ich auf der Via Petrarca im obersten Stock eines neuen Hauses, das jedoch in lombardischem Renaissance-Stil gehalten war. Wird das Werk eines Dichters davon beeinflußt.

---

1 Carlo Porta (1776-1821). Mit deutlicher Ironie vermerkt Savinio die Verachtung der hochsprachlichen Dichter gegenüber den Dialektdichtern. Porta verfaßte seine Werke im Mailänder Dialekt. (Anm. d. Ü.)

wenn er in der Via Petrarca wohnt? Von mir kann ich es nicht sagen, denn ich war in dieser Zeit nicht poetisch tätig, besser gesagt, ich schrieb keine Verse; aber allem Anschein nach nicht, denn auf derselben Straße wohnten nur wenige Häuser weiter zusammen in einer Wohnung Arturo Colautti[2] und Ettore Moschino, welche... Colautti hatte einen kahlen aerodynamischen Schädel. Jeder versucht, seiner Zeit voraus zu sein, so gut es geht.

Und dennoch war diese Straße sehr petrarkesk: Petrarkesk war sie zu Mittag, wenn an den Tischchen der kleinen Osteria meinem Haus gegenüber die Maurer mit dem Zeitungsschiffchen auf dem Kopf zum Essen kamen und der geheimnisvolle Mittagswind die Tischtücher hob; petrarkesk war sie in den frühen, noch pan-haften Nachmittagsstunden, wenn die Dienstmädchen in den Küchen die Teller spülten und aus den Fenstern ihre Lieder von Freud und Leid der Liebe klangen; petrarkesk war sie an weichen Herbstnachmittagen, wenn die Drehorgelspieler kamen, um auf der dem Dichter geweihten Straße haltzumachen, und ihm langsam und melancholisch das Duett des Manrico und der Azucena vorbeteten; petrarkesk war sie vor allem dank ihres tiefen und reinen lombardischen Himmels, und mein jugendlicher Blick erforschte von jenem obersten Stock aus seinen unermeßlichen Ozean, seine veränderlichen Kontinente und seine vorbeiziehenden Inseln.

Petracco hellenisierte seinen Namen und nannte sich Petrarca, sowie Charles Durand seinen romanisierte und sich Carolus Durand nannte.

Gemeinsam mit anderen Größen steht Petrarca im Hof der Uffizien von Florenz in einer Nische. Er trägt einen Lorbeerkranz, aber seine Nasenlöcher haben einen seltsamen Ausdruck, vielleicht aufgrund der Schwärze, die die Zeit hier abgelagert hat, und sie erwecken den Eindruck, als würde die Nase von Lauras Dichter verfaulen.

Von allen Ableitungen aus Dichternamen wie »dantesk«, »shakespearisch«, »homerisch« hat »petrarkesk« die höchste und moralischste Bedeutung.

2 Arturo Colautti (1851-1913), Journalist. Schrieb auch den Text zur Oper *Adriana Lecouvreur*. (Anm. d. Ü.)

Immer deutlicher »erschallt«[3] hinter mir der Einsilber: »Ba ba ...
ba ba ... ba ba ...« Ich drehe mich wieder um, sehe aber nichts.
Inzwischen verdichtet sich der Abend wie eine dunkle Flüssigkeit, die sich in einem fadenscheinigen und weichen Organismus
aus Watte ausbreitet.

Zur Via Leopardi hatte ich eine etwas dramatischere Beziehung.
Hier wirkte ein Zahnarzt und wirkt vielleicht noch immer, mit
dem ich anläßlich einer äußerst schmerzhaften Karies am zweiten Backenzahn unten rechts Bekanntschaft schloß. Wenn die
Eingangstür des Zahnarztes vom Patienten aufgestoßen wurde,
antwortete ein kristallklarer und süßer Ton, der von fünf Glas-
röhren abgegeben wurde, die über der Tür hingen und von dieser
den Impuls erhielten, aneinanderzuschlagen und zu vibrieren.
Welche Karies, welcher Blutstau, welche Neuralgie hätte diesem
göttlichen Konzert, dem tönenden Eingang in ein Kinderpara-
dies widerstehen können? Es war eine Behandlung mit Hilfe von
Tönen, eine kühne Vorwegnahme des Lachgases, das die Zahnärzte seit einigen Jahren verwenden und das den Dichter Cocteau
selbst bei hervorragendem Zustand seiner Zähne in das Behand-
lungszimmer der Zahnärzte lockte, allein um sich an diesem Gas
zu berauschen und auf dem Folterstuhl, auf dem andere winseln
und leiden, seine Wirkung zu genießen. Ach, war die Epoche des
Friedens und der sanften Töne doch eine schöne Epoche! Weder
der Schrei der Sirenen noch der Bariton der Lautsprecher, sondern höchstens die dahinfließende Musik der Automobile, die
sich aus der Ferne mit den ersten fünf Tönen des Walzers aus der
Lustigen Witwe ankündigten: g c d e.

»Ba ba ... ba ba ... ba ba«, wiederholt der unsichtbare Fischkopf
hinter mir, und inzwischen ist er so nah, daß ich seinen heißen
Atem im Nacken verspüre.

Die Via Carlo Porta zweigt von der Via Principe Umberto ab,
über die ich gerade gehe, und verbindet die Via Principe
Umberto mit der Via Principe Amedeo. Die Via Carlo Porta hat

---

3 Petrarca zu Ehren verwende ich dieses wunderschöne und vergessene
   Verb:

> Der Früh-Gesang der Vögelein
> er läßt die Täler insgeheim erschallen ...

die Form des abgewinkelten Armes des *apoxyomenos*,[4] und dort, wo sich Oberarm und Unterarm im Ellenbogengelenk treffen, befindet sich zwischen Bäumen ein presbyterianisches Kirchlein, und hinter dem Gittertor stehen unter den Kastanien zwei Sessel aus Stein, für den Fall, daß sich hier jemand geistig sammeln und über das Geheimnis der Transsubstantiation meditieren möchte. Gegenüber der Via Principe Amedeo mündet vor dem Haus, in dem Camillo und Arrigo Boito wohnten, die Via Carlo Porta. Der Gedenkstein, der dieser glorreichen Mieter gedachte, wurde aus der Mauer entfernt, das Haus wird offenbar renoviert, und – wer weiß? – vielleicht wird die Zerstörungswut auch die Erinnerung an das Domizil der beiden illustren Brüder beseitigen.

»Ba ba... ba ba... ba ba.« Die Nacht verdichtet sich immer mehr in der nebelverhüllten Stadt, aber weder auf den Straßen noch in den Häusern und Läden geht ein Licht an; weder Passanten noch Verkehrsmittel sind zu sehen, kein Leben ist zu spüren außer diesem »Ba ba... ba ba... ba ba«, das so hartnäckig ist wie der Pulsschlag des Nebels, der Nacht, der Stadt selbst.

Es war das erste Jahrzehnt des Jahrhunderts, und ich trug noch nicht die *toga virilis*.[5] In der Abenddämmerung polsterte der Nebel auf das angenehmste die Straßen. Ich war in Begleitung von Tito Ricordi, dem letzten dieses Namens, der den berühmten Verlag leitete. In jener Zeit war das rasierte Gesicht ein Privileg von Schauspielern und Kellnern, und einer der geistreichsten Mitarbeiter des »Corriere della sera« – ich erinnere mich nicht, ob es Amedeo Morandotti war oder ein anderer – hatte von Männern ohne Bart und Schnurrbart gesagt, sie sähen aus wie häßliche Frauen. Tito Ricordi war dennoch glattrasiert, aber nach dem Durchfall der *Madame Butterfly* gelobte er, sich solange weder Bart noch Schnurrbart zu schneiden, bis die Pechsträhne aufhörte. Und als die *Madame Butterfly* im Grande von Brescia triumphierte, konnte Tito Ricordi wieder das Gesicht einer häßlichen Frau annehmen.

»Ba ba... ba ba... ba ba.«

---

4 Die jüngsten Veränderungen entsprechend dem Stadtbebauungsplan haben die Arm-Form der Via Carlo Porta zerstört.

5 Die *toga virilis* erhielten die römischen Jungen beim Eintritt ins Mannesalter. (Anm. d. Ü.)

Boito bewohnte eine winzige Wohnung im Erdgeschoß, und auf dem ungewöhnlich breiten Fensterbrett stellte er seine wertvolle Muschelsammlung zur Schau. Er selbst öffnete uns die Tür und hielt eine Petroleumlampe hoch über dem Kopf. Diese Erscheinung ließ an ein neues Kapitel des *Pinocchio* denken, in dem der Autor des *Mefistofele* die Rolle der kammerdienernden Schnecke spielt. Boito war groß, trug eine Goldbrille und sah aus wie ein Kinderarzt. Der wahre Zweck dieses Besuches wurde von niemandem ausgesprochen, aber es wurde stillschweigend vorausgesetzt, daß er eine Art »Einführung in den Tempel« war, die Ehrerbietung, die ein hoffnungsfroher Jüngling dem Patriarchen der Töne und der Prosodie erwies. Boito besaß in jener Zeit des triumphierenden Jugendstils einen großen Ruf als virtuoser Versdichter, und besonders bewundert wurden seine vertonten Verse.

»Ba ba... ba ba... ba ba.«

Vor vielen Jahren stand an der Ecke der Via Principe Umberto und der Via Carlo Porta Abend für Abend bis spät in die Nacht eine Frau: im Schatten, an der Mauer, von Nebel umgeben, wie ein Fisch unter einer dicken Schicht Gelatine. Sie stand unbeweglich und schweigend da und wartete. Wen erwartete sie? Worauf wartete sie? Ihre Augen waren blicklos und tot. Was kümmerten sie die Passanten, die Dinge, die vorbeikamen? Nichts erregte mehr ihre Neugier, und vielleicht hatte sie auch nie Neugier gekannt und nicht einmal einen Funken Lebendigkeit besessen, der selbst aus dem Auge eines niederen Säugetieres blitzt. Sie wartete. Sie trug keinen Hut, sondern ein Taschentuch auf dem Kopf, wenn die Nacht kalt war. Um die Hüften hatte sie eine kurze Schürze gebunden, und darunter versteckte sie die Hände, die sie zum Schutz vor der Kälte auf dem Bauch verschränkt hielt; und ich, der ich die Tätigkeit dieser Frau sehr wohl kannte, wagte mir nicht vorzustellen, wozu diese Schürze diente. Ob es nun die Schürze war oder die abgenutzten Arbeitskleider, das Gesicht aus getrocknetem Schlamm, die Haare auf der Oberlippe, die grauen Strähnen, die ihr ins Gesicht fielen, die ausgetretenen Schuhe: Diese einsame Karyatide des Nebels erinnerte an ein Mädchen für alles, an eine alte Vagabundin, sogar an eine stumme Bettlerin, deren völlige Gleichgültigkeit auch jenes Minimum an Willen zum Erlöschen gebracht hatte, das notwendig ist, um auch nur um ein Almosen zu bitten. Und dennoch verkaufte sie Liebe, war sie – verwenden wir den technischen Ausdruck – ein Straßenmädchen.

Alte Vagabundin . . .

Welch seltsames Spiel der Analogien, welch rührende Irrtümer, denen der Mensch auf den Leim geht, weil er ein allzu großes Bedürfnis hat zu verstehen. »Vagabondo« (Vagabund) ist in manchen Dialekten zu »vagamondo« (Weltenbummler) geworden, weil manche dachten, der Vagabund »vaga per il mondo« (zieht in der Welt umher); und meine Schwiegermutter machte Aperitiv zu Appetitiv, weil ein Wein, der Appetit macht, nur Appetitiv heißen kann.

Für gewöhnlich waren die Kunden der Frau an der Ecke Via Principe Umberto und Via Carlo Porta – wer weiß warum? – die Kutscher der Droschken, die in Mailand, der Stadt des Nebels, (bruma) Brumisti heißen, wenn auch nicht aus denselben Analogiegründen, die den Aperitiv zum Appetitiv machten. Kolossale, untrennbar mit dem Kutschbock verwachsene Männer, Zentauren, die halb Mensch und halb Kutsche waren, die zu jener Zeit die zahlreichen »Brums« (Broom) durch Mailand kutschierten, die unter dem Zylinder aus Wachstuch Wolltücher um die Kiefer gewickelt trugen, und die, wenn sie bei den Stationen stillstanden, die Arme um den Leib schlugen, um sich zu wärmen.

»Ba ba . . . ba ba . . . ba ba.«

Manchmal ging ich nachts durch die Via Principe Umberto, aber von der Eckenstesterin war an der dunklen Einmündung der Via Carlo Porta nichts zu sehen. Ich spürte jedoch, sie stand da hinten am Ende der Via Carlo Porta, im schwärzlichen Nebel der Nacht, denn sie versteckte sich bei der Ausübung ihres Berufes im Nebel, so wie sich der Tintenfisch mit Tinte umgibt, wie sich der Fisch auf den Grund sinken läßt. Der »Brum«, ein kleiner schwarzer Leichenwagen mit leerem Kutschbock, stand unbeweglich an der Straßenecke, und das Pferdchen wartete gesenkten Kopfes, im Dampf seines müden Atems und mit hängenden Ohren, bis sein Herr . . .

»Ba ba . . . ba ba . . . ba ba.«

Vom ganzen Werk Boitos ist mir nur folgender Vierzeiler geblieben:

E baci di calèidi
E sputi di lumache
Tutto provasti e l'asta
Del fiero iconoclasta.[6]

Aber in diesen vier Zeilen sind wie in einem perfekten kleinen
Modell alle Qualitäten des Dichters Arrigo Boito enthalten:
Geschmack am seltenen Wort, gewagte Bilder und die Fähigkeit,
den Vers wie einen Krapfen zusammenzurollen.
Das mystische Halbdunkel erinnerte passenderweise an das Stu-
dierzimmer des Doktor Faust. In den Regalen der Bibliothek
glänzte das Gold der Einbände. Die Konversation variierte das
Thema Musik, und da wir auf den *Falstaff* zu sprechen kamen,
lobte Boito das Können, mit dem der »Alte« seine Musik den
literarischen Feinheiten des Librettos angepaßt hatte. Ricordi
bemerkte, daß Boitos Rechte bandagiert war, und Boito sagte,
ein dicker Band des *Wohltemperierten Klaviers* sei kurz zuvor
vom Notenhalter des Klaviers gefallen und habe ihn an der Hand
verletzt. Boito schrieb zu dieser Zeit den *Nero* und ließ sich von
der Bachschen Musik inspirieren, so wie er sich für den *Mefistofele* von Beethovens Musik hatte inspirieren lassen. Hätten nicht
die Biographen bestimmte Einzelheiten aus Boitos Leben
bezeugt, käme keiner auf den Gedanken, sie für wahr zu halten.
Nicht nur Boito ist ein Opfer der Bücher: ich meine des spezifi-
schen Gewichts der Bücher. Als Petrarca in der Kartause von
Garegnano weilte und sich den Dialogen *De remediis utriusque
fortunae* widmete, in denen Vernunft, Vergnügen, Hoffnung,
Angst und Schmerz über Glück und Unglück räsonieren, indem
sie zum Beweis die Freuden und Leiden, die Genüsse und die
Schmerzen des Lebens zeigen, fiel ihm eines Tages, als er gerade
dabei war, die Briefe Ciceros aus einem großen, in Holz gebun-
denen Palimpsest abzuschreiben, das schwere Schriftstück auf
den linken Fuß und schlug ihm eine Wunde, die sich entzündete
und fast die Amputation des Gliedes notwendig gemacht hätte.

6 Küsse von schönen Bildern
  Und Schneckenschleim
  Alles hast du am eigenen Leib erfahren:
  Auch den Stab des stolzen Ikonoklasten. (d.Ü.)

Ist es möglich, sich einen einbeinigen und auf Krücken hüpfenden Petrarca vorzustellen, dessen Poesie ja ein ständiges Gehen durch wandelbare Länder unter wandelbaren Himmeln ist?

Im Gegensatz zu Vernunft, Vergnügen, Hoffnung, Angst und Schmerz, die sich so viele Dinge zu sagen haben, begann das Gespräch zwischen Boito und Ricordi bald zu stocken. Ricordi erhob sich, um Abschied zu nehmen. In der Luft lag ein unaussprechlicher Klumpen, etwas Ungelöstes: Man spürte, daß der Zweck des Besuches noch nicht erreicht war. Boito begriff, daß man einen erinnerungswürdigen Ausspruch von ihm verlangte, legte mir die unverletzte Hand auf die Schulter, sah mir tief in die Augen und sagte: »Erinnere dich, junger Mann, daß man das zusammenführen muß, was ohne Zusammenhang ist.« Dreißig Jahre sind seit jenem Tag vergangen, und ich habe den Sinn jenes Satzes noch immer nicht verstanden. Aber vielleicht ist es eine Eigenschaft der erinnerungswürdigen Sätze, keinen Sinn zu haben.

»Ba ba...« Also, wer ist das? Aus welchem Mund tritt dieser Atem, aus welcher Lunge steigt er empor? »Ba ba... ba ba... ba ba.«

Renato Simoni, ein guter und sehr teurer Freund, behauptet, daß 1908 bei Boito auch nicht mehr die winzigste Spur jener Abneigung anzutreffen gewesen war, die Boito für Verdi hegte, bevor sie Freundschaft schlossen und zusammenarbeiteten; und um seine Behauptung zu belegen, erzählt er mir folgende kleine Anekdote: Eines Tages hatte Boito irgendeine geniale harmonische Lösung gefunden und zeigte sie Verdi als ein nachzuahmendes Beispiel; aber er wurde sich sofort dessen bewußt, daß er dabei den Eindruck erweckte, er wolle dem Meister eine Lektion in Harmonielehre erteilen, und er schämte sich so sehr für diese respektlose Tat, daß ihn sogar noch viele Jahre später die Erinnerung daran mit Verlegenheit und Reue erfüllte.

»Ba ba... ba ba... ba ba.«

Das eine zieht das andere nach sich, und Renato Simoni erzählt mir daraufhin eine weitere kleine Anekdote über Boito, jedoch nicht über den Musiker, sondern den Patrioten und Garibaldiner. Boito, der eine unüberwindliche Abscheu vor Fledermäusen hatte, wurde eine Nacht in der Nähe von Desenzano als Wache aufgestellt, an einem Ort, der von den degenerierten Nachfahren des *pterodactylus macronyx* und des *pterodactylus crassirostris* sehr stark heimgesucht wurde; und er verharrte mit solchem Mut die ganze Nacht an seinem Posten, unter dem zackigen Flug dieser fliegenden Säugetiere, die ihn mit den aalglatten Membranen ihrer Flügel streiften, so daß er am Morgen nach der Ablösung völlig von seiner Nyktophobie, beziehungsweise von seiner Fledermaus-Anaphylaxie, wie man heute sagen würde, geheilt war.

»Auf jeden Fall war Boito ein lächerlicher Dichter, ein mittelmäßiger Komponist ... ba ba ... und töricht ...«

Ich würde lügen, wenn ich behauptete, es hätte mich keine Mühe gekostet, den Ausruf, der mir plötzlich auf der Zunge gelegen hatte, zu unterdrücken und einen ruhigen Ton vorzutäuschen.

»Ich habe dich erkannt – besser gesagt: ich habe dich gespürt, seit ich zum ersten Mal dein ›ba ba ... ba ba‹ hörte. Nur konnte ich mir diesen sich wiederholenden labialen Einsilber nicht erklären, den du hinter mir hergehaucht hast. Wie geht es dir, Andrea?«

»Wenn du das so auffaßt, werde ich dir sagen, daß es mir gut geht, soweit ... ba ba ... es einem Toten eben gut gehen kann. Was diesen labialen Einsilber anbelangt, wie du ihn nennst, so ist er der Atem von uns Toten ... ba ba ... von uns frühzeitig Gestorbenen.«

Als ich in der unerklärlich dunklen und ausgestorbenen Stadt »unseren Weg« ging, in der Hoffnung, die Erinnerung an Caterino lebendiger und plastischer wiederzufinden, dachte ich, ich hätte ihm unzählige Dinge zu sagen, aber jetzt, da ich Caterino wiedergefunden habe (meine tragbare Remington hat statt »ritrovato« – »wiedergefunden« – »ritorvato« geschrieben, und diese unerwartete Ableitung von »torvo« – »finster« – scheint mir weniger zufällig zu sein, als ein naives und realistisches Gemüt vielleicht denken mag), und zwar auf eine Weise, wie ich es nach jenem respektlosen, erzwungenen und falschen Satz nicht mehr zu hoffen gewagt hatte, fiel mir nichts mehr ein, was ich ihm hätte sagen können. Und als wäre unsere Beziehung, kaum aufgenommen, auch schon wieder abgebrochen, ziehe ich mich zurück und versuche, mich aus Analogiegründen möglichst genau an jenen Vergleich zu erinnern, den Pascoli im Vorwort zu den *Poemi conviviali* (*Gastmahlgedichte*) anführt und der anhand jenes Stils, der den scharf umrissenen Figuren auf den griechischen Vasen nachempfunden ist, zum Ausdruck bringt, daß die Literaten der Generation (und auch des Genres) von Pascoli an den langsamen und schwerfälligen Schritt der Literatur glaubten, der jedoch in Wirklichkeit nichts anderes war als eine übertriebene und ästhetisierende Art und Weise, die Armut ihrer Phantasie zu verbergen. Wie sagte doch Pascoli genau?...

»Wer Durst hat, glaubt, nicht einmal eine Amphore würde seinen Durst stillen, aber...« Ich erinnere mich nicht an den genauen Wortlaut, aber die Bedeutung ist folgende: Der durstige Mensch denkt, nicht einmal eine Amphore könne seinen Durst stillen, da doch ein kleiner Kelch genügen würde, ihn zu stillen. Dieser Vergleich Pascolis trifft genau auf meine Beziehung zu Caterino zu, aber ist es nicht eigenartig, von Amphoren und Kelchen zu sprechen, da wir doch Flaschen und Gläser verwenden und nur Champagner aus Kelchen trinken?

Es entsteht eine lange Pause, bevor mir wieder etwas einfällt, was ich zu Caterino sagen könnte.

»Ich dachte, du seiest in Florenz. Wie bist du nach Mailand gekommen?«

»Mit dem Zug«, antwortet mir Caterino, »ich bin... ba ba... mit dem Zug gekommen. Die geringe Festigkeit, die uns, die wir schlecht gestorben sind, geblieben ist, gestattet uns... ba ba... gestattet uns, uns im Raum zu bewegen, wenn auch nur sehr langsam... ba ba... Du kannst dir ja gar nicht vorstellen, welche Anstrengung es mich gekostet hat und wie lange ich gebraucht habe, um von der Porta Romana nach Santa Maria Novella zu gelangen... ba ba... Und als ich in Santa Maria Novella angekommen war, fand ich keinen Bahnhof vor.«

Dieser letzte Satz Caterinos genügte, um den metaphysischen Widerwillen zu beseitigen, den ich mit vollem Recht verspürte, hatte ich doch einen Freund, der mir zu Lebzeiten sehr teuer gewesen war, als Gespenst wiedergefunden. An diesem Satz erkannte ich den ironischen Caterino wieder, den Caterino, mit dem ich ganze Tage zugebracht hatte – und zwar mit der Begeisterung von Indianern, die einen Kriegstanz tanzen, mit der sadistischen Wollust von Menschen, die eine Leiche enthäuten – den Bouvard- und Pécuchet-Geist unserer Zeitgenossen bloßzulegen. Ich verstand sehr gut, was Caterino meinte, als er sagte, er hätte keinen Bahnhof vorgefunden, als er auf die Piazza Santa Maria Novella gelangt war; ich wollte es aber von ihm bestätigt haben, und außerdem verfolgte ich mit meiner Frage den Zweck, ihn zum Sprechen zu bringen.

»Was heißt, du hast keinen Bahnhof vorgefunden?«

»Ich blicke nach rechts, ich blicke ... ba ba ... blicke nach links, aber ich sehe keinen Bahnhof.«

Ich finde wieder zur alten Selbstverständlichkeit zurück, mit der ich und Caterino einander verstanden. Auch mir war es vor einigen Jahren passiert, auf der Piazza Maria Novella anzukommen, mit dem Bild des alten Bahnhofes von Florenz vor Augen, und wie Caterino keinen neuen Bahnhof vorzufinden. »Paß auf«, hatte der Freund zu mir gesagt, der neben mir am Steuer saß, »jetzt fahren wir an der Via Cerretani um die Ecke, und dann wirst du den neuen Bahnhof sehen.« Aber als wir um die Ecke fuhren und ich den neugierigen Blick über die unregelmäßige Piazza schweifen ließ, über der der Campanile von Santa Maria Novella wacht, entdeckte ich keine Spur vom neuen Bahnhof.

Den neuen Bahnhof von Florenz auf der Piazza zu sehen, auf der er seine noch kindlichen, wenn auch grauen und wie eingeäscherten Gliedmaßen in die Höhe reckt, ist genauso schwierig, wie den Glanz eines Sternes im gleißenden Licht eines Sommermittags zu sehen. Wie das Chamäleon, das sich verteidigt, indem es unsichtbar wird, besitzt auch der neue Bahnhof von Florenz die Fähigkeit, sich seiner Umgebung »anzupassen«.

In einer seiner Novellen erzählt Apollinaire von den Schrecken eines ehebrecherischen und verfolgten Liebhabers, der sich vor Angst auflöst und in der Mauer verschwindet, jedesmal wenn ihn der othelloähnliche und mit schrecklichen Revolvern bewaffnete Ehemann einzuholen droht. Ist der neue Bahnhof von Florenz vielleicht ein einzigartiges Beispiel architektonischer Feigheit? Abgesehen davon, daß seine Farbe grau ist, also die Vereinigung zweier Nicht-Farben, bestätigt auch die Form des neuen Bahnhofes diesen Wunsch nach völligem Amorphismus, nach perfekter Anonymität.

Als ich dank der Hinweise des Freundes endlich die große blinde Mauer entdeckt hatte, die die Fassade des neuen Bahnhofes bildet, hielt ich sie im ersten Augenblick für eine provisorische Schutzmauer, die das noch im Bau befindliche Gebäude verbergen sollte. Ich mußte mich jedoch eines Besseren belehren lassen: Sie war das Gebäude selbst.

Ich weiß nicht, ob diese »Unsichtbarkeit« in der Absicht der sechs Erbauer des neuen Bahnhofes von Florenz lag, jedenfalls wurde sie – beabsichtigt oder nicht – perfekt erreicht. In größerem Maße als jede Batterie oder jedes getarnte Schiff ist dieses massive und gleichzeitig hinfällige Gebäude ein Modell der passiven Verteidigung.

Der neue Bahnhof von Florenz steht da, aber man sieht ihn nicht.

Wer meine Worte nicht als Lob auffaßt, täuscht sich. Ich habe immer gedacht, der schönste Schmuck der Mädchen sei die Schamhaftigkeit und der schönste Schmuck der Nutzbauten sei die Unauffälligkeit. Der neue Bahnhof von Florenz ist nun nicht nur unauffällig, sondern unsichtbar. Was will man mehr?

Über die »Unauffälligkeit« der Nutzbauten dürfte es keine Zweifel geben. Aber da den Teillösungen radikale Lösungen vorzuziehen sind, bin ich natürlich für die »Unsichtbarkeit«.

Für einen Bahnhof ist die Lage oberhalb der Erde bereits ein Zuviel an Eitelkeit und Luxus. Die Stimme der Vernunft selbst verkündet, daß das Schicksal der zukünftigen Bahnhöfe ein »unterirdisches« sein wird. Es verwundert mich jedoch, daß bei einem heute erbauten Bahnhof nicht die Erfordernisse von morgen in Betracht gezogen wurden. Es wäre klüger und eleganter gewesen. Wer garantiert andererseits, daß der oberhalb der Erde gelegene Bahnhof völlig den Erfordernissen von heute entspricht?

Italien und seine Städte stehen mitten in der Entwicklung. Nichts darf ihre Entwicklung behindern, verzögern oder gar aufhalten. Alles, was die Mühe der vor sich gehenden Entwicklung behindert, muß rechtzeitig zur Anzeige gebracht und gnadenlos beseitigt werden.

Ein Prinzip, das in Italien notwendiger ist als in jedem anderen Land. Denn auf unserem Land lastet eine uralte und anmaßende Tradition. Denn die Tradition ist oft eine Nährmutter, manchmal jedoch ein Vampir. Denn viele der Beiträge, die die Tradition leistet, sind positiv, manche sind jedoch negativ. Denn das kulturelle Leben Italiens war eine Zeitlang passiv und den kulturellen Formen anderer Länder tributpflichtig.

Wenn eine neue Zivilisation entsteht, muß die beschränkte Intelligenz, die den unmittelbaren Dingen innewohnt (Weisheit, Vorsicht, Logik der Gegenwart), einer »längerfristigen« Intelligenz weichen, die sich in die Zukunft projiziert: damit der Fortgang flüssiger und der Betrieb reibungsloser wird, und damit der »Umwandlung« jener beunruhigende Charakter genommen wird, der den Menschen mit gewöhnlicher Sehweise so sehr erschreckt.

Am neuen Bahnhof von Florenz habe ich einige glückliche »Lösungen« bemerkt, wie das Weglassen des großen Überdaches, das der ganze Stolz der größeren Schwester in Mailand ist. Aber warum noch immer dieser Höhenunterschied zwischen Bahnsteig und der Waggontür? Auch Ischiaskranke sind hin und wieder gezwungen, einen Zug zu besteigen.

Der gewaltige Bau des Bahnhofes stellt an und für sich einen Nierenstein inmitten des städtischen Gewebes dar: Der Bahnhof mit den von ihm ausgehenden Gleisbündeln ist eine städtische Krankheit: das größte Hindernis für die natürliche Entwicklung einer Stadt.

Gott weiß, daß ich ein Feind der unseligen Progressisten bin, die ein dem 20. Jahrhundert angepaßtes Leben wollen; aber im Gegensatz zum moralischen oder intellektuellen oder poetischen Teil des Lebens muß der mechanische ständig erneuert, beziehungsweise in einem Zustand ständiger »Neuheit« gehalten werden; denn ihm fehlt nicht nur jedes erinnerungswürdige, sondern auch jedes haltbare Element, und kaum ist sein kurzer Augenblick vorbei, verwest und verfault er schneller als ein toter Fisch oder als Melonenkerne.

Der Haupteinwand gegen den unterirdischen Bahnhof sind die Kosten. Aber ist vielleicht ein heute erbauter und morgen umgebauter oder, was noch schlimmer ist, ein durch einen neuen ersetzter Bahnhof, um den sich stets erneuernden Erfordernissen der Zeit nachzukommen, weniger kostspielig? Der unterirdische Bahnhof würde den Zügen gestatten, bis ins Herz der Städte vorzudringen: Der oberhalb der Erde gelegene Bahnhof ist dazu verdammt, sich immer mehr aus dem Zentrum zu entfernen. Und mit ihm die Reisenden.

Über die Kriegsvorteile des unterirdischen Bahnhofes brauchen wir erst gar keine Worte zu verlieren.

Als man mich zur Zeit der großen Debatte über den neuen Bahnhof einlud, in der Zeitung der *Federazione Fascista* von Florenz meine Meinung zu äußern, sprach ich mich für das Projekt aus, das später verwirklicht werden sollte, fügte jedoch hinzu, daß ein unterirdischer Bahnhof noch besser wäre.

Beim Anblick dieses so schweigsamen und schamhaften Gebäudes dachte ich an die großen Kämpfe zwischen »Rationalisten« und »Kolumnisten« zurück, und wieder einmal stand mir deutlich vor Augen, wie unsinnig Polemiken doch sind. Bevor man sich auf wortreiche Streitereien einläßt, sollte man sich daran erinnern, daß das Gesetz der Anpassung nicht nur für Tiere gilt, sondern auch für das Unbeseelte. Warum sich den Kopf zerbrechen, wenn sich die rationelle Architektur nicht a priori mit der Eleganz von Leon Battista Alberti[7] verbindet? Der Hund wird schließlich seinem Herrn ähnlich, die Gattin dem Gatten, und das Zusammenleben schafft bei den Gebäuden eine Ähnlichkeit wie bei Brüdern. Ist dieser Eindruck einer Familie einmal entstanden, wird es schwierig sein, das rationelle Gebäude zu entfernen, ohne gleichzeitig auch der hübschen Kirche zu schaden, ohne ihren Wert zu schmälern, ohne ihr Licht zum Verlöschen zu bringen. Obwohl wir uns nach so vielen Jahren das »Antlitz« von Paris nicht mehr ohne die Zutat Eiffelturm vorstellen können, gibt es unglaublicherweise immer noch einige Unbelehrbare, die den schmachvollen »Kerzenhalter« aus diesem Antlitz entfernen möchten. Es müßte das oberste Gesetz der architektonischen Hygiene sein, ein Gebäude von der schlechten Gesellschaft zu befreien, aber eine seltsame architektonische »Ballistik« sorgt dafür, daß der Wert eines kostbaren Gebäudes in der Nähe von wertlosen Gebäuden steigt. Das Spiel wiederholt sich in anderer Weise bei warmen und kalten Tönen. Ich denke an die Ara Coeli, an den Vestatempel, die – beide auf einer Lichtung postiert und in ihrer Schönheit isoliert – entweder wegen der Kälte oder aus Schamgefühl geschrumpft sind. Als ich ein Kind war, befand sich zur Linken des Athener Stadions eine Rotunde in Form eines Gasometers, in deren Innerem ein Panorama der

---

7 Leon Battista Alberti (1404-1472) hat u. a. die Kirche Santa Maria Novella in Florenz erbaut (s. o. im Text). Richtete sich nach klassischen Vorbildern, beeinflußte die Renaissance-Architektur. (Anm. d. Ü.)

Belagerung von Paris untergebracht war, das von Détaille[8] gemeinsam mit Neuville gemalt worden war. Menschen mit gutem Geschmack und Menschen mit gesundem Menschenverstand hörten nicht auf, gegen diesen Schandfleck zu wettern. Als ich 1917 nach Athen zurückkehrte, hatte sich das Stadion, das ich *sah*, im Gegensatz zu dem Stadion, an das ich mich *erinnerte*, zu seinem Vorteil verändert: Der »Schandfleck« war verschwunden. An manchen Porträts von Holbein kann man ermessen, welche Bedeutung eine Warze dem menschlichen Antlitz verleihen kann. Die Entfernung von Warzen und Falten ist nicht die Aufgabe guter Architekten, sondern von Künstlern eines Kosmetiksalons. Für alle gelte jedoch das Beispiel des Denkmals für Carducci in Bologna.

Der größte Vorteil des unterirdischen Bahnhofes: die Abwesenheit jeglichen ästhetischen Ehrgeizes, jeglicher Stilsuche und jeglichen »Willens zur Schönheit«. Die Architektur, die sich selbst als »funktionell« bezeichnet, muß sich mit der Funktion zufriedengeben und muß auf jegliche Essenz und auf jegliches künstlerische Ziel verzichten. Die Kunst ist etwas ganz anderes: Sie ist der Ausdruck des Engelhaften oder Dämonischen, das auf geheimnisvolle Weise in manchen Menschen existiert: in äußerst wenigen. Die Architektur kann durchaus engelhaft oder dämonisch sein. Aber nicht die oben erwähnte. Die ist neutral.

Im übrigen: Man stelle sich Engel oder Dämonen vor, die der Ankunft und Abfahrt von Zügen beiwohnen...

Der Schritt des »Gespensts« Caterino ist zum Verzweifeln langsam. Während ich meine Betrachtungen über den Bahnhof von Florenz rekapituliere, haben wir nicht mehr als die wenigen Meter zurückgelegt, die die Einmündung der Via Carlo Porta vom Haus Nr. 7 an der Via Principe Umberto trennen. Dieses ist ein *Palazzo* im ursprünglichen Sinn des Wortes, nicht im inzwischen allgemein gewordenen Sinn eines kollektiven Mietshauses. (Man stelle sich vor, der Palazzo, die individuelle Behausung *par excellence*, in seiner höchsten Würde!) Das Tor ist geschlossen, aber ich weiß, daß sich hinter dem Tor ein doppeltes Gitter befindet (das zu dieser Stunde höchstwahrscheinlich geöffnet ist,

8 Edouard Détaille (1848-1912), französischer Militärmaler. (Anm. d. Ü.)

denn die »Portiere« schließen um 22 Uhr das Tor und öffnen das innere Gitter: zum Zeichen, daß die, die im Palazzo ein- und ausgehen, nicht mehr kontrolliert werden), und hinter dem doppelten Gitter befindet sich einer der prächtigsten Gärten, einer der erhabensten baumbewachsenen Innenhöfe Mailands. Auch Caterino weiß das, und da ich sehe, wie er vor dem geschlossenen Tor stehenbleibt, als wolle er ihm eine vertrauliche Mitteilung machen, verstehe ich, daß er an den schönen, von seinen Bäumen beschützten Garten denkt, den wir immer, wenn wir an der Nr. 7 der Via Principe Umberto vorbeigingen, durch den Torbogen bewunderten. Die größten Überraschungen bereiten uns Bäume, Statuen, das Meer.

»Ich könnte etwas tun, was du nicht kannst«, sagt Caterino, sich gewissermaßen überstürzend, wahrscheinlich um eine Unterbrechung durch das quälende »ba ba« zu vermeiden. Und es muß tatsächlich recht quälend sein, beim Sprechen von einem chronischen Schluckauf unterbrochen zu werden. Erinnert ihr euch? Auf den Ersten Weltkrieg folgte die Spanische Grippe und auf die Spanische Grippe eine Schluckauf-Epidemie, und der Schluckauf ließ den Kranken tagelang, wochenlang, monatelang auffahren, als liefe in regelmäßigen Abständen ein elektrischer Strom durch den Sessel, auf dem er saß. Eigenartige Krankheiten brechen nach dem Krieg aus, die während der Kämpfe der Menschen darauf warten, auf die Bühne zu treten, wie hypertragische Schauspielerinnen hinter den Kulissen, wie in pathetische Fetzen gekleidete Super-Dusen mit hohlen, schattigdunklen Augenhöhlen, mit toten Schlangen, die anstelle der Haare vom Kopf hängen, die mit einem breiten Grinsen von einem Ohr zum anderen das Gebiß freilegen (Ohren haben sie übrigens keine) und die wie in eine poetische Aura in den Pesthauch ihres Atems gehüllt sind.

»Das wäre?«

»Ich könnte unter dem Tor oder durch das Schlüsselloch durchschlüpfen und unseren... ba... ba... (diesmal gelingt es Caterino nicht, den bei seiner Atmung entstehenden Einsilber zu vermeiden, und ich habe den Eindruck, er sei davon unangenehm berührt) schönen Garten wiedersehen.«

Ich spüre eine Art beunruhigenden Widerwillen, als ich Caterinos ironischen und gewollt absurden Stil wiederhöre, jetzt, da dieser Ton nicht mehr physisch gerechtfertigt ist durch den Ausdruck des Gesichts, das schlaue Zwinkern der Augen, die Gesten der Hände, das leichte Vorgeneigtsein des Körpers, das Caterino Ähnlichkeit mit einem Anthropoiden mit hängendem Hintern und langen Affenarmen verlieh, einem blonden Affen mit Mittelscheitel jedoch, der sich bei Prandoni einkleidet; als ich den ironischen und absurden Stil Caterinos wiederhöre, jetzt, da seine physische Person auf seine hauchdünne und transparente Membran reduziert ist, auf einen federleichten, aufgeblasenen Ball. Welch Trost, welch »Liebesbeweis« ist doch der Körper!

»Und wie würdest du das machen?«

»Ich würde mir meinen Zustand eines aufgeblasenen Balls zunutze machen«, antwortet Caterino.

Das Unerwartete und Bedrohliche an dieser Antwort läßt mich erstarren. Liest Caterino also meine Gedanken? Sieht er denn in meinem Kopf das Hirn, das sich bemüht, die Gedanken zusammenzusetzen? Gehe ich der Zufluchtsstätte meines Körpers verlustig? Bin ich transparent für ihn? Die Offenbarung dieser außergewöhnlichen Eigenschaft Caterinos erfüllt mich mit Abscheu. Ich möchte fliehen, von der enormen Langsamkeit des Gespenstes profitieren und fliehen.

Caterino fährt fort:

»Aber es würde mich zuviel Mühe kosten, und ich würde dich zu lange warten lassen. Deshalb muß ich ... ba ba ... muß ich so heftig atmen, um meine runde Form beizubehalten. Ich habe mich aufgebläht, um die größtmögliche Bewegungsfreiheit zu erreichen und dich leichter ... ba ba ... begleiten zu können. Nur dank der Festigkeit können wir uns im Raum bewegen. Zu Lebzeiten glauben wir, daß der Körper ein Hindernis ist, ein störender Gegenstand, ein Gewicht, das die absolute Freiheit des Geistes verhindert. Irrtum! Nur weil die Menschen einen Körper besitzen, können sie sich frei bewegen, können sie fliegen. Ohne Körper verliert der Geist oder, wie man so schön sagt, die Seele jede Möglichkeit, sich zu bewegen. Die Seele ist unbeweglich, schwer. Und wir nicht völlig toten Toten können uns nur deshalb bewegen, weil uns ein bißchen Körper geblieben ist. Aber wie du siehst, müssen wir uns mit dieser transparenten Hülle zufriedengeben, mit dieser Membran, die uns verbleibt ...

ba ba … die uns von dem Körper geblieben ist, in den wir uns zu Lebzeiten kleideten.«

Ich betrachtete Caterino, während er sprach, und in der pechschwarzen Nacht erschien er mir ein luftgeblähter Regenmantel aus Zellophan, der etwas mit Phosphor eingerieben ist.

»Im übrigen«, fuhr Caterino fort, »müßtest du dich im Charakter der Gespenster gut auskennen, hast du doch *Vita dei fantasmi* (Leben der Gespenster) geschrieben, als du in meinem *celibiere* (Junggesellenwohnung) auf der Via Ariosto wohntest (ich schlage dir dieses Wort als Übersetzung von *Garçonnière* vor, und ich weiß, daß du auf sehr elegante Weise davon Gebrauch machen wirst) und das Wesen und die Möglichkeiten von uns Gespenstern mit einer Klarheit dargelegt hast, die mich zwar nicht dazu bewegt hat, ein Gespenst zu werden (und in jener Zeit dachte ich auch wirklich nicht daran), die mir jedoch, als ich 1923 in den Zustand des Gespensts überging, half, mich mit einer Situation abzufinden, die mir teilweise schon bekannt war. In einer Nachschrift zu dieser Schrift erinnerst du dich an die Antwort, die Cäsar seiner Frau Calpurnia gab, als sie, von der Vorahnung des Todes beseelt, ihren Mann daran hindern wollte, in den Senat zu gehen. ›Nur Plebejer‹, antwortete Cäsar, ›sterben mehrmals; ein Patrizier stirbt nur einmal.‹ Womit er sagen wollte, daß der tugendhafte Mann ein für allemal stirbt, während der mit Makeln behaftete Mensch nur mit Mühe jenen vollständigen Tod stirbt, der die Lösung des Lebens ist. Eine profunde Wahrheit – glaube mir, der ich mich darauf verstehe – entschlüpfte an jenem Tag dem Geiste Cäsars oder, besser gesagt: Shakespeares, der sie ihm in den Mund legte. Heute macht man nicht mehr derart radikale Unterscheidungen zwischen Patriziern und Plebejern, aber das zutiefst wahre Wort Cäsars gilt nach wie vor, und man kann es auf jene anwenden, die schlecht sterben, und auf die, die gut sterben…«

»Ba ba ba ba ba ba«, keucht Caterino atemlos nach dieser langen Rede, als habe er lange die Luft angehalten und würde sie nun nach einer langen Zeit heftig und in großen Mengen ausstoßen.

»Ich«, begann Caterino aufs neue, »ich bin leider *schlecht gestorben*, ich bin ein Gespenst, eine Seele, die noch eine geringe Möglichkeit besitzt, sich zu bewegen, da mir ein bißchen Körper geblieben ist. Ich schenke dir diese Definition des Gespensts:

›Seele, die noch eine gewisse Möglichkeit besitzt, sich im Raum zu bewegen, da ihr ein Minimum an Körper geblieben ist‹, für einen Nachtrag zu einer eventuellen Neuauflage deiner *Vita dei fantasmi*.«

»Ba ba ba ba ba ba«, stieß Caterino aufs neue hervor, worauf er wieder begann:

»Um hinzugehen und den schönen Garten zu bewundern, müßte ich – ganz abgesehen davon, daß es dunkel ist und man nichts sieht – die ganze Luft herauslassen, die ich mit soviel Mühe angesammelt habe, um dir zu folgen, und die Membran, aus der mein Körper besteht, so flach machen, daß sie unter dem Tor durchschlüpfen kann. Und wie lange würde ich dazu brauchen? Drei Tage vielleicht. Je weniger Volumen die Membran hat, aus der ich bestehe, desto weniger Möglichkeiten habe ich, mich zu bewegen. Wenn ich völlig luftleer bin, bin ich völlig unbeweglich. Und warum sollte ich auch durchschlüpfen?«

Diese Erklärung Caterinos überrascht mich und gibt mir gleichzeitig Klarheit. Sein Satz, nur er könne unter dem Tor durchschlüpfen und ich nicht, war also nicht ironisch gemeint, sondern nur die Darlegung einer physischen Tatsache, wie wenn ich zu einem fünfjährigen Kind sagte, ich könnte ein Gewicht von fünfzig Kilogramm heben und es nicht. Dies ist der Beweis, daß die Ironie, der absurde Gedanke, die gedachte Deformation der Realität, die absichtliche Vergrößerung oder Verkleinerung der natürlichen Proportionen Spiele sind, die nur jenen gestattet sind, die sich bester Gesundheit erfreuen und im Vollbesitz ihrer Kräfte sind und die über eine wirklich außerordentliche Vitalität verfügen. Und deshalb flößt uns die richtig angewandte Ironie, dieses zur Kunstform erhöhte Leben genausoviel Angst ein wie die Jiu-Jitsu-Schläge, die von unsichtbaren Händen ausgeteilt werden.

»Wozu?« fuhr Caterino fort. »Diese Innengärten der Mailänder Häuser sind kleine irdische Paradiese, die sich jede Familie zur persönlichen Nutznießung errichtet hat; und die Sorgfalt, mit der die Mailänder Familien diese kleinen Wälder, diese winzigen Paradiese im eingefriedeten Raum ihrer Häuser errichtet haben, beweist, wie stark der Aspekt der Individualität in der großen lombardischen Kultur war; und die Gleichgültigkeit, mit der heute diese kleinen privaten Paradiese zerstört und dem Erdboden gleichgemacht werden, beweist hingegen, wie sehr das Individuelle dem Kollektiven gewichen ist.«

»Und du«, fragte ich Caterino, »hast du dich aus Sehnsucht nach dem Individuellen auf den Weg zu deiner alten Wohnung auf der Via Ariosto gemacht?«

»Ja«, antwortete Caterino, und kurz darauf fügte er hinzu: »Und warum bist du in dieselbe Richtung gegangen wie ich?«

»Um mich leichter an dich zu erinnern.«

Ich weiß nicht, ob dieses Geständnis eine gewisse Rührung bei Caterino hervorrief. Der leichte Ball ließ sich nichts anmerken. Aber da den Gespenstern jegliche Fähigkeit zur Ironie und die Lust auf Spiele, für die eine größere Vitalität vonnöten ist, abhanden kommt, sind vielleicht auch ihre Gefühle abgenutzt und verschlissen.

Da es sich nun erwiesen hat, wie sinnlos es wäre, unter dem Tor von Nr. 7 durchzuschlüpfen, um den schönen Garten zu bewundern, machen wir noch ein paar Schritte. Ich verstricke mich in einen Knoten von Erinnerungen. Ich trete mit meinem Fuß in ein Schlangennest. Die Natur ist gutmütig, und deshalb hat sie uns die Möglichkeit gegeben zu vergessen, aber warum hat sie uns nicht vielmehr die Fähigkeit genommen, uns zu erinnern? Höre ich von glücklichen Erinnerungen sprechen, weiß ich wirklich nicht, wovon die Rede ist. Die Haustür, die auf der Via Principe Umberto die Nr. 3 trägt, führt mich fünfunddreißig Jahre zurück. 1907 wohnte ich im dritten Stock dieses Hauses, das eine blinde Mauer besitzt, auf die Fenster und Balkone wie ein *trompe-l'oeil* gemalt sind. Die ersten Stufen der Treppe waren ständig mit Mehl gepudert, und je nach Uhrzeit stieg vom Ofen des *prestiné* im Erdgeschoß entweder der säuerliche Geruch der Hefe in mein Zimmer herauf oder der heiße Atem des gerade aus dem Backofen gezogenen Brotes – dieser »gesunde« und »ehrliche« Geruch des warmen Brotes, der sich zu dem von frisch gewaschenen Leintüchern gesellt und von dem »die« Pascolis in lyrische Stimmung versetzt werden. Die kosmische Musik, die sich in meinem Kopf zusammenknäuelte, fand auf der Tastatur des winzigen Harmoniums, das ich in mein Zimmer gestellt hatte, nur ein armseliges Ventil, ließ sich nur in beschränktem Maße verwirklichen. Meine Vermieterin hieß Barbieri und war adelig, wie das gemalte und eingerahmte Wappen der Barbieri über dem Diwan bezeugte: eine Krone mit fünf Kugeln und drei Goldbarben auf blauem Feld. »Barbieri«, erklärte mir meine Vermieterin, »kommt von Barbe: *barbus fluviatilis*.« Die Tochter der adeligen Barbieri ist blond und hat blaugrüne Augen, und die kosmische Musik, die ich auf der kleinen Tastatur meines Harmoniums zu verdichten suchte, die Schreie des angeketteten Prometheus, die mein Hirn marterten und die ich mit Hilfe dieses Instruments mit seiner asthmatischen und schwachen Lunge in die anderen Zimmer des Hauses dringen zu lassen versuchte, waren ausschließlich ihr gewidmet. Warum sprechen? Warum sich öffnen? Warum mußte sie mir an jenem Tag enthüllen, daß auch ihr Ideal die Musik war? Zur Bestätigung des Gesagten öffnete das unvorsichtige Mädchen den Mund (diesen Mund, von dem ich mir nur vorzustellen brauchte, ihn eines Tages küssen zu dürfen, und der Gedanke des Bösen verfinsterte mein Gemüt) und stieß mit schamloser Stimme, ohne etwas von ihrer Schmach zu ahnen, die ersten Töne der *Mattinata* von Ruggero Leoncavallo hervor.

Die bemalte Seite des Hauses Barbieri blickte auf den Garten eines kleinen Cafés, dessen wahren Namen ich nie erfahren habe, das wir unter uns jedoch Cavourino nannten. Diese Erinnerung führt mich wieder dreizehn Jahre weiter nach vorn in die Gegenwart. Wir schrieben das Jahr 1920. Wenn ich die Augen schließe und auf der Schaukel der Erinnerung sitzenbleibe, beginnt mir zu schwindeln, und Übelkeit steigt in mir hoch. Nun habe ich verstanden, wie die Erinnerungen wirken: Sie lassen uns seekrank werden, und die Erinnerung ist ein Meer, das von langen, heimtückischen Wellen durchzogen wird: ein *totes Meer*. Cavourino kommt von Cavour, denn das kleine Café blickte auf die Piazza Cavour, auf das Hotel Cavour und auf die Statue des piemontesischen Staatsmannes, die von Tabacchi[9] in Stein gehauen worden war und die sich vom Gärtchen des Cavourino aus in ihrem ganzen glänzenden Prunk und Protz darbot. Die neunzig Nächte jenes unreinen und von Streiks, Straßenkämpfen und unheimlichen Umzügen aufgewühlten Sommers verbrachte ich zum Großteil im Gärtchen des Cavourino, in Gesellschaft

---

9 Odoardo Tabacchi (1836-1905), Bildhauer, ab 1845 an der Accademia di Brera in Mailand, später an der Akademie von Turin. (Anm. d.Ü.)

von Massimo B., Cesare G. und Giuseppe T. R. Man sprach von Literatur. Wovon sonst hätten wir sprechen sollen? Man sprach von Literatur bis um halb elf, bis zu jenem Zeitpunkt, an dem Guido da Verona das Hotel Cavour verließ und sich mit den geschmeidigen und weit ausholenden Schritten eines großen fleischfressenden Tieres ins Cavourino begab. Die weite sportliche Jacke des Romanciers mit ihrer Rückenspange, die Krawatte im Muster der amerikanischen Flagge, seine Hose aus weißem Flanell, die ebenfalls weißen Schuhe mit Absätzen aus federndem Gummi begleiteten eine slawische Dame, die zwei Pekinesen an den Busen preßte, einen links und einen rechts, und die zwei derart postierten stumpfnasigen Schnauzen erweckten den Eindruck, als würde die Freundin des Autors von *Libro del mio sogno errante* die Brüste außerhalb des Kleides tragen, zwei seltsame, braune und behaarte Brüste, die beide nicht nur ein Auge besaßen, sondern zwei glänzende und schwarze. Wenn wir sahen, daß Guido da Verona sich unserem Tischchen näherte, verbargen wir eilig unsere literarische Unterhaltung, wie vier Verschwörer, wenn sich ein Scherge nähert. *Noblesse oblige.* In Anwesenheit eines nicht Eingeweihten spricht man nicht von den Geheimnissen des Tempels.

Unverbrechlich

Noch einmal muß ich den Widerwillen überwinden, den mir die Schaukel der Erinnerung einflößt, und dreizehn Jahre in die Vergangenheit zurückkehren. Wir schreiben das Jahr 1907, und ich befinde mich wieder im Haus der adeligen Barbieri. Vom Fenster meines Zimmers aus betrachte ich das offene Fenster im obersten Stockwerk des gegenüberliegenden Hauses, von dem sich akrobatische Geigentöne aufschwingen. Und wenn die Töne versiegen, tritt ein großer, blonder Jüngling ans Fenster und betrachtet den Himmel wie ein moderner Orpheus, der sich zwischen zwei Sonaten von den vorbeiziehenden Wolken und vom Flug der Vögel inspirieren läßt. Goldene Haare schwelen um seinen Schädel, die Geige hat er unter den linken Arm geklemmt, und in der rechten Hand hält er den Bogen. Hinter dem Balkongeländer bilden die langen Beine ein auf den Kopf gestelltes V. Er trägt ein leichtes und am Hals offenstehendes Hemd. Die adelige Barbieri sagt mir den Namen des Jünglings am Fenster: Er heißt Pick Mangiagalli. Sie weiß, daß auch ich Musiker bin, und um in meine Welt einzudringen, gesteht sie mir ihre unwiderstehliche Neigung zur Musik, die sie gewiß auf die Opernbühne geführt hätte, wenn ihre Eltern, von Kastenvorurteilen vernebelt, ihr nicht verboten hätten, Gesang zu studieren. Aber selbst heute noch, da die Jahre – leider! – ihren Ambitionen einen noch radikaleren Riegel vorgeschoben haben, gibt es einige Arien, die ihr Blut in Wallung bringen, die sie vor Fieber erschauern lassen... »Welche zum Beispiel, Signora Barbieri?« Die adelige Barbieri läßt den Blick suchend schweifen, horcht auf innere Stimmen: »Diese... ein Musiker wie Ihr kennt sie bestimmt.« Und die adelige Barbieri deutet mit halblauter Stimme an: *Amor ti vieta di non amar*. Ich enthalte mich eines Kommentars über den Wert dieser Melodie, gebe der adeligen Barbieri jedoch zu verstehen, daß derart geschraubte Verse sehr zahlreich sind in der italienischen Poesie wie zum Beispiel: *Amor, ch'a nullo amato amar perdona*. Inzwischen wurde das Fenster des modernen Orpheus geschlossen, und ich, der ich erneut gezwungen bin, den Widerwillen gegen die Schaukel der

Erinnerung zu überwinden, zu dem sich diesmal noch der Widerwillen gegen eine akrobatische Übung gesellt, mache es den Marx-Brüdern im Film *Skandal in der Oper* nach, in dem sie sich während des *Troubadours* auf die Bühne fallen lassen: Ich steige jedoch am Faden der Erinnerung von jenem Fenster im obersten Stockwerk in den ersten Stock desselben Hauses hinab. Auf einem Balkon mache ich halt, und da die Glastür zum lauen Frühsommernachmittag hin geöffnet ist, betrete ich den Salon, gerade noch rechtzeitig, um zu hören, wie Marinetti von der Signora Delia Notari der Gebrauch des Wortes *scocciare*[1] vorgeworfen wird. Während ich mich wie Tarzan an der Liane vom Fenster des letzten Stockwerkes auf den Balkon von Umberto Notari herabgelassen habe, sind schlagartig dreizehn Jahre vergangen, und wir sind ins Jahr 1920 zurückgekehrt. Ettore Romagnoli unterhält sich mit Massimo Notari, dann wendet er sich an mich und erzählt mir ein Detail über die Medusa, das von Pindar berichtet wird. Alle tausend Jahre befreit sich die Medusa von ihrer Monster-Natur, wird für eine Nacht wieder zu einem wunderschönen Mädchen und singt einen unendlich traurigen Gesang über eine unendlich lang zurückliegende Erinnerung. Die Worte Romagnolis erwecken in meinem Gemüt eine einzigartige Vorausahnung. Ich kannte jenen Absatz Pindars nicht, als ich 1912 die Musik meines Balletts *Perseus* zur Choreographie von Michail Fokin schrieb und auf die schrecklichen Schreie der Medusa einen lunaren und nostalgischen Gesang folgen ließ, der die schmerzvolle Erinnerung des Monsters an seinen ursprünglichen Zustand zum Ausdruck bringen sollte. Aber ... vielleicht ist die Sehnsucht der Monster nach ihrer ursprünglichen Reinheit die instinktive Sehnsucht von uns allen, eine Sehnsucht, die uns allen gemein ist, eine obskure und verborgene Sehnsucht, die jedoch latent in allen Menschen vorhanden ist: die Sehnsucht von uns auf der Erde darniederliegenden Monstern, unsere ursprüngliche Engelsnatur wiederzufinden, die in manchen von uns, die ein klareres Bewußtsein besitzen, ein wenig erwacht; und dennoch ... hat mich wahrscheinlich derselbe »Instinkt« zum nostalgischen Gesang der Schlangenhaarigen inspiriert, der auch Robert L. Stevenson zur Doppelnatur des Doktor Jekyll

1 Dialektwort für *rompere* = brechen.

inspiriert hat. Nachts, im großen Schweigen von jenseits der Welt, wenn ich mich in der freien Natur unter dem Himmelsgewölbe befinde oder in der Stadt im steinernen Kanal einer menschenleeren Straße, zwischen Häusern mit geschlossenen Fensterläden, hinter denen die Schlafenden schwitzen und stöhnen wie kranke Kinder; wenn ich mich in meinem Arbeitszimmer befinde, mit meinem Universum auf dem Blatt Papier, die trostlose Unendlichkeit hinter mir, und die Stimme eines Mannes, einer Frau oder eines Hundes von draußen flüchtig an mein Ohr dringt, wie Stimmen, die man im Traum hört; wenn ich in meinem Bett liege wie in einem Boot, das über den unendlichen Ozean des Nichts treibt: Immer spitze ich die Ohren und warte auf den Gesang der wieder Mensch gewordenen Medusa.

Während Romagnoli mir vom tausendjährigen Gesang der Medusa erzählte, spielten Notari und Carrà in unserer Nähe Billard, und nach jedem Stoß beschimpften sie sich gegenseitig wie homerische Heroen. Der Kampf zwischen Hektor und Achill ersteht aufs neue. Wie leicht doch dieser illustre Wettkampf aufs neue ersteht, und welch erbaulicher Beweis er doch für den geheimnisvollen Heroismus, für das erbärmliche Elend des Menschen ist!

Hektor bewaffnet sich bis an die Zähne, verwandelt sich vom Menschen aus Fleisch und Blut in einen Menschen aus Bronze, schreitet, wobei er den Krach einer marschierenden Küchenbatterie verbreitet, durch das skäische Tor, um Achill entgegenzutreten, dem griechischen Helden.

Um den homerischen Typ des Kämpfers wiederzufinden, muß man das ganze Mittelalter hinter sich lassen, seine Turniere in tauverhangenen Wäldern, seine Marionetten mit Spatzenköpfen auf Pferden mit Fransen; sowie alle Schlachten in bunten Uniformen zwischen Rauchsäulen, bis man zur Glanzzeit des amerikanischen Boxsports gelangt.

Bei den beiden Kämpfen um die Weltmeisterschaft zwischen Jack Dempsey und Gene Tunney war Dempsey für mich Achill und Tunney Hektor.

Die Analogie ist eine Form der Sicherheit. Sie dient dazu, uns davon zu überzeugen, daß das Gelände rund um uns fest ist (daß es bewohnbar und bewohnt ist) und daß wir nicht riskieren, ins Leere zu laufen. Die Analogie ist eine Form des Bürgersinns, der literarischen Geselligkeit. Wehe, wenn das Gewebe der Analogien rund um uns wegfiele! Wehe, wenn Noah nur der biblische Herr der Arche wäre und nicht auch unser Onkel, ein alter Hund, die Form eines Kruges; wehe, wenn Dante für uns nicht auch das Profil des Buches im Regal wäre, das wir beim Schreiben vor Augen haben: die Vorstellung und das Bild Noahs, die Vorstellung und das Bild Dantes würden die Fäden verlieren, mit denen sie in unserer Erinnerung, in unserer persönlichen Welt aufgehängt sind; und auf die Dauer (?) würden sie in Vergessenheit geraten oder austrocknen, zu trockenen Blättern, zu Fossilien werden. Bei der literarischen Arbeit wird beinahe jedes Bild einer Person oder eines Dinges spontan von einem »wie« begleitet: jener ist »wie«, jenes Ding ist »wie«. Aus Gründen der Sauberkeit, Behendigkeit und Eleganz des Satzes werden dann bei der Korrektur viele »wies« entfernt, die Analogie bleibt jedoch unter der Haut der Seite bestehen.

Die Analogie Dempsey-Achill und Tunney-Hektor ist nur dem Anschein nach falsch. In der metaphysischen Vorstellung, im unzerstörbaren Bild, in der immanenten Wahrheit ist Dempsey *der ständige Sieger*, und Tunney ist der Dummkopf, der brave Junge, der Klassenbeste, der den Boxsport aufgibt und Vorträge über Shakespeare besucht, *weil er gegen Dempsey verloren hat*. (Ein Boxer beschäftigt sich nicht mit Shakespeare, sofern er nicht als Boxer scheitert.)

Aus historischen Gründen ist heute die Analogie Achill-Louis an die Stelle der Analogie Dempsey-Achill getreten.

Die Tatsache, daß Joe Louis Schwarzer ist, läßt die Analogie nicht ungültig werden. Auch Achill ist heimlich ein Schwarzer. Ein schwarzer Achill ist leicht vorstellbar und angenehm anzusehen. Im übrigen ist bei der athletischen Jugend von heute die Neigung verbreitet, sich zu *melanoachillisieren*. Über einen, der zum ersten Mal ans Meer kommt, hört man die am Strand liegenden Frauen sagen, daß er »viel zu weiß« sei, daß man »einen derart weißen Körper nicht ansehen könne«, daß er aussehe »wie ein Toter«. Griechenland birgt in seinem Romantizismus, in seinem Hang zum Märchen, in seiner Liebe zum Spiel, in seiner Oberflächlichkeit (Athen: eine fröhliche und frivole Stadt) etwas Asiatisches und Afrikanisches, und dies ist der einzige Grund, warum es so leicht zerfällt, warum es als eigene

Kultur stirbt. Von allen südlichen Ländern Europas haben nur die Italiener von Natur aus eine hartnäckige und profunde Abneigung gegen den Asiatismus, gegen den Afrikanismus. Wie oberflächlich und auf die Farbe beschränkt sind doch die wenigen sarazenischen, arabischen, maurischen Einflüsse! Hektor hingegen ist allzu weiß (vielleicht weil er im Ehebett schläft: Der reine Held ist wie der Priester unverheiratet). Auch er ist aufgrund der Farbe »wie ein Toter«. Er ist vorherbestimmt.

Hektor ist der stärkste aller Trojaner. Er ist der »Erhalter« (vgl. Platon: *Kratylos*). Homer sagt: »Er allein (Hektor) verteidigte die Stadt und die langen Stadtmauern für die Trojaner.« Aber warum kämpft dieser große Held allein gegen Achill?

Aus Angst.[2]

Als Hektor Achill sah, die zweite marschierende Küchenbatterie, der ihm als schrecklicher Anblick entgegenkam, ging ihm ein einziger Gedanke durch den Kopf: weglaufen. Und er machte kehrt, um wieder in die Stadt zu gelangen. Aber seine Gefährten, Freunde und Verwandten hatten diesen Gedanken vor ihm gehabt und die Tore geschlossen: Und so stand Hektor allein im Freien und saß in der Klemme. Da begann Hektor zu laufen, um sich in Sicherheit zu bringen (oder auch nur »um zu laufen«, denn kein logischer Gedanke fand in diesem Moment in seinem Hirn Einlaß), und er lief dreimal um die Stadt, mit Achill, dem »Flinken Fuß«, der ihm folgte, auf den Fersen. Und er beschloß letzten Endes, nur deshalb zu kämpfen, *weil ihm nichts anderes übrigblieb.* Auch Achill hatte wohl seinerseits dieselben Gefühle, aber er hatte die Rolle des Angreifers übernommen und sich für eine *mutige Haltung* entschieden. Das schreckliche Aussehen des Achill, von dem sich Hektor so sehr beeindruckt zeigte, war möglicherweise nur die Maske des Mutes, die Achill aufgesetzt hatte (ein japanischer Ringer rasierte sich den Kopf

2 Im übrigen haben alle Helden Homers Angst. Die Angst ist die heimliche Triebfeder des Mutes. Diomedes will gerade fliehen, als Odysseus ihm zuruft: »Sohn des Tydeus, vergessen wir etwa unsere Tapferkeit? Los, Freund, komm her, rühre dich nicht von meiner Seite. Was für eine Schande für uns, wenn sich der wütende Hektor unserer Schiffe bemächtigt!« Und Diomedes fügt sich. »Also werde ich bleiben, aber wir werden keinen Grund zur Fröhlichkeit haben!« Selbst Ajax, der unerschrockene Ajax, hat Angst.

streifenförmig, um den Gegner einzuschüchtern), und Hektor
hätte sie ihm leicht herabreißen können, wenn sein Geist in
diesem Augenblick weniger benommen gewesen wäre und
imstande, unter die Oberfläche zu sehen. Um zu den Analogien
zurückzukehren: Es gibt eine genaue Analogie zwischen dem
Kampf von Hektor und Achill und dem Kampf zweier Boxer,
die, nachdem der Gong ertönt ist und die Sekundanten mit den
Handtüchern und Schwämmen den Ring verlassen haben, allein
bleiben und zwischen den weißen Seilen, die man nicht überstei-
gen darf, und vor allem innerhalb des Lichtquadrats, das man
nicht verlassen darf (nicht umsonst nennt man den Ring im
Italienischen antonomastisch »das verzauberte Bild«), kämpfen,
um mit einer Situation fertig zu werden, die um einiges härter,
gebieterischer und unversöhnlicher ist als der Kampf selbst. Gide
notiert in seinem Tagebuch, daß Péguy an der Front starb, »um
zu vereinfachen«.

Der Kampf zwischen Hektor und Achill! Die Triebfeder zu
diesem illustresten, diesem berühmtesten aller Kämpfe, ist somit
ein außerordentlicher Bammel. Und diese offengelegte Wahrheit, dieser »Antiaspekt«, hat den Kampf zwischen Hektor und
Achill bis in unsere Zeit in einem Zustand außerordentlicher
Frische erhalten, war der Grund für seine Unsterblichkeit. Mut,
in dem sich nicht ein Minimum von Feigheit verbirgt, ist wie ein
Beefsteak ohne Salz. Und diese Gründe, die ans Tageslicht
gezerrt werden, sind wie die Balsame der Einbalsamierer. Die
Wahrheit, die im Inneren des Körpers belassen wird, beginnt zu
verfaulen wie die Innereien und läßt die Mumie zerbröckeln.

Nehmen wir ein anderes Beispiel. Im ersten Akt von Shakespeares *Othello* geht Othello in Zypern heimlich an Land und erklärt
den Inselbewohnern, die ihm zujubeln und ihn zum Helden
erklären wollen, daß er die türkischen Schiffe fast nicht gesehen
hat, so weit waren sie entfernt und vom Sturm verdeckt. In
Boitos *Othello* hingegen tritt Othello auf die Stufen und setzt mit
schallender Stimme ein: »Jubelt!«, worauf das Publikum auf-
springt und frenetisch zu applaudieren beginnt. Aber genügt das
im Brustton gesungene C eines Tamagno, um den Verfall einer
schönen Erscheinung zu verhindern, der eintritt, weil die Wahrheit im Inneren des Körpers belassen wird und dort verfault?
Besser gesagt: Hätte Homer die Wahrheit über den Kampf zwi-

schen Hektór und Achill verkündet, diese Wahrheit, die den Kampf in einem Zustand ständiger Frische erhält und ihn uns lebendig und aktuell überliefert hat, wenn auch er dieser katholischen Welt angehört hätte, die uns einerseits so große Kraft verleiht, andererseits unserer Literatur, die in der Tiefe schürft und das ans Licht bringt, was jeder Schriftsteller ans Licht bringen muß, beziehungsweise was verborgen und unsichtbar ist, so große Hindernisse in den Weg legt?

Aber eine Literatur dieser Art ist unvereinbar mit dem Beichtgeheimnis.

In jener Zeit widmete Notari einen Teil seiner Aktivität der Musik. Auf sein Betreiben hin gab ich im Saal des Konservatoriums ein Konzert mit meiner Musik, worauf mich der Musikkritiker des »Corriere della sera« unter die »Könige des Klaviers« einreihte. Unsere Erinnerungen sind nicht nur traurig, sondern oft auch so schmachvoll, daß wir uns all das, was wir – wenn auch unbewußt – gemacht haben, so vorstellen müssen, als wäre es von den gelben Flecken der Schmach bedeckt.

Ich hörte, wie man im Haus Notari vom *Giudizio di Salomone* von Balilla Pratella sprach, und obwohl ich mich bemühte, mir das berühmte Urteil in futuristische Musik umgesetzt vorzustellen, gelang es mir nicht, mir davon ein überzeugendes Bild zu machen, bis ich verstand, daß es sich um das *Giudizio di Salomone* von Nicolò Porpora[3] handelte, das Pratella für die Musik-Reihe alter italienischer Meister herausgegeben hatte, die bei Notari erschien. Auf den Umschlägen der Bände aus dieser Reihe sind bunte Punkte, und obwohl sie sehr ernste Musik beinhalten, erwecken sie den Eindruck, sie enthielten Ringelreihen und sonstige Musik für Kinder. Carrà machte mich auf die Neigung der Männer von kräftigem Körperbau zum Kleinen und Hübschen aufmerksam, die im Gegensatz zur Gigantomanie der *scaccazibetti*[4] und ihren andauernden Bestrebungen steht,

---

3 Es ist eigenartig, daß die Namen vieler Musiker Vorstellungen von Farben und Gemälden hervorrufen: Porpora, Scarlatti, Rossini, Verdi (Purpur, Scharlachrot, Rot, Grün), oder sogar von Landschaften: Monteverdi, Cimarosa... (Der grüne Berg, Der rosarote Gipfel).

4 *scaccazibetti* = Zusammensetzung aus *scaccato* (kariert) und *zibetto*

durch hohe Absätze größer zu wirken. Diese kindlichen Umschläge sind vielleicht eine Hommage an die Reinheit, an die Keuschheit der Musik. Erst mit dem romantischen Melodram verlor die Musik ihre Unschuld und wurde zur Frau. Dann ...
Notari habe ich es zu verdanken, daß ich ungefähr zu jener Zeit im Saal der Blindenanstalt auf der Via Vivaio *Die vier Jahreszeiten* hörte, die von einem Streichorchester gespielt wurden. Vivaldi wird auch der »rote Priester« genannt, und aufgrund dieses Beinamens war in mir das Bild eines unter seiner Kutte mit brennenden und explosiven Tönen vollgestopften dickbäuchigen Priesters entstanden, einer Art Pope Gapòn, den man wie ein Brandgeschoß in das weiche und frivole Venedig des 18. Jahrhunderts befördert hatte, die Priesterkutte bis über die Knie emporgezogen, in der Rechten eine Fackel und den Mund zu einem Empörungsschrei verzogen. Dann las ich, daß man Vivaldi nur deshalb den »roten Priester« nannte, weil er rotes Haar hatte. Aber wer garantiert uns, daß der Vivaldi der Treccani-Enzyklopädie der wahre ist? Die Wunde, die mir die »historische« Wahrheit geschlagen hat, verheilt langsam, und der zu einer kleinen und elenden Figur geschrumpfte Vivaldi verblaßt allmählich, während das große, brandstiftende Gespenst aufersteht. Sich auf allgemeingültige Ideen, Gedanken, Bilder stürzen. Was macht es, wenn sich die Städte auf den Kopf stellen, wenn die Pyramiden auf der Spitze ruhen und die Menschen mich mit zwei Augen anblicken, die sich auf ihren Hinterbacken befinden? Wir müssen uns reinigen und nur das behalten, was wir garantiert als unsere eigene Schöpfung ausgeben können. Nicht ich bin in der Welt, sondern die Welt ist in mir. Und eines Tages müssen wir uns mit der ganzen Last unserer Dinge auf- und davonmachen, wie ein Schiff, das aus dem Hafen ausläuft und dessen Kielraum schwer beladen ist mit einem abmontierten und eingepackten Universum, und die Leere und den Wind unserer Abfahrt hinter uns zurücklassen.
Der Konzertsaal der Blindenanstalt wird seinem Namen gerecht. Das Licht ist spärlich und nebensächlich. Wie eine Kerze, die am Ende des Korridors für den brennt, der spät in der Nacht nach

(Zibetkatze)? Eine Übersetzung ist kaum möglich, etwa wie im Deutschen Korinthenkacker. (Anm. d. Ü.)

Hause kommt. Dieses spärliche Licht ist für uns Zuhörer bestimmt, die wir von draußen kommen. Aber selbst wenn es spärlich ist, ist dieses Licht ein Fehlgriff. Das natürliche Licht dieses Saals, seine taghelle Beleuchtung, sein voller Glanz ist das Dunkel. Ein undurchdringliches Dunkel, das voller Strahlen, Blitze, Funkenexplosionen ist, die uns der Gehörsinn vermittelt: dieser »andere« edle Sinn. Ich sitze gemeinsam mit den anderen sehenden Zuhörern im Parkett, und von hier unten betrachte ich die Galerie, die hoch oben rund um den viereckigen Saal läuft, mit den Köpfen und Büsten der Blinden darauf, die an ihre Plätze geführt werden oder sich vorwärts tasten und, sobald sie sitzen, unbeweglich nach oben blicken und darauf warten, daß die Musik auf sie herabrieselt. Die Scham zerknittert mir das Gemüt. Vielleicht blicken sie aus Verachtung empor, um uns nicht zu »hören«, die wir hier unten versammelt sind, uns Eindringlinge, die wir von unseren Augen Gebrauch machen, die wir gekommen sind, um aus derselben Schüssel den erhabenen Brei zu essen, der nur ihnen gehört: den Herren nicht nur des Saales, sondern auch der Musik, die mit gehißten Geigen Takt um Takt von der Bühne aus in See sticht. Wie kann man im Lebensraum eines Blinden Musik hören? Wie kann man ihm diese sonore Luft wegnehmen? Was bliebe den Blinden, wenn nach dem Licht auch die Musik verlöschen würde? Das dachte ich, während die Musik des Roten Priesters durch den Frühling, den Sommer, den Herbst und den Winter wanderte; diese Musik, die mehr als jede andere eine gehende, spazierende, wandernde ist. Auch hier wiederholt sich das Spiel der Entschädigungen, und die großen Wanderungen, die der Rote Priester in der Musik vollführte, entschädigten ihn für die Unbeweglichkeit, zu der ihn seine armen kranken Beine zwangen.

Das erregte »ba ba ... ba ba«, das hinter mir ertönt, macht mich darauf aufmerksam, daß ich unbewußt dem Einfluß der Musik Vivaldis nachgegeben habe und im Hinblick auf die Gehmöglichkeiten des Gespenstes meinen Schritt allzusehr beschleunigt habe. Nichts ist demütigender, als feststellen zu müssen, daß man unbewußt äußeren Einflüssen nachgegeben hat. Ich sehe mich wie einen, der aus dem *Rigoletto* kommt und mit der Nase in der Luft *Oh, wie so trügerisch* pfeift, und ich schäme mich

meiner selbst. Bei den vielen unnützen Erfindungen sollte man
lieber einen Wecker für die Westentasche erfinden, der uns jedesmal aufweckt, wenn wir die Kontrolle über uns verlieren.
»Ich bitte dich um Verzeihung, Caterino, ich war zerstreut.«
»Aber das macht doch nichts.«
Wir sind am Torbogen der Porta Nuova angekommen. Die Via
Spiga, die hier beginnt, ruft Caterino das Anagramm Spiga Pace
in Erinnerung, das auf das Haus mit der Nummer 40 geschrieben
steht.

> Spica nomen pacis
> Quisquis amat gratum
> Pacis componere nomen
> Hic ubi Spica
> Viret nomina
> Pacis habet.[5]

Obwohl Caterino inzwischen ein stoffloses Gespenst ist, hat er
seine Vorliebe für Zitate nicht abgelegt: diesen Provinzialismus,
dieses Zeigen-Wollen, daß man mit berühmten Dingen vertraut
ist. Dabei machte er sich selbst über Andromaco Pei lustig, der
sich, wenn er zuviel gegessen hatte und ihn die Signora Fanghiglia aufforderte, noch ein Marsala-Schnitzel zu nehmen, eine
Hand auf die Brust legte, entweder um sein Gewissen zum
Zeugen aufzurufen oder um auf den erreichten Völlezustand des
Magens hinzuweisen, und sagte: »Danke, Signora Fanghiglia,
keine andere Speise will mir munden.«
Zehn Nummern weiter vorne erinnert ein Stein daran, daß
»Cesare Correnti, der am 17. März des Jahres 1848 das Manifest

5   Die Ähre ist der Name des Friedens,
        für den der den Namen des Friedens
        dankbar zusammenzusetzen liebt.
        Hier, wo die Ähre frisch ist,
        trägt sie die Namen des Friedens.
So lautet ungefähr der Inhalt des Anagramms, das im Deutschen nicht als
solches wiedergegeben ist.
Spiga = Ähre, ist der gebräuchliche Ausdruck im Italienischen, der alte
dichterische Name ist *spica* (Anm. d. Ü.).

diktierte, das den Auftakt zu den *Cinque Giornate*[6] gab, in diesem Haus die Jahre der Kindheit und Jugend verbrachte«.

»Über die *Cinque Giornate* sind wir uns alle einig?« fragte ich Caterino.

»Alle«, antwortet Caterino, »auch die Gespenster. Aber dieses *al 17 marzo* sieht mir nach einem norditalienischen Ausdruck aus.«

Zur Rechten beginnt die Via Annunziata, und an dieser Straße befindet sich neben dem roten Haus mit der Nr. 7, das einen brunnenförmigen Hof mit drei Stockwerken aus Bögen und Säulen besitzt, der Laden des berühmten Bergamini, der mit einer Hand Kohle verkauft und mit der anderen moderne Bilder kauft. Nur in Mailand finden sich derart rührende Fälle von Liebe zur Malerei. Weiter oben, an der Ecke Via Borgonuovo und Via Fatebenefratelli, befand sich das Teobroma, das streng und feierlich war wie eine Sakristei und das dem Mörder, dem Ehebrecher, dem Ausgestoßenen Gastfreundschaft gewährte, der Bruder der alten Apotheke der Brera, dessen hohe, goldbetreßte Schränke ihm ein schwerfälliges und strenges Aussehen verliehen, und wo unter klösterlichem Schweigen an Tischen aus dunklem Marmor das Getränk des Theobromas serviert wurde, die Götterspeise, der duftende Kakao. Vor wenigen Jahren ist das Teobroma an die Ecke Via Fatebenefratelli und Corso Porta Nuova übergesiedelt, und nur zwei der erhabenen Schränke voller Stolen, Pluviale, Pilgermäntel, Mitren, Bischofsstäbe, Ziborien haben überlebt und sind in einen Nebensaal verbannt worden, so wie in manchen Familien die alte Großmutter, die sich hartnäckig weigert zu sterben, in unzugänglichen Zimmern versteckt wird, und es heißt auch nicht mehr Teobroma, sondern Konditorei Mimosa.[7] Gibt es keine Götter mehr zu nähren? Wie

6 *Cinque giornate*: Eine Episode aus dem italienischen Befreiungskrieg und Werk von Manzoni. (Anm. d. Ü.)

7 Ich bin nach Mailand zurückgekehrt (Mai 1942), ich bin gestern über die Via Fatebenefratelli gegangen, und ich habe hier nicht einmal mehr die Zuckerbäckerei La Mimosa wiedergefunden. Nun, wo es die Zuckerbäckerei La Mimosa nicht mehr gibt, wage ich folgende Feststellung: Auf welchen Mangel an gutem Geschmack, auf welches Unverständnis für den wahren Charakter des Gebäcks läßt die Assoziation von Gebäck und Blume schließen? Wurde die Zuckerbäckerei La Mimosa vielleicht von

man sich an manche lange, dichte, warm eingepackte Nachmittage der Kindheit erinnert, so erinnere ich mich jetzt an die langen Winternachmittage, die ich mit Haydée im Teobroma verbrachte, die Köpfe zusammengesteckt, um »tok tok« zu machen, die Schultern aneinandergelehnt, die Hände unter dem massiven schokoladefarbenen Tischchen ineinander verschlungen, während sich der Nebel an der Engstelle, die hier die Via Borgonuovo verstopft, verdichtete und den warmen Unterschlupf noch behaglicher machte.

»Erinnerst du dich an Haydée?«

Die phosphoreszierende Hülle zuckt heftig zusammen. Eine Reihe von überstürzten »ba ba« wird neben mir ausgestoßen, beinahe als würde das Gespenst mit den Armen um sich schlagen und sich gegen das Ertrinken wehren. Wie hätte ich eine derart heftige Reaktion von Caterino voraussehen können?

»Beruhige dich, Andrea. Es gibt keinen Grund zur Unruhe. In dir ist noch die Erinnerung an dein verborgenes Leben; aber jetzt bist du frei, du bist jenseits der Barrieren, die dich zu Lebzeiten einsperrten. Das Spiel der Ironie, der tragischen Heuchelei, ist vorbei. Und außerdem darfst du mir nicht mißtrauen. Auch damals hättest du mir nicht mißtrauen dürfen. Ich wußte alles über dich...«

»Wie? Was wußtest du?«

»Hör mich an, Andrea.«

Welch unglückliche Idee war es doch, Caterino »alles« zu enthüllen, was ich über ihn wußte? Es war jedoch keine Eitelkeit meinerseits und auch nicht der erbärmliche Wunsch, ihn wissen zu lassen, daß ich sein geheimes Leben entdeckt hatte; noch wollte ich mit meiner Weisheit, mit meinem psychologischen Scharfsinn prahlen. Nicht die Kraft, jener kleinen Versuchung des Bösen zu widerstehen, fehlte mir, sondern die Kraft, der kleinen Versuchung des Guten zu widerstehen: dem Wunsch, ins Innerste meines Freundes Caterino vorzudringen und mich zu

einer Frau geführt? Es gibt Gründe zu dieser Annahme. Nur eine Frau kann sich ein Fondant in der Form und mit dem Geruch eines Veilchens vorstellen. Nur eine Frau kann die Idee haben, *Zigaretten zu parfümieren* und dir womöglich eine Zigarette anbieten, die in ihrem Täschchen gelegen hat und sich mit *Tabac Blond* aus dem danebenliegenden winzigen Taschentuch vollgesogen hat.

seinem Komplizen zu machen, um ihn von seinem Geheimnis zu befreien. Verbietet ihm etwa die Last dieses Geheimnisses, völlig zu sterben, und hält sie ihn hienieden als Gespenst fest und versagt ihm die *Absolution* vom Leben? Man bekämpft das Böse, weil es uns Hindernisse in den Weg legt und uns Schaden zufügt, aber das Gute ist nicht minder sperrig und schädlich. Man müßte das Gute bekämpfen, aber man versucht, das Böse zu beseitigen. Eine perfekte Zivilisation, die abgesehen von allem anderen auch die metaphysischen Pflichten und Rechte berücksichtigte und sich auch in der Frage von Leben und Tod zuständig erklärte, würde die Heiligen ausschließen. Mit anderen Worten: In dem Augenblick, in dem ich jene kleine Tat eines Heiligen beging und jene umgekehrte Beichte ablegte, die es mir gestatten sollte, in das »Heiligtum« von Caterinos Seele einzudringen und mich zu seinem anderen »Selbst« zu machen, hätte ich mich selbst ausschließen sollen... Wie viele »Selbst« hätte Caterino in diesem Fall gehabt? Mit dem meinen drei, denn er besaß ja bereits zwei. Und nicht so sehr die Tatsache, daß ich andere Bereiche seines geheimen Lebens entdeckt hatte, daß ich ihn als heimlichen Alkoholiker entdeckt hatte – als er mir seine kleine Wohnung in der Via Ariosto zur Verfügung gestellt hatte, fand ich die Tür des Nachttisches *vernagelt* vor (und eine meiner ersten Taten als neuer Hausherr war es, zu überprüfen, ob der Nachttisch »bewohnt« war, denn ich teile durchaus nicht die »moderne« Verachtung für jenen Bedarfsartikel, den eine französische Freundin als *vaisselle nocturne* bezeichnet) –, und kaum hatte ich den Marmor entfernt, fand ich am Boden dieses intimsten aller Möbelstücke einen kleinen, aber dichten Wald leerer Cognac-Martell-Flaschen vor, die lang und dünn waren wie Gymnastik-keulen; und nicht so sehr die Tatsache, daß ich entdeckt hatte, daß sein Ingenieurstitel falsch war, daß seine drei Tresore in der Bank voller Papierfetzen waren, daß er zu Beginn seines ersten Treffens mit Haydée – dem Auftakt einer Reihe von vierund-zwanzig Rendezvous, die vertraglich in der Höhe von zwei pro Woche für eine Zeitdauer von drei Monaten festgelegt waren – die Wohnung Haydées Hals über Kopf hatte verlassen müssen und sie ihm dann vom Fenster aus den Nelkenstrauß und den Hemdkragen an den Kopf geworfen hatte, mit denen er sich zum Rendezvous eingestellt hatte; nicht so sehr die Tatsache, daß ich

entdeckt hatte, daß sein wahrer Name nicht Andrea, sondern
Caterino war, daß dieser unsägliche Name die Mitglieder der
Familie S. von Generation zu Generation wie ein schmachvolles
Unglück verfolgte; sondern hauptsächlich die Tatsache, daß ich
seine Spaltung entdeckt hatte, traf Caterino *wie ein zweiter Tod*:
daß ich entdeckt hatte, daß Caterino seine eigene Mutter geworden war, daß Caterino – um Caterino für die Freundschaft zu
entschädigen, die er bei den Männern nicht fand, für die Liebe,
die er bei den Frauen nicht fand, und um ihn vor der Böswillig-
keit der einen wie der anderen zu retten – *Caterino getötet
hatte*.[8]

»Ba ba, ba ba, ba ba.«

Der Atem des Gespenstes beschleunigt sich mit atemberauben-
der Geschwindigkeit. Zwischen zwei Schüben dieser Luftauf-
nahme ruft mir die Stimme Caterinos, die reduziert ist auf den
Schrei eines Huhnes, gehäutet und gewunden wie ein Korken-
zieher, zu: »Wir werden uns nicht wiedersehen! Toter als je
zuvor! Toter!« Seine phosphoreszierende Hülle, die außerordentlich gebläht ist, hüpft Hals über Kopf davon, hebt hin und
wieder plump von der Erde ab wie ein Eierschwamm, der zu
fliegen versucht... Wohin läuft er? Der Unglückliche! In Richtung der Giardini Pubblici... Er wird sich in den Bäumen ver-

8 »Dasselbe zeigt sich endlich auch in den menschlichen Bestrebungen und
Wünschen, welche ihre Erfüllung immer als letztes Ziel des Wollens uns
vorgaukeln; sobald sie aber erreicht sind, sich nicht mehr ähnlich sehen und
daher bald vergessen, antiquiert und eigentlich immer, wenngleich nicht
eingeständlich, als verschwundene Täuschungen beiseitegelegt werden;
glücklich genug, wenn noch etwas zu wünschen und zu streben übrig blieb,
damit das Spiel des steten Überganges vom Wunsch zur Befriedigung und
von dieser zum neuen Wunsch, dessen rascher Gang Glück, der langsame
Leiden verheißt, unterhalten werde, und nicht in jenes Stocken gerate, das
sich als furchtbare, lebenserstarrende Langeweile, mattes Sehnen ohne
bestimmtes Objekt, ertötender *languor* zeigt« (Arthur Schopenhauers
sämtliche Werke in sechs Bänden, herausgegeben von Eduard Grisebach,
Leipzig o. J., S. 228 f.). Caterino war ein einzigartiger und äußerst tragischer
Fall eines Menschen, der nie erlebt hat, daß seine Wünsche in Erfüllung
gingen. Zum vollkommenen Verständnis dieser Begegnung mit dem
Gespenst Caterinos, siehe in meinem Buch *Achille innamorato* (»Gradus
ad Parnassum«) die Erzählung, die den Band beschließt: *Morte dell'ingeg-
nere*.

fangen, im Laub hängen bleiben wie ein Fallschirm, und morgen werden die Amseln an seiner zarten Hülle picken.

»Ba ba ... ba ba.«

Der Herzschlag dieser Luftpumpe hallt aus weiter Ferne durch das entsetzte Schweigen der Nacht. Jetzt hängt alles von mir ab. Eine Geste von mir kann ihn retten und nicht nur das, sie kann ihm jenen Trost, jene Antwort geben, die er seit achtzehn Jahren von mir erwartet, während der er am Rande des Todes verharrt. Diese Verantwortung lastet auf mir und ist mir gleichzeitig lästig. Das Schweigen ist zu kompakt, die Dunkelheit zu dicht, als daß ich diese notwendige Geste vollführen, den rettenden Ruf ausstoßen könnte. Wenn er noch bei mir wäre, würde ich ihm sagen: »Caterino, dies ist noch eine versäumte Gelegenheit, die letzte, und nach dieser: das Nichts.«

Das Nichts. Diese Vorstellung bringt auch das Minimum an gutem Willen zum Verschwinden, das meinem zarten Vorsatz zugrunde lag. Diese Vorstellung des Nichts birgt etwas überraschend Faszinierendes, etwas unerwartet Neues, etwas unwiderstehlich Anziehendes. Warum das Nichts zurückweisen? Ich spüre mit einer Klarheit, die meinen ganzen Körper durchdringt, ich spüre mit dem Magen, mit den Fußspitzen das Heroische, das Schöne, das Süße des Nichts. Und der Gedanke an den, der sich dem Nichts nähert, erfüllt mich mit einer ungeheuren Rührung. Glücklicher! Welche Umwandlung! Welche Neuheit! Es ist eine schwarze Sonne, die mit ihrem negativen Licht lockt. Einem Licht, dem man nicht widersteht, nicht widersteht, nicht widersteht.

Ich lausche. Ich spüre, wie meine Ohren riesenhaft werden, wie sie den riesigen Muscheln jener akustischen Geräte ähnlich werden, die, mit Schwänzen aus langen Metallschlangen versehen, in der Luft das ferne Brummen eines Propellers erfassen...

Nichts ist zu hören.

»Adieu, Caterino.«

Es entgeht mir nicht, wie herkömmlich dieser Gruß ist und wie sinnlos, denn einerseits kann er mich nicht hören und andererseits liegt in dem Wort »adieu« die Bedeutung von »Ich vertraue dich Gott an«. Wie absurd ist doch ein »adieu« angesichts des Nichts!

Jetzt, da ich nicht mehr gezwungen bin, meinen Schritt dem

äußerst langsamen des Gespenstes anzupassen, gehe ich allein rasch weiter. Ich gehe die Via Andegari entlang, deren Namen manche von dem keltischen Wort *andheghée* ableiten, vom Weißdorn, der hier früher am Straßenrand stand. Im Haus Nr. 1 dieser Straße schläft zu dieser Stunde der Weißdorn aus Gold, die blumenförmigen Juwelen, die Margherita aus ihren Riesenkoboldfingern knospen läßt. Und ich erinnere mich an die Nacht, in der wir unter der Führung der großherzoglichen Margherita hinaufstiegen, um diese Blumen zu wecken, und auf der Treppe eine blonde Diebin entdeckten (es ist unvorstellbar, daß eine blonde Diebin im Dunkeln tätig ist und meint, nicht gesehen zu werden), und nachdem ich den jungen Narziß, der neben mir die Treppe hinaufging, gefragt hatte, wer jene schöne Dame sei, die uns begleitete, antwortete er: »Mais voyons! c'est la belle madame G...!«, als wäre ich Henri Beyle und sie die schöne Bibin Catena.[9]

Ich gelange auf die Piazza della Scala. Im Theatermuseum ist die Stunde, in der die Kostüme, die Tamagno als Othello und Radames trug, über die Treppen wandern: kopflos und leer, und wenn sie dem Kostüm begegnen, das Adelina Patti als Rosina trug, machen sie eine tiefe Verbeugung. Dieser sichtbare und noch lebende Teil der Person, die sich in der großen Leere des Alls verflüchtigt hat, erinnert mich an das *ex voto* von Tessalioti im Louvre, vor dem meine zwanzig Jahre lange meditierten. Auch dieses ist kopflos, in seinen kurzen Mantel eingeschlossen, wie ein Veteran des Ersten Weltkrieges beobachtet es von seinem dunklen Winkel aus den Eingang, der mit einem samtenen Türvorhang aus dem Heiligtum von Knidos zugehängt ist; es verachtet jedoch die Nike von Samothrake daneben: die *dannunzianische* Nike von Samothrake.

Im Scala-Museum haben die Gegensätze freies Spiel, und neben dem rabenschwarzen Kostüm, in dem Alexander Moissi den Monolog Hamlets rezitierte, lacht ein kleiner gipserner Petrolini wie ein Schuh.

Das Schühchen, das Pierina Legnani, die Primaballerina, von ihren russischen Freunden geschenkt bekam, ist in Silber gegos-

---

9 »Aber... das ist doch die schöne Madame G.!« Henri Beyle, der richtige Name von Stendhal. (Anm. d. Ü.)

sen. *A Cendrillon ses amis 23 Février 1897, St. Petersbourg.* Wo
ist die Zeit, als man aus Frauenschuhen Champagner trank?
Kehren wir zum Spiel der Gegensätze zurück, zum bösartigen
Spiel der Gegensätze, das diesem Museum so teuer ist. Eleonora
Duse, die große Leidende, wurde vom Scala-Museum zu Bri-
ghella, Pulcinella, Pantalone gesellt...
Aufgepaßt! Nun marschieren die leeren Kostüme vorbei. Seht
sie euch gut an! Von vielen von euch wird nicht einmal ein
Kostüm übrigbleiben, um euch hienieden zu vertreten. Wohin
gehen sie? Sie gehen ins Foyer. Sie öffnen die Tür zu einer Loge.
Sie blicken hinab in den rotgoldenen Saal. Die Logen ringsherum
sind hinter vorgezogenen Vorhängen versteckt. Wessen Hand ist
es, die hinter einem Vorhang hervorkommt? Vielleicht die Hand
Bibin Catenas. Die Entfernung ist nicht groß genug, um die
Blässe, die Skelettdürre zu verbergen...
Die Galerie, die zu dieser Stunde menschenleer ist, dient den
Emigranten-Gespenstern als Wartesaal. Ich bahne mir mühsam
einen Weg auf dem dicht besetzten Mosaik, jetzt, da ich von der
wenn auch federleichten Substanz der Gespenster weiß und von
dem Leiden, zu dem ihre Seele noch fähig ist. Im Inneren des
Savini schlafen in Reih und Glied die rostfreien Bestecke. In den
Sälen von Ricordi und Finzi schlafen die großen, mit Schwänzen
versehenen Klaviere. Auf seiner luftigen Bühne schläft das kleine
Orchester des Biffi. In den Regalen von Garzanti schläft das
Cuore (Herz) von Edmondo de Amicis, schläft die *Amore di
Loredana* von Luciano Zùccoli, schläft der *Capitan Dodero* von
Anton Giulio Barrili. In den Regalen von Baldini und Castoldi
schlafen *L'Idolo* und die *Baraonda* von Gerolamo Rovetta[10] und
warten auf die Stunde ihrer Rehabilitierung. In der Buchhandlung Hoepli schläft der Schreibtisch von Giovanni Scheiwiller,
und in der antiquarischen Abteilung schläft die *Göttliche Komödie* aus dem Jahr 1487, die von Boninus de Boninis kopiert

10 Luciano Zùccoli (1868-1929), Verfasser zahlreicher Romane, die dem
   Geschmack der bürgerlichen und aristokratischen Vorkriegsgesellschaft
   entsprachen.
   Anton Giulio Barrili (1836-1908), um die Jahrhundertwende einer der
   geschätztesten und erfolgreichsten Romanschriftsteller.
   Gerolamo Rovetta (1851-1910) verfaßte gern gelesene zeitdokumentari-
   sche Romane. (Anm. d. Ü.)

wurde, schläft das Traktat über die Moral, das für Argentina Malaspina von ihrem Rhetoriklehrer geschrieben wurde, schlafen die Manuskripte, mit denen die prädestinierten Kalligraphen im Schweiße ihres Angesichts versuchten, den Siegeszug des Buchdrucks aufzuhalten, indem sie ein Manuskript schöner, sorgfältiger und kostbarer als das andere gestalteten.[11] Und wie ein leerer Traum verraucht die Geschichte der *gigioni*.[12] Und der Schatten Giuseppe Mengonis treibt sich unter dieser Glaskuppel herum, hält unter diesen Bögen inne, blickt sich um, prüft, untersucht, und seinem unruhigen Geist gelingt es immer noch nicht, zu klären, ob sein Werk schön oder häßlich ist, und wenn die Toten noch einmal sterben könnten, würde er sich manchmal ein zweites Mal umbringen.[13] Und hinter der Schaufensterscheibe von Fin Cra schlafen die »feinen Krawatten«, die aus obszönen Gummimündern heraushängen: die Kadaver aller unserer sommerlichen Grillen, im großen Herbst und bald im endgültigen Winter unseres Lebens.

Als ich auf die Piazza del Duomo gelange, tritt die Stadt nackt aus ihrer Nacht heraus: diese Stadt, die dem Pferd Ehrerbietung zollt und die Straßen rund um San Siro, dem großartigen Reitplatz, nach Pegasos, Zentaur, Diomedes benannt hat, der, das inzwischen allzu verbreitete Essen von Pferdefleisch vorwegnehmend, seine Pferde mit Menschenfleisch nährte. Habt ihr in Paris die goldenen Pferdeköpfe gesehen, die Ladenschilder der Pferdeschlachter? Als ich eines Tages über eine Straße von Vaugirard ging, stach mir ein edles, ruhiges Bronzepferd ins Auge, das

---

11 Einer dieser verurteilten Schönschreiber, Ugo da Carpi, kämpfte wie Hektor, obwohl er wußte, daß er sterben mußte. Lange Zeit »schämten« sich die Bibliophilen des 16. Jahrhunderts des gedruckten Buches, so wie sich manche heute des Manuskripts »schämen«.

12 Mit »gigioni« werden diejenigen bezeichnet, die in der Scala keine Stars waren, sondern Nebenrollen spielten und im Hintergrund wirkten (und dennoch Starallüren besaßen). (Anm. d. Ü.)
Giuseppe Mengoni (1829-1877), Architekt: Galleria Vittorio Emanuele und der Piazza del Duomo in Mailand. (Anm. d. Ü.)

13 Apollodorus, Trajans Architekt, entdeckte zwei Mängel an dem zweistöckigen Tempel, der von Hadrian errichtet worden war. Es war zu spät, sie zu beseitigen. Diese Kritik kostete ihn das Leben. Heute ist den Architekten das Schicksal günstiger gesinnt.

aufrecht über einer monumentalen Tür stand, die sich zwischen den beiden Armen einer hohen schwarzen Mauer öffnete. Ich vermutete einen Musterstall, eine Reitschule: Der Gefährte, der neben mir im Taxi saß, sagte, daß es sich um einen Pferdeschlachter handelte: um den Schlachter auch jenes Pferdes, das uns – bevor wir uns von der infamen Mauer befreiten – mit unendlicher Traurigkeit angeblickt hatte, über die Wand des Lastwagens hinweg, der es unter seinem edlen Bruder hindurchführte, es auf die andere Seite der schwarzen Mauer brachte. Diese im höchsten Maße griechische Stadt, die Athen übertroffen hat, das einen Tempel *to agnosto theò*, dem »Unbekannten Gott«, gewidmet hat, und eine Straße einer nicht existierenden Person gewidmet hat: Randaccio Nicola. Diese Stadt, die auf der Via San Calocero (warum Calocero und nicht Calogero? Calocero heißt eigentlich »schönes Horn«) die Überreste eines Dolmen versteckt. Diese Stadt, die im Palazzo Trivulzio auf der Piazza Sant'Alessandro das Autograph von *L'Acerba* aufbewahrt, das seinen Autor Cecco d'Ascoli[14] auf den Scheiterhaufen brachte. Diese Stadt, die auf einer Säule neben der Basilika Sant'Ambrogio den Abdruck der Hörner des Teufels (calocero?) bewahrt. Diese Stadt, deren Verdienst es ist, die erste Gemeinde Italiens gegründet zu haben, durch Lanzone da Corte, dem man dafür dankte, indem man ihn zwang, den Kot eines Mannes aus dem Volk zu essen. Diese Stadt, die in einer ihrer schönsten Kirchen die Gräber der Heiligen Drei Könige beherbergt. Diese Stadt, die nicht nur reich an Trinkwasser ist, sondern auch an schwefelhaltigem Wasser, wie in dem mehrstrahligen Springbrunnen auf der Viale Elvezia und seinem Zwillingsbruder auf der Viale Piceno, die beide indiziert sind bei Stoffwechselkrankheiten, diese Stadt, in der – als genügten die erwähnten Wasser nicht – nahe der Kirche San Vincenzo in Prato eine wundertätige Quelle entsprang, für die Taufe von San Secondo. Diese Stadt, die nicht nur dem Pferd, sondern auch dem Baum, der Pflanze, der Blume Ehrerbietung zollt, indem sie alle Straßen eines Viertels den Akazien, den Ahornbäumen, den Sykomoren widmet. Diese Stadt, die die Vorsokratiker durch die Namen Empedokles und Heraklit ehrt, wenn auch Arduino

---

14 Francesco Stabili, Cecco d'Ascoli genannt (1269-1327), Arzt und Astrologe, wurde wegen Häresie lebendig verbrannt.

Anselmi in seinem *Das historische Mailand im Spiegel seiner Straßen und Denkmäler* den geheimnisvollen Denker aus Ephesos respektloserweise als »Jammerer« bezeichnet, wegen seines »erbitterten Skeptizismus«. Diese Stadt, in der die Brüder Maggiolini das Licht der Welt erblickten, die Könige der Ebenisten. Diese Stadt, die in den Scuole Palatine den Geist mit Vergil, Catull, Ovid bereichert. Diese Stadt, die fünfmal zerstört wurde: von den Kelten, von Attila, von Odoaker, von Ursia, von Barbarossa,[15] und die fünfmal wieder aufgebaut wurde. Diese Stadt, die in der Pinacoteca Ambrosiana eine Haarlocke von Lucrezia Borgia aufbewahrt und eine von Camillo Benso di Cavour...

Langsam bildet das Licht eine Aureole um die Kathedrale. Die Fialen lösen sich eine nach der anderen wie Kerzen von einer Geburtstagstorte, lassen die dreieckige Glatze des Daches leer zurück, breiten sich unregelmäßig über den Himmel aus; dann fügen sie sich folgsam wieder zusammen und bilden wie ein buchstabierendes Kind diese zwei Worte:

MILANO
UNVERBRECHLICH[16]

Was bedeutet *unverbrechlich*? Ich begreife, daß es ein enkomiastischer Ausdruck ist, aber welcher?

Also noch einmal aufbrechen, noch einmal über die Welt irren, auf der Suche nach der Bedeutung eines Wortes, eines Ausdrucks, eines Seufzers, eines Nichts...

»Erstes« Ende des Buches

---

15   ...in des wackren Rotbart Herrschertagen,
           um den noch heute Mailand rauft ihr Haar.
                          (Fegefeuer, XVIII)

16 Savinio benutzt im Italienischen das Wort »irromentabile«, das wohl aus »rompere« – zerbrechen – und »indimenticabile« – unvergeßlich – zusammengesetzt ist. (Anm. d. Ü.)

Im Sommer 1943 sollte dieses Buch in Druck gehen, doch dann veränderten die Bombenangriffe im August das Antlitz Mailands. Aufgrund dieser schrecklichen Veränderung hat dieses Buch – dieses »Stadtporträt« – leider eine unvorhergesehene Bedeutung erhalten. Es ist das Porträt Mailands »von vorher«. Es ist Mailand, wie es niemand mehr sehen wird. Das ist das prophetische Schicksal der Porträts und der Grund, warum viele das Porträt fürchten. *Dieses Buch konnte nicht »mit einer Illusion« schließen. Die folgenden* Nachgestellten Seiten *sind zusammen mit den* Tagebuchnotizen *ein Hinweis auf das »andere« Antlitz Mailands, eine Vorahnung des zukünftigen Antlitzes.*

Nachgestellte Seiten

Der Tod »besudelt«

Mein Vater verbrachte lange Stunden in einem Sessel, der wie das
Ballkleid einer Dame mit Stickereien und Rüschen verziert war;
und wenn mein Vater ihn leer hinterließ, blieb auf der Rückenlehne und auf dem Sitz der Negativabdruck seines schweren und
strengen Körpers. Es war »sein« Sessel, und in meinem kindlichen Gemüt verband ich ihn mit dem Namen »Rosaura«. Niemand anders saß im Sessel »von Papa«, nicht, weil es uns verboten war, sondern aus Respekt. Die Möbel leben länger als die
Menschen, vertreten die Menschen hienieden und führen ihr
Leben weiter. Jedes Möbelstück bleibt zurück, um einen Menschen zu vertreten: seine zerstörte, körperliche Form, seine
unzerstörbare Seele. Ihr müßt nachts, wenn das Haus schläft,
heimlich ein menschenleeres Zimmer betreten: Spitzt die Ohren,
und ihr werdet hören, wie die Möbel mit ihrer Stimme aus Stoff
oder Holz Erinnerungen und Geheimnisse austauschen. Manchmal vertritt eine Gruppe von Möbeln ein und denselben Menschen, beziehungsweise einen von jenen, die zu Lebzeiten wie
ein König gelebt haben, und garantiert sein Weiterleben. Kehren
wir zu den Formen der sichtbaren Unsterblichkeit zurück. Der
Sessel des Vaters soll auch weiterhin den Vater im Schoß der
verwaist zurückgebliebenen Familie vertreten; niemand sonst
darf das Recht haben, darauf Platz zu nehmen, mit Ausnahme
des erstgeborenen Sohnes und auch der nur bei feierlichen und
heiligen Anlässen. (Das sage ich nicht um meinetwillen: Ich bin
der Zweitgeborene.) Auf der Via Bagutta in Mailand hat sich der
ganze Inhalt eines Hauses durch die Tür auf die Straße ergossen
wie ein häuslicher Lavastrom, und ganz oben auf dem erstarrten
Strom ist nach der Rutschpartie ein Stuhl zum Stehen gekommen. Es ist ein eisenbeschlagener Stuhl, der mit einem Pedal
versehen ist, das sich an der Spitze wie eine Gondel krümmt. Ich
betrachte den seltsamen Stuhl lange, aber ich kann nicht feststellen, ob es ein Zahnarztstuhl oder ein Rollstuhl ist. Ist es der Stuhl
eines Zahnarztes, heben sich seine allzu vielen menschlichen

Erinnerungen auf und löschen sich zu einer Nicht-Erinnerung aus, ist es jedoch ein Rollstuhl, dann stelle ich mir den Gelähmten vor, der mit seinem zu einem Toboggan gewordenen Rollstuhl schrecklich lachend auf die Straße fährt, und da ihm der Schock die Bewegungsfähigkeit wiedergegeben hat, entfernt er sich mit großen Kompaßschritten in die Höllennacht, inmitten des Krachs, der einstürzenden Häuser und des phosphoreszierenden Lichts, das sich bewegt und lebt wie leuchtender Most.

Mein Vater rauchte und las in seinem Sessel. Er rauchte mit einer nach ihrem Erfinder Koch benannten Zigarettenspitze, die ähnlich wie eine winzige Druckluftpumpe konstruiert war, und diese Zigarettenspitze besaß die hygienische Eigenschaft, Nikotinreste in einem Glasröhrchen aufzufangen, das jeden Morgen mit in Alkohol getauchten Wattebauschen gereinigt werden mußte. Ich weiß nicht, ob Koch, der Erfinder der denikotinisierenden Zigarettenspitze, identisch ist mit dem Koch, der den Tuberkelbazillus entdeckte, aber wenn man bedenkt, wie sehr die deutschen Wissenschaftler zur Spezialisierung neigen, gibt es berechtigte Gründe, daran zu zweifeln.

Mein Vater las schwarze Bücher mit eng gesetzter Prosa, die mir als Kind wie undurchdringliche Wälder erschienen, und aus seiner ernsten Miene schloß ich auf die Schwierigkeit und Tiefgründigkeit dieser Lektüre; später jedoch erfuhr ich, daß diese wissenschaftlichen Wälder *Les gaîtés de l'escadron* von Georges Courteline[1] und ähnlich frivole Werke waren. Andachtsübungen und würdevolles Benehmen waren zur Zeit meiner Kindheit noch die Grundsteine der Erziehung, und selbst die frivolsten Formen des Lebens trugen einen Mantel würdevoller Feierlichkeit. In meiner Jugend habe ich mich heftig gegen diese Formen aufgelehnt, da ich sie für Heuchelei hielt, inzwischen habe ich jedoch meine Meinung geändert. Ich, der ich jede Form des Lebens in ihrer wahren Erscheinung belasse, *werde von meinen Kindern nicht ernstgenommen.*

Eines Tages betrat ich ganz leise das Arbeitszimmer meines Vaters und nutzte seine vorübergehende Abwesenheit aus. Rosaura war noch warm von seinem Körper, im Zimmer

---

1 Georges Courteline (1860-1929), schrieb vor allem erfolgreiche Lustspiele. (Anm. d.Ü.)

schwebten Rauchwolken aus der Koch-Spitze wie in einem Tempel, in dem wohlriechende Räuchermittel verbrannt werden. Von der Zigarette, die in der denikotinisierenden Spitze steckte und auf dem Rand des Aschenbechers lag, stieg ein blauer Rauchfaden auf, der sich bald darauf zu einem Ring rund um einen winzigen und unsichtbaren Saturn rundete. Auf dem arabischen Tischchen mit Intarsien aus Perlmutt lag neben Rosaura offen eine jener englischen Zeitschriften, die in ihrer Sprache *magazines* heißen. Die Zeitschrift war illustriert und »sprach« somit zu meinem Auge. Auf den zwei aufgeschlagenen Seiten war das Leben irgendeines bedeutenden Politikers in Bildern zusammengefaßt. Man sah ihn als Kind, wie er im Röckchen neben einem Blumenbeet spielte, dann in Internatsuniform, verlegen und stupide dreinblickend, den Ellbogen auf eine Konsole gestützt und zu seinen Füßen eine unechte Bulldogge, die die platte Schnauze hob, um ihn anzusehen, dann als reifen Mann in sportlicher Kleidung, der gerade im Begriffe war, einen Golfball zu schlagen, dann in einen dicken Pelz gehüllt, wie er gerade einen weißen, schneebedeckten Gehsteig überquerte, um durch ein monumentales Portal zu eilen, vor dem ein Wachtposten die Waffen präsentierte, und schließlich aufrecht, jedoch wankend auf einer Straße inmitten von Menschen, die mit den unerwartetsten Bewegungen auf ihn zuliefen: Er trug einen Panamahut schief auf dem Kopf, seine Augen blickten starr und gläsern, die Glieder waren verrenkt wie bei einer Schneiderpuppe – und er war von Kopf bis Fuß mit Kot besudelt, als wäre im Regen ein Fahrzeug an ihm vorbeigefahren und hätte ihn mit Straßenkot bespritzt. Aber da war kein Kot... Zu jener Zeit fielen Könige und Kaiser, Königinnen und Regierungsoberhäupter massenhaft wie bei einer Treibjagd durch die rächende Hand jener verstörten und haarigen Individuen, die von den Zeitungen auf lateinisch Nihilisten genannt wurden und auf griechisch Anarchisten. Auch dieser Politiker war einem Attentat zum Opfer gefallen, und der Fotoapparat – Wunder der Momentaufnahme, die in diesen Jahren ihre ersten Triumphe feierte! – hatte ihn in genau dem Moment getroffen, in dem er »vom Tod besudelt« zu Boden stürzte.

Es ist mir nie gelungen zu erfahren, wer jener geheimnisvolle Politiker war, der ein so tragisches Ende genommen hatte, und inzwischen will ich es auch gar nicht mehr wissen, aber nach fast einem halben Jahrhundert ist mir nur jener erste Eindruck des Todes unversehrt und deutlich in Erinnerung geblieben: der Eindruck, daß der Tod den »besudelt«, den er trifft. Die beiden letzten Male, als ich Mailand besuchte, hatte ich es einmal sommerlich gekleidet und beinahe »sportiv« gesehen und einmal in seinen Wintermantel gehüllt: Da sah ich durch das Doppelfenster meines Hotelzimmers auf der Piazza della Scala den kleinen Schneiderinnen zu, wie sie in der Dachstube des berühmten Theaters, im Licht der Lampen, die über ihren Köpfen hingen, auch wenn es noch nicht einmal drei war, das Kostüm Parsifals oder Lucia di Lammermoors nähten. Und als ich um die Mittagsstunde des 26. August 1943 in einem gleißenden Licht unter dem Gewölbe des Hauptbahnhofs hervortrat, erschien auch mir Mailand wie auf einer Momentaufnahme, vom mitleidlosen Auge eines Fotoapparats aufgenommen: aufrecht, aber wankend, die unzähligen Augen der Häuser zu einem gläsernen Blick erstarrt, die Glieder zu den Bewegungen einer Garten-Stadt verrenkt, von Kopf bis Fuß mit Kot bespritzt, vom Tod »besudelt«. In diesem Buch, das ich geschrieben und in Druck gegeben hatte, bevor ich dich vom Tod »besudelt« gesehen hatte, erklärte ich dir, Mailand, die ganze fleischliche Liebe, die ein Mensch zu einer Stadt empfinden kann; und jetzt, wo ich auch dich vom Tod »besudelt« gesehen habe, müßte ich dir gegenüber all den »fleischlichen« Schmerz zum Ausdruck bringen, den... Aber nein. Ruhe! Und wie prophetisch klingt mir jetzt der Titel dieses Buches: *Stadt, ich lausche deinem Herzen.*

Als ich mich weiter oben an die kleinen Schneiderinnen erinnerte, die in der Dachstube der Scala das Kostüm Parsifals oder Lucia di Lammermoors nähten, habe ich gesagt, daß über dem Kopf der Näherinnen die elektrischen Lämpchen leuchteten, obwohl es noch nicht einmal drei Uhr nachmittags war, so daß es schien, als würde jede von ihnen einen Stern auf dem Kopf tragen. Auf den Fahrplänen der Eisenbahn und in der Verwaltungssprache heißt drei Uhr nachmittags *fünfzehn* Uhr, aber bei dem Versuch, besser gesagt: bei der Drohung, auch in der Literatur statt drei fünfzehn zu sagen, rebelliert mein Schriftstellergemüt. Welche geheimnisvolle Unvereinbarkeit besteht zwischen den Methoden der Präzision und den Methoden der Literatur?

Auch wenn ich einer Dame aufgrund eines unerhofften Abenteuers ein Rendezvous geben müßte, würde ich es nie wagen, für *fünfzehn* Uhr ein Treffen zu vereinbaren oder für *siebzehn* Uhr oder – ein Abenteuer, das ich mir noch weniger erhoffe! – für dreiundzwanzig Uhr. Wir, die wir das Innerste der Worte abhören, wie der Arzt die Bronchien des Kranken abhört, stellen diese Unterschiede instinktiv fest, aber warum sollte man sie nicht studieren und in der Grammatik, beziehungsweise in den Sprachregeln, festlegen? So wie man ebenfalls in den Sprachregeln festlegen müßte, daß *stamane* und die Redewendung *da mane a sera*[2] nur in kleinbürgerlichen Gesprächen und in kleinbürgerlichem Ambiente zu verwenden sind und – was die Epoche anbelangt – zwischen dem Ende des 19. und dem Beginn unseres Jahrhunderts, und daß sie in allen anderen Ambiente und Epochen nicht zu verwenden sind. Fragt mich nicht warum: Ich wüßte es nicht zu sagen.

Ich wüßte auch keine Antwort zu geben, wenn ihr mich fragtet, welchen Eindruck der vom Tod »besudelte« Körper Mailands auf mich gemacht hat. Besser gesagt: Ich möchte nicht antworten. Mehr als der Gedanke an Befreiung, mehr als der Gedanke an Rettung, mehr als der Gedanke an Rache, der uns ehrlich gesagt nicht einmal gestreift hat, bewegt in dieser Zeit der Gedanke an Erziehung am hartnäckigsten unser Gemüt. Das italienische Volk erziehen. Seinen Körper aufrichten und reinigen. Vor allem seine Seele reinigen, damit sie frei und aufgeklärt im Sinne des Guten, der Intelligenz und der Würde wirken kann. Den Italiener vom Meridionalismus und vom Orientalismus reinigen. Ihn vor dem Asiatismus retten, beziehungsweise vor der Pest und den Religionen. Ihn lehren, sich der Frau gegenüber nicht als »Orientale« zu verhalten; ihn lehren, die blinde und bestialische Autorität bis zu deren Vernichtung zu bekämpfen; ihn lehren, ohne Leidenschaft und Servilismus seine Pflicht zu erfüllen, beziehungsweise mit Gewissensfreiheit; ihn lehren, dem Schmerz, dem Leiden, dem Tod mit unerschütterlicher und stummer Würde zu begegnen. Die Klageweiber, die bestialischsten Vertreterinnen der Rhetorik, die beim Begräbnis heulen,

---

2 »stamane« und »da mane a sera« sind verkürzte Formen von »heute morgen« und »von morgens bis abends«. (Anm. d. Ü.)

widern uns an, aber noch mehr widern uns die Klageweiber an, die aus den Kolumnen der Zeitungen und den Lautsprechern der Radios über unser augenblickliches Unglück heulen und die für jeden Unglücksfall denselben dummen und unpersönlichen Schrei bereithalten. Schweigen überall. Schweigen und Würde.

Der Tod besudelt. Er besudelt das, was sauber war. Er macht das trüb, was klar war. Er macht das schmutzig, was sauber war. Er macht das dunkel, was hell war. Er macht das dumm, was intelligent war. Er stürzt das ins Elend, was reich war. Und dennoch sagt man, der Tod sei Heiterkeit und Ruhe, und die Kunst ihrerseits ... Aber auch dies ist eine Form der Rhetorik, die schlimmste: die Rhetorik des Optimismus. Ruhe und Heiterkeit sind keine Eigenschaften des Todes, sondern des Lebens, das im Tod aufersteht: des Lebens, das sich im Tod verborgen hat und ihn, da es stärker ist, besiegt.

Am ersten Tag sah ich Mailand vom Tod »besudelt«. Dann senkte sich die Nacht herab und mit ihr ein gespenstisches Schweigen.

Bereits am nächsten Tag wurde Mailand wieder klar und heiter.

Tagebuchnotizen

Mailand, 27. August 1943

1. Die Stadt ist zerstört, aber die *Menschen*-Denkmäler sind
stehengeblieben. Es steht Cavour auf der nach ihm benannten
Piazza. Es steht Vittorio Emanuele auf der Piazza del Duomo,
obgleich der in Bronze gegossene König sowie das Pferd zwischen seinen Beinen seit dem Augenblick ihrer Errichtung im
Begriff sind zu stürzen. Es steht Bertani gegenüber dem Montecatini und drückt mit liebevoller Hand die ihm teure Papierrolle
an die Brust. Es steht der von seinen Schülern eingerahmte
Leonardo auf der Piazza della Scala. Es steht Cesare Beccaria mit
dem Rücken zum alten Justizpalast, der seine Gesetze verraten
hat. Ich habe es nicht mit eigenen Augen gesehen, aber mein
Schwager, der die Bombardierung von Mailand erlebt hat und als
Arzt die Verwundeten versorgt, die man ihm in den Krankensaal
ins Montecatini gebracht, sagte mir, Parini gehe noch immer
unbeweglich auf der Piazza Cordusio vor den Straßenbahnen auf
und ab, und Garibaldi sei auf dem Largo Cairoli nicht von
seinem Pferd gestiegen. Der Palazzo Poldi Pezzoli ist zerstört,
und auf dem Gehsteig liegen riesige Teile seines Gesimses wie die
Blöcke eines Deiches, der von der Gewalt des Meeres gesprengt
wurde, aber auf dem Steg, der die beiden Teile des Palazzo
diesseits des Innengartens verbindet, steht unversehrt die bron-
zene Gruppe mit Neoptolemos, der den kleinen Astyanax vom
Turm neben dem skäischen Tor hinabschleudert, und genauso
unversehrt sind die Statuen der Nymphen und Göttinnen, die
aufrecht zu Füßen des Torbogens unter dem Steg stehen. Unversehrt sind die beiden Telamonier und die beiden Karyatiden
unter dem Balkon des Palazzo, der zwischen der Via Principe
Umberto und der Via Manin vorspringt und dessen Fassade die
schönen, jedoch nicht gehörten Worte trägt: *La Pace*. Diese
Karyatiden vollführen beide eine freundliche Geste gegenüber
ihrem jeweiligen Telamonier: Die linke reicht dem ihren einen
Becher, die rechte offeriert dem ihren ein Sträußchen Blumen. Es
ist tröstlich, daß die Freundlichkeit unter der Last der Schuld

und der Sühne überlebt hat. Aber sind Schuld, Schmerz und Sühne nicht eine notwendige Voraussetzung für das Gedeihen der Freundlichkeit, dieser zarten Variante des Glücks und der Liebe? Auch Hayez steht unversehrt auf der Piazza neben der Brera: im Arbeitskittel, auf einem niedrigen Sockel und bereit, seinen wissenden, seinen geduldigen Pinselstrich auf der Leinwand auszuführen. Unversehrt ist der Mann aus Stein auf der Mauer neben dem Balkon der zerstörten Schneiderei Ventura. Unversehrt ist der Napoleon von Canova im Hof der Brera (die Holzkiste, die ihn in dieser Zeit des Krieges bewahrt wie eine Hütte ihren einsamen Bewohner, ist oben ein wenig angeschlagen), und unversehrt zwischen den Säulen sind Pietro Verri, Tommaso Grossi und die anderen gelehrten Mailänder, die den nackten Kaiser umringen. Im Gegensatz dazu ist das Gebäude gegenüber der Brera, das im oberen Stockwerk meine schöne und intellektuelle Freundin Camilla Cederna[1] beherbergte und im Erdgeschoß die Gallerie del Milione, zu einem Häufchen Schutt geschmolzen. Ich betrachte diesen Staub, der einmal ein von Menschen bewohntes Haus war und unter den sich vielleicht auch der Staub der *Oggetti migratori* und anderer meiner Gemälde gemischt hat, die sich in der Gallerie del Milione befanden, aber ich betrachte ihn ohne Schmerz. Die Dinge, die ich gemacht habe, interessieren mich nicht mehr: Nur das interessiert mich, was ich noch nicht gemacht habe. Unversehrt steht auf der Piazza Sant'Angelo der Heilige Franziskus vor dem Wasser, das ihn widerspiegelt, und unversehrt sind die drei Tauben, die am Rand der Wanne auf sein Wort warten.[2] Was Ales-

1 »O my fair warrior!«, »Ach meine schöne Kriegerin!« sagt Othello zu seiner Frau, als er in Zypern an Land geht, obwohl sie nicht Camilla hieß, sondern nur Desdemona. Stevens sagt, daß Shakespeare diese Bezeichnung wahrscheinlich den französischen Dichtern entlehnt hat: »*as Ronsard, in his Sonnets, often calls the ladies* guerrières«. Um so verständlicher wird unsere Aversion gegen die unkriegerische Frau, gegen die »orientalische« Frau.
(Savinio spielt hier auf Camilla Cederna an, die 1921 in Mailand geborene Journalistin und Schriftstellerin. d. Ü.)

2 Der franziskanische Geist ist nicht tot. In der Nacht des 16. August 1943, unter den zweitausend Bomben, die auf Mailand niedergingen, verließ ein kleiner Mönch ganz still das Kloster auf der Piazza Sant'Angelo, holte mit

sandro Manzoni anbelangt... Alessandro Manzoni steht nicht nur unversehrt auf der verwüsteten Piazza San Fedele,[3] sondern hat sogar, *incredibile dictu*, einen Schritt vorwärts gemacht. Welche Bedeutung hat diese unerwartete Geh-Anwandlung des Großen Seßhaften? Und warum ist Don Lisander unter den Spreng- und Brandbomben nicht gestürzt und auch nicht unbeweglich an seinem Platz geblieben wie seine Statuenkollegen, sondern hat einen Schritt vorwärts gemacht, als wollte er vom Sockel steigen und vor das Theater hintreten, das seinen Namen trägt und das jetzt, da durch seine hohlen Fenster der Himmel durchschimmert, einem Aquädukt ähnelt, das man aus der römischen Campagna entführt und ins Herz Mailands verpflanzt hat? Manzoni ist der zurückhaltendste unserer Schriftsteller, der am meisten gehemmte. Um ein Schriftsteller nach meinem Geschmack zu sein, fehlt Manzoni dieser »Schritt vorwärts«, der ihm gestattet hätte, *die Linie zu überschreiten*, beziehungsweise den »Äquator« der intellektuellen Welt zu überqueren; und nur der, das sei ein für allemal gesagt, ist ein Künstler, der die Linie überschritten hat. Manzoni hat nun diesen schicksalsschweren Schritt nicht getan, aber er hat ihn als Toter und unter dem Druck der Bomben getan. Die Toten sind schwach... Mein Schwager erzählt mir, daß Carlo Porta im Gegensatz zu den anderen Menschenstatuen Mailands im kleinen Teich des öffentlichen Parkes gelandet ist: gefährliche Ambition eines Dialektdichters, der ein Seedichter werden wollte. Das Denkmal des General Giacomo Medici auf der Via Marina ist umgefallen. Warum sagen unsere Zeitungen, daß die englischen Flieger keine militärischen Ziele treffen? Auf dem kleinen Grasfeld rings um den Sockel, der entmenscht dasteht, betrachte ich die *membra disjecta* dessen, dem man den Titel Marchese del Vascello verliehen

einem Schöpflöffel aus Kupfer die Goldfische aus dem Poverello-Brunnen und brachte sie in Sicherheit. Und das zur Zeit der *Triumphierenden Gewalt*, während der Mensch mit Gleichgültigkeit und Gelassenheit geschlagen, erniedrigt, eingekerkert, gemartert, deportiert und getötet wurde.
3 Welche Folgen wird die Zerstörung des Mailänder Polizeipräsidiums und der Archive, die sich in seinem Gebäude befanden, für die Geschichte des Mailänder Verbrechertums haben?

hat.[4] Hier liegt der Kopf des Generals, der am Hals abgetrennt ist, jedoch vom Bart wie von einem Griff verlängert und vom Helm mit dem zerbrochenen Federbusch überragt wird, dort sind die behandschuhten Hände, die auf der Griffstange des zerbrochenen Schwertes liegen; dort die in den Dolman eingezwängte Brust, an anderer Stelle wiederum die am Knie abgetrennten Beine. Über den tiefen, klaren Himmel ziehen die metallischen und betrübten Klänge eines Trauermarsches. Ich kann die Größe der Männer des Krieges nur pittoresk sehen: wie ein Gemälde mit militärischem Inhalt. Ehe am Abend die Sonne untergeht, überlassen die in Fahrräder verwandelten Mailänder die Stadt ihrer Nacht, und Mailand bleibt zurück: schwarz, verzerrt, gepeinigt und unter der Vormundschaft ihrer Einwohner aus Marmor und Bronze. Was bedeutet dieser Respekt, den der Tod den Statuen erwies? Und was denken die Statuen über die Zerstörungswut ihrer Brüder aus Fleisch und Blut, über ihren unstillbaren Durst nach Tod? Die Mailänder verschwinden paarweise in einem goldenen Rauschen, er mit der Linken auf der Lenkstange und der Rechten auf der Schulter seiner Gefährtin, sie mit der Rechten auf der Lenkstange und der Linken auf der Schulter ihres Gefährten. Der Mailänder Arbeiter kennt nicht die düstere Erschöpfung, die demütigende Unterwerfung unter die Arbeit, die andere Arbeiter zum Tier macht und deformiert, sondern in ihm ist ein freies und fröhliches Leben. Der Mailänder Arbeiter läßt sich von der Arbeit nicht bestimmen, noch niederschlagen: Er bestimmt vielmehr die Arbeit, und wenn er Feierabend macht, ist er kein zermürbtes Tier, das ausgestreckt auf dem Boden liegen bleibt, sondern ein Mann, der sich aufrichtet und kühn zu den Freuden des Lebens zurückkehrt. Dem gefällten General Medici gegenüber haben fünf Karyatiden, die das Gesims eines Palazzo tragen, den Kopf behalten, zwei haben jedoch den Bauch verloren. Am äußersten linken Flügel des Königspalastes ist der sogenannte *Arengario* stehengeblieben. Zu Unrecht.

4 Am 11. Oktober 1860 wurde Giacomo Medici (1819–1882), einem von Garibaldis Generälen, der Titel Marchese del Vascello verliehen. (Anm. d. Ü.)

2. Alle öffentlichen Uhren Mailands sind stehengeblieben – in dieser Stadt, die so reich an öffentlichen Uhren ist. Manche um 1 Uhr 15, andere um 1 Uhr 17, wiederum andere um 1 Uhr 20. Alle diese unbeweglichen Zeitsymbole bezeichnen einen der Augenblicke, in denen der Tod vom Himmel gefallen ist und zugeschlagen hat. Zwischen diesen winzigen Zeitunterschieden verläuft die Ewigkeit, wie zwischen dem Finger Gottvaters und dem Finger Adams auf dem Fresko in der Sixtinischen Kapelle. (Man vergebe mir die Leichtfertigkeit des Vergleiches, aber die Ernsthaftigkeit des Themas entschuldigt die Geschmacklosigkeit.)

3. Auf dem Zementpanzer der Luftschutzkellerausgänge sind in deutlichen Buchstaben die Initialen U.S. hingekritzelt. Es stimmt mich nachdenklich, daß die Abkürzung der Vereinigten Staaten von Amerika so oft wiederholt wird. Schließlich entdecke ich, daß U.S. in Mailand nicht *Junaited Stèits* bedeutet, sondern »Uscita di Sicurezza« – Notausgang.

4. Über den Schutt eines geschmolzenen Hauses beugt sich eine Dame in fortgeschrittenem Alter, die jedoch geschickt geschminkt und gekleidet ist. Sie macht sich zwischen den Trümmern – vielleicht den Resten ihres Hauses – zu schaffen, und wer weiß, was sie sucht: jedoch ohne Schmerzensmiene, ohne Pathos, beinahe als ob sie einer normalen Hausarbeit nachginge: mit Stil. Die Frau, die sich selbst im fortgeschrittenen Alter noch Mühe gibt, zu gefallen und die Vorteile der Jugend zu bewahren, die Frau, die selbst mit künstlichen Mitteln versucht, das Beste ihres Schicksals, beziehungsweise ihre Verführungskünste und ihren weiblichen Zauber zu bewahren, ist nicht lächerlich, wie die Barbaren sagen, sondern zivilisierter als die aufrichtige Frau, die »sich gehen läßt«, und diese koketten Alten sind Frauen, die einer hohen Zivilisation angehören: Engländerinnen, Französinnen, Amerikanerinnen, Mailänderinnen. Die hohe Zivilisation schließt das Alter aus, es haben nur junge Frauen Anrecht auf das Bürgerrecht sowie die alten, die sich *jung* schminken. Je tiefer die Frau die Stufen der sozialen Treppe hinabsteigt, je mehr sich die Frau dem Süden und dem Orient nähert, desto schneller und früher verliert sie die Jugend. Gestern hat eine neue Hausange-

stellte bei uns den Dienst angetreten. Sie stammt aus einer Provinz im Süden. Ich fragte meine Frau, warum sie eine alte Frau genommen hätte. Sie antwortete: »Sie ist neunundzwanzig.«

5. Am Anfang der Via Spiga in der Nähe des Corso Venezia ist an einem Rolladen, der aus seinen Schienen gerissen worden ist und nun mitten auf den Gehsteig ragt, folgendes Schild angebracht: »Lottobank«. Einer der größten Schandflecke, eine der demütigendsten Immoralitäten Italiens.

6. Ich wandere zwischen den Ruinen Mailands umher. Warum verspüre ich diese Erregung? Ich sollte traurig sein, aber stattdessen sprühe ich vor Freude. Ich müßte Todesgedanken hegen, stattdessen streichen mir Gedanken an das Leben um die Stirn, wie der Hauch des reinsten und strahlendsten Morgens. Warum? Ich spüre, daß aus diesem Tod neues Leben erstehen wird. Ich spüre, daß aus diesen Ruinen eine stärkere, reichere, schönere Stadt erstehen wird. Damals habe ich dir, Mailand, schweigend, nur für mich und dein Herz hörbar, mein Wort gegeben. Zu dir zurückkehren. In dir mein Leben beschließen. Zwischen deinen Steinen, unter deinem Himmel, zwischen deinen verschlossenen Gärten. Amen.

7. Über einer Haustür in der Via Brera, die die Nummer 30 trägt, dieses Schild: *Impresa Pulizia Speranza* (Reinigungsunternehmen Hoffnung). Was hinzufügen? Es ist alles gesagt.

Inhaltsverzeichnis

Lateinamerikanische Literatur
im Suhrkamp Verlag

»Imagination, Sensibilität, Liebenswürdigkeit, Sinnlichkeit, Melancholie, eine gewisse Religiosität und ein gewisser Stoizismus gegenüber dem Leben und dem Tode, ein tiefes Gefühl für das Jenseitige und ein nicht weniger ausgeprägter Sinn für das Hier und Jetzt ... Lateinamerika ist eine Kultur.«

Octavio Paz

Ciro Alegría: Die hungrigen Hunde. Roman. Deutsch von Wolfgang A. Luchting. Mit einem Nachwort von Walter Boehlich. st 447

Jacques Stéphen Alexis: Der verzauberte Leutnant. Erzählungen. Aus dem Französischen von Ewald Czapski. Nachwort von Hans Christoph Buch. BS 830

Isabel Allende: Eva Luna. Roman. Aus dem Spanischen von Lieselotte Kolanoske. Gebunden und st 1897

– Das Geisterhaus. Roman. Aus dem Spanischen von Anneliese Botond. Gebunden, st 1676 und st 1901

– Die Geschichten der Eva Luna. Aus dem Spanischen von Lieselotte Kolanoske. Gebunden

– Von Liebe und Schatten. Roman. Aus dem Spanischen von Dagmar Ploetz. Gebunden und st 1735

Jorge Amado: Die Abenteuer des Kapitäns Vasco Moscoso. Roman. Aus dem brasilianischen Portugiesisch von Curt Meyer-Clason. BS 850

– Die drei Tode des Jochen Wasserbrüller. Erzählung. Aus dem brasilianischen Portugiesisch von Curt Meyer- Clason. BS 853

Reinaldo Arenas: Wahnwitzige Welt. Ein Abenteuerroman. Aus dem Spanischen von Monika López. st 1350

José María Arguedas: Die tiefen Flüsse. Roman. Aus dem Spanischen von Suzanne Heintz. st 588

Miguel Angel Asturias: Der Böse Schächer. Roman. Aus dem Spanischen und mit einem Nachwort und Anmerkungen von Ulrich Kunzmann. BS 741

– Legenden aus Guatemala. Mit einem Vorwort von Paul Valéry. Illustrationen nach alten indianischen Motiven. Aus dem Spanischen von Fritz Vogelgsang. BS 358

– Der Spiegel der Lida Sal. Erzählungen und Legenden. Aus dem Spanischen von Wolfgang Promies. BS 720

Miguel Barnet: Alle träumten von Cuba. Die Lebensgeschichte eines galicischen Auswanderers. Roman. Aus dem Spanischen von Anneliese Botond. st 1577

Lateinamerikanische Literatur
im Suhrkamp Verlag

Der Cimarrón. Die Lebensgeschichte eines entflohenen Negersklaven aus Cuba, von ihm selbst erzählt. Nach Tonbandaufnahmen herausgegeben von Miguel Barnet. Aus dem Spanischen von Hildegard Baumgart. Mit einem Nachwort von Heinz Rudolf Sonntag und Alfredo Chacón. st 346

– Ein Kubaner in New York. Roman. Aus dem Spanischen von Monika López. Gebunden

– Das Lied der Rahel. Mit einem Nachwort von Miguel Barnet. Aus dem Spanischen von Wilhelm Plackmeyer. st 966

Adolfo Bioy Casares: Fluchtplan. Roman. Aus dem Spanischen von Joachim A. Frank. st 378

– Die fremde Dienerin. Phantastische Erzählungen. Aus dem Spanischen von Joachim A. Frank. PhB 113. st 962

– Liebesgeschichten. Aus dem Spanischen von René Strien. Gebunden und st 1701

– Morels Erfindung. Roman. Mit einem Nachwort von Jorge Luis Borges. Aus dem Spanischen von Karl August Horst. BS 443 und PhB 106. st 939

– Schlaf in der Sonne. Roman. Aus dem Spanischen von Joachim A. Frank. st 691

– Tagebuch des Schweinekriegs. Roman. Aus dem Spanischen von Karl August Horst. st 469

– Der Traum der Helden. Roman. Aus dem Spanischen von Joachim A. Frank. Gebunden und st 1185

Ignácio de Loyola Brandão: Kein Land wie dieses. Aufzeichnungen aus der Zukunft. Aus dem brasilianischen Portugiesisch von Ray-Güde Mertin. es 1236

– Null. Prähistorischer Roman. Aus dem Brasilianischen und mit einem Nachwort von Curt Meyer-Clason. Gebunden und st 777

João Cabral de Melo Neto: Erziehung durch den Stein. Gedichte. Portugiesisch und Deutsch. Übersetzt und mit einem Nachwort versehen von Curt Meyer-Clason. BS 713

Guillermo Cabrera Infante: Drei traurige Tiger. Roman. Aus dem kubanischen Spanisch von Wilfried Böhringer. Leinen und st 1714

– Rauchzeichen. Aus dem Englischen von Joachim Kalka. st 1750

Ernesto Cardenal: Gedichte. Spanisch und deutsch. Übertragung von Stefan Baciu und Anneliese Schwarzer de Ruiz. BS 705

Alejo Carpentier: Barockkonzert. Novelle. Aus dem Spanischen von Anneliese Botond. BS 508

111/2/9.91

Lateinamerikanische Literatur
im Suhrkamp Verlag

Alejo Carpentier: Explosion in der Kathedrale. Roman. Aus dem Spanischen von Hermann Stiehl. st 370
– Die Harfe und der Schatten. Roman. Aus dem Spanischen von Anneliese Botond. Leinen und st 1024
– Die Hetzjagd. Roman. Aus dem Spanischen von Anneliese Botond. BS 1041
– Krieg der Zeit. Fünf Erzählungen und ein Roman. Aus dem Spanischen von Anneliese Botond. Gebunden
– Die Methode der Macht. Roman. Aus dem Spanischen von Elke Wehr. Gebunden
– Das Reich von dieser Welt. Aus dem Spanischen von Doris Deinhard. BS 422
– Stegreif und Kunstgriffe. Essays zur Literatur, Musik und Architektur in Lateinamerika. Aus dem Spanischen von Anneliese Botond. es 1033
– Die verlorenen Spuren. Roman. Aus dem Spanischen von Anneliese Botond. st 808
José Cândido de Carvalho: Der Oberst und der Werwolf. Roman. Aus dem Brasilianischen von Curt Meyer-Clason. Gebunden und st 1092
Gregorio Condori Mamani: »Sie wollen nur, daß man ihnen dient …« Autobiographie. Aus dem Spanischen von Karin Schmidt. es 1230
Julio Cortázar: Album für Manuel. Roman. Aus dem Spanischen von Heidrun Adler. Gebunden
– Alle lieben Glenda. Erzählungen. Aus dem Spanischen von Rudolf Wittkopf. st 1576
– Bestiarium. Erzählungen. Aus dem Spanischen von Rudolf Wittkopf. st 543
– Ende des Spiels. Erzählungen. Aus dem Spanischen von Wolfgang Promies. st 373
– Das Feuer aller Feuer. Erzählungen. Aus dem Spanischen von Fritz Rudolf Fries. st 298
– Die geheimen Waffen. Erzählungen. Aus dem Spanischen von Rudolf Wittkopf. st 672
– Geschichten der Cronopien und Famen. Aus dem Spanischen von Wolfgang Promies. BS 503
– Geschichten, die ich mir erzähle. Aus dem Spanischen von Rudolf Wittkopf. Gebunden
– Die Gewinner. Roman. Aus dem Spanischen von Christa Wegen. Leinen und st 1761
– Ein gewisser Lukas. Aus dem Spanischen von Rudolf Wittkopf. Leinen und st 1937

Lateinamerikanische Literatur
im Suhrkamp Verlag

Julio Cortázar: Letzte Runde. Aus dem Spanischen von Rudolf Wittkopf. es 1140

– Das Observatorium. Aus dem Spanischen von Rudolf Wittkopf. Mit Fotos von Julio Cortázar unter Mitarbeit von Antonio Gálvez. es 1527

– Oktaeder. Erzählungen. Aus dem Spanischen von Rudolf Wittkopf. st 1295

– Passatwinde. Erzählungen. Aus dem Spanischen von Rudolf Wittkopf. st 1370

– Rayuela. Himmel und Hölle. Roman. Aus dem argentinischen Spanisch von Fritz Rudolf Fries. Leinen und st 1462

– Reise um den Tag in 80 Welten. Aus dem Spanischen von Rudolf Wittkopf. es 1045

– Unzeiten. Erzählungen. Aus dem Spanischen von Rudolf Wittkopf. Leinen

– Der Verfolger. Erzählungen. Aus dem Spanischen von Fritz Rudolf Fries, Wolfgang Promies und Rudolf Wittkopf. Gebunden

– Der Verfolger. Erzählung. Aus dem Spanischen von Rudolf Wittkopf. BS 999

Carlos Drummond de Andrade: Gedichte. Portugiesisch und deutsch. Auswahl, Übertragung und Nachwort von Curt Meyer-Clason. BS 765

Der Frauenheld. Geschichten der Liebe aus Lateinamerika. Herausgegeben und mit einem Nachwort versehen von Michi Strausfeld. st 1296

Carlos Fuentes: Nichts als das Leben. Roman. Deutsch von Christa Wegen. st 343

Fernando Gabeira: Die Guerilleros sind müde. Aus dem brasilianischen Portugiesisch übersetzt und herausgegeben von Henry Thorau und Marina Spinu. Nachwort von Hans Füchtner. st 737

Rómulo Gallegos: Canaima. Roman. Aus dem Spanischen übertragen von Doris Deinhard. st 1639

Elena Garro: Erinnerungen an die Zukunft. Roman. Aus dem mexikanischen Spanisch von Konrad Schrögendorfer. Mit einem Nachwort von Michi Strausfeld. st 1647

Nicolás Guillén: Gedichte. Spanisch und deutsch. Auswahl und Nachwort von Dieter Reichardt. BS 786

João Guimarães Rosa: Doralda, die weiße Lilie. Roman. Aus dem brasilianischen Portugiesisch von Curt Meyer-Clason. BS 775

Ferreira Gullar: Schmutziges Gedicht. Poema Sujo. Portugiesisch und deutsch. Übertragung und Nachwort von Curt Meyer-Clason. BS 893

111/4/9.91

Lateinamerikanische Literatur
im Suhrkamp Verlag

Felisberto Hernández: Die Hortensien. Erzählungen. Mit einem Nachwort von Julio Cortázar. Aus dem Spanischen von Anneliese Botond. BS 858

Jorge Ibargüengoitia: Die toten Frauen. Roman. Aus dem Spanischen von Peter Schwaar. BS 1059

Oswaldo França Junior: Jorge, der Brasilianer. Roman. Aus dem brasilianischen Portugiesisch von Inés Koebel. es 1571

Lateinamerikaner über Europa. Herausgegeben von Curt Meyer-Clason. es 1428

José Lezama Lima: Die amerikanische Ausdruckswelt. Aus dem kubanischen Spanisch von Gerhard Poppenberg. es 1457

– Paradiso. Roman. Aus dem Spanischen von Curt Meyer-Clason unter Mitwirkung von Anneliese Botond. st 1005

Osman Lins: Avalovara. Roman. Mit einem Nachwort von Modesto Carone Netto. Aus dem Brasilianischen von Marianne Jolowicz. Leinen

– Die Königin der Kerker Griechenlands. Roman. Aus dem brasilianischen Portugiesisch von Marianne Jolowicz. Gebunden und st 1431

– Verlorenes und Gefundenes. Erzählungen. Aus dem Brasilianischen von Marianne Jolowicz. Gebunden

Clarice Lispector: Der Apfel im Dunkeln. Roman. Aus dem brasilianischen Portugiesisch von Curt Meyer-Clason. BS 826

– Die Nachahmung der Rose. Übertragung aus dem Brasilianischen und Nachwort von Curt Meyer-Clason. BS 781

– Nahe dem wilden Herzen. Roman. Aus dem brasilianischen Portugiesisch von Ray-Güde Mertin. Gebunden und BS 847

– Die Passion nach G. H. Roman. Aus dem brasilianischen Portugiesisch von Christiane Schrübbers und Sarita Brandt. st 1724

– Die Sternstunde. Aus dem brasilianischen Portugiesisch von Curt Meyer-Clason. BS 884

Joaquim Maria Machado de Assis: Dom Casmurro. Roman. Aus dem Brasilianischen von Harry Kaufmann. BS 699

– Quincas Borba. Roman. Aus dem brasilianischen Portugiesisch und mit einem Nachwort von Georg Rudolf Lind. BS 764

Angeles Mastretta: Mexikanischer Tango. Roman. Aus dem Spanischen von Monika López. Gebunden, st 1787 und st 1913

Raduan Nassar: Ein Glas Wut. Novelle. Aus dem Portugiesischen von Ray-Güde Mertin. es 1619

Pablo Neruda: Gedichte. Spanisch und deutsch. Übertragung und Nachwort von Erich Arendt. BS 99

111/5/9.91

Lateinamerikanische Literatur
im Suhrkamp Verlag

Pablo Neruda: Liebesbriefe an Albertina Rosa. Zusammengestellt, eingeleitet und mit Anmerkungen versehen von Sergio Fernández Larrain. Aus dem Spanischen von Curt Meyer-Clason. st 829

– Die Raserei und die Qual. Gedichte. Spanisch und deutsch. Auswahl, Übertragung und Nachwort von Hans Magnus Enzensberger. BS 908

Silvina Ocampo: Die Furie und andere Geschichten. Aus dem Spanischen von René Strien. BS 1051

Juan Carlos Onetti: Grab einer Namenlosen. Roman. Aus dem Spanischen von Wilhelm Muster. BS 976

– Das kurze Leben. Roman. Aus dem Spanischen von Curt Meyer-Clason. Leinen und st 661

– Lassen wir den Wind sprechen. Roman. Aus dem Spanischen von Anneliese Botond. Gebunden und st 1763

– Leichensammler. Roman. Aus dem Spanischen und mit einem Nachwort von Anneliese Botond. BS 938

– Magda. Roman. Aus dem Spanischen von Anneliese Botond. Leinen

– Der Schacht. Roman. Aus dem Spanischen von Jürgen Dormagen. BS 1007

– So traurig wie sie. Zwei Kurzromane und acht Erzählungen. Aus dem Spanischen und mit einem Nachwort von Wilhelm Muster. Gebunden

– So traurig wie sie. Erzählungen. Aus dem Spanischen von Wilhelm Muster. BS 808 und st 1601

– Die Werft. Roman. Aus dem Spanischen und mit einem Nachwort von Curt Meyer-Clason. BS 457

Octavio Paz: Adler oder Sonne? Aus dem Spanischen von Rudolf Wittkopf. BS 1082

– Die andere Zeit der Dichtung. Von der Romantik zur Avantgarde. Aus dem Spanischen von Rudolf Wittkopf. Leinen

– Der Bogen und die Leier. Poetologischer Essay. Aus dem Spanischen von Rudolf Wittkopf. Leinen

– Essays 2. Aus dem Spanischen von Carl Heupel und Rudolf Wittkopf. Leinen

– Essays I/II. 2 Bände. Aus dem Spanischen von Carl Heupel und Rudolf Wittkopf. st 1036

– Gedichte. Spanisch und deutsch. Übertragung und Nachwort von Fritz Vogelgsang. BS 551

– Gedichte. Spanisch und deutsch. Übertragung von Fritz Vogelgsang. st 1832

111/6/9.91

Lateinamerikanische Literatur
im Suhrkamp Verlag

Octavio Paz: In mir der Baum. Gedichte. Spanisch und deutsch. Übertragen von Rudolf Wittkopf. Leinen
- Das Labyrinth der Einsamkeit. Essay. Übersetzung und Einführung von Carl Heupel. BS 404
- Lektüre und Kontemplation. Aus dem Spanischen von Thomas Brovot. Bütten-Broschur
- Der menschenfreundliche Menschenfresser. Geschichte und Politik 1971–1980. Aus dem Spanischen von Rudolf Wittkopf und Carl Heupel. es 1064
- Nackte Erscheinung. Das Werk von Marcel Duchamp. Aus dem Spanischen von Rudolf Wittkopf. st 1833
- Sor Juana Inés de la Cruz oder Die Fallstricke des Glaubens. Aus dem Spanischen von Maria Bamberg. Mit zahlreichen Abbildungen. Leinen
- Der sprachgelehrte Affe. Aus dem Spanischen von Anselm Maler und Maria Antonia Alonso-Maler. Die Gedichte wurden von Rudolf Wittkopf übertragen. Mit Photographien und Abbildungen. BS 530
- Suche nach einer Mitte. Die großen Gedichte. Spanisch und deutsch. Übersetzung Fritz Vogelgsang. Nachwort Pere Gimferrer. es 1008
- Verbindungen – Trennungen. Ein Essay. Aus dem Spanischen von Elke Wehr und Rudolf Wittkopf. Leinen
- Zwiesprache. Essays zu Kunst und Literatur. Aus dem Spanischen von Elke Wehr und Rudolf Wittkopf. es 1290

Virgilio Piñera: Kleine Manöver. Roman. Mit einem Nachwort von G. Cabrera Infante. Aus dem Spanischen von Wilfried Böhringer. BS 1035

Elena Poniatowska: Lieber Diego. Aus dem mexikanischen Spanisch von Astrid Schmitt. st 1592
- Stark ist das Schweigen. Vier Reportagen aus Mexiko. Übersetzt von Anna Jonas und Gerhard Poppenberg. Mit Abbildungen. st 1438

Manuel Puig: Die Engel von Hollywood. Roman. Aus dem Spanischen von Anneliese Botond. Gebunden und st 1165
- Herzblut erwiderter Liebe. Roman. Aus dem brasilianischen Portugiesisch von Karin von Schweder-Schreiner. Gebunden und st 1469
- Der Kuß der Spinnenfrau. Roman. Aus dem Spanischen von Anneliese Botond. st 869
- Der schönste Tango der Welt. Ein Fortsetzungsroman. Deutsch von Adelheid Hanke-Schaefer. Leinen und st 474
- Verraten von Rita Hayworth. Roman. st 344

114/1/11.92

Italienische und spanische Literatur
in der edition suhrkamp und
den suhrkamp taschenbüchern

114/2/11.92